Da Coletânea Risale-i Nur

Os Milagres do Profeta Mohammad

O Tratado dos Milagres do Alcorão

Autor
Bediuzzaman Said Nursi

Nursi, Said

Titulo	: Os Milagres do Profeta Mohammad e O Tratado dos Milagres do Alcorão
Autor	: Said Nursi
Do original turco	: Mucizat-ı Ahmediye(sav) ve Mucizat-ı Kur'aniye
Tradução	: Samir El Hayek
Revisão	: Eyub Kosker

Contato :

Web : www.brasilnur.org

E-mail : brasilnur @gmail.com

Tel : (5511) 2615-9736

RNK NEŞRİYAT PAZARLAMA SAN.TİC. A.Ş.

Mehmet Nesih Özmen Mah. Zafer Cad. No: 3 Kat: 3

Necmettin Aksoy İş Merkezi – Merter

Güngören, İstanbul – Türkiye

Tel: 90 212 512 10 06

Fax: 90 212 512 10 08

www.rnk.com.tr

Impresso em São Paulo- Março-2017

ISBN 978-85-88003-36-1

ÍNDICE

TERMINOLOGIA

- Allah* (Deus)
- Islam** (Islã)
- Mohammad*** (Maomé, o Profeta de Allah e do Islam)
- Bismillah (Em Nome de Allah)
- Subhanallah (Glorificado seja Allah)
- Alhamdu Lillah (Louvado seja Allah)
- Allahu Akbar (Allah é o Maior)
- Salat (As orações prescritas cinco vezes por dia)

---

* Utilizamos a palavra **Allah**, em vez de Deus, por designar o nome do Criador e somente utilizada como Seu nome, uma vez que a palavra em árabe e no Islam não tem gênero ou número, como as palavras traduzidas nos outros idiomas possuem.

** Utilizamos a palavra **Islam** em vez de *Islã*, utilizada no Brasil, ou *Islão*, utilizada em Portugal, por ser o nome próprio da religião islâmica e não deve ser mudado.

*** Utilizamos o nome correto do Profeta do Islam, **Mohammad**, sem usar a corruptela utilizada na língua portuguêsa, *Maomé* ou *Mahoma*, utilizadas também em Portugal.

Os Milagres Do Profeta Mohammad

(Allah o abençoe e lhe dê paz)

A Décima Nona Carta

Este tratado descreve mais de trezentos milagres. E, como ele descreve a Mensagem de Mohammad (Allah o abençoe e lhe dê paz), ele próprio é dignidade para aqueles milagres, e tornou-se uma maravilha em três ou quatro aspectos.

O Primeiro: Embora tenha mais de cem páginas de comprimento e se baseia em tradições e narrações, esse tratado foi escrito em uma forma incomum nas montanhas e no campo, completamente de memória, e sem se referir a qualquer livro. Foi concluído, portanto, em três ou quatro dias de trabalho de duas a três horas por dia, de um total de doze horas.

O Segundo: Apesar do seu comprimento, este trabalho não causou tédio ao seu escritor, nem fez perder a agradabilidade de seu leitor. Na verdade, ele despertou tal ardor e entusiasmo, mesmo nos meus escribas preguiçosos que, nestes tempos difíceis e angustiantes, setenta cópias foram manuscritas nesta vizinhança dentro de um único ano. Aqueles cientes da propriedade do tratado concluíram que ele deve ser uma continuação digna do milagre de sua Mensagem (Allah o abençoe e lhe dê paz).

O Terceiro: Nas cópias manuscritas por nove escribas diferentes que não se comunicavam entre si, incluindo um muito inexperiente e desconhecedor da 'coincidência' - foi também antes de estarmos cientes do fenômeno - as palavras referindo-se ao Nobre Mensageiro coincidiram a tal ponto ao longo de todo o tratado, e na quinta parte das palavras que se referiam ao Alcorão, que qualquer um que seja justo, no mínimo que seja, não consideraria isso como resultado do acaso. De fato, quem o observou concluiu que era um mistério do Invisível e um processo digno dos milagres de Mohammad (Allah o abençoe e lhe dê paz).

Os princípios explicados no início desse tratado têm extrema importância. Quanto aos Ahadice proféticos relacionados, estes são aceitos como autênticos por parte das autoridades sobre Hadice, e eles relatam os fenômenos mais estabelecidos relativos à mensagem de Mohammad (Allah o abençoe e lhe dê paz). Agora, para enumerar os méritos deste tratado, seria necessário outro tratado do mesmo comprimento; por isso, convidamos aqueles que desejam lê-lo, mesmo que seja apenas uma vez.

Said Nursi

UM LEMBRETE: Neste trabalho, eu relatei muitos Ahadice, apesar de não ter livros para consulta. Caso haja algum erro nas suas palavras, eu peço que sejam corrigidas, ou que sejam consideradas como paráfrases. Pois, de acordo com a opinião prevalecente, "relacionar os significados dos Ahadice é permitido", caso em que o narrador coloca o significado do Hadice em suas próprias palavras. Sendo esse o caso, os Ahadice com possíveis erros de expressão devem ser considerados como paráfrases.

***

Os Milagres Do Profeta Mohammad

Allah o abençoe e lhe dê paz

بِاسْمِهِ سُبْحَانَهُ [1] (وَاِنْ مِنْ شَيْءٍ اِلاَّ يُسَبِّحُ بِحَمْدِهِ) [2]

بِسْمِ اللّٰهِ الرَّحْمٰنِ الرَّحِيمِ [3]

(هُوَ الَّذِى اَرْسَلَ رَسُولَهُ بِالْهُدَى وَدِينِ الْحَقِّ لِيُظْهِرَهُ عَلَى
الدِّينِ كُلِّهِ وَ كَفَى بِاللّٰهِ شَهِيدًا * مُحَمَّدٌ رَسُولُ اللّٰهِ...) الخ [4]

[Uma vez que a Décima Nona e a Trigésima Primeira Palavras sobre a Mensagem de Mohammad (Allah o abençoe e lhe dê paz) provaram-na de forma decisiva, vamos atribuir à verificação daquele lado do assunto a essas Palavras. Como um suplemento para elas, vamos apenas mostrar aqui, em dezenove 'Sinais', alguns dos lampejos daquela grande verdade.]

PRIMEIRO SINAL

O Possuidor e Mestre do Universo certamente faz tudo com conhecimento, dispõe de todo caso com sabedoria, dirige tudo com visão total, trata tudo com tudo conscientemente e arranja tudo dispondo os exemplos de sabedoria, os propósitos e benefícios que são evidentes neles. Portanto, Aquele Que cria sabe, certamente, o que Aquele que sabe vai falar. Uma vez que Ele vai falar, com certeza Ele vai falar àqueles que possuem consciência e pensamento e àqueles que vão entender o seu discurso. Uma vez que Ele vai falar com aqueles que possuem pensamento, certamente Ele vai falar com a humanidade, cuja natureza e consciência são as mais abrangentes de todos os seres conscientes. Uma vez que Ele vai falar para a humanidade, certamente Ele vai falar com o mais perfeito da humanidade e os mais dignos de se falar. Uma vez que Ele vai falar com aqueles que são mais perfeitos, mais dignos de se falar, os mais altos na moralidade e que vão guiar a humanidade; Ele certamente vai falar com Mohammad, que, como amigos e inimigos testemunham, é da maior disposição e moralidade, que é obedecido por um quinto da humanidade, a cuja regra espiritual metade do globo se submeteu; com o brilho daquela luz o futuro da humanidade foi iluminado durante treze séculos; a quem os crentes, o segmento luminoso da humanidade, renova cinco vezes ao dia o juramento de fidelidade, para cuja felicidade oram, para quem eles pedem as bênçãos de Allah e por quem têm admiração e amor em seus corações. Certamente, Ele falará com Mohammad (Allah o abençoe e lhe dê paz) e de fato Ele fez; Ele vai fazê-lo, o Profeta, e de fato o fez; Ele o fará o guia para o resto da humanidade, e de fato o tem feito.

SEGUNDO SINAL

O mais nobre Mensageiro de Allah (Allah o abençoe e lhe dê paz) declarou a sua missão profética, e apresentou uma prova dela o Alcorão Sagrado, e apresentou aproximadamente um mil[5] de milagres manifestos, de acordo com os investigadores dentre os estudiosos. A ocorrência desses milagres, na sua totalidade, é tão certa quanto o fato de que ele se declarou Profeta. De fato, como é mostrado pelas palavras dos incrédulos mais obstinados citados em vários lugares do Alcorão Sagrado, mesmo que eles não pudessem negar seus milagres, denominavam-nos - Allah nos livre! - feitiçaria, a fim de se satisfazerem ou de enganarem seus seguidores.

Os milagres de Mohammad (Allah o abençoe e lhe dê paz) têm a certeza da confirmação, por consenso, ao grau máximo. O milagre é a confirmação por parte do Criador do cosmos de sua declaração da missão profética; tem o efeito das palavras: [6] صَدَقْتَ. Suponha que você está na presença de um governante e disser para quem está ao seu redor: "O governante me nomeou para tal e tal posição." Caso fosse exigida de você uma prova de sua alegação, a palavra "Sim", proferida pelo governante, seria suficiente para apoiá-lo. Não seria isso uma prova de sua veracidade? Como seria se o governante, por sua causa o governante mudou sua prática e atitude habitual? Não seria isso a confirmação maior à sua reivindicação ainda mais profunda e definitiva do que a palavra "Sim"?

Da mesma forma, o Nobre Mensageiro (Allah o abençoe e lhe dê paz) afirmou: "Eu sou o enviado do Criador do Universo. Minha prova é que Ele vai mudar Sua ordem ininterrupta a meu pedido e minha oração. Agora olhem para os meus dedos: Ele faz brotar delas a água como faz brotar de cinco fontes. Olhem para a Lua: por um gesto do meu dedo, Ele a divide em duas. Olhem para aquela árvore: para me afirmar e dar testemunho de mim, ela se move e se aproxima de mim. Olhem para este alimento: embora seja apenas o suficiente para duas ou três pessoas, satisfaz duas ou três centenas." Ele demonstrou também centenas de milagres semelhantes.

No entanto, as evidências da veracidade dessa pessoa e as provas de sua profecia não se restringiram aos seus milagres. Todas as suas ações e atos, suas palavras e comportamento, sua conduta moral e boas maneiras, seu caráter e aparência provam ao atento sua veracidade e seriedade. De fato, muitas pessoas, como 'Abdullah b. Salam, o famoso estudioso dos Filhos de Israel, veio a acreditar apenas por vê-lo, e disse: "Nenhuma mentira pode se esconder neste rosto, nem fraude ser encontrada nele!"[7]

Embora muitos estudiosos que pesquisaram o assunto concluíram que as provas de profecia de Mohammad (Allah o abençoe e lhe dê paz) e seu número de milagres, cerca de mil são verdadeiros, existem milhares, talvez centenas de milhares de provas de sua missão profética. E centenas de milhares de homens com diferentes opiniões têm afirmado que, em igual número de maneiras, o Alcorão Sagrado sozinho demonstra mil das provas de sua missão profética, além dos quarenta milagres de seus próprios aspectos. Uma vez que a missão profética é um fenômeno da humanidade, e centenas de milhares de pessoas que reivindicaram a profecia e realizaram milagres viveram e faleceram,[8] com certeza a profecia de Mohammad (Allah o abençoe e lhe dê paz) é superior a todos os outros. Quaisquer que sejam as evidências, as qualidades e os atributos do que os profetas como Jesus e Moisés (a paz esteja com eles) fizeram para serem conhecidos como profetas, bem como os meios de sua mensagem, eles estavam todos possuídos de uma forma mais perfeita e abrangente por Mohammad (Allah o abençoe e lhe dê paz). E uma vez que as causas e os meios de autoridade profética foram mais perfeitamente presentes na pessoa de Mohammad (Allah o abençoe e lhe dê paz), essa autoridade se encontrava nele com mais certeza do que em todos os outros.

TERCEIRO SINAL

Os milagres do Nobre Mensageiro (Allah o abençoe e lhe dê paz) foram extremamente variados. Uma vez que sua mensagem era universal, destacou-se por milagres relacionados com quase todas as espécies de criação. Assim como o representante supremo de um governante de renome, que chega com muitos presentes em uma cidade onde vários povos vivem, será recebido por um representante de cada uma dos povos que o aclamam e dão-lhe as boas-vindas em sua própria língua, assim também, quando o Representante Supremo do Monarca da Pré-Eternidade e Pós-Eternidade honrou o Universo vindo como um enviado para os habitantes da terra, e trouxe com ele a luz da verdade e os presentes espirituais enviados pelo Criador do Universo, conectados às verdades de todo o Universo, a cada espécie de criação - de água, rochas, árvores, animais e seres humanos, até a Lua, o Sol e as estrelas - cada um lhe deu as boas-vindas e aclamou sua missão profética, cada um em sua própria língua e cada um determinando um de seus milagres.

Seria necessária uma volumosa obra para mencionar todos os seus milagres. Pelo fato de meticulosos investigadores estudiosos terem escrito vários volumes referentes às provas de sua missão profética, aqui vamos apontar brevemente apenas as categorias gerais em que se inserem os milagres sobre os quais há relatos unânimes, quanto aos seus significados.

As evidências da profecia de Mohammad (Allah o abençoe e lhe dê paz) se dividem em duas categorias principais:

A Primeira é chamada, *irhasat* e inclui os eventos paranormais que aconteceram na época de seu nascimento ou, antes de sua missão profética.

A Segunda pertence a todas as evidências restantes de sua missão profética e contém duas subdivisões:

A primeira refere-se às maravilhas que se manifestaram depois de sua partida deste mundo, a fim de confirmar a sua missão profética, e **a segunda**, àquelas que ele exibiu durante a era de sua missão profética. Esta última tem também duas partes:

A primeira reúne as evidências de sua missão profética, que se tornou manifesta em sua própria personalidade, o seu ser interior e exterior, sua conduta e perfeição moral, e **a segunda**, os milagres manifestados no mundo exterior. A última parte novamente tem dois ramos:

Um deles, que diz respeito ao Alcorão e à espiritualidade, e **o outro**, à materialidade e ao universo. Este último ramo é novamente dividido em duas categorias:

A primeira envolve os acontecimentos paranormais que ocorreram durante a sua missão, quer para quebrar a teimosia dos incrédulos, quer para aumentar a fé dos crentes. Essa categoria tem vinte tipos diferentes, como a divisão da Lua, o fluxo da água de seus dedos, a satisfação de um grande número com um pouco de comida e a fala de árvores, pedras e animais. Cada um desses tipos tem também muitos casos, e, portanto, tem, no sentido, a força de confirmação por consenso. Quanto **à segunda categoria**, ela inclui eventos que se encontram no futuro, que ocorrerão como ele tinha previsto, por instruções de Allah. Agora, a partir da última categoria, vamos resumir uma lista deles.[NOTA]

QUARTO SINAL

Não há limite para os relatórios do mais Nobre Mensageiro de Allah (Allah o abençoe e lhe dê paz) dados a respeito do Invisível através da instrução do Onisciente do Invisível. Como já mencionamos, os tipos desses relatos na Vigésima Quinta Palavra são sobre o milagre do Alcorão, e apresentamos as provas, agora referimo-nos àquela Palavra e à explicação das informações que ele deu a respeito do Invisível sobre tempos passados e profetas, bem como as verdades sobre a Divindade, o Universo e a Outra Vida, e vai apontar algumas de suas muitas previsões corretas sobre seus companheiros, sua família e sua comunidade. Mas, antes, para uma completa compreensão do assunto, vamos indicar seis princípios por meio de uma introdução.

Primeiro Princípio

Todos os estados e atos do Nobre Mensageiro (Allah o abençoe e lhe dê paz) deu testemunho de sua veracidade e profecia, mas nem todas elas tinham de ser milagrosas, uma vez que Allah Todo-Poderoso enviou-o na forma de um ser humano para que possa ser um guia e líder para os seres humanos em seus assuntos sociais, e nos atos e ações por meio dos quais eles alcancem a felicidade neste mundo e no próximo, e assim ele possa revelar aos seres humanos as maravilhas de Sua arte e a disposição de Seu poder em todas as ocorrências que são na aparência habituais, mas na realidade são milagres do poder divino. Se, então, ele houvesse abandonado o estado humano em seus atos e tivesse se tornado extraordinário em todos os aspectos, ele não poderia ter sido um líder, ou ter instruído os seres humanos com seus atos, estados e conduta. Ele foi, de fato, homenageado com fenômenos paranormais a fim de provar a sua missão profética para os incrédulos obstinados e, de vez em quando, milagres eram realizados quando surgia a necessidade. Mas, como exigido pelos exames e provas que o ser humano define, seus milagres nunca ocorreram de forma óbvia a fim de obrigar toda a gente a acreditar neles, voluntária ou involuntariamente. Porque a sabedoria no julgamento do ser humano e a prestação de contas exigem a maneira a ser mostrada a ele, sem privá-lo de sua vontade; a porta tem que ser aberta à sua inteligência, sem

---

NOTA: Infelizmente, eu não poderia escrever como eu pretendia. Sem escolha, escrevi o que meu coração ditou, e eu não poderia estar totalmente conforme com a ordem de classificação.

arrebatar a sua liberdade de sua mão. Se os milagres do Mensageiro (Allah o abençoe e lhe dê paz) houvessem ocorrido em tão evidente forma, a inteligência não teria nenhuma escolha; Abu Jahl teria acreditado como fez Abu Bakr; o carvão teria tido o valor dos diamantes, e nenhum propósito teria permanecido para testes e prestação de contas.

É uma fonte de espanto que, enquanto milhares de homens de diferentes caráteres passaram a acreditar através da observação de um único dos seus milagres, uma única prova de sua missão profética, ou uma palavra sua, ou apenas por ver o seu rosto, alguns miseráveis estão hoje em dia extraviados, como se aqueles milhares de provas de sua profecia não fossem provas suficientes, embora tenham chegado até nós através da transmissão autêntica e com certas provas, de forma a acarretar em muitos milhares de exigentes estudiosos e pensadores e homens diferentes aceitarem a fé.

Segundo Princípio

O mais Nobre Mensageiro de Allah (Allah o abençoe e lhe dê paz) era um ser humano, portanto, ele agiu como um ser humano. Ele também foi um mensageiro e profeta, e no que diz respeito à sua mensagem, ele era um intérprete e um enviado de Allah Todo-Poderoso. Sua mensagem foi baseada na revelação (*Wahy*), que é de dois tipos:

A Primeira é a revelação explícita. Neste caso, o Nobre Mensageiro (Allah o abençoe e lhe dê paz) é apenas um intérprete e locutor, sem participação no conteúdo. O Alcorão e alguns Hadice sagrados (*Hadice Qudsi*) estão incluídos neste tipo de revelação.

A segunda é a revelação implícita. A essência e a substância disso também se baseiam na revelação ou na inspiração, mas a sua explicação e descrição foram deixados para o Mensageiro (Allah o abençoe e lhe dê paz). Quando ele explicou e descreveu tal revelação, às vezes ele novamente contou com a revelação, ou a inspiração, ou às vezes ele falou em termos de seu próprio discernimento. Quando ele recorreu a sua própria interpretação, ele se baseou no poder de percepção dada a ele por conta de sua missão profética, ou ele falou como um ser humano em conformidade com o uso, o costume e o nível de compreensão comum.

Assim, todos os detalhes de cada Hadice não foram necessariamente derivados da pura revelação, nem devem as elevadas marcas da mensagem ser procuradas em tais pensamentos e acontecimentos como foram exigidos pela sua participação no estado humano. Uma vez que algumas verdades foram reveladas a ele de uma forma breve e abstrata, e ele mesmo descreveu-as à luz de sua visão e de acordo com a compreensão comum, as metáforas e alusões nas suas descrições, por vezes, podem precisar de explicação, ou mesmo de interpretação. Existem, de fato, algumas verdades que a mente humana pode agarrar apenas a título de comparação. Por exemplo, uma vez na presença do Profeta (Allah o abençoe e lhe dê paz), um barulho foi ouvido. Ele disse: "Este é o barulho de uma pedra que rolou para baixo por 70 anos e já atingiu as mais baixas profundezas do Inferno."[9] Uma hora depois, chegou a notícia de que um hipócrita famoso que tinha atingido recentemente 70 anos de idade morreu e foi para o Inferno; assim, explicando o evento, Mohammad (Allah o abençoe e lhe dê paz) descreveu-o por meio de uma comparação eloquente.

Terceiro Princípio

Se há um consenso de opinião a respeito de qualquer tradição relacionada (*tawátur*;),[NOTA] ele é indiscutível. Existem dois tipos dessa espécie de relato: um refere-se àqueles sobre os quais há "um consenso inequívoco (*tawátur sarih*) claro," o outro, ao "consenso significativo (*tawátur ma'nawi*)." Este último é também de dois tipos: o primeiro inclui aqueles em relação aos quais o consenso é implícito pelo silêncio. Por exemplo, se uma pessoa em uma comunidade relata um incidente na frente de seu povo e os ouvintes não a contradizem, ou seja, eles respondem a ela mantendo silêncio, isso implica a sua aceitação do relato. Em particular, se essa comunidade é tal que não aceitaria qualquer erro, iria considerar qualquer mentira repreensível, estaria pronta para criticá-la e, além disso, mostraria um interesse no incidente relatado, seu silêncio, então, testifica fortemente o incidente ter ocorrido.

O segundo tipo de "consenso significativo" é o que ocorre quando as pessoas diferentes se relacionam com um incidente em particular, por exemplo, um quilo de alimentos alimentando duas centenas de pessoas, em diferentes versões: uma pessoa descreve de uma maneira, outras, de outra, e outras, ainda, de outra forma, mas todas estão de acordo, por unanimidade, sobre a ocorrência do incidente. Assim, a sua certeza de ocorrência é apoiada por "consenso no sentido" e é definitiva; sua ocorrência real não é prejudicada por diferenças de pormenores. Além disso, há momentos em que um relatório fornecido por uma única pessoa, expressa a certeza de "consenso" sob certas condições. Pode também acontecer que o relatório só exprima certeza quando apoiado por outras evidências externas.

A maioria dos relatos sobre os milagres e evidências do Nobre Profeta (Allah o abençoe e lhe dê paz) que vieram até nós são da categoria de "consenso claro", ou de "consenso significativo", ou de "consenso implícito em silêncio." Quanto aos outros, embora sejam relatos de uma única pessoa, eles também têm a certeza do "consenso", uma vez que tenham recebido a aceitação das autoridades meticulosas sobre Hadice. Tais autoridades meticulosas foram esses gênios chamados de al-Huffaz, que haviam memorizado, pelo menos, 100.000 Ahadice, que cumpriram durante 50 anos a *salatul Fajr*, com a ablução da *salatul Ichá*, e que produziram os seis livros autênticos de Hadice, chefiados por aqueles de Bukhari e Musslim. Sem dúvida, qualquer relato examinado e aceito por eles não pode ficar aquém da certeza do "consenso". Uma vez que eles adquiriram tal intimidade com os Ahadice do Nobre Mensageiro (Allah o abençoe e lhe dê paz), e tornaram-se tão familiarizados com o seu estilo e forma exaltada que descobririam à primeira vista um único falso Hadice entre uma centena de relatos, iriam rejeitá-lo, dizendo: "Isso não pode ser uma tradição profética; ela não tem a sua redação." Uma vez que eles foram capazes de reconhecer a qualidade preciosa do Hadice como um perito joalheiro, não havia nenhuma possibilidade de confundirem qualquer outra palavra com a do Mensageiro (Allah o abençoe e lhe dê paz). Houve alguns pesquisadores, no entanto, como Ibn al-Jawzi, que foi a tais excessos em sua crítica que considerava muitas tradições precisas como falsas. No entanto, isso não significa que cada redação falsa está errada no significado, mas que o próprio texto não é do Mensageiro (Allah o abençoe e lhe dê paz).

NOTA: *Tawátur* é o tipo de relato que é transmitido por inúmeras autoridades e sobre o qual não há espaço para dúvidas, isto é, um relato sobre o qual existe um consenso de opinião. (Tr.)

Pergunta: Qual é o uso da citação da longa cadeia de transmissão de uma tradição, uma vez que não haja necessidade em caso de acontecimento bem conhecido?

Resposta: Seus usos e benefícios são muitos; uma é que a citação da cadeia mostra a concordância dos estudiosos de Hadice verdadeiros, confiáveis e exigentes, e da unanimidade das autoridades exigentes cujos nomes estão incluídos; cada um dos estudiosos e autoridades endossa a precisão da tradição e coloca seu selo e assinatura.

Pergunta: Por que os acontecimentos milagrosos não foram transmitidos através de numerosas cadeias em relação aos quais houve um consenso de opinião e com tão grande ênfase como as injunções básicas da Lei Sagrada, a Chari'a?

Resposta: Porque a maioria das pessoas, na maioria das vezes, necessita sempre das injunções da Chari'a. É um dever individual para eles, por serem aplicáveis a cada pessoa. Mas nem todo mundo precisa conhecer todos os milagres; mesmo que alguém precise, basta-lhe ouvi-las apenas uma vez. São do tipo de dever coletivo, sendo conhecidas por algumas pessoas sem necessidades do conhecimento dos outros.; isso é o bastante para milagres serem conhecidos somente por alguns.

Por essa razão, mesmo se a ocorrência e a realidade de um milagre forem dez vezes mais certas do que a de uma injunção da Chari'a, elas virão a nós através de um ou dois narradores, ao passo que a injunção é narrada por dez ou vinte pessoas.

Quarto Princípio

Os eventos futuros que o mais Nobre Mensageiro (Allah o abençoe e lhe dê paz) previu não foram incidentes isolados; ao contrário, ele previu eventos gerais e recorrentes de uma forma particular. Esses eventos, no entanto, tinham muitos lados e, cada vez que ele os mencionava, explicava um lado diferente. Em seguida, o narrador do Hadice, combinando todos esses lados, mostrava que eles às vezes pareciam contrários à realidade. Existem, por exemplo, vários relatos referentes ao Mahdi[10], cada um com diferentes detalhes e descrições. No entanto, como foi explicado em uma seção da Vigésima Quarta Palavra, o Nobre Mensageiro (Allah o abençoe e lhe dê paz) deu as boas-novas, contando com a revelação de um Mahdi que viria em cada século para preservar o moral dos crentes, para ajudá-los a não cair em desespero em face de desastres e para ligar os corações dos crentes com o povo da Família do Profeta (Allah o abençoe e lhe dê paz), que constituem uma linha luminosa no mundo do Islam. Cada século tem visto um Mahdi da Família do Profeta (Allah o abençoe e lhe dê paz), ou vários, semelhantes ao Grande Mahdi, que está prometido para vir no fim dos tempos. Um dos Califas Abassidas mesmo, que se dizia ser descendentes da Família do Profeta (Allah o abençoe e lhe dê paz), foi um Mahdi que possuía muitas das características do Grande Mahdi. Dessa forma, os atributos dos deputados do Mahdi e dos polos espirituais que estavam nos Mahdis que deviam preceder o Grande Mahdi e eram amostras e precursores dele, foram confundidos com os atributos do próprio Grande Mahdi, e as narrações a respeito dele entraram em conflito uma com a outra.

Quinto Princípio

Uma vez que [11] (لاَ يَعْلَمُ الْغَيْبَ اِلاَّ اللهُ) , o Nobre Mensageiro (Allah o abençoe e lhe dê paz) não poderia ele mesmo conhecê-lo. Allah Todo-Poderoso comunicou-lhe a notícia do Invisível, e ele a revelou. E já que Allah Todo-Poderoso é Todo-sábio e Compassivo, Sua sabedoria e misericórdia exigem que a maioria dos assuntos do Invisível seja velada ou obscura. Uma vez que, neste mundo, os eventos desagradáveis para os seres humanos são numerosos, o conhecimento prévio de seu acontecimento seria doloroso. É por essa razão que a morte e a hora designada da morte são deixadas obscuras, e as calamidades que irão acontecer aos seres humanos permanecem por trás do véu do Invisível.

Mais uma vez, como resultado de Sua sabedoria e misericórdia, Allah Todo-Poderoso não informou Seu Mensageiro (Allah o abençoe e lhe dê paz) totalmente ou em detalhes sobre os terríveis acontecimentos que acometeriam sua família e companheiros depois de sua morte, a fim de não ferir sua compaixão extremamente sensível pela sua comunidade e seu firme afeto por sua Família.[NOTA] Allah fez alguns desses eventos significativos conhecidos por ele, mas não em toda a sua forma espantosa. Quanto aos eventos agradáveis, Ele comunicou-os para o Mensageiro (Allah o abençoe e lhe dê paz), por vezes, em linhas gerais e, por vezes, em detalhes, e o Mensageiro (Allah o abençoe e lhe dê paz), por sua vez, fê-los conhecer a seus companheiros. Assim, essas notícias foram transmitidas precisamente a nós pelos estudiosos do Hadice, que estavam no auge da piedade, justiça e verdade, e que temiam muito o aviso do Hadice:
[13] وَمَنْ كَذَبَ عَلَىَّ مُتَعَمِّدًا فَلْيَتَبَوَّأْ مَقْعَدَهُ مِنَ النَّارِ e o versículo do Alcorão:
[14] (فَمَنْ اَظْلَمُ مِمَّنْ كَذَبَ عَلَى اللهِ)

Sexto Princípio

Apesar de algumas qualidades e aspectos do mais Nobre Mensageiro (Allah o abençoe e lhe dê paz) terem sido descritos nos livros de história e sua biografia, a maioria dessas qualidades se relacionam com sua humanidade. Mas, na realidade, a personalidade espiritual e a natureza sagrada da pessoa abençoada eram tão exaltadas e luminosas que as qualidades descritas em livros ficam aquém de sua alta estatura. Pois, de acordo com a regra: [15] اَلسَّبَبُ كَالْفَاعِلِ , todos os dias, mesmo neste momento, o montante do culto realizado por toda a sua comunidade está sendo adicionado ao registro de suas perfeições. Ele é também, todos os dias, o objetivo das incontáveis súplicas de sua vasta comunidade, além de ser o objeto da divina misericórdia infinita de forma infinita e com uma capacidade infinita de receber. Ele era, de fato, o resultado e os frutos mais perfeitos do Universo, o intérprete e o amado do Criador do cosmos. Daí a sua verdadeira natureza, na sua totalidade, e a verdade de todas as suas perfeições, não poderem ser contidas nas qualidades humanas registradas nos livros de história e sua biografia. Certamente, a estatura de uma pessoa abençoada com os Arcanjos Gabriel e Miguel como dois ajudantes-de-campo no seu lado, na batalha de Badr,[16] não é para ser encontrada na forma de uma negociação pessoal com um beduíno no mercado sobre o preço de um cavalo, trazendo Huzayfa como sua única testemunha.[17]

NOTA: Por exemplo, ele não informou Mohammad (Allah o abençoe e lhe dê paz) que Aicha participa na Batalha do Camelo, de modo que o seu profundo amor e carinho por ela (que Allah esteja satisfeito com ela) não fosse ferido. Ele disse, de fato, às suas puras esposas: "Eu gostaria de saber qual de vocês estará envolvida nesse incidente." Mais tarde, ele foi mais beminformado, pois ele disse uma vez para 'Ali (que Allah esteja satisfeito com ele): "Alguns eventos terão lugar entre você e Aicha.[11] فَارْفَقْ وَ بَلِّغْهَا مَأْمَنَهَا "

A fim de não permanecer no erro, deve-se levantar a cabeça além das qualidades ordinárias do Profeta (Allah o abençoe e lhe dê paz) que dizem respeito à sua participação no estado humano e, em vez disso, tratar da sua verdadeira natureza e estatura luminosa que pertencem à categoria da mensagem. Caso contrário, a pessoa ou mostra a ele irreverência, ou incute dúvidas em si mesmo. Veja a seguinte comparação para a compreensão desse mistério:

Suponha que uma semente de tâmara foi plantada na terra, germinou e tornou-se uma árvore de grande produção de frutos, e ainda continua a crescer mais alta e mais larga. Ou que um ovo de pavoa foi incubado, uma pintinho foi idealizado a partir dele e tornou-se um pavão belamente adornado, todo dourado, com o cunho do poder, e ainda continua crescendo mais e mais bonito. Entretanto, existem qualidades, condições precisamente equilibradas que pertencem à semente e ao ovo, mas não são tão grandes e significativos como os da árvore e da ave que emergem a partir deles. Assim, ao descrever as qualidades da árvore e do pássaro em conjunto com os da semente e do ovo, deve-se transformar a atenção da semente para a árvore, e do ovo para a ave, de modo que a razão possa encontrar a descrição aceitável. Caso contrário, se você afirma: "Tenho obtido milhares de tâmaras de uma semente", ou, "Este ovo é o rei de todos os pássaros", você vai convidar outras pessoas a contradizer e negar suas palavras.

A humanidade do Mensageiro de Allah (Allah o abençoe e lhe dê paz) pode ser comparada à semente ou ao ovo, e sua natureza essencial, iluminada com a função da mensagem, comparada à árvore de Tuba do Paraíso, ou às aves do Paraíso. Sua natureza essencial, além disso, move-se continuamente para uma maior perfeição. É por isso que, quando você pensa no homem que disputou no mercado com um beduíno, você também deve virar o olho da imaginação para o ser luminoso que, montando o Rafraf, deixando Gabriel atrás, chegou à "**uma distância de dois arcos**." [18] Caso contrário, você será ou desrespeitoso para com ele, ou deixa de convencer a alma Ordenadora do Mal.

QUINTO SINAL

Citaremos neste sinal alguns exemplos de Ahadice sobre os assuntos do Invisível.

Elas chegaram até nós através de uma cadeia de transmissão cuja autenticidade é acordada (*tawátur*) que o Nobre Mensageiro (Allah o abençoe e lhe dê paz) declarou no púlpito, na presença de seus companheiros:

اِبْنِى حَسَنٌ هذَا سَيِّدٌ سَيُصْلِحُ اللّٰهُ بِهِ بَيْنَ فِئَتَيْنِ عَظِيمَتَيْنِ [19] Quarenta anos mais tarde, quando os dois maiores exércitos do Islam se encontraram, Hassan (que allah esteja satisfeito com ele) fez as pazes com Mu'awiya e, assim, cumpre a profecia de seu nobre avô (Allah o abençoe e lhe dê paz).

De acordo com outra narração autêntica, o Mensageiro (Allah o abençoe e lhe dê paz) disse para 'Ali: [20] سَتُقَاتِلُ النَّاكِثِينَ وَالْقَاسِطِينَ وَالْمَارِقِينَ prevendo, assim, as batalhas do Camelo e Siffin, e a luta contra os Khawarij.

Ele disse novamente para 'Ali (que Allah esteja satisfeito com ele), quando ele estava exibindo amor por Zubayr: "Ele vai lutar contra você, mas será no erro."[21]

Ele também disse a suas puras esposas: "Uma entre vocês vai assumir o comando de uma rebelião; muitos ao seu redor serão mortos" [22], e[23] وَتَنْبَحُ عَلَيْهَا كِلاَبُ الْحَوْئَبِ

Todas estas certas e autênticas tradições são as previsões comprovadas das lutas de 'Ali contra Aicha, Zubayr e Tal-ha, durante a Batalha do Camelo, e contra Mu'awiya em Siffin, e contra os Khawarij na Harawra e Nahrawan.

O Mensageiro (Allah o abençoe e lhe dê paz) informou também 'Ali sobre um homem que iria lhe manchar a barba com o sangue de sua própria cabeça.[24] 'Ali sabia que o homem era 'Abd al-Rahman b. Muljem, o Khâriji.

Ele também mencionou um homem marcado com um sinal peculiar, Zul-Sudia. Quando o homem foi encontrado entre os mortos dos Khawarij, 'Ali lhes mostrou como uma prova da justeza de sua causa, anunciando ao mesmo tempo o milagre do Profeta (Allah o abençoe e lhe dê paz).[25]

De acordo com outra tradição autêntica relacionada por Ummu Salama e outros, o Nobre Mensageiro (Allah o abençoe e lhe dê paz) também previu que Hussain seria morto em Taff (Karbala).[26] Cinquenta anos depois, o evento doloroso ocorreu como previsto.

Ele também previu repetidamente que depois de sua morte, sua família teria de enfrentar a morte, calamidades e exílio, e deu alguns detalhes.[27] O que ele havia previsto mais tarde tornou-se realidade exatamente como ele predisse.

Nesse contexto, uma pergunta importante pode ser feita: apesar de 'Ali, com sua bravura extraordinária e profundo conhecimento, além de seu parentesco com o Mensageiro de Allah (Allah o abençoe e lhe dê paz), muito merecia ser Califa, por que ele não se antecipou aos outros em assumir o califado, e por que o Islam experimentou tal desordem durante seu califado?

A Resposta: Um polo espiritual supremo da família do Profeta (Allah o abençoe e lhe dê paz) é relatado como tendo dito: "O Nobre Mensageiro (Allah o abençoe e lhe dê paz) tinha desejado que 'Ali fosse o Califa, mas, por meio do Invisível, ele soube que a vontade de Allah Todo-Poderoso foi diferente, então abandonou seu desejo, submetendo-se à vontade de Allah."[28]

Uma das sabedorias pelas quais a vontade de Allah era diferente poderia ter sido porque, depois da morte do Profeta (Allah o abençoe e lhe dê paz), quando os companheiros foram mais do que nunca necessitados de aliança e unidade, 'Ali tinha tomado a liderança que muito provavelmente têm despertado em muitos pessoas e tribos uma tendência para competir, por causa de sua natureza intransigente e caráter destemido, ascético, heroico e independente, e amplamente conhecida coragem - como foi o caso durante seu califado - e divisões entre os crentes teriam resultado.

Outra mistério para o atraso do califado de 'Ali era a seguinte: no momento de seu califado, a comunidade muçulmana, que se expandiu rapidamente através da mescla de muitas tribos e muitos povos, possuía tais traços que refletem as opiniões das setenta e três seitas que o Nobre Mensageiro (Allah o abençoe e lhe dê paz) tinha previsto evoluiriam no devido tempo.[29] Portanto, em face de tais perturbações, alguém era necessário com a maravilhosa força, coragem, respeitabilidade e sagacidade de 'Ali, que tinha atrás de si a força respeitada dos hachimitas e da família do Profeta (Allah o abençoe e lhe dê paz), para que pudesse resistir à sedição. E de fato ele fez isso, de uma forma adaptável à previsão do Profeta, que havia dito a ele: "Eu tenho lutado pela revelação do Alcorão; você vai lutar pela sua interpretação."[30]

Outra razão para este atraso foi que, sem 'Ali, o governo mundano teria provavelmente causado a derrocada completa dos reis omíades. No entanto, ser confrontados por 'Ali e a família do Profeta, e ter que aparecer igual a eles e preservar seu prestígio perante os muçulmanos, todos os líderes da dinastia Omíade, mesmo se não eles próprios, em qualquer caso, por causa de seu incentivo e recomendações, seus seguidores e simpatizantes trabalharam com todas as suas forças para preservar e divulgar as verdades do Islam, a fé e os decretos do Alcorão. Assim, eles produziram milhares de intérpretes escrupulosos da Lei, autoridades sobre Hadice e santos e eruditos purificados. Se não tivessem sido enfrentados pela religiosidade forte, santidade e virtuosidade de 'Ali e da família do Profeta (Allah o abençoe e lhe dê paz), é possível que os Omíades tivessem sido completamente perdidos, como aconteceu no final de seu governo, e como fizeram os abássidas.

Pode Ser Também Perguntado: "Por que o califado islâmico não permaneceu na família do Profeta (Allah o abençoe e lhe dê paz), já que seus membros foram os mais merecedores e equipados para isso?"

A Resposta: O governo mundano é enganoso, e a família do Profeta (Allah o abençoe e lhe dê paz) tinha sido nomeada para preservar os decretos do Alcorão e as verdades do Islam. Para não ser enganado pelo poder, aquele que era para assumi-lo, bem como o califado, tinha que ser tão inocente como um profeta, ou como os de coração puro e irreal como os quatro Califas bem encaminhados, o Ômar b. 'Abd al-Aziz ou o Mahdi dos abássidas. Na verdade, o califado da dinastia fatímida, que foi fundada em nome da família do Profeta (Allah o abençoe e lhe dê paz) no Egito, e do Estado de Almohads na África, e a dinastia Safawid, no Irã, mostraram que o governo mundano não era adequado para a família do Profeta (Allah o abençoe e lhe dê paz), por isso os levou a negligenciar o seu dever primário, a proteção da religião e o serviço do Islam. Quando, por outro lado, eles desistiram do governo mundano, serviram o Islam e o Alcorão de forma brilhante e com sucesso.

Agora veja: Os polos de santidade descendentes de Hassan, especialmente os Quatro Polos[31] e, acima de tudo, 'Abd al-Qadir Gilani, e os imames da linhagem de Hussain, especialmente Zayn al-'Abidin e Jaafar al-Sadiq, cada um tornou-se como um Mahdi espiritual, dissipou as irregularidade e a escuridão espiritual e difundiu a luz do Alcorão e as verdades da fé. Ao fazê-lo, cada um mostrou que era um verdadeiro herdeiro de seu nobre antepassado.

Pode ser perguntado: "Qual foi a sabedoria na dissensão impressionante e sangrenta que se abateu sobre o bendito Islam e a Idade Luminosa de Graça, e que aspecto da misericórdia estava lá, uma vez que eles não merecem tal angústia?"

A Resposta: Assim como uma tempestade pesada de primavera agita ativamente as potencialidades de todas as variedades de plantas, sementes e árvores, e faz com que elas se desenvolvam de tal forma que cada flor, a seu modo, exerça as funções inerentes à sua natureza, assim também a dissensão que se abateu sobre os Companheiros e seus sucessores agitaram suas potencialidades, todas diferentes como as sementes, estimularam-nos exclamando: "O Islam está em perigo! Fogo! Fogo!", isso colocou medo em todos os grupos e os fez se apressarem para proteger o Islam. De acordo com as suas capacidades, cada um dos grupos assumiu uma das inúmeras funções diferentes da comunidade islâmica e se esforçaram na mais extrema sinceridade. Alguns trabalharam para a preservação dos Ahadice proféticas, alguns para a preservação da Chari'a, alguns para a preservação das verdades da fé, alguns para a preservação do Alcorão, e, assim por diante, cada grupo realizou um dever particular. Eles se esforçaram para desempenhar as funções do Islam. Inúmeras flores multicolores se abriram. Através da tempestade, as sementes foram lançadas a todos os cantos do vasto mundo do Islam; metade da terra foi transformada em um jardim de rosas. Mas, infelizmente, em conjunto com as rosas, os espinhos das seitas desviantes apareceram no jardim.

Era como se a Mão do Poder tivesse abalado aquele período com fúria, rodeado com intenso vigor e eletrificado os homens de zelo. Através da força centrífuga de movimento, um grande número de intérpretes esclarecidos em Direito, acadêmicos luminosos do Hadice, memorizadores sagrados do Alcorão, estudiosos talentosos, homens de pureza e polos de santidade foram surgirndo e causaram a emigração para os cantos remotos do mundo do Islam. Incendiaram com entusiasmo todas as pessoas do Islam de Leste a Oeste e despertaram-nas para os tesouros do Alcorão. Agora vamos voltar ao nosso assunto.

Existem milhares de eventos previstos pelo Nobre Mensageiro de Allah (Allah o abençoe e lhe dê paz) e que aconteceram como ele previu. Aqui vamos mencionar alguns deles. A maioria das coisas que citaremos são acordadas pelos seis conhecidos livros mais autênticos de Hadice, particularmente Bukhari e Musslim. Há um "consenso significativo" em relação aos relatos, enquanto outros, por conta do que está sendo verificado por pesquisadores meticulosos, também podem ser considerados como tendo essa certeza.

De acordo com uma narração autêntica e certa, o Nobre Mensageiro (Allah o abençoe e lhe dê paz) disse a seus companheiros: "Vocês serão vitoriosos sobre todos os seus inimigos, terão sucesso na conquista de Makka,[32] Khaybar,[33] Damasco e Iraque,[34] Pérsia, e Jerusalém,[35] e irão partilhar entre vós os tesouros dos governantes dos maiores impérios, os bizantinos e os persas."[36] Ele não disse isso como uma questão de conjectura ou opinião pessoal, disse como se o tivesse visto, e o que ele disse aconteceu como ele previu, apesar do fato de que, no momento em que ele predisse, ele teve de migrar para Madina com um punhado de seguidores, com o resto do mundo, incluindo os arredores de Madina, hostis a ele!

Ele também declarou repetidamente, de acordo com narrações autênticas e determinadas, que Abu Bakr e Ômar iriam sobreviver a ele e serem seus Califas, que agiriam pelo amor a Allah e dentro dos limites do aprazimento de Allah e do Profeta (Allah o abençoe e lhe dê paz), que o governo de Abu Bakr seria curto, e que Ômar permaneceria muito tempo para ter sucesso em muitas conquistas.

Assim, ele disse: عَلَيْكُمْ بِسِيرَةِ الَّذَيْنِ مِنْ بَعْدِى اَبِى بَكْرٍ وَ عُمَرَ[37]

Ele também declarou:

زُوِيَتْ لِىَ الاَرْضُ فَاُرِيتُ مَشَارِقَهَا وَمَغَارِبَهَا وَسَيَبْلُغُ مُلْكُ اُمَّتِى مَا زُوِىَ لِى مِنْهَا

"A Terra foi colocada perante mim, e suas extremidades leste e oeste foram exibidas para mim; o reino da minha comunidade deve se estender sobre o que estava previsto antes de mim."[38] E suas palavras provaram ser verdade.

De acordo com uma narração autêntica e certa, antes da batalha de Badr, apontou um por um os lugares onde os líderes do Coraix seriam mortos, dizendo,

هذَا مَصْرَعُ اَبِى جَهْلٍ، هذَا مَصْرَعُ عُتْبَةَ، هذَا مَصْرَعُ اُمَيَّةَ، هذَا مَصْرَعُ فُلاَنٍ وَ فُلاَنٍ [39]

e acrescentou: "Eu vou matar Ubayy b. Khalaf com minhas próprias mãos."[40] Todas as suas previsões provaram ser verdadeiras.

Mais uma vez, de acordo com uma narração autêntica e certa, ele informou seus companheiros sobre o que estava acontecendo na batalha célebre de Mu'ta, perto de Damasco - a uma distância de viagem de um mês a partir de onde ele estava - como se estivesse vendo seus companheiros lutando na batalha, e disse:

اَخَذَ الرَّايَةَ زَيْدٌ فَاُصِيبَ، ثُمَّ اَخَذَهَا اِبْنُ رَوَاحَةَ فَاُصِيبَ، ثُمَّ اَخَذَهَا جَعْفَرُ فَاُصِيبَ،
ثُمَّ اَخَذَهَا سَيْفٌ مِنْ سُيُوفِ اللهِ [41]

De duas a três semanas mais tarde, Ya'la b. Munabbih voltou da frente de batalha. Na sua presença, o Nobre Profeta descreveu os detalhes da batalha, e Ya'la jurou por Allah que o que havia acontecido na batalha era exatamente o mesmo que o portador das Claras Notícias (Allah o abençoe e lhe dê paz) havia descrito.[42]

De acordo com uma narração autêntica e certa, o Nobre Mensageiro (Allah o abençoe e lhe dê paz) disse:

اِنَّ الْخِلاَفَةَ بَعْدِى ثَلاَثُونَ سَنَةً ثُمَّ تَكُونُ مُلْكًا عَضُوضًا [43]
وَاِنَّ هذَا اْلاَمْرَ بَدَاَ نُبُوَّةً وَرَحْمَةً ثُمَّ يَكُونُ رَحْمَةً وَخِلاَفَةً
ثُمَّ يَكُونُ مُلْكًا عَضُوضًا ثُمَّ يَكُونُ عُتُوًّا وَ جَبَرُوتًا [44]

Assim, ele previu a duração do califado de Hassan em seis meses, e o período dos quatro divinamente guiados califas e, na sequência, a transição do califado à monarquia, e a monarquia ser atormentada por intrigas e tirania. Isso é exatamente o que ocorreu mais tarde.

Mais uma vez, de acordo com uma narração autêntica, ele declarou:

يُقْتَلُ عُثْمَانُ وَهُوَ يَقْرَاُ الْمُصْحَفَ وَاِنَّ اللهَ عَسَى اَنْ يُلْبِسَهُ قَمِيصًا وَاِنَّهُمْ يُرِيدُونَ خَلْعَهُ

"Otman será morto durante a leitura do Alcorão."[45] "Certamente, Allah vai vesti-lo com uma camisa naquele momento. Sua deposição ser-lhe-á exigida."[46] Todos esses eventos, também, aconteceram exatamente como previsto.

Ainda, de acordo com uma narração autêntica, enquanto aplicando uma ventosa no Profeta (Allah o abençoe e lhe dê paz), 'Abdullah Ibn Zubayr provou seu sangue abençoado. Então o Profeta (Allah o abençoe e lhe dê paz) disse:

وَيْلٌ لِلنَّاسِ مِنْكَ وَ وَيْلٌ لَكَ مِنَ النَّاسِ [47],

prevendo que 'Abdullah levaria os muçulmanos com bravura extraordinária, faria enfrentar ataques terríveis e que, por causa dele, eventos temíveis se abateriam sobre as pessoas. O que ele predisse aconteceu exatamente: durante o governo Omíada, 'Abdullah b. Zubayr declarou seu califado em Makka, lutou heroicamente em muitas batalhas, até que finalmente o Hajjaj Ibn Youssef, o tirano, atacou-o com uma grande força e, depois de uma batalha feroz, o ilustre herói foi martirizado.

Mais uma vez, de acordo com uma narração autêntica, ele previu o surgimento da Dinastia Omíade[48] e o governo tirânico de muitos de seus monarcas, incluindo Yazid[49] e Walid, e Mu'awiya assumindo a liderança dos muçulmanos. Ele aconselhou justiça e bondade, e disse: [50] وَاِذَا مَلَكْتَ فَاَسْجِحْ

Ele previu que a "dinastia abássida iria surgir após os Omíadas para permanecer no poder por um longo tempo", e disse: [51] يَخْرُجُ وَلَدُ الْعَبَّاسِ بِالرَّايَاتِ السُّودِ وَ يَمْلِكُونَ اَضْعَافَ مَا مَلَكُوا Todos estas previsões provaram ser verdadeiras.

De acordo com uma narração autêntica, o Nobre Mensageiro (Allah o abençoe e lhe dê paz) também disse: [52] وَيْلٌ لِلْعَرَبِ مِن شَرٍّ قَدِ اقْتَرَبَ sugerindo que os transtornos terríveis seriam causados por Genghiz e Hulagu, e a destruição do "estado Abássida". Tudo isso provou ser verdade.

De acordo com uma narração autêntica, quando Sáad b. Abi Waqqas estava gravemente doente, o Profeta (Allah o abençoe e lhe dê paz) disse a ele: [53] لَعَلَّكَ تُخَلَّفُ حَتَّى يَنْتَفِعَ بِكَ اَقْوَامٌ وَيَسْتَضِرَّ بِكَ آخَرُونَ prevendo, assim, que ele seria um grande comandante vencedor de muitas vitórias, e muitos povos se beneficiariam dele ao entrarem no rebanho do Islam, enquanto outros seriam prejudicados com a destruição de seus países por ele. Suas palavras provaram ser verdade: Sáad comandou os exércitos muçulmanos, eliminou o Império Persa e fez muitos povos alcançarem a orientação, o caminho do Islam.

Ainda de acordo com uma narração autêntica, quando o Negus, o governante abissínio, que havia aceitado a fé anterior, morreu no sétimo ano da Hégira, o profeta de Allah (Allah o abençoe e lhe dê paz) informou seus companheiros sobre o assunto e realizou as orações fúnebres para ele.[54] Uma semana mais tarde, veio a notícia que confirma a morte do Negus no mesmo dia que o Profeta (Allah o abençoe e lhe dê paz) havia predito.

De acordo com uma narração autêntica, quando o Nobre Profeta (Allah o abençoe e lhe dê paz) estava com os seus mais próximos quatro companheiros no topo do Monte Úhud ou Hirá, a montanha começou a tremer. Ele disse: [55] اُثْبُتْ فَاِنَّمَا عَلَيْكَ نَبِيٌّ وَصِدِّيقٌ وَشَهِيدٌ e predisse o martírio de Ômar, 'Otman, e 'Ali. Isso também se provou ser verdade.

Agora, ó infeliz, miserável homem sem coração, que diz que Mohammad (Allah o abençoe e lhe dê paz) era apenas uma pessoa inteligente e, em seguida, fecha os olhos para o Sol da Verdade! De todos os seus quinze tipos diferentes de milagres que você ouviu até agora, apenas uma centésima parte de uma espécie, que se refere às suas previsões, têm a certeza do "consenso significativo." Para descobrir eventos futuros por meio da própria perspicácia e, assim, ter sucesso em mesmo uma centésima parte das previsões, um homem teria que ser do mais alto grau de gênio. Mesmo que apenas o chamemos de gênio, como você o chama, poderia tal homem ter visto qualquer coisa erradamente? Ou ele poderia ter alguma vez se inclinado a relatá-la de forma errada? Não dar ouvidos à palavra de tal pessoa cem vezes mais que gênio, relativa a uma felicidade neste mundo e no próximo é, portanto, sinal de cem vezes mais loucura!

SEXTO SINAL

De acordo com uma narração autêntica, o Nobre Mensageiro (Allah o abençoe e lhe dê paz) disse a Fátima: [56] اَنْتِ اَوَّلُ اَهْلِ بَيْتِى لُحُوقاً بِي "Você vai ser a primeira da minha família a se juntar a mim [depois da minha morte]." Seis meses depois, aconteceu o que ele disse.

Ele também disse a Abu Zarr: [57] سَتُخْرَجُ مِنْ هُنَا وَتعِيشُ وَحْدَكَ وَتَمُوتُ وَحْدَكَ "Você vai ser expulso daqui [Madina], vai viver sozinho e vai morrer sozinho." Tudo isso se tornou realidade vinte anos depois.

Uma vez, quando ele despertou na casa da tia de Anas b. de Malik, Umm Haram, ele sorrindo disse: [58] رَاَيْتُ اُمَّتِى يَغْزُونَ في الْبَحْرِ كَـالْمُلُوكِ عَلَى الْاَسِرَّةَ Umm Haram solicitou: "Ore para que eu também esteja com eles", e ele disse: "Você deve estar. " Quarenta anos depois, ela acompanhou o marido, 'Ubada b. Sámit, na conquista de Chipre. Ela morreu lá, e seu túmulo, desde então, tem sido visitado pelos fiéis. Assim, o que o Mensageiro (Allah o abençoe e lhe dê paz) predisse provou ser verdade.

Ainda de acordo com uma narração autêntica, ele declarou:
يَخْرُجُ مِنْ ثَقِيفٍ كَـذَّابٌ وَمُبِيرٌ "A partir da tribo de Saquif, um mentiroso reivindicará profecia, e um tirano sanguinário aparecerá."[59] Com isso, ele deu a notícia do infame Mukhtar, que reivindicou a profecia, e do bárbaro Hajjaj, que matou cem mil pessoas.

De acordo com uma narração autêntica, ele disse:
[60] سَتُفْتَحُ الْقُسْطَنْطِينِيَّةُ فَنِعْمَ الْاَمِيرُ اَمِيرُهَا وَنِعْمَ الْجَيْشُ جَيْشُهَا Assim, ele deu a notícia de que Istambul seria conquistada por mãos muçulmanas, e que Sultão Mohammad Al Fátih, o Conquistador, atingiria um grau espiritual elevado. Sua previsão novamente provou ser verdade.

Ele também disse, de acordo com uma narração autêntica:
[61] اِنَّ الدِّينَ لَوْكَـانَ مَنُوطًا بِالثُّرَيَّا لَنَالَهُ رِجَالٌ مِنْ اَبْنَاءِ فَارِس indicando que os estudiosos incomparáveis e santos como Abu Hanifa emergiriam do Irã.

Além disso, ele predisse o Imam Chafi'i, dizendo:
[62] عَالِمُ قُرَيْشٍ يَمْلَاُ طِبَاقَ الْاَرْضِ عِلْمًا De acordo com uma narração autêntica, ele disse:

سَتَفْتَرِقُ اُمَّتِى ثَلَاثًا وَسَبْعِينَ فِرْقَةً اَلنَّاجِيَةُ وَاحِدَةٌ مِنْهَا، قِيلَ: مَنْ هُمْ
قَالَ: مَا اَنَا عَلَيْهِ وَاَصْحَابِي [63]

"Minha comunidade será dividida em setenta e três seitas, e apenas uma delas irá alcançar a salvação." Ele foi interrogado: "Quem são eles?", e ele respondeu: "Aqueles que me seguem e meus companheiros",significando os Sunitas ou *Ahl al-Sunna wal-Jama'a*.

Ele também declarou: [64] اَلْقَدَرِيَّةُ مَجُوسُ هٰذِهِ الْاُمَّةِ prenunciando o surgimento da Seita Predestinacionista (Qadariya), que seria dividida em diferentes ramos e rejeitaria a Determinação Divina ou o destino. Ele também predisse os Desertores (Rafida), que irão produzir diversas ramificações.

Ainda de acordo com uma narração autêntica, ele disse a 'Ali (que allah esteja satisfeito com ele): "Como era verdade a respeito de Jesus (a paz esteja com ele), dois grupos de pessoas perecerão por sua conta: um por causa do amor excessivo, o outro, por causa da inimizade excessiva. Os cristãos, por conta de seu profundo amor por Jesus, transgrediram os limites e chamaram-no - Allah me livre! –"O filho de Allah",[65] enquanto os judeus, por causa de sua hostilidade, foram para o outro extremo, negando a sua mensagem e virtude. Da mesma forma, alguns vão incorrer em perdas devido a sua afeição exagerada por você.[66] لَهُمْ نَبْزٌ يُقَالُ لَهُمُ الرَّافِضَةُ E alguns outros serão excessivamente hostis a você. Eles são os Kharijitas, e os partidários extremistas dos Omíades, que serão chamados Nasiba."

Pode ser perguntado aqui: O amor pela família do Profeta (Allah o abençoe e lhe dê paz) é um comando do Alcorão e foi muito incentivado por ele. O carinho dos xiitas pode, portanto, servir como uma desculpa para eles, pois um profundo afeto pode ser comparado a uma intoxicação. Por que, então, podem os xiitas, especialmente os Rafida, não se beneficiarem de seu amor, e por isso é o amor descrito pelo Profeta (Allah o abençoe e lhe dê paz) como transgressão?

A Resposta: O amor é de dois tipos:

O primeiro é amar algo ou alguém literalmente. Isso significa amar 'Ali, Hassan, Hussain e a família do Profeta, em nome de Allah e de Seu Mensageiro (Allah o abençoe e lhe dê paz). Esse tipo de amor aumenta o amor do Mensageiro (Allah o abençoe e lhe dê paz) e torna-se um meio para amar a Allah Todo-Poderoso. Assim, é permitido, e seu excesso não é prejudicial ou agressivo, nem pede censura e hostilidade para com os outros.

O segundo tipo é amor nominal, que é amar algo ou alguém em si ou para si mesmo. Nele, não se pensa do Mensageiro (Allah o abençoe e lhe dê paz), mas dedica seu amor para 'Ali por causa de sua bravura, e a Hassan e Hussain por conta de sua grandeza e qualidades sublimes, não importa se a pessoa conhece o Mensageiro (Allah o abençoe e lhe dê paz) ou reconhece Allah. Esse amor não conduz ao amor a Allah e a Seu Mensageiro (Allah o abençoe e lhe dê paz); além disso, quando em excesso, resulta em censura dos outros e inimizade para com eles. Foi por conta desse tipo de amor que essas pessoas mantiveram a distância de Abu Bakr e Ômar, e caíram na perdição. Seu amor negativo, de fato, é a fonte de infortúnio.

De acordo com uma narração autêntica do mais Nobre Mensageiro de Allah (Allah o abençoe e lhe dê paz):

إِذَا مَشَوْا الْمُطَيْطَاءَ وَخَدَمَتْهُمْ بَنَاتُ فَارِسَ وَالرُّومِ رَدَّ اللّٰهُ
بَأْسَهُمْ بَيْنَهُمْ وَسَلَّطَ شِرَارَهُمْ عَلَى خِيَارِهِمْ[67]

"Quando as moças persas e romanas os servirem, então, a calamidade e o infortúnio se abaterão sobre vocês, e suas lutas serão entre vocês, com os ímpios oprimindo os virtuosos." Depois de trinta anos, suas previsões se tornaram realidade.

Mais uma vez, de acordo com uma narração autêntica, ele declarou:

وَتُفْتَحُ خَيْبَرُ عَلَى يَدَىْ عَلِيٍّ[68] "A fortaleza de Khaybar será conquistada pela mão de 'Ali" Como um milagre de sua missão profética e além de todas as expectativas, no dia seguinte, 'Ali arrancou o portão da fortaleza de Khaybar, usando-o como escudo, e conquistou a fortaleza. Quando ele o jogou de lado após a conquista, oito homens fortes

- ou de acordo com outra versão, quarenta – tentaram levantá-lo, mas não conseguiram fazê-lo.[69]

O Nobre Mensageiro (Allah o abençoe e lhe dê paz) também previu a Batalha de Siffin entre 'Ali e Mu'awiya, dizendo:[70] لَا تَقُومُ السَّاعَةُ حَتّٰى تَقْتَتِلَ فِئَتَانِ دَعْوَاهُمَا وَاحِدَةٌ

Ele também declarou que إِنَّ عَمَّارًا تَقْتُلُهُ الْفِئَةُ الْبَاغِيَةُ "um grupo de rebeldes mataria 'Ammar."[71] Quando 'Ammar foi morto na Batalha de Siffin, 'Ali citou isso como uma prova de que os seguidores de Mu'awiya eram rebeldes, mas Mu'awiya, interpretando de forma diferente, e também 'Amr b. al-'As disse: "Os rebeldes são assassinos, nem todos nós somos rebeldes."

O Nobre Mensageiro (Allah o abençoe e lhe dê paz) também disse: إِنَّ الْفِتَنَ لَا تَظْهَرُ مَادَامَ عُمَرُ حَيًّا "Enquanto Ômar estiver vivo, nenhuma sedição entrará em erupção no meio de vocês."[72] E assim aconteceu.

Antes de aceitar a fé, Sahl b. 'Amr foi capturado em uma batalha. Ômar disse ao Mensageiro de Allah (Allah o abençoe e lhe dê paz): "Permita-me tirar-lhe os dentes, porque ele, com seu discurso eloquente, incitou os coraixitas idólatras a fazer a guerra contra nós." O Mensageiro de Allah (Allah o abençoe e lhe dê paz) respondeu: وَعَسٰى اَنْ يَقُومَ مَقَامًا يَسُرُّكَ يَاعُمَرُ[73] De fato, no momento da morte do Profeta, o que causou pânico e agitação, Sahl, com sua conhecida eloquência, acalmou-o e confortou os Companheiros em Makka com um discurso, enquanto em Madina Abu Bakr, com sua grande firmeza, estava também proferindo um discurso muito importante para confortar os companheiros. Surpreendentemente, os dois discursos foram semelhantes no que diz respeito à sua redação.

O Profeta (Allah o abençoe e lhe dê paz) disse uma vez para Suraqa: كَيْفَ بِكَ اِذَا اُلْبِسْتَ سُوَارَىْ كِسْرٰى "Você vai usar as duas pulseiras de Chosroé."[74] Chosroé foi derrotado durante o califado de Ômar. Quando as joias de Chrosoé chegaram, Ômar colocou as pulseiras em Suraqa, dizendo: اَلْحَمْدُ لِلّٰهِ الَّذِى سَلَبَهُمَا كِسْرٰى وَاَلْبَسَهُمَا سُرَاقَةَ[75] Isso confirmou o relato do Profeta (Allah o abençoe e lhe dê paz).

O Nobre Mensageiro (Allah o abençoe e lhe dê paz) também declarou: اِذَا ذَهَبَ كِسْرٰى فَلَا كِسْرٰى بَعْدَهُ "Quando Chosroé, o persa, se for, não haverá nenhum outro."[76] Então ele se foi.

Ele disse uma vez para o emissário de Chosroé: "Chosroé foi morto agora por seu filho Xirwiya Parwiz."[77] Ao investigar e descobrir que ele tinha realmente sido assassinado naquele mesmo tempo, o enviado aceitou o Islam. O nome do enviado ocorre em algumas narrações como Firuz.

De acordo com uma narração autêntica, o Nobre Mensageiro (Allah o abençoe e lhe dê paz) uma vez mencionou uma carta secreta que Khatib b. Balta'a tinha enviado para os coraixitas. Ele enviou 'Ali e Miqdad buscá-la, dizendo: "Há uma pessoa em tal e tal local com uma carta de porte de tal e tal. Peguem-na e tragam-na aqui." Eles foram e trouxeram a carta que estava exatamente no lugar que ele havia descrito. O Profeta (Allah o abençoe e lhe dê paz) convocou Khatib e perguntou por que ele tinha feito aquilo. Khatib pediu desculpas, e o Profeta (Allah o abençoe e lhe dê paz) perdoou-o.[78]

Mais uma vez, de acordo com uma narração autêntica relativa a 'Utba b. Abi Lahab, o Mensageiro de Allah (Allah o abençoe e lhe dê paz) orou: [79] يَأْكُلُهُ كَلْبُ اللهِ prevendo o terrível destino de 'Utba. No mesmo momento, em seu caminho para o Iêmen, 'Utba foi devorado por um leão. Tanto a maldição como a previsão do Profeta foram confirmadas.

Na conquista de Makka, como também está relacionado em uma narração autêntica, Bilal al-Habachi subiu para o telhado da Caaba e fez a chamada para a oração (azan), enquanto Abu Sufyan, 'Attab b. Assid e Háris b. Hicham, de entre os líderes dos coraixitas, estavam sentados juntos nas proximidades. 'Attab disse: "Meu pai teve a sorte de não testemunhar este momento." Háris disse desdenhosamente sobre Bilal: "Mohammad não encontrou alguém além deste corvo preto para fazer de mu'ezzin". Abu Sufyan disse: "Eu tenho medo de dizer qualquer coisa, porque ele vai vir a saber de tudo o que eu digo. Mesmo que ninguém o informe, as rochas desta Batha [Makka] vão fazê-lo." Em verdade, um pouco mais tarde, o Nobre Mensageiro (Allah o abençoe e lhe dê paz) encontrou-os e repetiu-lhes a sua conversa, palavra por palavra. Naquele exato momento 'Attab e Háris tornaram-se muçulmanos.[80]

Veja, negador sem coração que não reconhece o Mensageiro (Allah o abençoe e lhe dê paz)! Dois líderes teimosos dos coraixitas passaram a acreditar ao ouvirem esse único relato de seu conhecimento sobre o Invisível. Como deve ser corrompido o seu coração, para você ouvir falar de milhares de milagres que têm a certeza do "consenso significativo" como este, e ainda não está completamente satisfeito! No entanto, vamos retornar ao nosso assunto.

De acordo com uma narração autêntica, 'Abbas foi capturado pelos companheiros na batalha de Badr. Quando lhe foi pedido o resgate, ele disse que não tinha dinheiro. O Mensageiro de Allah (Allah o abençoe e lhe dê paz) disse-lhe: "Você e sua esposa Umm Fadl esconderam muito dinheiro [e ele deu a quantidade exata] em tal e tal lugar."[81] 'Abbas confirmou isso, dizendo: "Esse era um segredo conhecido apenas por nós dois", e tornou-se muçulmano.

Ainda de acordo com uma narração autêntica, um feiticeiro judeu perigoso chamado Labid uma vez inventou um feitiço forte e eficaz para assediar o Mensageiro de Allah (Allah o abençoe e lhe dê paz). Ele envolveu um fio de cabelo em torno de um pente, enfeitiçando-o, e atirou-o em um poço. O Nobre Mensageiro (Allah o abençoe e lhe dê paz) disse a seus companheiros, incluindo 'Ali, para irem e trazerem o feitiço do poço, o que fizeram, achando-o exatamente como descrito. Quando eles desembrulharam o cabelo, o Mensageiro (Allah o abençoe e lhe dê paz) sentiu alívio do desconforto.[82]

Mais uma vez, de acordo com uma narração autêntica, o Nobre Mensageiro (Allah o abençoe e lhe dê paz) uma vez deu a notícia do destino impressionante de um apóstata para um grupo que incluía pessoas tão importantes como Abu Huraira e Huzaifa, dizendo: [83] ضِرْسُ اَحَدِكُمْ فِي النَّارِ اَعْظَمُ مِنْ اُحُدٍ Abu Huraira relatou: "Eu fiquei com medo, uma vez que mais tarde apenas dois daquele grupo permaneceram, um dos quais era eu. Por fim, o outro homem foi morto na Batalha de Yamama como um dos seguidores de Musaylima."[84] A verdade da previsão do Profeta (Allah o abençoe e lhe dê paz), foi, assim, confirmada.

Foi narrada através de uma cadeia autêntica de relatos que 'Umayr e Safwan, antes de se tornarem muçulmanos, uma vez decidiram matar o mais Nobre Mensageiro (Allah o abençoe e lhe dê paz) por uma bela recompensa que tinha sido oferecida a eles. Quando 'Umayr chegou a Madina com esta intenção, o Mensageiro (Allah o abençoe e lhe dê paz) chamou-o, e, colocando a mão no peito de Umayr, disse a ele o que este tinha planejado com Safwan. 'Umayr confirmou isto e se tornou muçulmano.[85]

Assim como as mencionadas acima, muitas previsões que o Nobre Mensageiro (Allah o abençoe e lhe dê paz) deu a respeito do Invisível foram registradas nos seis mais conhecidos livros autênticos de Hadice, juntamente com as cadeias de narradores. Quanto às ocorrências relacionadas neste trabalho, elas são definidas com o grau de "consenso significativo", estando relacionadas em Bukhari e Musslim, que são aceitos pelos estudiosos como as fontes mais autênticas após o Alcorão, e nas outras coleções como Tirmizi, Nassá'i, Abu Da'ud, *Mustadrak* al- Hakim, *Musnad* Ahmad b. Hambal e *Daláil* al-Baihaqui.

Agora, negador sem pensar! Não jogue essas palavras fora, dizendo: "Mohammad, o árabe, era inteligente!" Porque as previsões precisas de Mohammad (Allah o abençoe e lhe dê paz) relativas ao Invisível não podem ser explicadas com exceção de uma das seguintes maneiras: ou você vai supor que esse ser abençoado tinha tal aguçada visão e tal gênio expansivo que ele viu e sabia do passado e do futuro de todo o mundo; ou contemplou o Oriente, o Ocidente e todo o Universo, e descobriu o que aconteceu no passado e o que vai acontecer no futuro. Essa qualidade não é para ser encontrada em um ser humano, mas se fosse para ser, com certeza seria uma maravilha, um dom concedido a ele pelo Criador do Mundo, o que seria por si só o maior dos milagres. Ou você vai acreditar nessa pessoa abençoada por ser um funcionário e um estudante de Allah sob cuja disposição e observação tudo se encontra, sob cujo comando estão todas as idades e todas as espécies e reinos de seres no cosmos, em cuja grande contabilidade está tudo registrado, para que Ele mostre e comunique ao seu aluno sempre o que desejar. Assim, Mohammad, o árabe (Allah o abençoe e lhe dê paz), instrui os outros como ele próprio foi instruído pelo Senhor da Pré-eternidade.

Está relacionado em uma narração autêntica que, quando o Profeta (Allah o abençoe e lhe dê paz) designou Khalid b. al-Walid para lutar contra Ukaydir, o chefe da Dumat al-Jandal, ele informou Khalid إِنَّكَ تَجِدُهُ يَصِيدُ الْبَقَرَ que ele iria encontrar Ukaydir em uma caça ao boi selvagem,[86] e que ele seria capturado sem resistência. Khalid capturou Ukaydir exatamente dessa maneira.

De acordo com uma narração autêntica, quando os coraixitas penduraram na parede da Caaba uma folha em que foram escritas palavras contra os Bani Háchim, o Profeta (Allah o abençoe e lhe dê paz) disse-lhes: "Cupins comeram a folha, exceto as partes tendo os Nomes de Allah."[87] Eles examinaram a folha e a encontraram na mesma condição como tinha sido descrito.

De acordo com uma narração autêntica, o Nobre Mensageiro (Allah o abençoe e lhe dê paz) disse: "Haverá uma grande epidemia durante a conquista de Jerusalém."[88] Quando Jerusalém foi conquistada durante o califado de Ômar, uma epidemia generalizada causou, em três dias, a morte de cerca de setenta mil pessoas.

Mais uma vez, de acordo com uma narração autêntica, o Profeta (Allah o abençoe e lhe dê paz) previu que Basra[89] e Bagdá viriam a existir, cidades que, na época, ainda não tinham sido fundadas, que o tesouro do mundo entraria em Bagdá,[90] e que os turcos e as pessoas que vivem nas margens do Mar Cáspio iriam fazer a batalha com os árabes e que a maioria delas, mais tarde, entraria no rebanho do Islam,[91] e que, entre os árabes, eles viriam para dominá-los. Ele disse:

يُوشِكُ اَنْ يَكْثُرَ فِيكُـمُ الْعَجَمُ يَاْكُلُونَ فَيْئَكُمْ وَيَضْرِبُونَ رِقَابَكُـمْ [92]

Ele também disse: هَلَاكُ اُمَّتِى عَلى يَدِ اُغَيْلِمَةٍ مِنْ قُرَيْشٍ [93] sugerindo a desordem causada pelos líderes ímpios dos Omíadas, como Walid e Yazid.

Ele, além disso, previu que a apostasia teria lugar em áreas como Yamama.[94]

Durante a famosa Batalha de Khandaq, ele declarou:

اِنَّ قُرَيْشًا وَالْاَحْزَابَ لَا يَغْزُونِي اَبَدًا وَاَنَا اَغْزُوهُمْ "De agora em diante, vou fazer assaltos aos coraixitas e a seus confederados, não eles a mim."[95] Isso também foi verificado.

De acordo com uma narração autêntica, ele disse, alguns meses antes de sua morte:

اِنَّ عَبْدًا خُيِّرَ فَاخْتَارَ مَا عِنْدَ اللّٰهِ [96]

Sobre Zayd b. Suwahan, ele disse: يَسْبِقُ عُضْوٌ مِنْهُ اِلَى الْجَنَّةِ [97] Na Batalha de Nihawand, uma de suas mãos foi martirizada e, em vigor, atingiu o céu pela primeira vez.

Os incidentes até agora mencionados, referentes às previsões relativas ao Invisível, compreendem apenas um de seus dez tipos diferentes de milagre. No entanto, desse tipo, sozinho, não temos sequer mencionado um décimo. Além do que é mencionado aqui, quatro tipos gerais de milagres relativos às previsões do Invisível foram descritos brevemente na Vigésima Quinta Palavra, que é sobre o milagre do Alcorão. Agora, considere os tipos mencionados aqui, juntamente com os quatro extensos tipos comunicados do Invisível pela língua do Alcorão, você vai ver quão conclusivas, indiscutíveis, exatas, brilhantes e firmes provas de sua mensagem eles formam. De fato, qualquer pessoa, cujo coração e mente não são corrompidos, com certeza acredita que Mohammad (Allah o abençoe e lhe dê paz) foi o Mensageiro do Glorioso, que é o Criador de todas as coisas, o Onisciente do Invisível, e recebeu conhecimento d'Ele.

SÉTIMO SINAL

Iremos dar neste Sinal alguns exemplos dentre os milagres do Profeta (Allah o abençoe e lhe dê paz) que se relacionam com o aumento da quantidade de alimentos e que são definidos com o grau de "consenso significativo." Mas, antes de entrar no assunto, alguns comentários introdutórios serão apropriados.

Introdução: Cada um dos seguintes exemplos de milagres é narrado, como autêntico, através de várias - às vezes até dezesseis - cadeias de transmissão. A maioria deles ocorreu na presença de grandes reuniões e foram narradas por muitas pessoas sinceras e de boa reputação entre os presentes. Por exemplo, um dos setenta homens que participaram de quatro punhados de comida e ficaram satisfeitos,[98] narrou o incidente e os outros não o contradisseram. Seu silêncio indica, portanto, a sua confirmação. Uma vez que aquela era veraz, os companheiros, que eram amantes da verdade, sinceros e honestos, se vissem a mais ínfima mentira, teriam-na rejeitado e negado. Mas os incidentes que estamos citando foram narrados por muitos, e os outros que os testemunharam permaneceram em silêncio. Assim, cada um desses incidentes tem a certeza do "consenso significativo."

Além disso, livros de história e da biografia do Profeta (Allah o abençoe e lhe dê paz) testemunham que, ao lado da preservação do Alcorão e de seus versículos, os Companheiros trabalharam com todas as suas forças para preservar os atos e as palavras do mais Nobre Mensageiro de Allah (Allah o abençoe e lhe dê paz), especialmente os relativos às injunções da Chari'a e aos milagres, prestando atenção extrema à sua precisão. Eles nunca negligenciariam até mesmo o mais ínfimo aspecto de sua conduta, suas ações e seus estados. O fato de que eles registraram todos eles é testemunhado por livros de Hadice.

Além disso, na era da bênção, eles escreveram e registraram muitos dos Ahadice relativos às injunções da Lei e seus milagres.

Os Sete 'Abdullah,[99] em particular, registraram-nos por escrito. Especialmente 'Abdullah b. al-'Abbas, conhecido como o intérprete do Alcorão, e 'Abdullah b. 'Amr b. al-'As cerca de trinta a quarenta anos mais tarde, e os milhares de exigentes estudiosos da geração que seguiram os Companheiros registraram os Hadices e milagres por escrito. Ainda mais tarde, principalmente os quatro grandes intérpretes da Lei e milhares de exigentes estudiosos do Hadice relacionaram-nos e preservaram-nos por escrito. Em seguida, 200 anos depois da Hégira, acima de tudo Bukhari e Musslim e os seis livros aceitos de tradição assumiram o dever de sua preservação. Muitos críticos graves, como Ibn al-Jawzi, surgiram e identificaram relatos falsos que tinham sido produzidos por negadores, irracionais, ignorantes, ou aqueles que os haviam recolhido indevidamente. Mais tarde, instruídos e exigentes estudiosos como Jalal al-Din al-Suyuti, que setenta vezes foi homenageado em um estado de vigília pela presença e conversação com o Nobre Mensageiro de Allah (Allah o abençoe e lhe dê paz), diferenciou os diamantes de autênticas tradições de outros dizeres e fabricações.

Assim, os incidentes e milagres sobre os quais vamos falar chegaram até nós através de numerosos, talvez incontáveis, fortes e confiáveis mãos, e chegaram até nós em boas condições.[100] اَلْحَمْدُ لِلّٰهِ هٰذَا مِنْ فَضْلِ رَبي É por essa razão que não deve passar pela mente de alguém que esses incidentes foram distorcidos ou confundidos de alguma maneira ou alguma forma desde aquele tempo até o presente.

Primeiro Exemplo de milagres definitivos sobre o Profeta (Allah o abençoe e lhe dê paz) quanto ao aumento de alimentos através de sua bênção. Os seis livros precisos de tradição, Bukhari e Musslim incluídos, relacionam, por unanimidade, que, durante a festa por ocasião do casamento do Nobre Mensageiro (Allah o abençoe e lhe dê paz) com Zaynab, a mãe de Anas, Umm Sulaym, preparou um prato fritando dois punhados de tâmaras em óleo e enviou-o com Anas ao Mensageiro (Allah o abençoe e lhe dê paz). O Mensageiro (Allah o abençoe e lhe dê paz) lhe disse: "Vá e convide tal e tal pessoa (nomeou algumas pessoas), e também convide quem você encontrar no caminho." Anas convidou os nomeados e os que encontrou. Cerca de trezentos Companheiros vieram e encheram a sala e antessala do Mensageiro (Allah o abençoe e lhe dê paz). Ele disse: تَحَلَّقُوا عَشَرَةً عَشَرَةً "Façam círculos de dez." Ele colocou a mão abençoada em pouca quantidade de comida, proferiu súplicas e disse-lhes para se servirem. Todos eles comeram e ficaram totalmente satisfeitos. Depois disso, o Mensageiro (Allah o abençoe e lhe dê paz) pediu a Anas para remover a comida. Anas relatou mais tarde: "Eu não sabia dizer se havia mais quando eu a servi, ou quando a retirei."[101]

Segundo Exemplo: Abu Ayyub al-Ansari, (que Allah esteja satisfeito com ele) anfitrião do Profeta, relatou que, quando o Nobre Mensageiro (Allah o abençoe e lhe dê paz) honrou sua casa, ele tinha preparado uma refeição para dois, o que seria suficiente para o Mensageiro (Allah o abençoe e lhe dê paz) e Abu Bakr. Porém, o Mensageiro (Allah o abençoe e lhe dê paz) disse-lhe: [102] أُدْعُ ثَلَاثِين مِنْ اَشْرَافِ الأَنْصَارِ Abu Ayyub disse: "Trinta homens vieram e comeram". Ele então disse: [103] أُدْعُ سِتِّينَ o que eu fiz, e eles também vieram e comeram. O Profeta (Allah o abençoe e lhe dê paz) disse de novo: [104] أُدْعُ سَبْعِينَ "Convidei-os; eles vieram, e quando terminaram de comer, ainda havia comida deixada nas tigelas. Todos os que abraçaram o Islam vieram e prestaram o juramento de fidelidade depois de testemunhar esse milagre. Cento e oitenta homens comeram a comida de dois homens."[105]

Terceiro Exemplo: Foi relatado por muitas cadeias de transmissão de Ômar b. al-Khattab, Abu Huraira, Salama b. Akwa', Abu' Amrat al-Ansari e outros que, em uma expedição, o exército passou fome. Eles se queixaram ao Nobre Mensageiro (Allah o abençoe e lhe dê paz), e ele lhes disse: "Reúna o alimento deixado em seus alforjes." Todo mundo trouxe algumas tâmaras e elas foram colocadas em uma esteira. Quem trouxe mais trouxe quatro punhados. Salama relatou: "Eu estimo que o recolhido fosse o equivalente ao tamanho de uma cabra deitada." Em seguida, o Nobre Mensageiro (Allah o abençoe e lhe dê paz) suplicou por bênção e anunciou: "Que toda a gente traga o seu prato." Eles se adiantaram, e ninguém em todo o exército ficou com o prato vazio, todos os pratos ficaram cheios. Houve até alguma sobra. Um dos companheiros mais tarde disse: "Eu percebi, a partir da forma do aumento obtido que, se o mundo inteiro tivesse vindo, a comida ainda teria sido suficiente."[106]

Quarto Exemplo: Conforme registrado em todos os seis livros, incluindo Bukhari e Musslim, 'Abd al-Rahman b. Abu Bakr al-Siddiq relatou: "Nós, cento e trinta companheiros, estávamos com o Nobre Mensageiro (Allah o abençoe e lhe dê paz) em uma expedição. Cerca de quatro punhados de massa foram preparados e uma cabra foi abatida e cozida, e seu fígado e rins assados. Eu juro por Allah que, a partir daquela carne assada (fígado e rins), o Mensageiro de Allah (Allah o abençoe e lhe dê paz) deu um pequeno pedaço para cada um e colocou a carne cozida em duas tigelas grandes. Depois de termos comido até nos satisfazermos, ainda havia alguma sobra, que eu carreguei em um camelo."[107]

Quinto Exemplo: Como está registrado nos seis livros, Jábir al-Ansari relatou sob juramento: "Durante a expedição de *Ahzab* (dos Partidos), no dia célebre de *Khandaq* (Trincheira), cerca de mil pessoas comeram quatro punhados de pão de centeio e um cabrito cozido; ainda sobrou comida. Naquele dia, a comida tinha sido preparada em minha casa, e depois das mil pessoas terem se alimentado e ido embora, o pote ainda estava fervendo com carne nele, e pão estava sendo feito a partir da massa, pois o Nobre Mensageiro (Allah o abençoe e lhe dê paz) tinha molhado a massa e o pote com a boca abençoada, suplicando a Allah pela abundância."[108] Jábir narrou esse milagre abençoado com juramento, a presença de mil pessoas, relacionados ao evento, portanto, é correto dizer que ele é um acontecimento efetivo como se fosse narrado por mil pessoas.

Sexto Exemplo: De acordo com uma narração autêntica de Abu Tal-ha, o tio de Anas, que serviu o Mensageiro de Allah (Allah o abençoe e lhe dê paz), o Mensageiro alimentou de setenta a oitenta homens com uma pequena quantidade de pão de centeio que Anas tinha trazido debaixo do braço. O Mensageiro (Allah o abençoe e lhe dê paz) ordenou: "Partem o pão em pedaços pequenos!", e orou por aumento. Como a casa era pequena, eles vieram de dez, a cada vez, e ficaram satisfeitos.[109]

Sétimo Exemplo: Relaciona-se como autêntico em livros precisos, como *al-Chifáal-Charif* e Musslim, que Jábir al-Ansari narrou: "Uma vez, um homem pediu ao Nobre Mensageiro (Allah o abençoe e lhe dê paz) alimentos para a sua casa. O Mensageiro (Allah o abençoe e lhe dê paz) deu-lhe meia carga de cevada. Por um longo tempo ele comeu da cevada, juntamente com sua família e convidados. De vez em quando eles davam uma olhada nela, mas nunca terminava. Em seguida, eles mediram-na para ver o quanto ela tinha diminuído. Depois que a bênção da abundância desapareceu, a cevada começou a diminuir rapidamente. O homem foi ter com o Mensageiro (Allah o abençoe e lhe dê paz) e disse a ele o que tinha acontecido. Ele respondeu:
لَوْ لَمْ تَكِلْهُ لاَكَـلْتُهْ مِنْهُ وَلَقَامَ بِكُمْ "Se você não a tivesse testado, ela teria durado o tempo de vida."[110]

Oitavo Exemplo: De acordo com os livros precisos como Tirmizi, Nassá'i, Bayhaqui, e *al-Chifáal-Charif*, Samura b. Jundub relatou que uma tigela de carne foi trazida para o Nobre Mensageiro (Allah o abençoe e lhe dê paz). De manhã à noite, muitos grupos de homens vieram e comeram dela.[111]

Como explicamos na introdução desta seção, esta não é a narração de Samura sozinho, já que ele narrou o incidente em nome de todos os presentes, e com a sua aprovação.

Nono Exemplo: Ele também é narrado por estudiosos seguros e confiáveis, tais como o conhecido autor de *al-Chifá al-Charif*, Ibn Abi Chaiba e Tabarani, que Abu Huraira relatou: "O Nobre Mensageiro (Allah o abençoe e lhe dê paz) me mandou convidar os migrantes pobres de Makka *ahlu As-Suffa*[112] que fizeram da mesquita sua casa e que somavam mais de uma centena." Então eu fui a procura deles, e me juntei a eles. Uma bandeja de comida foi colocada diante de nós, e comemos tanto quanto queríamos; então nos levantamos. A bandeja estava tão completa quanto estava quando foi colocada à disposição; havia apenas marcas de dedos na comida.[113]

Assim, esse incidente foi relatado por Abu Huraira em nome de todas as pessoas da Suffa, apoiados pela sua confirmação. Dessa forma, o incidente é tão preciso como se todas as pessoas da Suffa o relatassem. É todo possível que, se não tivesse sido verdade, aqueles homens verazes e de perfeição teriam permanecido em silêncio e não negado isso?

Décimo Exemplo: De acordo com uma narração autêntica, 'Ali, o Nobre Mensageiro (Allah o abençoe e lhe dê paz) uma vez reuniu os Bani' Abd al-Muttalib. Eram cerca de quarenta pessoas, incluindo alguns que poderiam comer um jovem camelo e beber um galão de leite em uma refeição. No entanto, ele havia preparado para eles apenas um punhado de comida. Todos comeram e ficaram saciados, e a comida permaneceu tal como tinha sido antes. Mais tarde, ele trouxe o leite em uma tigela de madeira que teria sido suficiente para apenas três ou quatro pessoas. Todos beberam até se satisfazerem,[114] e continuou como se não tivessem bebido dele.

Um milagre de abundância, definido como coragem e lealdade de 'Ali!

Décimo Primeiro Exemplo: De acordo com uma narração autêntica, por ocasião do casamento de 'Ali e Fátima al-Zahrá, o Nobre Mensageiro (Allah o abençoe e lhe dê paz) ordenou a Bilal al-Habachi: "Faze pão de um punhado de farinha; também abate um jovem camelo." Bilal relatou: "Eu trouxe a comida e ele colocou a mão sobre ela para abençoá-la. Mais tarde, os companheiros chegaram em grupos, comeram e foram embora. Então ele fez prece para abençoar a comida restante, e enviou uma tigela cheia para cada uma de suas puras esposas, dizendo que elas deveriam comer e alimentar qualquer um que as visitasse."[115]

Tal abundância abençoada era de fato necessária para um casamento tão abençoado!

Décimo Segundo Exemplo: Imam Já'far al-Sadiq relatou de seu pai Mohammad al-Baquir, e este do seu pai, Zayn al-'Abidin, e este de 'Ali, que Fátima al-Zahrá tinha preparado comida suficiente para si mesma e 'Ali. Ela, então, enviou 'Ali para convidar o Nobre Mensageiro (Allah o abençoe e lhe dê paz) para vir e comer com eles. O Mensageiro de Allah (Allah o abençoe e lhe dê paz) veio e disse-lhes para enviar um prato de comida para cada uma de suas esposas. Fátima disse que depois de um prato de comida ter sido reservado para ela mesma, 'Ali, Fátima, e seus filhos levantaram a tampa da panela e ela estava cheia a ponto de transbordar. Pela vontade de Allah, eles comeram da comida por um longo tempo depois.[116]

Por que você não acredita nesse milagre de crescimento, como se você o tivesse testemunhado com os seus próprios olhos, uma vez que se trata desta cadeia luminosa, elevada, de transmissão? O próprio Satanás não poderia encontrar nenhuma desculpa em face de negá-lo.

Décimo Terceiro Exemplo: Autoridades verazes, como Abu Da'ud, Ahmad b. Hambal e Bayhaqui, narraram a partir Dukayn al-Ahmasi b. Sa'id al-Muzayn e, a partir Nu'man b. Muqarrim al-Ahmasi al-Muzayn, que, com seus seis irmãos foi homenageado com a conversa do Profeta (Allah o abençoe e lhe dê paz) e era um companheiro, e por meio de Jarir, através de numerosas cadeias de transmissão de Ômar b. al-Khattab, que o Nobre Mensageiro de Allah (Allah o abençoe e lhe dê paz) ordenou a Ômar b. al- Khattab: "Equipa quatrocentos cavaleiros da tribo Ahmasi com provisões para uma jornada." Ômar respondeu: "Ó Mensageiro de Allah! O que temos na mão é o equivalente a um jovem camelo sentado." O Mensageiro (Allah o abençoe e lhe dê paz) disse: "Vá e dê a eles." Então ele foi e, fora daquela metade da carga de tâmaras, deu aos quatrocentos cavaleiros provisões suficientes! E ele afirmou que ela permaneceu como antes, sem diminuir.[117]

Assim, este milagre de abundância ocorreu em conexão com quatrocentos homens e com Ômar, em particular. Esses homens estão por trás das narrações, apoiando-os, e seu silêncio confirma-as. Não ignore essas narrações, porque elas são relatadas só por alguns indivíduos, pois se o incidente só fosse relatado por um único indivíduo, ele ainda teria a certeza do "consenso significativo."

Décimo Quarto Exemplo: Todos os livros precisos de tradição, e acima de tudo Bukhari e Musslim, narraram que, quando o pai de Jábir morreu, ele tinha muitas dívidas. Seus credores eram judeus. Jábir ofereceu a todos os credores posses de seu pai, mas eles não as aceitaram. O fruto produzido por seu pomar durante muitos anos teria sido insuficiente para cobrir a dívida. O Nobre Mensageiro (Allah o abençoe e lhe dê paz) disse: "Escolhe e reúne todas as frutas no pomar!" Eles fizeram isso, então o Nobre Mensageiro (Allah o abençoe e lhe dê paz) andou em torno da colheita e suplicou. Então Jábir pagou a partir do valor correspondente à dívida de seu pai. O que restava era tanto como a produção anual do pomar. E, de acordo com outra narração, era igual ao montante que ele deu aos credores. Os judeus ficaram admirados e espantados com aquilo.[118]

Veja-se, esse milagre claro de plenitude não só foi relatado por alguns narradores como Jábir; muitas pessoas ligadas a ele descreveram-no e narraram-no, dando-lhe, assim, o grau de "consenso significativo."

Décimo Quinto Exemplo: estudiosos exatos, e, acima de tudo, Tirmizi e Imam Bayhaqui, relataram por meio de uma cadeia autêntica das autoridades, baseados em Abu Huraira, que disse: "Durante uma expedição - a de Tabuk, de acordo com outra narração - o exército passou fome. O Nobre Mensageiro (Allah o abençoe e lhe dê paz) perguntou: هَلْ مِنْ شَيْءٍ "Não há nada?" Eu disse: "Eu tenho uma ou duas tâmaras na minha sela-saco." - De acordo com outra narração, ele tinha quinze tâmaras. Ele disse: "Traga-as aqui!" Levei-as para ele, e ele mergulhou a mão abençoada nelas e pegou um punhado. Ele colocou-as em um prato e ofereceu uma súplica para o seu aumento. Em seguida, ele chamou os homens em grupos de dez e todos comeram delas. Então ele disse:
خُذْمَا جِئْتَ بِهِ وَاقْبِضْ عَلَيْهِ وَلَا تَكُبَّهُ[119] Eu coloquei minha mão no saco: havia tantas tâmaras quanto eu tinha trazido. Mais tarde, durante o tempo de vida do Profeta (Allah o abençoe e lhe dê paz) e as de Abu Bakr, Ômar, e Otman, eu comi dessas tâmaras."- É narrado através de outra cadeia de transmissão: "Eu dei várias cargas dessas tâmaras para serem usadas pela causa de Allah".

Mais tarde, o saco contendo as tâmaras foi saqueado quando 'Otman foi assassinado.

Abu Huraira foi aluno e discípulo constante e importante entre os povos da Suffa, a escola sagrada, o asilo do Mestre do Universo, o Orgulho do Mundo (Allah o abençoe e lhe dê paz). Além disso, esse Professor (Allah o abençoe e lhe dê paz) tinha orado por sua força de memória. O milagre da plenitude ele relatou contando que este ocorreu em um grande encontro como a expedição de Tabuk e deve, portanto, ser tão sólido e determinado como a palavra de um exército inteiro.

Décimo Sexto Exemplo: Acima de tudo Bukhari, e os livros autênticos, relacionam através de uma linha de transmissão autêntica que uma vez Abu Huraira estava com fome, então ele foi ter com o Nobre Mensageiro (Allah o abençoe e lhe dê paz) até sua casa. Lá eles viram que um copo de leite tinha sido trazido como presente. O Mensageiro de Allah (Allah o abençoe e lhe dê paz) disse-lhe: "Chama todos os adeptos da Suffa". Abu Huraira relatou: "Eu disse a mim mesmo, eu poderia beber todo o leite, já que eu estava mais necessitado dele. Mas como era a ordem do Mensageiro de Allah (Allah o abençoe e lhe dê paz), fui buscar o Povo da Suffa, que somava mais de uma centena. O Mensageiro de Allah (Allah o abençoe e lhe dê paz) me disse para oferecer-lhes o leite. Eu dei a taça a um de cada vez, e todos beberam até ficarem satisfeitos. No final, o Mensageiro (Allah o abençoe e lhe dê paz) me disse:
بَقِيتُ اَنَا وَاَنْتَ فَاشْرَبْ[120] Como eu bebi, o Mensageiro (Allah o abençoe e lhe dê paz) de Allah ficava me dizendo para beber mais, até que eu disse: "Juro pelo Glorioso que o

enviou com a verdade que eu estou muito cheio para beber mais." Então, o Mensageiro de Allah (Allah o abençoe e lhe dê paz) bebeu o resto, invocando o nome de Allah e oferecendo- Lhe graças. "Que seja bom proveito para ele, cem mil vezes!"

Esse indubitável milagre manifesto, tão puro e doce como o leite, em si, é relatado por todos os seis livros com suas narrações corretas, e acima de tudo por Bukhari, que memorizou quinhentos mil Hadices. Além disso, é narrado por um estudante célebre, leal e brilhante da escola abençoada do Profeta (Allah o abençoe e lhe dê paz), Abu Huraira, que também é citado como testemunha - representando todos os outros alunos da Suffa. Portanto, não considerar esse relato como tendo a certeza do "consenso", ou o coração de alguém deve estar corrompido, ou o cérebro, destruído!

É de tudo possível que uma pessoa tão verdadeira como Abu Huraira, que dedicou toda a sua vida aos Hadices do Profeta (Allah o abençoe e lhe dê paz) e à religião, e que ele mesmo ouviu e transmitiu o Hadice: [121] وَمَنْ كَذَبَ عَلَىَّ مُتَعَمِّدًا فَلْيَتَبَوَّأْ مَقْعَدَهُ مِنَ النَّارِ pudesse relatar um incidente ou dito infundado para ser o alvo de refutação do Povo da Suffa, e que causaria dúvida sobre o valor e a solidez de todos os outros Hadices que ele tinha memorizado? Allah nos livre!

Ó Senhor nosso! Pelas bênçãos com que agraciaste o Teu mais nobre Mensageiro (Allah o abençoe e lhe dê paz), concede bênçãos de abundância aos favores materiais e espirituais que nos forneceste!

Um ponto importante: É bem sabido que, quando montadas juntas, as coisas fracas se tornam fortes. Finos fios são trançados e se tornam uma corda forte; cordas fortes são enroladas juntas e ninguém pode quebrá-las. Neste Sinal, mostramos dentre quinze tipos diferentes de milagres só um relacionado com as bênçãos de aumento e abundância, e os dezesseis exemplos que demos constituem 1/15 dessa mesma espécie. No entanto, cada um dos exemplos citados é uma prova em si, com força suficiente para provar a profecia. Mesmo que alguns deles - supondo o impossível - fossem considerados fracos, eles ainda podem não ser corretamente chamados de tal, uma vez que tudo o que está unido com o forte também se torna forte.

Quando considerados em conjunto, os dezesseis exemplos dados acima constituem um grande e poderoso milagre por força do definitivo, indiscutível "consenso significativo." E quando esse milagre é acompanhado por outros quatorze milagres de abundância que não foram mencionados, manifesta-se o supremo milagre que é tão indestrutível como um conjunto de cordas fortes. Agora, adicione esse milagre supremo aos catorze outros tipos de milagre e veja uma prova definitiva, decisiva e irrefutável que prevê a profecia de Mohammad (Allah o abençoe e lhe dê paz)! Assim, o pilar do Profeta Mohammad (Allah o abençoe e lhe dê paz), formado por tal conjunto, tem a força de uma montanha. Agora você já entendeu como é irracional considerar como instável e provável cair aquele elevado céu firme devido a dúvidas decorrentes da falta de entendimento em assuntos particulares e exemplos. Certamente esses milagres em matéria de aumento e abundância mostram que Mohammad, o árabe, (Allah o abençoe e lhe dê paz) era o oficial amado e servo honrado do Todo-Compassivo e Munificente, que cria toda a sustentação e fornece a todos os seres com ela; ao contrário à Sua prática, Ele enviou-lhe banquetes de diferentes variedades de alimentos a partir do nada, do puro Invisível.

É bem sabido que a Península Arábica é um lugar onde a água e a agricultura são escassas. Por essa razão, o seu povo, e particularmente os companheiros nos primeiros dias do Islam, sofreram falta e escassez. Eles também eram frequentemente atingidos pela sede. Por causa disso, muitos importantes milagres evidentes de Mohammad (Allah o abençoe e lhe dê paz) foram relacionados a alimentos e água. Em vez de serem milagres par provar a sua pretensão de ser Profeta, essas maravilhas ficaram por conta da necessidade e como dons divinos, generosidade dominical e banquetes do Misericordiosíssimo para o Seu mais Nobre Mensageiro (Allah o abençoe e lhe dê paz). Os que viram os milagres já haviam concordado com a sua missão profética. No entanto, como os milagres aconteceram, sua crença aumentou e tornou-se mais luminosa.

OITAVO SINAL

Esta seção descreve os milagres que foram manifestados em conexão com a água.

Introdução: Sabe-se que quando os eventos que ocorrem entre grupos de pessoas estão relacionados individualmente e não desmentidos por outros, eles indicam a veracidade dos relatos. Em virtude da sua própria natureza, o homem é inclinado a chamar uma mentira de mentira. Em particular, uma vez as pessoas em questão eram os Companheiros, que eram os mais intolerantes às mentiras do que quaisquer outras pessoas, se os incidentes dizem respeito ao Nobre Mensageiro de Allah (Allah o abençoe e lhe dê paz), e se o narrador era um renomado Companheiro, então certamente o narrador dá o seu relato, em nome de todos os que testemunharam o incidente. No entanto, todos os milagres que envolvem água que citaremos a seguir foram transmitidos através de muitos canais, confirmados por muitos companheiros para milhares de estudiosos precisos da geração seguinte, que, por sua vez, passaram-nos corretamente para os grandes intérpretes da Lei do segundo século. Eles receberam-nos com toda a seriedade e a reverência, aceitaram-nos, em seguida, entregaram-nos aos estudiosos exigentes dos séculos seguintes. Assim, as tradições chegaram ao nosso tempo, passando por mãos fortes e confiáveis. Além disso, os textos dos Hadices escritos na Era da Bênção, a era do Profeta, foram proferidos em forma exata até que chegaram aos estudiosos brilhantes da ciência do Hadice como Bukhari e Musslim. E eles, por meio de exame meticuloso e classificação, reuniram aqueles que foram, sem dúvida, autênticos, e os apresentaram e os ensinaram a nós.

جَزَاهُمُ اللهُ خَيْرًا كَثِيرًا [122]

Assim, em relação ao fluxo da água dentre os dedos do Mensageiro de Allah (Allah o abençoe e lhe dê paz) , muitos homens que beberam dela têm a certeza do "consenso". É impossível que o conjunto que a narrou teria concordado com uma mentira. O milagre é mais definitivo. Além disso, foi repetido três vezes na presença de três conjuntos de pessoas. Um grande número de estudiosos precisos, principalmente, Bukhari, Musslim, Imam Málik, Imam Chu'ayb, e Imam Qatada registraram a partir de narrações definitivamente autênticas de um grande número dos Companheiros bem conhecidos, principalmente os servos do Profeta (Allah o abençoe e lhe dê paz), Anas, Jábir e Ibn Mass'ud, como água abundante fluiu dentre seus dedos e o exército bebeu dela. Vamos citar aqui apenas nove exemplos de inúmeras narrações sobre este tipo de milagre.

Primeiro Exemplo: Livros autênticos de tradição, em particular Bukhari e Musslim, relatam-no a partir de uma narração autêntica de Anas: "Cerca de três centenas de nós estávamos juntos com o Nobre Mensageiro de Allah (Allah o abençoe e lhe dê paz) no lugar chamado Zawra. Ele ordenou-nos realizarmos a ablução para a *salatul 'Asr*, mas não conseguíamos encontrar água. Assim, ele nos disse para trazer um pouco de água, o que fizemos, e ele molhou as mãos auspiciosas nela. Eu vi a água fluir dentre seus dedos como de uma fonte. Seus trezentos homens realizaram a ablução com a água e beberam dela."[123]

Anas relatou este incidente em nome de trezentos homens. É possível que essas três centenas de pessoas não concordassem nisso, ou em caso de sua não concordância com isso, não o teriam negado?

Segundo Exemplo: Como narrado em livros autênticos, e acima de tudo Bukhari e Musslim, Jábir b. 'Abdullah al-Ansari disse: "Nós estávamos, mil e quinhentos homens, na expedição de Hudaybiyya, e estávamos com sede. O Nobre Mensageiro (Allah o abençoe e lhe dê paz) realizou as abluções com a água de um odre chamado de *quirba*, então mergulhou a mão nele. Eu vi a água fluir dentre seus dedos como de uma fonte. Os mil e quinhentos homens beberam dela e encheram os odres". Uma vez, Salim b. Abi'l-Ja'd perguntou a Jábir: "Quantos de vocês estavam lá?" Ele respondeu: "A água teria sido suficiente, mesmo se houvesse cem mil pessoas, mas éramos mil e quinhentos."[124]

Vemos que os narradores desse claro milagre têm onúmero efetivo de um mil e quinhentos, quanto ao significado, porque é da natureza do homem rejeitar as mentiras. Quanto aos Companheiros, que sacrificaram as suas tribos, povos, os seus pais e mães, suas vidas e tudo o que possuíam para o bem da verdade e veracidade, não poderiam ter permanecido em silêncio diante de uma mentira, especialmente à luz da advertência dada pela tradição: "Quem conscientemente diz uma mentira a meu respeito deve se preparar para um assento no Fogo do Inferno." Uma vez que eles permaneceram em silêncio a respeito desse relato, eles o aceitaram, com efeito, juntaram-se a Jábir, e o confirmaram.

Terceiro Exemplo: Mais uma vez como relacionado nos livros autênticos de Hadice e, acima de tudo, Bukhari e Musslim, Jábir relatou: "Durante a expedição de Buwat, o Nobre Mensageiro (Allah o abençoe e lhe dê paz) ordenou: نَادِ بِالْوُضُوءِ "Chamada para a ablução!" Eles disseram que não havia água. Ele disse: "Encontrem uma pequena quantidade!" Trouxemos uma quantidade muito pequena. Ele estendeu a mão sobre a água enquanto recitava algo que eu não podia ouvir, e depois ordenou: رِدْنَابِجَفْنَةِالرَّكْبِ "Tragam a grande tina da caravana." Eles trouxeram-na para mim e eu a coloquei ante o Mensageiro de Allah (Allah o abençoe e lhe dê paz). Ele colocou as mãos na tina e abriu os dedos. Eu derramei uma quantidade de água muito pequena em suas mãos abençoadas, e vi que água abundante estava fluindo dentre seus dedos abençoadas e encheu a tina. Então eu convoquei aqueles que precisavam de água. Quando todos tinham realizado as abluções com a água e bebido dela, eu disse ao Nobre Mensageiro (Allah o abençoe e lhe dê paz) que não havia mais ninguém. Ele ergueu as mãos, deixando a tina completamente cheia até a borda."[125]

Esse claro milagre de Mohammad (Allah o abençoe e lhe dê paz) tem a certeza do "consenso significativo", pois uma vez que Jábir foi destaque na matéria, ele tinha o direito de contá-la e proclamá-la em nome de todos os outros, porque naquela época era servo do Profeta. O anúncio pertence por isso a ele. Ibn Mass'ud se refere exatamente à mesma coisa em sua narração: "Eu vi a água fluir dentre os dedos do Mensageiro de Allah (Allah o abençoe e lhe dê paz) como de uma nascente."[126] Se um conhecido grupo veraz de Companheiros compostas de Anas, Jábir e Ibn Mass'ud disseram: "Vi isso", seria possível que eles não tivessem visto isso? Agora combine estes três exemplos e veja quão poderoso e manifesto o milagre foi, e como, se as três cadeias de transmissão são combinadas, isso prova o fluxo da água de seus dedos como "verdadeiro consenso."

De fato, mesmo Moisés fazendo brotar água de doze lugares diferentes de uma rocha não pode ser equiparado com a água que fluiu a partir dos dez dedos de Mohammad, porque a água pode brotar da rocha - exemplos são comuns - mas não há equivalente, ou paralelo, à água correr em abundância, como da fonte de Kauçar, de carne e osso.

Quarto Exemplo: Acima de tudo, Imam Málik, em seu livro estimado, Muwatta', relata do famoso Companheiro Moaz b. Jabal: "Durante a expedição de Tabuk nos deparamo-nos com uma fonte que fluía escassamente como um pedaço de corda fina. O Nobre Mensageiro (Allah o abençoe e lhe dê paz) ordenou: "Recolham um pouco da água!" Eles coletaram alguma nas palmas das mãos. O Mensageiro de Allah (Allah o abençoe e lhe dê paz) lavou as mãos e o rosto nela e retornou para a fonte. De repente, a saída da fonte abriu e a água jorrou; era suficiente para todo o exército."

Outro narrador, Imam Ibn Ishaq, declarou: "A água jorrou a partir da fonte sob a terra fazendo um barulho como um trovão. O Nobre Mensageiro de Allah disse a Moaz: يُوشِكُ يَا مُعَاذُ اِنْ طَالَتْ بِكَ حَيَاةٌ اَنْ تَرٰى مَا هٰهُنَا قَدْ مُلِئَ جِنَانًا "Se você viver o suficiente, vai ver que essa água milagrosa vai transformar este lugar em jardins."[127] E assim aconteceu.

Quinto Exemplo: Acima de tudo, Bukhari relata de al-Bará, e Musslim, de Salama b. Akwa', e outros livros autênticos de Hadice de outros narradores, relatam, por unanimidade: "Durante a expedição Hudaybiyya nos deparamos com um poço. Nós éramos um mil e quatrocentos, enquanto a água no poço era apenas suficiente para cinquenta. Nós colhemos toda a água . Em seguida, o Mensageiro de Allah (Allah o abençoe e lhe dê paz) veio e sentou-se à beira do poço. Ele pediu um balde de água e eu fui buscar um. Ele colocou um pouco de sua abençoada saliva dentro do balde e suplicou, em seguida, despejou a água no poço. De repente, o poço jorrou e espumou com água, enchendo até o topo. O exército inteiro bebeu e deu de beber aos animais. Também reabasteceram seus odres."[128]

Sexto Exemplo: Mais uma vez, as brilhantes autoridades da ciência do Hadice, como Musslim e Ibn Jarir al-Tabari, e os autênticos livros de Hadice, relatam a partir de uma narração autêntica do famoso Abu Qatada: "Durante a famosa batalha de Mu'ta, estávamos tentando obter ajuda quando os líderes foram martirizados. Eu tinha um odre comigo. O Nobre Mensageiro (Allah o abençoe e lhe dê paz) ordenou:

اِحْفَظْ على مِيضَئَتَكَ فَسَيَكُونُ لَهَا نَبَأٌ عَظِيمٌ "Cuide bem do odre; haverá grande necessidade disso." Logo depois, começamos a sentir sede. Estávamos em setenta e dois homens. (De acordo com o Tabari, trezentos) O Mensageiro (Allah o abençoe e lhe dê paz) disse: "Traga-me o seu odre!" Eu fiz isso. Ele pegou a bolsa e colocou a boca do odre entre seus lábios. Eu não sei se ele soprou ou não. Em seguida, setenta e dois homens chegaram e beberam do odre e encheram seus odres. Quando eu o levei de volta, estava exatamente como eu tinha dado a ele."[129]

Veja este milagre decisivo de Mohammad (Allah o abençoe e lhe dê paz) e diga: اَللّٰهُمَّ صَلِّ وَسَلِّمْ عَلَيْهِ وَعَلى اٰلِهِ بِعَدَدِ قَطَرَاتِ الْمَاءِ [130]

Sétimo Exemplo: Os livros autênticos e, acima de tudo, Bukhari e Musslim, narram de 'Imran b. Hushain: "Ficamos com sede em uma viagem com o Mensageiro de Allah (Allah o abençoe e lhe dê paz). Ele disse para mim e 'Ali: "Há uma mulher em tal e tal lugar, juntamente com sua besta, que está carregada com dois odres cheios de água. Vão buscá-la!" Ali e eu fomos e encontramos a mulher e a água exatamente no lugar descrito, e levamo-la para o Mensageiro de Allah (Allah o abençoe e lhe dê paz). Ele ordenou: "Despejem um pouco da água em uma vasilha." Fizemos isso e ele suplicou para a bênção de aumento. Ele, então, ordenou que todos viessem e enchessem os seus odres. Todos os homens vieram, beberam e encheram os seus odres. Depois disso, ele deu ordem para colhermos algo para a mulher, e nós enchemos a saia dela. 'Imran disse: "Eu percebi que os dois odres estavam constantemente enchendo. O Nobre Mensageiro (Allah o abençoe e lhe dê paz) disse à mulher:

اِذْهَبِى فَاِنَّا لَمْ نَاْخُذْ مِنْ مَائِكِ شَيْئًا وَلٰكِنَّ اللّٰهَ سَقَانَا "Você pode ir agora. Nós não tomamos água de você; em vez disso, Allah nos deu água do Seu tesouro."[131]

Oitavo Exemplo: Os estudiosos do Hadice, principalmente Ibn Khuzayma em seu *Sahih*, narrou a partir de Ômar: "Ficamos sem água durante a expedição de Tabuk. Algumas pessoas ainda abateram seus camelos, torceram suas entranhas e beberam o líquido. Abu Bakr, o Veraz, solicitou ao Nobre Mensageiro (Allah o abençoe e lhe dê paz) para suplicar. O Mensageiro (Allah o abençoe e lhe dê paz) levantou as mãos, e antes que ele os abaixasse, nuvens se reuniram, e a chuva caiu que enchemos nossos contentores. Em seguida, a chuva parou, e não tinha caído para além dos limites do exército."[132] Ou seja, nenhum acaso foi envolvido no incidente; era puramente um milagre de Mohammad (Allah o abençoe e lhe dê paz).

Nono Exemplo: Relatado por 'Amr b. Chu'ayb, o neto de 'Abdullah b. 'Amr b. al-'As, em quem eles confiaram para obter explicações sobre os Hadices, os quatro Imames narraram - a partir de uma narração autêntica: "Antes de sua missão profética, o Nobre Mensageiro (Allah o abençoe e lhe dê paz) uma vez foi de camelo com seu tio Abu Tálib ao lugar chamado Zul-Hijaz, perto de 'Arafat. Abu Tálib disse que estava com sede. O Mensageiro (Allah o abençoe e lhe dê paz) desmontou do camelo e, quando o seu pé atingiu o chão, a água jorrou e Abu Tálib bebeu dela."[133]

Um dos pesquisadores, no entanto, afirmou que o incidente deve ser incluído na categoria de *irhasat*,[134] porque ocorreu antes de sua missão profética. Mas uma vez que depois de mil anos a fonte de 'Arafat fluiu no local, ele pode ser considerado uma dignidade de Mohammad (Allah o abençoe e lhe dê paz).

Semelhantes a esses nove exemplos, noventa narrações diferentes - se não noventa instâncias - relataram milagres relativos à água. Os sete primeiros exemplos são muito firmes e definidos como "consenso significativo." Com certeza, os dois últimos não são suportados pelas narrações de inúmeros narradores ou por uma forte cadeia de transmissores, mas apoiam e confirmam o incidente mencionado no oitavo exemplo, como narrado por Ômar; é outro milagre relatado pelos verdadeiros livros de Hadice, incluindo Bayhaqui e al-Hákim; é como se segue:

"Ômar solicitou ao Nobre Mensageiro de Allah (Allah o abençoe e lhe dê paz) que fizesse prece por chuva, porque o exército precisava de água. O Mensageiro (Allah o abençoe e lhe dê paz) levantou as mãos e, de uma só vez, as nuvens se reuniram e a chuva caiu, o suficiente para as necessidades do exército; em seguida, elas se dispersaram."[135] Era pura e simplesmente como se fossem funcionários solicitados para regar o exército; eles vieram, caíram o suficiente para as necessidades, então se foram.

Esta narração corrobora o oitavo exemplo e provam-no decisivamente. Assim, também, o famoso erudito, Ibn al-Jawzi, que foi extremamente exigente na verificação dos Hadices, mesmo rejeitando como espúrios muitos dos autênticos, disse que esse evento teve lugar, mas na famosa Batalha de Badr.[136] Ele disse que isso é evidenciado pelo versículo:

(وَيُنَزِّلُ عَلَيْكُمْ مِنَ السَّمَاءِ مَاءً لِيُطَهِّرَكُمْ بِهِ)[137]

Uma vez que esse é o caso, nenhuma dúvida pode permanecer sobre a sua veracidade. Além disso, a chuva caiu em muitas ocasiões quando o Profeta (Allah o abençoe e lhe dê paz) suplicou por ela, de repente, rapidamente, antes que ele baixasse as mãos; foi por conta própria um milagre sobre o qual os relatos são unânimes. Também é narrado, por unanimidade, que várias vezes ele levantou as mãos, enquanto no púlpito, e que a chuva caiu antes que ele as baixasse.[138]

NONO SINAL

Um dos vários tipos de milagres do mais Nobre Mensageiro de Allah (Allah o abençoe e lhe dê paz) é que, como seres humanos, árvores obedeceram suas ordens e, movendo-se de seus lugares, vieram a ele. Há também "consenso de sentido" sobre os relatos desses milagres, como os de água que fluiu de seus dedos. Eles têm sido narrados em inúmeras formas e por meio de vários canais. Na verdade, o consenso sobre as árvores deixando seus lugares e vindo para ele pode ser considerado claro e inequívoco,[139] porque os mais conhecidos dos Companheiros, tais como 'Ali, Ibn' Abbas, Ibn Mass'ud, Ibn Ômar, Ya'la b. Murra, Jábir, Anas b. Málik, Buraida, Ussama b. Zayd e Ghaylan b. Salama, todos relataram o mesmo milagre, com certeza. Centenas de estudiosos da geração seguinte narraram o milagre de um dos Companheiros acima mencionados através de uma linha de transmissão diferente, como se o transmitissem para nós na forma de "múltiplo consenso." Assim, esse milagre das árvores tem, decisiva e indiscutivelmente, a certeza de "consenso significativo." Vamos agora citar apenas alguns exemplos dele, embora tenham sido repetidos muitas vezes.

Primeiro Exemplo: Ibn Mája, al-Dárimi e o Imam Bayhaqui narraram a partir de Anas b. Málik e 'Ali, e o Bazzar e o Baihaqui com base em Ômar, que três dos nobres Companheiros relataram que o Mensageiro (Allah o abençoe e lhe dê paz) ficou triste com a negação dos incrédulos. Ele suplicou:

يَارَبِّ اَرِنِي اٰيَةً لَا اُبَالِي مَنْ كَذَّبَنِي بَعْدَهَا[140] De acordo com Anas, o Anjo Gabriel disse ao Profeta, ao vê-lo trista: "Você quer que lhe mostre um sinal." Respondeu: "Sim!" O Mensageiro de Allah (Allah o abençoe e lhe dê paz) viu uma árvore ao lado do vale. Gabriel lhe disse: "ordene-a que venha." Ela veio andando até chegar próxima a ele."

Disse-lhe Gabriel: “Ordena-a que volte.” Ele ordenou e ela voltou para o local que estava.

Segundo Exemplo: Em *al-Chifáal-Charif*, Qadi Iyad, o principal estudioso do Maghrib, relata a partir de 'Abdullah b. Ômar, através de uma cadeia exaltada e firme de narradores: "Em uma expedição, um beduíno se aproximou do Nobre Mensageiro (Allah o abençoe e lhe dê paz). O Mensageiro de Allah (Allah o abençoe e lhe dê paz) perguntou-lhe: اَيْنَ تُرِيدُ "Onde você está indo?" Ele respondeu: "Ter com a minha família." O Mensageiro de Allah perguntou-lhe: هَلْ لَكَ اِلى خَيْرٍ مِنْ ذٰلِكَ "Você não quer algo melhor do que isso?" O beduíno perguntou: "O que é?" O mensageiro (Allah o abençoe e lhe dê paz) disse: اَنْ تَشْهَدَ اَنْ لَا اِلٰهَ اِلَّا اللّٰهُ وَحْدَهُ لَا شَرِيكَ لَهُ وَاَنَّ مُحَمَّدًا عَبْدُهُ وَرَسُولُهُ [141] O beduíno perguntou: "O que significa prestar este testemunho?" O Mensageiro de Allah (Allah o abençoe e lhe dê paz) disse: هٰذِهِ الشَّجَرَةُ السَّمُرَةُ "A árvore ao lado do vale dará testemunho." Ibn Ômar disse: "Tremendo, a árvore fendeu a terra e veio até o Mensageiro de Allah (Allah o abençoe e lhe dê paz). Ele pediu a árvore três vezes para testemunhar; e cada vez ela dava testemunho de sua veracidade. Quando ele ordenou, ela voltou e se estabeleceu em seu lugar."[142]

De acordo com a narração autêntica de Ibn Sahib al-Aslami, Buraida relatou: "Quando estávamos com o Nobre Mensageiro (Allah o abençoe e lhe dê paz) em uma expedição, um beduíno chegou e pediu um sinal, ou seja, um milagre. O Mensageiro (Allah o abençoe e lhe dê paz) disse: قُلْ لِتِلْكَ الشَّجَرَةِ رَسُولُ اللّٰهِ يَدْعُوكِ [143] Então ele apontou para a árvore; ela balançou para a direita e para a esquerda, levantou-se do chão com as suas raízes e foi ter com o Mensageiro (Allah o abençoe e lhe dê paz), dizendo: اَلسَّلَامُ عَلَيْكَ يَارَسُولَ اللّٰهِ [144] O beduíno disse: "Agora a deixa ir de volta para o seu lugar!" Ele ordenou, e tudo se passou como foi ordenado. Em seguida, o beduíno disse: "Permita-me prostrar-me diante de você." O Mensageiro (Allah o abençoe e lhe dê paz) respondeu: "Ninguém está autorizado a fazer isso." O beduíno disse: "Então eu vou beijar seus pés e mãos, e ele lhe permitiu."[145]

Terceiro Exemplo: Em primeiro lugar o Sahih de Musslim e os autênticose livros de Hadice relatam o que Jábir disse: "Nós estávamos juntos com o Nobre Mensageiro de Allah (Allah o abençoe e lhe dê paz) em uma expedição, quando ele procurou um lugar para atender o chamado da natureza. Não havia nenhum lugar isolado. Assim, ele dirigiu-se para duas árvores, segurou os ramos de uma delas e puxou-os. Obedecendo-o, a árvore foi junto com ele para a segunda árvore. Foi como um camelo obediente sendo conduzido por suas rédeas. Tendo desse modo trazido as duas árvores juntas, ele disse: اِلْتَئِمَا عَلَيَّ بِاِذْنِ اللّٰهِ "Unam-se em cima de mim, com a permissão de Allah!" As duas árvores se uniram e formaram uma tela. Depois de aliviar-se atrás delas, ele ordenou-lhes para voltar, e elas voltaram para seus lugares."[146]

De acordo com outra narração, Jábir disse: "O Mensageiro de Allah (Allah o abençoe e lhe dê paz) me ordenou: يَاجَابِرُ قُلْ لِهٰذِهِ الشَّجَرَةِ يَقُولُ لَكِ رَسُولُ اللّٰهِ الْحَقِى بِصَاحِبَتِكِ حَتّٰى اَجْلِسَ خَلْفَكُمَا 'Diga àquelas árvores para que se unam para o alívio do Mensageiro de Allah!" Eu disse a elas para fazê-lo e elas se uniram. Então, enquanto eu estava esperando, o Mensageiro de Allah

(Allah o abençoe e lhe dê paz) surgiu, e indicou para a esquerda e para a direita, com a cabeça. As duas árvores voltaram para seus lugares."[147]

Quarto Exemplo: Usama b. Zaid, um dos comandantes bravos e servos do Nobre Mensageiro (Allah o abençoe e lhe dê paz), relatou em uma narração autêntica: "Estávamos juntos com o Mensageiro de Allah em uma expedição. Não houve lugar isolado privado para atender a chamada da natureza. Ele perguntou: هَلْ تَرٰى مِنْ نَخْلٍ اَوْحِجَارَةٍ "Você pode ver todas as árvores ou pedras?" Eu respondi: 'Sim, eu posso' Ele ordenou:

اِنْطَلِقْ وَقُلْ لَهُنَّ اِنَّ رَسُولَ اللّٰهِ يَاْمُرُكُنَّ اَنْ تَاْتِينَ لِمَخْرَجِ رَسُولِ اللّٰهِ وَقُلْ لِلْحِجَارَةِ مِثْلَ ذٰلِكَ

"Fala com elas e dize-lhes para que se unam para o alívio do Mensageiro de Allah; também diz para as rochas que se reúnam como uma parede." Eu fui e disse o que ele ordenou. Juro que as árvores se uniram e as pedras formaram uma parede. O Mensageiro de Allah (Allah o abençoe e lhe dê paz), depois de se aliviar, novamente ordenou:

قُلْ لَهُنَّ يَفْتَرِقْنَ[148] Juro pelo Glorioso, no aperto de cujo poder eu estou, que as árvores e pedras se separam e voltaram para os seus lugares."[149]

Esses dois incidentes, que foram relatados por Jábir e Ussama, também foram relatados por Ya'la b. Murra, Ghaylan b. Salama al-Saqafi, e Ibn Mass'ud, mas como se referindo à Batalha de Hunayn.[150]

Quinto Exemplo: Relatado por Imam b. Fawrak, conhecido por sua excelência na interpretação como o discípulo mais importante do seu tempo, segundo o Chafi'i: "Ao viajar a cavalo uma noite, durante a expedição de Taif, o sono venceu o Nobre Mensageiro de Allah (Allah o abençoe e lhe dê paz). Enquanto ele estava nesse estado, uma árvore de loto apareceu diante dele. Para abrir caminho para ele e não ferir seu cavalo, a árvore se dividiu de em duas, e o Nobre Mensageiro (Allah o abençoe e lhe dê paz) passou entre as duas partes da árvore sobre o cavalo." A árvore se manteve com dois troncos, em posição de honra, até o nosso tempo.[151]

Sexto Exemplo: Ya'la b. Murra relatou uma narração autêntica: "Durante uma expedição, uma árvore - chamada também de talha ou samura - veio, passou em torno do Nobre Mensageiro de Allah (Allah o abençoe e lhe dê paz) como se o rodeando, e voltou para o seu lugar. O Mensageiro de Allah (Allah o abençoe e lhe dê paz) disse:

اِنَّهَا اِسْتَاْذَنَتْ اَنْ تُسَلِّمَ عَلَيَّ "A árvore pediu a Allah para poder saudar-me'."[152]

Sétimo Exemplo: Bukhári e Musslim compilaram com base em Ibn Mass'ud uma narração autêntica: "Quando, em busca de orientação, os gênios de Nusaybin foram ter com o Nobre Mensageiro (Allah o abençoe e lhe dê paz) no lugar chamado Batn al-Nakhl, uma árvore informou o Profeta sobre a vinda deles." Além disso, o Imam Mujahid relata com base em Ibn Mass'ud, no mesmo Hadice: "Os gênios pediram uma prova de sua missão profética, assim o Nobre Mensageiro (Allah o abençoe e lhe dê paz) ordenou à árvore, que deixasse seu lugar; ela foi ter com ele, em seguida, voltou para o seu lugar."[153] Esse único milagre foi suficiente para a prova dos gênios. Portanto, se um ser humano não vem a acreditar por ter ouvido mil milagres como esse, é que ele não é mais que um diabo semelhantes aos descritos pelos gênios como:

(يَقُولُ سَفِيهُنَا عَلَى اللّٰهِ شَطَطًا)[154]

Oitavo Exemplo: Tirmizi informou em seu *Sahih,* com base em Ibn 'Abbas, através de uma linha firme da transmissão: "O Nobre Mensageiro de Allah (Allah o abençoe e lhe dê paz) solicitou a um beduíno:

اَرَاَيْتَ اِنْ دَعَوْتُ هٰذَا الْعِذْقَ مِنْ هٰذِهِ النَّخْلَةِ اَتَشْهَدُ اَني رَسُولُ اللّٰهِ

"Você vai testemunhar que eu sou o Mensageiro de Allah se um ramo daquela árvore vier a mim, quando eu lhe pedir?" Ele respondeu: "Sim" O Mensageiro (Allah o abençoe e lhe dê paz) chamou o ramo. Ele se quebrou e pulou para perto dele, em seguida, pulou para trás quando ele lhe disse para fazê-lo."[155]

Há muitos outros exemplos semelhantes a esses oito, que são narrados por muitas cadeias de transmissão. Sete ou oito fios de corda formam um cabo forte quando eles estão juntos. Da mesma forma, os milagres relacionados com árvores, que foram notificados sobre a autoridade dos Companheiros mais conhecidos e mais verídicos em numerosas cadeias de transmissão, certamente têm a força do "consenso significativo," de fato, "verdadeiro consenso." Na verdade, eles assumem a forma de "consenso" quando transmitidos pelos Companheiros à geração seguinte. Em particular, os livros precisos de Hadice, tais como Bukhari, Musslim, Ibn Hibban e Tirmizi asseguraram que as cadeias de autoridades mundiais de volta para a época dos Companheiros eram muito firmes e foram mantidas assim, que a leitura de um Hadice, constando em Bukhari, é como ouvir diretamente dos Companheiros.

Se, como se vê nos exemplos acima, árvores reconhecem o Mensageiro de Allah (Allah o abençoe e lhe dê paz) testemunham a sua missão profética, visitam-no e saúdam-no, e obedecem às suas ordens, não seriam algumas criaturas irracionais sem vida, que se denominam seres humanos, que não o reconhecem, nem acreditam nele, mais inúteis do que uma árvore morta? Não se parecem eles com pedaços de madeira, próprios para o fogo?

DÉCIMO SINAL

Corroborando os milagres em matéria de árvores e relatados na forma de 'consenso', estaria o milagre do [156] حَنِينُ الْجِذْعِ . Sim, o gemido do tronco na Mesquita do Profeta (Allah o abençoe e lhe dê paz) ante uma vasta multidão de seus Companheiros por causa da separação temporária do Profeta do tronco, deixando de utilizá-lo para proferir os seus discursos. Isso confirma e corrobora os exemplos de milagres relacionados com árvores. Uma vez que o tronco também era de árvore sua substância é a mesma. No entanto, embora não haja um consenso de opinião sobre os relatos desse milagre, os outros milagres são unanimemente aceitos apenas como uma classe; há principalmente um consenso claro sobre eles, individualmente ou como instâncias separadas.

Ao proferir o sermão na mesquita, o Nobre Mensageiro de Allah (Allah o abençoe e lhe dê paz) costumava inclinar-se contra um tronco de uma tamareira. Mas quando o púlpito foi feito, ele começou a proferir o sermão de lá. Diante disso, o tronco gemeu como um camelo; toda a congregação ouviu. Somente quando o Mensageiro de Allah (Allah o abençoe e lhe dê paz) desceu do púlpito e colocou a mão sobre ele, falou com ele e consolou-o, o tronco parou de gemer.[157] Esse milagre de Mohammad (Allah o abençoe e lhe dê paz) foi narrado através de numerosas cadeias de transmissão, e houve acordo sobre isso.

Na verdade, o milagre do حَنِينُ الْجِذْعِ é muito conhecido e há "verdadeiro consenso" relativo a ele.[158] Centenas de autoridades em Hadice da geração posterior narrou o milagre através de quinze cadeias de transmissão[159] de um ilustre grupo de Companheiros, e passou-o adiante para os séculos seguintes. Desse grupo, eminentes estudiosos entre os companheiros e principais especialistas em Hadice, tais como Anas b. Malik[160] e Jábir b. 'Abdullah al-Ansari[161] - ambos os servos do Profeta (Allah o abençoe e lhe dê paz), 'Abdullah b. Ômar,[162] 'Abdullah b. 'Abbas,[163] Sahl b. Sáad,[164] Abu Said al-Khudri,[165] Ubay b. Ka'b,[166] Buraida,[167] e Ummu Salama, a Mãe dos Crentes,[168] cada um na cabeça de uma cadeia de transmissão, informou esse mesmo milagre para a comunidade do Profeta (Allah o abençoe e lhe dê paz). Acima de tudo, Bukhari, Musslim, e os autênticos livros do Hadice dão contas desse grande milagre, que foi aceito por unanimidade, em conjunto com as suas linhas de transmissão, pelas gerações seguintes.

Jábir, em sua cadeia de transmissão, diz: "O Mensageiro de Allah (Allah o abençoe e lhe dê paz) costumava inclinar-se contra um poste de madeira conhecido como tronco de tamareira ao proferir o sermão na mesquita. O tronco não aguentou a separação do Profeta quando o púlpito foi feito, e o Mensageiro (Allah o abençoe e lhe dê paz) passou a usá-lo para proferir o sermão. O tronco começou a gemer e a lamentar como uma fêmea de camelo prenha." Em sua narração, Anas disse: "Ele gemeu como uma fêmea de búfalo, fazendo a mesquita tremer." Em sua narração, Sahl b. Sáad disse: "O povo começou a chorar quando o tronco estava gemendo." Em sua narração, Ubayy b. Ka'b disse: "Ele chorou tanto que se dividiu," enquanto, outra narração,[169] a respeito do Nobre Mensageiro (Allah o abençoe e lhe dê paz) disse:

اِنَّ هٰذَا بَكٰى لِمَا فَقَدَ مِنَ الذِّكْرِ "Ele ficou chorando por ter sido separado da recitação dos nomes de Allah e à menção de Allah durante o sermão." Ainda outra narração[170] relata que o Mensageiro de Allah (Allah o abençoe e lhe dê paz) disse:

لَوْ لَمْ اَلْتَزِمْهُ لَمْ يَزَلْ هٰكَذَا اِلٰى يَوْمِ الْقِيٰمَةِ تَحَزُّنًا عَلٰى رَسُولِ اللهِ

"Se eu não o tivesse abraçado e consolado, ele teria chorado até o Dia da Ressurreição por ter sido separado do Mensageiro de Allah." Em sua narração, Buraida relatou: "Quando o tronco começou a gemer, o Mensageiro de Allah (Allah o abençoe e lhe dê paz) colocou a mão sobre ele e disse:

اِنْ شِئْتَ اَرُدُّكَ الى الْحَائِطِ الَّذِى كُنْتَ فِيهِ تَنْبُتُ لَكَ عُرُوقُكَ وَيَكْمُلُ خَلْقُكَ
وَيُجَدَّدُ خُوصُكَ وَثَمَرُكَ وَاِنْ شِئْتَ اَغْرِسُكَ في الْجَنَّةِ يَاْكُلُ اَوْلِيَاءُ اللهِ
مِنْ ثَمَرِكَ[171]

Em seguida, ele prestou atenção à fala do tronco. As pessoas por trás do Mensageiro de Allah (Allah o abençoe e lhe dê paz) podiam ouvi-lo quando ele disse:

اِغْرِسْنِى في الْجَنَّةِ يَاْكُلْ مِنِّى اَوْلِيَاءُ اللهِ في مَكَانٍ لَا يَبْلٰى

"Plante-me no Paraíso, onde não há decadência, de modo que os servos amados de Allah Todo-Poderoso possam comer minhas frutas." O Mensageiro (Allah o abençoe e lhe dê paz) disse: [172] قَدْ فَعَلْتُ, e acrescentou:[173] اِخْتَارَ دَارَ الْبَقَاءِ عَلٰى دَارِ الْفَنَاءِ Abu Ishaq Isfarani, uma das grandes autoridades em teologia, narrou: "O Mensageiro de Allah

(Allah o abençoe e lhe dê paz) não foi até o tronco, mas este foi até ele, a seu comando. Então, sob seu comando, ele voltou para o seu lugar."[174] Ubayy b. Ka'b disse: "Após este evento extraordinário, o Mensageiro de Allah (Allah o abençoe e lhe dê paz) ordenou que o tronco fosse posto debaixo do púlpito. Ele foi colocado ali e lá permaneceu até a mesquita ser demolida para ser reconstruída. Então Ubayy b. Ka'b pegou-o e o manteve-o até apodrecer.[175]

O famoso estudioso Hassan al-Basri chorava enquanto ensinava esse evento milagroso para seus alunos, e dizia-lhes: "Um pedaço de madeira demonstrou amor e saudade pelo Nobre Mensageiro de Allah (Allah o abençoe e lhe dê paz), assim vocês devem sentir mais amor do que ele."[176] Quanto a nós, dizemos: "Sim, amamos e sentimos saudade dele mostrando-o através do seguimento de suas práticas ilustres (Sunna) e da Chari'a sagrada.

Um Ponto Importante

Se for perguntado: Por que os milagres que foram exibidos em conexão com os alimentos - para satisfazer plenamente mil homens com quatro punhados de comida na Batalha de Khandaq, e mais mil homens com água que fluiu dos dedos abençoadas do Mensageiro (Allah o abençoe e lhe dê paz) - não foram narrados através de numerosas cadeias de transmissão como o milagre do gemido do tronco foi, apesar dos dois primeiros milagres terem ocorrido na presença de grandes multidões?

A Resposta: Os milagres que foram manifestados eram de dois tipos: um era manifestado nas mãos do Mensageiro de Allah (Allah o abençoe e lhe dê paz), a fim de fazer as pessoas serem favoráveis à sua missão profética. Os gemidos do tronco eram desse tipo. Ocorreu apenas como uma prova, uma afirmação da profecia, para aumentar a fé dos crentes, instigar os hipócritas à sinceridade e à convicção, e trazer à crença os incrédulos. É por isso que toda a gente, o baixo e o alto, o viu, e foi dada grande atenção para transmiti-lo. No entanto, os milagres em matéria de comida e água eram maravilhas, em vez de milagres, ou favores divinos em vez de maravilhas, ou, mais do que favores, eram banquetes concedidos pelo Todo-Misericordioso por causa da necessidade. Com certeza, eles eram provas de sua pretensão de ser Profeta e de milagres, mas o seu objetivo básico era o seguinte: o exército estava com fome, então Allah Todo-Poderoso providenciou uma festa para mil homens a partir de um punhado de comida do Seu tesouro no Invisível; da mesma forma ele criou mil quilos de tâmaras a partir de uma única semente. E para um exército sedento lutando pela Sua causa, ele fez a água fluir como a água de Kauçar, dos dedos do seu comandante-em-chefe, e deu-lhes de beber.

É por essa razão que todos os exemplos dos milagres em matéria de comida e água não atingiram o grau do milagre do gemido do tronco. No entanto, na sua totalidade, os vários tipos desses dois milagres são tão numerosos e relatados por unanimidade como o gemido do tronco. Além disso, nem todo mundo podia ver o aumento de alimentos e a água que fluiu de seus dedos; eles só podiam ver os resultados. Considerando que todo mundo ouviu os gemidos do tronco, por essa razão esse milagre foi mais amplamente difundido.

Se for perguntado: Todas as ações e a conduta do Mensageiro de Allah (Allah o abençoe e lhe dê paz) foram registradas e transmitidas por seus companheiros com extremo cuidado. Por que então tão grandes milagres foram só narrados através de dez ou vinte cadeias de transmissão, quando deveriam ter sido narrados através de uma centena? Além disso, por que foram muitos narrados por Anas, Jábir e Abu Huraira, e poucos relatados por Abu Bakr e Ômar?

A Resposta: A resposta à primeira parte da questão foi dada no **Terceiro Princípio,** no Quarto Sinal. Em relação à segunda parte: assim como alguém em necessidade de tratamento vai a um médico, os engenheiros são consultados sobre problemas de engenharia, e as perguntas a fazer a respeito da Chari'a são feitos ao Mufti, e assim por diante, assim também, alguns dos estudiosos entre os Companheiros foram encarregados com o dever de instruir os séculos sucessivos nos Hadices do Profeta, trabalhando com todas as suas forças para esse fim. Sim, Abu Huraira dedicou toda a sua vida para memorizar Hadices, enquanto Ômar estava ocupado com o mundo da política e do califado. Portanto, Ômar narrou poucas tradições, contando com pessoas como Abu Huraira, Anas e Jábir, para ensinar os Hadices para a comunidade muçulmana. Além disso, o relato de um incidente por um conhecido Companheiro verdadeiro, sincero, honesto e confiável através de uma cadeia, era considerado suficiente, e não há necessidade de mais ninguém para narrá-lo. É por isso que alguns eventos significativos foram narrados através de apenas duas ou três cadeias de transmissão.

DÉCIMO PRIMEIRO SINAL

Como o Décimo Sinal explicou os milagres do Profeta (Allah o abençoe e lhe dê paz) relacionados às árvores, o Décimo Primeiro Sinal irá descrever como rochas e montanhas, entre as criaturas sem vida, também demonstraram milagres proféticos. Aqui citamos alguns exemplos de muitos:

Primeiro Exemplo: O grande estudioso do Maghrib, Qadi Iyad, em sua *al-Chifá al-Charif*, com uma cadeia célebre de autoridades e grandes imames, como relatou Bukhari, através de uma autêntica linha de transmissão, com base em Ibn Mass'ud, o servo do Profeta: "Enquanto comíamos junto com o Nobre Mensageiro de Allah (Allah o abençoe e lhe dê paz), costumávamos ouvir a comida glorificando a Allah."[177]

Segundo Exemplo: Livros precisos de relatos do Hadice de Anas e Abu Zarr através de uma linha autêntica de transmissão: "Anas, o servo do Profeta, disse: 'Nós estávamos junto com o Mensageiro de Allah (Allah o abençoe e lhe dê paz) quando ele pegou um punhado de pequenas pedras que começaram a louvar a Allah na sua bendita palma. Então ele colocou-as na mão de Abu Bakr, o Veraz, e novamente eles glorificaram a Allah.'[178] Em sua linha de transmissão, Abu Zarr al-Ghifári disse: 'Então ele colocou-as na mão de Ômar, e novamente elas glorificaram a Allah. Então, ele colocou-as no chão, e elas ficaram em silêncio. Em seguida, ele voltou a pegá-las e colocou-as na mão de Otman, onde novamente elas começaram a glorificar a Allah'. Abu Zarr e Anas relataram: 'Ele as colocou em nossas mãos e elas ficaram em silêncio'"[179].

Terceiro Exemplo: Estabelece-se por um bom relato de 'Ali, Jábir, e 'Aicha al-Siddiqa rochas e montanhas dizerem para o Mensageiro de Allah (Allah o abençoe e lhe dê paz):[180] اَلسَّلَامُ عَلَيْكَ يَارَسُولَ اللهِ Na cadeia de narração de 'Ali, ele disse: "Sempre que íamos aos arredores de Makka, no início dos dias de sua missão profética, árvores e rochas que encontrávamos declaravam: اَلسَّلَامُ عَلَيْكَ يَارَسُولَ اللهِ [181]. Também em sua cadeia de transmissão, Jábir disse: "Sempre que o Nobre Mensageiro (Allah o abençoe e lhe dê paz) se deparava com pedras e árvores, elas se prostravam diante dele, isto é, demonstravam obediência a ele; declaravam:

اَلسَّلَامُ عَلَيْكَ يَارَسُولَ اللهِ [182]

Em uma das narrações de Jábir, o Mensageiro (Allah o abençoe e lhe dê paz) disse: اِنِّي لَأَعْرِفُ حَجَرًا كَانَ يُسَلِّمُ عَلَيَّ [183]. Algumas pessoas disseram que ele projetou a Pedra Negra da Caaba. Em sua linha de transmissão, Aicha, disse: "O Mensageiro de Allah (Allah o abençoe e lhe dê paz) disse:

لَمَّا اسْتَقْبَلَنِى جِبْرَائِيلُ بِالرِّسَالَةِ جَعَلْتُ لَا اَمُرُّ بِحَجَرٍ وَلَا شَجَرٍ اِلَّا قَالَ اَلسَّلَامُ عَلَيْكَ يَارَسُولَ اللهِ [184]."[185]

Quarto Exemplo: Foi informado através de uma linha autêntica de narradores de 'Abbas: "O Mensageiro de Allah (Allah o abençoe e lhe dê paz) cobriu o 'Abbas e seus quatro filhos ('Abdullah, 'Ubaydullah, Fadl e Qusam) com um pedaço de pano chamado mula'at, suplicando:

يَا رَبِّ هٰذَا عَمِّى وَصِنْوُ اَبِي وَهٰؤُلَاءِ بَنُوهُ فَاسْتُرْهُمْ مِنَ النَّارِ كَسَتْرِى اِيَّاهُمْ بِمُلَاَئَتِى [186]

O telhado, porta, e as paredes da casa se juntaram na súplica de uma só vez, dizendo: Amém! Amém!"[187]

Quinto Exemplo: Livros autênticos, nomeadamente de Bukhari, Ibn Hibban, Abu Da'ud e Tirmizi, relatam, por unanimidade, a partir de Anas,[188] Abu Huraira,[189] Otman Zun-Nurayn,[190] e Sáad b. Zaid,[191] dentre os dez para quem foi prometido o Paraíso: "O Nobre Mensageiro de Allah (Allah o abençoe e lhe dê paz) escalou o Monte Úhud juntamente com Abu Bakr al-Siddiq, Ômar al-Faruq e Otman Zun-Nurayn. Seja devido à sua grandiosidade, ou por sua própria alegria e felicidade, a montanha começou a tremer e agitar-se. O Mensageiro de Allah disse: اُثْبُتْ يَا اُحُدُ فَاِنَّمَا عَلَيْكَ نَبِيٌّ وَصِدِّيقٌ وَشَهِيدَانِ [192] " Essa tradição está dando notícias do Invisível, dizendo que Ômar e Otman seriam martirizados. Como complemento a essa tradição, é narrado que, quando o Nobre Mensageiro de Allah (Allah o abençoe e lhe dê paz) migrou de Makka perseguido pelos incrédulos, eles subiram a montanha chamada Sabir. A montanha, disse: "Deixe-me, ó Mensageiro de Allah! Tenho medo de que Allah vá me punir se eles o atingirem em mim." Então, o Monte Hirá chamou-o:

يا رَسُولَ اللهِ اِلَيَّ "Venha a mim, ó Mensageiro de Allah!"[193]

Por esta razão, os homens da instituição sentiram medo no Monte Sabir e uma sensação de segurança em Monte Hirá.

Como pode ser entendido a partir desse exemplo, cada uma dessas vastas montanhas é serva individual de Allah; cada uma O glorifica e O louva; cada uma é encarregada de funções. Elas reconheceram e amaram o Mensageiro de Allah (Allah o abençoe e lhe dê paz); elas não são sem propósito ou proprietário.

Sexto Exemplo: Foi informado através de uma linha autêntica de transmissão de 'Abdullah b. Ômar: "Ao proferir o sermão do púlpito, o Mensageiro de Allah (Allah o abençoe e lhe dê paz) recitou o versículo:

(وَمَا قَدَرُوا اللّٰهَ حَقَّ قَدْرِهِ وَالْاَرْضُ جَمِيعًا قَبْضَتُهُ يَوْمَ الْقِيٰمَةِ وَالسَّمٰوَاتُ مَطْوِيَّاتٌ بِيَمِينِهِ)[194]

e disse:

اِنَّ الْجَبَّارَ يُعَظِّمُ نَفْسَهُ وَيَقُولُ اَنَا الْجَبَّارُ اَنَا الْجَبَّارُ اَنَا الْكَبِيرُ الْمُتَعَالُ[195]

Quando ele disse isso, o púlpito se abalou e tremeu, e ficamos com medo de que o Mensageiro de Allah (Allah o abençoe e lhe dê paz) fosse cair."[196]

Sétimo Exemplo: É relatado através de uma linha autêntica de narradores de Ibn 'Abbas,[197] conhecido como o erudito da Comunidade Muçulmana e Intérprete do Alcorão, e Ibn Mass'ud,[198] servo do Profeta e um dos grandes estudiosos dos companheiros, que eles disseram: "Na conquista de Makka, havia trezentos e sessenta ídolos ao redor da Caaba, fixados em pedra. Naquele dia, o Nobre Mensageiro (Allah o abençoe e lhe dê paz) apontou para cada um dos ídolos, por sua vez, com um pedaço de pau, curvo como um arco, que ele estava segurando, dizendo:

جَاءَ الْحَقُّ وَزَهَقَ الْبَاطِلُ اِنَّ الْبَاطِلَ كَانَ زَهُوقًا[199]

Cada um que ele apontou caiu por terra.[200] Quando ele apontava para o rosto do ídolo, este caía para trás; caso contrário, ele caía sobre sua face. Assim, tudo tombou e caiu no chão."[201]

Oitavo Exemplo: Esta é a famosa história do conhecido monge Bahira. Antes do início de sua missão profética, o Nobre Mensageiro de Allah (Allah o abençoe e lhe dê paz) estava viajando em direção a Damasco para negociar junto com seu tio Abu Tálib e alguns dos coraixitas. Eles descansaram quando chegaram perto da igreja do monge. Bahira, que era um eremita e não se misturava com as pessoas, de repente saiu. Ele viu Mohammad, o Confiável (Allah o abençoe e lhe dê paz), entre a caravana, e disse: "Ele é o Senhor do Mundo; ele será um Profeta." Os coraixitas perguntaram: "Como você sabe disso?" O santo monge respondeu: "Eu vi uma pequena nuvem sobre a caravana quando vocês estavam vindo. Quando ele se sentou, a nuvem se moveu na direção dele e lança sua sombra sobre ele. Eu também vi árvores e pedras prostrarem-se diante dele, o que elas só fazem ante os profetas."[202]

Existem, pelo menos, oitenta exemplos semelhantes a esses oito casos. Quando eles estão juntos, formam uma cadeia tão forte que, sem dúvida, nada pode quebrá-la ou agitá-la. Tomado como um todo, esse tipo de milagre, ou seja, a fala de seres inanimados, a fim de darem testemunho da profecia de Mohammad (Allah o abençoe e lhe dê paz), expressa a mesma certeza quanto o "consenso significativo." Cada exemplo é reforçado pelo todo. Sim, uma vara delgada se torna forte quando colocada junto com varas sólidas. Se uma pessoa fraca se juntar ao exército e tornar-se um soldado, ganha potente força suficiente para desafiar mil homens.

DÉCIMO SEGUNDO SINAL

Este é composto de três exemplos que estão relacionados com o Décimo Primeiro Sinal, mas que são da maior importância.

Primeiro Exemplo: [203] (وَمَا رَمَيْتَ اِذْ رَمَيْتَ وَلٰكِنَّ اللّٰهَ رَمٰى) Tal como demonstrado pelas pesquisas de todos os comentaristas do Alcorão e pelos relatórios dos estudiosos da Hadice, este versículo refere-se o seguinte incidente que ocorreu durante a batalha de Badr:

O Nobre Mensageiro de Allah (Allah o abençoe e lhe dê paz) pegou um punhado de terra e pequenas pedras e jogou-os no exército dos descrentes, dizendo: شَاهَتِ الْوُجُوهُ[204], e assim como essas palavras شَاهَتِ الْوُجُوهُ entraram nos ouvidos de todos eles, apesar de ser uma única frase, assim também o punhado de terra entrou em todos os seus olhos. Todos eles ficaram preocupados com os seus olhos, e embora estivesse atacando, o exército de repente virou de costas e fugiu.[205]

Também, durante a Batalha de Hunayn,[206] as autoridades sobre Hadice e primeiro o Imam Musslim relataram que, como na batalha de Badr, novamente ele jogou um punhado de terra enquanto os incrédulos estavam efetuando um ataque feroz. Dizendo: شَاهَتِ الْوُجُوهُ, o punhado de terra atingiu o rosto de cada um deles, com a permissão de Allah, da mesma forma que as palavras da frase شَاهَتِ الْوُجُوهُ entraram todas nos seus ouvidos. Ocupados com os olhos, eles recuaram e fugiram. Uma vez que esse evento extraordinário em Badr e Hunayn não está dentro do poder e do homem e das causas ordinárias, o Alcorão Sagrado afirma: (وَمَا رَمَيْتَ اِذْ رَمَيْتَ وَلٰكِنَّ اللّٰهَ رَمٰى)[207] Ou seja, o evento estava fora do poder humano. Isso ocorreu, não por meio da ação humana, mas de uma maneira extraordinária, através do poder Divino.

Segundo Exemplo: Os livros precisos e, acima de tudo, Bukhari e Musslim narraram que durante a expedição de Khaybar, uma judia assou uma cabra, preenchendo-a com um veneno muito forte. Ela, então, enviou-a para o Mensageiro de Allah (Allah o abençoe e lhe dê paz). Os Companheiros tinham começado a comê-la quando o Profeta (Allah o abençoe e lhe dê paz), de repente, disse:

(وَمَا رَمَيْتَ اِذْ رَمَيْتَ وَلٰكِنَّ اللّٰهَ رَمٰى) "Retirem as mãos dela! Ela me diz que está envenenada!" Todo mundo afastou a mão. Mas Bichr b. al- Bará tinha comido um único pedaço e morreu dos efeitos do grave veneno. O Nobre Mensageiro (Allah o abençoe e lhe dê paz) mandou buscar a judia chamada Zaynab e perguntou por que ela tinha feito aquilo. A mulher de mau agouro retrucou: "Eu considerei que, se você for um profeta, ela não iria prejudicá-lo; e se você for um rei, gostaria de salvar as pessoas de você."[208] De acordo com alguns relatos, o Profeta (Allah o abençoe e lhe dê paz) não a condenou à morte, mas deixou a critério da família de Bichr matá-la.[209]

Agora, vamos ouvir alguns pontos que demonstram os aspectos do milagre neste incidente extraordinário:

O Primeiro: De acordo com uma narração, alguns dos Companheiros também ouviram a cabra falar.[210]

O Segundo: De acordo com outra, o Mensageiro de Allah (Allah o abençoe e lhe dê paz) disse: "Diga, بِسْمِ اللّٰهِ (em nome de Allah) em seguida, coma; o veneno não irá afetá-lo."[211] Ibn Hajar al-'Asqalani não aceita esta narração, mas os outros a aceitam.

O Terceiro: Os judeus traiçoeiros queriam dar um golpe repentino no Mensageiro de Allah (Allah o abençoe e lhe dê paz) e seus Companheiros mais próximos, mas sendo ele informado sobre isso a partir do Invisível, a advertência do Profeta (Allah o abençoe e lhe dê paz) provou ser verdadeira, e seu enredo foi descoberto e reduzido a nada. E quando Mohammad (Allah o abençoe e lhe dê paz), de quem os Companheiros nunca ouviram uma declaração falsa, disse: "Esta cabra me disse...", todos acreditaram nele com convicção tão certa como se eles próprios tivessem ouvido a cabra.[212]

Terceiro Exemplo: Este é composto por três instâncias de outro milagre que se assemelha à mão brilhando e ao cajado de Moisés:

A Primeira: O Imam Ahmad Ibn Hambal, explicando e autenticação de uma narração de Abu Said al-Khudri, relatou: "Numa noite escura e tempestuosa, o Nobre Mensageiro (Allah o abençoe e lhe dê paz) deu a Qatada b. al-Nu'man um cajado, dizendo: "Este cajado irá iluminar dez metros ao seu redor. Você vai ver uma sombra escura quando você chegar a sua casa: é Satanás. Tire-o para fora da casa e expulse-o!" Qatada pegou o cajado e partiu. Ele lançou uma luz que brilhava como a mão de Moisés. Ele foi para sua casa, onde viu a figura sombria e a expulsou."[213]

A Segunda: Enquanto lutava contra os idólatras, durante a grande batalha de Badr, em si uma fonte de maravilhas, 'Ukkacha b. Muhassin al-Asadi teve sua espada quebrada. O Nobre Mensageiro de Allah (Allah o abençoe e lhe dê paz) deu-lhe um cajado sólido no lugar, dizendo: "Lute com este." De repente, com a permissão de Allah, o cajado se tornou uma longa espada branca, e ele lutou com ela. Ele ficou com a espada pelo resto da vida até que caiu como um mártir durante a batalha de al-Yamama.[214] Esse incidente é certo porque, ao longo da sua vida, ele carregava a espada com orgulho e tornou-se famoso com o nome de Socorro. Assim, duas provas desse incidente são o orgulho de 'Ukkacha e o nome da espada, Socorro, e sua fama generalizada.

A Terceira: É narrado por autoridades no Hadice como Ibn 'Abd al-Barr,[215] o célebre estudioso conhecido como o Erudito da Época que, na batalha de Uhud, a espada de 'Abdullah b. Jahch, primo do Mensageiro de Allah (Allah o abençoe e lhe dê paz), foi quebrada. O Mensageiro (Allah o abençoe e lhe dê paz) deu-lhe um cajado que se transformou em uma espada em sua mão. Ele lutou com ela e, depois da batalha, como produto de um milagre ficou uma espada.[216]

Em seu Siyar, o conhecido Ibn Sayyid al-Nás relata que, algum tempo depois, 'Abdullah vendeu a espada a um homem chamado Bughá al-Turki por duzentas moedas.[217]

Portanto, cada uma dessas duas espadas era milagre, como o cajado de Moisés. Mas enquanto nenhum aspecto de milagre permaneceu em seu cajado, depois da morte de Moisés, essas espadas permaneceram inalteradas.

DÉCIMO TERCEIRO SINAL

Outros dos milagres de Mohammad (Allah o abençoe e lhe dê paz), de que há inúmeros casos relatados por unanimidade, são os doentes e os feridos sendo curados por meio de sua abençoada respiração. Os relatos desse tipo de milagre são, como um todo, unânimes em significado. E os outros são relatos individuais, uma vez que foram prestados e confirmados como autênticos por parte das autoridades exigentes da ciência da Hadice, que asseguram a certeza da ciência. Vamos citar alguns exemplos de muitos milagres.

Primeiro Exemplo: O erudito do Maghreb, Qadi Iyad, em sua *al-Chifá al-Charif*, narra através de uma cadeia elevada de autoridades e numerosas linhas de transmissão que Sáad b. Abi Waqqas, servo do Nobre Mensageiro (Allah o abençoe e lhe dê paz) e comandante-em-chefe do exército do Islam na época de Ômar, o conquistador do Irã, e um dos dez a quem foi prometido o Paraíso, disse: "Eu estava ao lado do Nobre

Mensageiro (Allah o abençoe e lhe dê paz) durante a batalha de Úhud. Ele disparou flechas contra os infiéis até o seu arco quebrar. Então ele me deu flechas, dizendo-me para atirá-las. As setas que ele me deu estavam sem as penas que as ajudam a voar. Ele me mandou atirá-las, o que fiz, e elas voaram como flechas voadoras, atingindo os corpos dos incrédulos e perfurando-os."[218] Neste ponto, Qatada b. Nu'man foi atingido no olho por uma seta, tirando-o do lugar, de modo que estava alojada ao lado de seu rosto. O Mensageiro de Allah (Allah o abençoe e lhe dê paz) pegou o olho com sua bendita, curadora mão e colocou-o em seu lugar; ele ficou curado como se nada tivesse acontecido e tornou-se o melhor de seus dois olhos. Esse evento tornou-se muito conhecido. Um neto de Qatada uma vez descreveu-se a Ômar b. 'Abd al-Aziz como: "Eu sou o neto de alguém cujo olho, que havia sido arrancado, foi colocado no lugar pelo mais Nobre Mensageiro de Allah (Allah o abençoe e lhe dê paz); ele ficou subitamente curado e se tornou seu melhor olho."[NOTA]. Ele disse isso em verso, apresentando-se para Ômar dessa forma.

Relata-se também, através de uma narração autêntica, que durante a batalha conhecida como Yawm Zi-Qarad, Abu Qatada foi atingido no rosto por uma flecha. O Mensageiro de Allah (Allah o abençoe e lhe dê paz) tocou seu rosto com a sua mão abençoada. Abu Qatada disse: "Eu não senti nenhuma dor, nem a ferida inflamou."[220]

Segundo Exemplo: Os autênticos livros de Hadice e, acima de tudo, Bukhari e Musslim, relatam que o Nobre Mensageiro (Allah o abençoe e lhe dê paz) havia designado 'Ali al-Haydari como porta-estandarte durante a batalha de Khaybar, mas seus olhos doíam severamente por causa de uma doença. No momento em que o Nobre Mensageiro (Allah o abençoe e lhe dê paz) aplicou sua saliva de cura nos olhos, eles ficaram curados, sem nenhum traço do desconforto permanecendo.[221] Na manhã seguinte, 'Ali conquistou a fortaleza de Khaybar, removendo seu portão extremamente pesado e usando-o em sua mão como um escudo. Durante a mesma batalha, a perna de Salama b. al-Akwa foi atingida e foi aberta por uma espada. O Mensageiro de Allah (Allah o abençoe e lhe dê paz) soprou sobre ela, e a perna ficou na mesma hora curada.[222]

Terceiro Exemplo: Autoridades sobre a vida do Profeta (Allah o abençoe e lhe dê paz) e, acima de tudo, Nassá'i, relataram com base em Otman b. Hunayf, que disse: "Um cego foi ter com o Nobre Mensageiro de Allah (Allah o abençoe e lhe dê paz) e disse: "Suplique a Allah para que meus olhos possam ser curados e eu possa ver." O Mensageiro (Allah o abençoe e lhe dê paz) disse: Vá, faça as abluções, então ore duas rak'at e diz:

فَانْطَلِقْ وَتَوَضَّأْ ثُمَّ صَلِّ رَكْعَتَيْنِ وَقُلِ اللّٰهُم اِنِّي اَسْئَلُكَ وَاَتَوَجَّهُ اِلَيْكَ بِنَبِيِّ مُحَمَّدٍ نَبِيِّ الرَّحْمَةِ
يَا مُحَمَّدُ اِنِّي اَتَوَجَّهُ اِلَى رَبِّكَ اَنْ يَكْشِفَ عَنْ بَصَرِى اَللّٰهُمَّ شَفِّعْهُ فِي[223]

Ele foi e fez isso e, quando voltou, vimos que seus olhos se abriram e ele podia ver muito bem."[224]

NOTA :

اَنَا ابْنُ الَّذِى سَالَتْ عَلَى الْخَدِّ عَيْنُهُ   فَرُدَّتْ بِكَفِّ الْمُصْطَفَى اَحْسَنَ الرَّدِّ
فَعَادَتْ كَمَا كَانَتْ لِاَوَّلِ اَمْرِهَا   فَيَا حُسْنَ مَا عَيْنٍ وَيَا حُسْنَ مَا رَدِّ[218]

Quarto Exemplo: Uma grande autoridade, Ibn Wahab, relata: "O herói Mu'awwidh b. 'Afra", um dos quatorze mártires da batalha de Badr, teve a mão cortada por Abu Jahl, o Maldito, enquanto lutava contra ele. Ele pegou a mão com a outra e foi ter com o Nobre Mensageiro (Allah o abençoe e lhe dê paz). Este he colocou a mão no lugar e espalhou sua saliva sobre ela, e foi imediatamente curado. Mu'awwidh voltou a lutar e continuou a fazê-lo até que foi martirizado."[225]

Imam Jalil b. Wahab também relatou: "Durante essa mesma batalha, Hubayb b. Yasaf foi atingido no ombro por uma espada, o que lhe causou uma dolorosa ferida, com uma parte quase decepada. O Nobre Mensageiro (Allah o abençoe e lhe dê paz) juntou o braço e o ombro novamente e soprou sobre eles, que ficaram curados.[226]

Assim, com certeza, esses dois incidentes são relatos individuais separados, mas, se uma autoridade como Ibn Wahab os considerou firmes, e se eles ocorreram durante uma batalha como a de Badr, o que era uma fonte de milagres, e se havia muitos outros exemplos que se assemelharam a esses dois incidentes, com certeza, pode-se dizer que eles definitivamente ocorreram. De fato, há talvez um milhar de exemplos estabelecidos em tradições autênticas em que a mão abençoada do Mensageiro de Allah (Allah o abençoe e lhe dê paz) foi a cura.

Esta Parte Merece Ser Escrita Com Ouro e Diamante

"Sim" o que foi analisado anteriormente, de que ele fez recordação de Allah com pedrinhas e com os dedos, e as pedrinhas e a areia derrotaram os inimigos, em lugar do canhão e da bomba, na palma da mão, de acordo com o segredo das palavras do Altíssimo: [227] (وَمَا رَمَيْتَ اِذْ رَمَيْتَ) E fendeu a Lua com a palma da mão, de acordo com o texto do Altíssimo: [228] (وَانْشَقَّ الْقَمَرُ) . A água brotou dos dez dedos de suas mãos, como fonte, e deu de beber a um exército com as próprias mãos, como cura para os doentes e feridos. Isso indica realmente que aquela abençoada mão é um milagre verdadeiro do Poder Divino. A palma daquela mão um pequeno ambiente de recordação e glorificação, entre os amorosos, ao segurarem as pedrinhas, ela recorda e glorifica também. Portadora da pequena arma divina para os inimigos. Se erguer a pedra e a areia, torna-se bomba e míssil, pequena farmácia misericordiosa para doentes e feridos. Se tocar qualquer doença se torna remédio para ela. Se agir com magnificência, fende a Lua e a torna como a forma de dois arcos. Se retornar com beleza torna-se como o olho misericordioso, com dez canias que fazem brotar a água de Kauçar.

Que maravilhoso! Se uma só mão das duas de um homem tão generoso tornou-se aspecto e círculo de maravilhosos milagres, não seria certo, com esse grau de evidência, que aquele generoso, aceito pelo Criador do universo, e sincero em sua convocação, e quem jurou lealdade a aquela mão, que seria feliz?

Pergunta: Diz-se que você conta muitas coisas como sendo relatadas por unanimidade através de muitos canais, mas estamos a ouvir a maioria delas pela primeira vez. Certamente algo de vários relatos que são numerosos e unânimes não pode permanecer assim em segredo?

A Resposta: Existem inúmeras coisas a respeito dos relatos sobre os quais existe um consenso e que são autoevidentes para os eruditos da Chari'a, mas são desconhecidos daqueles que não são um deles. Para os estudiosos do Hadice, há muitas dessas coisas que não têm nem mesmo o estado de casos isolados, e assim por diante. Os especialistas de todas as ciências explicam as teorias e axiomas da sua ciência, e as pessoas comuns confiam neles e querem submeter-se a eles, ou tornar um deles e ver por si mesmas. Entretanto, os eventos dos relatos que descrevemos como formando "verdadeiro consenso", "consenso significativo", ou que expressam certeza como consenso, foram mostrados serem assim, tanto pelos estudiosos do Hadice, pelos estudiosos da Chari'a, pelos estudiosos dos princípios da religião e pela maioria dos outros níveis dos ulemás. Se as pessoas comuns, em sua negligência, ou os ignorantes que fecham os olhos para a verdade não sabem disso, a culpa é deles.

Quinto Exemplo: Depois de ter explicado e autenticado, o Imam Baghawi relatou: "Na batalha de Khandaq, a perna de 'Ali b. al-Hakam foi quebrada com o golpe de um incrédulo. O Nobre Mensageiro (Allah o abençoe e lhe dê paz) esfregou-a. No momento em que ele fez isso, 'Ali b. al-Hakam foi curado de modo que nem sequer apeou do cavalo."[229]

Sexto Exemplo: Os estudiosos do Hadice e, acima de tudo, Imam Bayhaqui, relataram: "'Ali estava muito doente. Em sua angústia, ele estava gemendo e suplicando por si mesmo. O Nobre Mensageiro (Allah o abençoe e lhe dê paz) veio e disse:

[230] اَللّٰهُمَّ اشْفِهِ , e tocou 'Ali com o pé. Disse-lhe, então: "Levante-se", e 'Ali ficou imediatamente curado. Ele declarou: "Eu nunca mais sofri com essa doença."[231]

Sétimo Exemplo: Esta é a história bem conhecida de Churahbil al-Ju'fi. Ele tinha um tumor maligno na palma da mão e não conseguia segurar nem uma espada nem as rédeas de seu cavalo. O Mensageiro de Allah (Allah o abençoe e lhe dê paz) esfregou o ferimento com sua mão abençoada e massageou-o; nenhum traço dele permaneceu.[232]

Oitavo Exemplo: Seis crianças, cada uma como objeto de um milagre diferente de Mohammad (Allah o abençoe e lhe dê paz):

A Primeira: Ibn Abi Chayba, um pesquisador meticuloso e conhecido estudioso do Hadice, relata que uma mulher trouxe seu filho para o Mensageiro de Allah (Allah o abençoe e lhe dê paz). A criança teve um problema, não podia falar e era excepcional. O Mensageiro de Allah (Allah o abençoe e lhe dê paz) lavou a boca e as mãos com água, em seguida, deu a água para a mulher, dizendo-lhe para dar de beber à criança. Depois que a criança bebeu, nada restou de sua doença e aflição, e ela tornou-se tão inteligente que superou até mesmo a mais inteligentes das pessoas.[233]

A Segunda: De acordo com uma narração autêntica, Ibn 'Abbas disse: "Uma criança insana foi levada para o Nobre Mensageiro (Allah o abençoe e lhe dê paz). Ele colocou a mão abençoada sobre o tórax da criança e de repente ela vomitou um pequeno objeto negro como um pepino pequeno. A criança ficou curada e foi embora."[234]

A Terceira: Imam Bayhaqui e Nassá'i relataram, através de uma cadeia de transmissão autêntica, que uma criança chamada Mohammad b. al-Hatib tinha sido escaldada por uma panela de água fervente e todo o seu braço foi queimado. O Nobre Mensageiro de Allah (Allah o abençoe e lhe dê paz) tocou o braço, espalhando sua saliva sobre ele; no mesmo instante a criança ficou curada.[235]

A Quarta: Uma criança crescida, mas muda, foi ter com o Nobre Mensageiro (Allah o abençoe e lhe dê paz). Ele perguntou à criança: "Quem sou eu?" A criança, que tinha sido muda de nascença, respondeu:[236] أَنْتَ رَسُولُ اللهِ e Allah o fez falar.[237]

A Quinta: Jalal al-Din Suyuti, que foi honrado por ver o Mensageiro de Allah (Allah o abençoe e lhe dê paz), em muitas ocasiões, enquanto acordado, e que foi o principal estudioso de sua época, explicando e autenticando uma narração, relatou: "Logo depois de ter nascido, uma pessoa famosa chamada Mubarak al-Yamama foi levada para o Nobre Mensageiro (Allah o abençoe e lhe dê paz). Ao se virar para o bebê, este começou a falar, dizendo:[238] أَشْهَدُ أَنَّكَ رَسُولُ اللهِ . O Mensageiro (Allah o abençoe e lhe dê paz) exclamou: *Báracallah* (Que Allah o abençoe!) A criança nunca mais falou em sua infância, e mais tarde, se tornou famoso como Mubarak al-Yamama (o abençoado Yamama), uma vez que ele tinha sido o objeto deste milagre do Profeta (Allah o abençoe e lhe dê paz) e de sua prece.[239]

A Sexta: Uma vez, um jovem mal-educado interrompeu a oração do Nobre Mensageiro (Allah o abençoe e lhe dê paz), passando na frente dele enquanto ele orava. O Mensageiro de Allah (Allah o abençoe e lhe dê paz) disse:

[240] اَللّٰهُمَّ اقْطَعْ اَثَرَهُ Depois disso, a criança foi incapaz de andar como uma punição por seu mau comportamento.[241]

A Sétima: Uma mulher sem-vergonha, que era como uma criança, pediu ao Mensageiro de Allah (Allah o abençoe e lhe dê paz) um pedaço da comida que ele estava comendo. Ele deu-lhe algum, mas ela disse: "Não, eu quero um pedaço da sua boca." Então, ele deu-lhe um pedaço e, depois de comer o bocado de pão, ela se tornou a mulher mais modesta e tímida em Madina.[242]

Não há oitenta, mas talvez oitocentos outros exemplos semelhantes aos oito mencionados acima, a maioria dos quais está relacionada nos livros de Hadice e nos livros de biografia do Profeta (Allah o abençoe e lhe dê paz). Com certeza, uma vez que a mão abençoada do Mensageiro de Allah (Allah o abençoe e lhe dê paz) era como uma farmácia de Luqman, o Sábio, e sua saliva era como uma fonte de água da vida de Khidr, e sua respiração, suave e curadora como a de Jesus (a paz esteja com ele), certamente muitas pessoas foram acometidas com muitos problemas e doenças. Por isso, doentes, crianças e loucos se recorreram a ele em grande número, e todos eles foram curados. Abu 'Abd al-Rahman al-Yamani, conhecido como Tawus, o mesmo que fez o Hajj quarenta vezes e durante quarenta anos realizou a *salatul fajr* com a ablução da *salatul ichá* e que se reuniu com muitos dos Companheiros e foi um dos maiores estudiosos da geração seguinte, afirmou e fez o certo relato dizendo que muitos lunáticos chegaram ao Mensageiro de Allah (Allah o abençoe e lhe dê paz), que hes colocou a mão no peito e eles foram todos curados; nenhum deixou de ser curado.[243] Assim, uma vez que um grande erudito como o que tinha ligações diretas com o período feliz do Profeta (Allah o abençoe e lhe dê paz) fez tais declarações definitivas e gerais, com certeza, nenhum dos doentes que foram ter com o Profeta (Allah o abençoe e lhe dê paz) deixou de ser curado; todos eles foram curados. Uma vez que esse era o caso, certamente milhares teriam recorrido a ele.

DÉCIMO QUARTO SINAL

Outro tipo de numerosos e vários tipos de milagre do Mensageiro mais Nobre de Allah (Allah o abençoe e lhe dê paz) foram as maravilhas que se manifestaram como resultado de suas orações. Esse tipo é definitivo e há um "verdadeiro consenso" sobre os seus muitos relatos. Os casos e exemplos são tão numerosos que seriam incalculáveis, e muitos deles atingiram o grau de 'consenso', ou tornaram-se famosos como tal. Uma parte foi relacionada por essas autoridades como "consenso bem conhecido". Como exemplos, vamos citar apenas alguns dos inúmeros exemplos desse tipo de milagre que são muito bem conhecidos e mais próximos do grau de "consenso", dando alguns detalhes de cada instância.

Primeiro Exemplo: O fato de que as orações do Nobre Mensageiro (Allah o abençoe e lhe dê paz) por chuva sempre foram aceitas foi transmitido pelas autoridades de Hadice, principalmente Bukhari e Musslim. Houve momentos em que, no púlpito, ele levantou as mãos para suplicar por chuva, e antes que ele as abaixasse, a chuva começava a cair.[244] Como mencionado acima, uma ou duas vezes, quando a água do exército tinha acabado, as nuvens vieram e derramaram chuva.[245] Antes de sua missão profética, ainda durante a sua infância, o avô do Profeta (Allah o abençoe e lhe dê paz) 'Abd al-Muttalib ia suplicar por chuva com ele, e a chuva caiu em respeito a Mohammad (Allah o abençoe e lhe dê paz). O fato tornou-se célebre por meio de um poema de 'Abd al-Muttalib.[246] E depois do falecimento do Profeta (Allah o abençoe e lhe dê paz), Ômar orou citando ' Abbas, dizendo: "O Senhor nosso! Este é o tio de seu amado. Envie-nos chuva por causa dele!" E choveu.[247]

Bukhari e Musslim também relataram que o Mensageiro de Allah (Allah o abençoe e lhe dê paz) foi convidado a suplicar por chuva. Ele fez isso, e tanta chuva caiu que eles tinham que pedir a ele para suplicar para ela parar. Ele assim o fez, e ela parou.[248]

Segundo Exemplo: É quase tão conhecido como aqueles incidentes sobre os quais há muitos relatos unânimes de que, quando o número de Companheiros e os crentes ainda não tinha chegado a quarenta, o Nobre Mensageiro de Allah (Allah o abençoe e lhe dê paz) suplicou secretamente enquanto realizava seu culto:

اَللّٰهُمَّ اَعِزَّ الْاِسْلَامَ بِعُمَرِ بْنِ الْخَطَّابِ اَوْ بِعَمْرِو بْنِ هِشَامٍ [249] Poucos dias depois, Ômar b. al-Khattab passou a acreditar e a proclamar a sua acolhida ao Islam, de modo que ele adquiriu o título de Faruq (o discernidor entre a verdade e a falsidade).[250]

Terceiro Exemplo: O Mensageiro de Allah (Allah o abençoe e lhe dê paz) fez prece por vários companheiros ilustres para diferentes fins. Suas preces foram aceitas em tão brilhante forma que as maravilhas delas atingiram o grau de um milagre. Por exemplo, acima de tudo, Bukhari e Musslim relataram que ele fez prece por Ibn 'Abbas da seguinte forma: [251] اَللّٰهُمَّ فَقِّهْهُ فِي الدِّينِ وَعَلِّمْهُ التَّاْوِيلَ

Sua súplica foi aceita de tal forma que Ibn 'Abbas ganhou o título glorioso de intérprete do Alcorão e atingiu o grau elevado de "erudito da comunidade muçulmana."[252] Quando ainda muito jovem, ainda, Ômar usou-a nos encontros de estudiosos religiosos e elevados Companheiros.[253]

Além disso, o Bukhari e outros compiladores de livros de autênticos Hadice relataram que a mãe de Anas pediu ao Nobre Mensageiro de Allah (Allah o abençoe e lhe dê paz): "Faz prece para que o seu servo Anas seja abençoado com riqueza abundante e prole." Ele fez, dizendo: اَللّٰهُمَّ اَكْثِرْ مَالَهُ وَوَلَدَهُ وَبَارِكْ لَهُ فِي مَا اَعْطَيْتَهُ [254] .No fim de sua vida, Anas disse, jurando por Allah: "Eu tive de enterrar uma centena de pessoas de minha descendência com as minhas próprias mãos. Ninguém foi tão afortunado como eu mesmo no que diz respeito à riqueza e posses. Vocês podem ver que a minha riqueza é realmente abundante. Tudo isso é o resultado da prece do Profeta (Allah o abençoe e lhe dê paz) para a bênção de plenitude."[255]

Ademais, Imam Bayhaqui e os estudiosos do Hadice relatam que o Mensageiro de Allah (Allah o abençoe e lhe dê paz) fez prece para que um dos dez aos quais foi prometido o Paraíso, 'Abd al-Rahman b. 'Awf, ser abençoado com abundância de riqueza. Pela bênção daquela prece, ele adquiriu grande riqueza e, em certa ocasião, doou setecentos camelos, juntamente com as suas cargas, pela causa de Allah.[256] Vejam as bênçãos de abundância resultantes da prece do Profeta (Allah o abençoe e lhe dê paz), e digam: *Báracallah* (Que Allah abençoe!)

Além disso, narradores de Hadices e, acima de todos, Bukhari, dizem: "O Mensageiro de Allah (Allah o abençoe e lhe dê paz) fez prece para que 'Urwa b. Abi al-Ja'da pudesse ter sucesso no comércio. 'Urwa disse: "Às vezes eu ia para o mercado em Kufa e voltava para casa, tendo feito um lucro de quarenta mil vezes."' Imam Bukhari. disse: "Se ele tomasse terra em sua mão, ainda faria lucro com isso!"[257]

Além disso, ele fez prece para que 'Abdullah Ibn Jafar adquirisse uma abundância de riqueza e bênção,[258] e este se tornou tão rico que ficou famoso por isso. Ele também se tornou muito famoso por sua generosidade por causa da riqueza que obteve através da oração do Profeta (Allah o abençoe e lhe dê paz) pela bênção de plenitude.[259]

Há inúmeros casos desse tipo de milagre, mas consideramos que os quatro descritos acima são suficientes como exemplos.

Também Imam Tirmizi relatou: "O Nobre Mensageiro (Allah o abençoe e lhe dê paz) fez prece por Sáad Ibn Abi Waqqas: [260] اَللّٰهُمَّ اَجِبْ دَعْوَتَهُ " [261]

Além de todos temerem sua maldição, o atendimento de suas preces também se tornou famoso.[262]

Em outra ocasião, o Mensageiro de Allah (Allah o abençoe e lhe dê paz) fez uma prece pelo famoso Abu Qatada para que ele permanecesse jovem:

[263] اَفْلَحَ اللّٰهُ وَجْهَكَ اَللّٰهُمَّ بَارِكْ لَهُ فِى شَعْرِهِ وَبَشَرِهِ Quando ele morreu com a idade de setenta anos, ele era como um jovem de quinze..

Isso está relacionado através de uma cadeia de narradores seguros confirmados.[264]

Há também a famosa história do poeta Nabigha: ele recitou um de seus poemas perante o Mensageiro de Allah (Allah o abençoe e lhe dê paz), que dizia:

بَلَغْنَا السَّمَاءَ مَجْدُنَا وَسَنَاۤئُنَا * وَاِنَّا نُرِيدُ فَوْقَ ذٰلِكَ مَظْهَرًا "A nossa glória e louvor chegaram aos céus; queremos subir ainda mais alto." O Mensageiro de Allah (Allah o abençoe e lhe dê paz) perguntou, em tom de brincadeira: [265] اِلَى اَيْنَ يَا اَبَا لَيْلٰى Nabigha respondeu: [266] اِلَى الْجَنَّةِ يَا رَسُولَ اللّٰهِ Ele recitou mais um de seus poemas significativos, e o Mensageiro (Allah o abençoe e lhe dê paz) suplicou:

لَايَفْضُضِ اللّٰهُ فَاكَ "Que Allah não estrague a sua boca!" Foi através da bênção dessa prece do Profeta (Allah o abençoe e lhe dê paz) que, quando ele tinha 120 anos de idade, não havia perdido um único dente. Sempre que lhe caía um dente, outro aparecia no lugar.[267]

Além disso, está relatado, através de uma narração autêntica, que ele fez uma prece pelo Imam 'Ali: اَللّٰهُمَّ اكْفِهِ الْحَرَّ وَالْقَرَّ "Ó Allah, protege-o do calor e do frio." Pela bênção dessa prece, o Imam 'Ali costumava usar roupas de verão no inverno e roupas de inverno no verão. Ele costumava dizer: "Eu nunca sofri de calor ou de frio, graças à prece."[268]

Além disso, ele fez uma prece por Fátima: اَللّٰهُمَّ لَا تُجِعْهَا "Ó Allah, não a deixe passar fome!" E Fatima costumava dizer: "Eu nunca sofri de fome depois da prece."[269]

Ademais, Tufayl b. 'Amr pediu ao Mensageiro de Allah (Allah o abençoe e lhe dê paz) um milagre para mostrar para a sua tribo. O Mensageiro (Allah o abençoe e lhe dê paz) suplicou: اَللّٰهُمَّ نَوِّرْ لَهُ "Ó Allah, ilumina-o!", e apareceu uma luz entre os olhos dele. Mais tarde, essa luz foi transferida para a ponta de seu cajado, e ele se tornou famoso como Zil-Nur, o Possuidor da Luz.[270] Esses incidentes são todos de Hadices bem conhecidas que são corretas.

Também Abu Huraira uma vez queixou-se ao Nobre Mensageiro (Allah o abençoe e lhe dê paz) que às vezes ele sofria de esquecimento. O Mensageiro de Allah (Allah o abençoe e lhe dê paz) disse-lhe para estender um pedaço de pano. Ele, então, fez alguns movimentos com a mão abençoada como se tomasse alguns objetos invisíveis e colocasse-os sobre o pano. Ele repetiu isso duas ou três vezes, em seguida, disse-lhe para recolher o pano. Abu Huraira depois jurou que, através do mistério dessa prece do Profeta (Allah o abençoe e lhe dê paz), ele nunca mais se esqueceu de algo.[271] Esse evento também está entre conhecidos Hadices.

Quarto Exemplo: Vamos descrever aqui alguns eventos relativos às maldições do Mensageiro de Allah (Allah o abençoe e lhe dê paz):

A Primeira: O persa Xá Parviz rasgou a carta enviada a ele pelo Mensageiro de Allah (Allah o abençoe e lhe dê paz). Quando o Mensageiro (Allah o abençoe e lhe dê paz) recebeu a notícia disso, ele amaldiçoou: اَللّٰهُمَّ مَزِّقْهُ "Ó Allah, rasga-o como ele rasgou a minha carta."[272] Como resultado dessa maldição, o filho de Chosroé Parviz

Shirviya cortou-o em pedaços com uma adaga.[273] E Sáad b. al-Waqqas separou seu reino em partes, de modo que em nenhuma parte do império permaneceu a soberania Sassanida. No entanto, o imperador de Bizâncio e outros reis não pereceram porque respeitaram as cartas do Profeta (Allah o abençoe e lhe dê paz).

A Segunda: Um evento quase tão conhecido como os relatados por unanimidade, ao qual alguns versículos do Alcorão aludem, é este: nos primeiros dias do Islam, o Nobre Mensageiro (Allah o abençoe e lhe dê paz) estava realizando *salat* no Masjid al-Haram quando os chefes coraixitas se reuniram e maltrataram-no. Na época, o Mensageiro (Allah o abençoe e lhe dê paz) invocou maldições sobre eles. Ibn Mass'ud declarou: "Eu juro que, na batalha de Badr, vi os corpos de todos aqueles que o haviam maltratado receberem sua maldição. "[274]

A Terceira: Por negarem-no, o Nobre Mensageiro de Allah (Allah o abençoe e lhe dê paz) fez uma prece para que uma grande tribo árabe chamada Mudariyya fosse atingida com a seca e a fome. Toda chuva cessou e a seca e a fome ocorreram. Em seguida, os coraixitas, um ramo da Mudariyya, implorou ao Nobre Mensageiro (Allah o abençoe e lhe dê Paz) que a seca cessasse, e ele suplicou. Diante disso, as chuvas voltaram e puseram fim à aridez.[275] O incidente ficou conhecido o suficiente para ser relatado por unanimidade.

Quinto Exemplo: O fato de que as maldições do Mensageiro (Allah o abençoe e lhe dê paz) contra determinadas pessoas foram atendidas e realizadas de uma maneira terrível é ilustrado por inúmeros casos. Vamos contar três deles a título de exemplo.

O Primeiro: Ele proferiu a seguinte maldição contra 'Utba b. Abi Lahab:

اَللّٰهُمَّ سَلِّطْ عَلَيْهِ كَلْبًا مِنْ كِلَابِكَ "Ó Allah, que ele seja atacado por um dos Teus cães!"

Algum tempo depois, 'Utba viajou e , durante a viagem, um leão escolheu-o no meio da caravana e rasgou-o em pedaços.[276] Este incidente ficou famoso e foi narrado como autêntico pelas autoridades do Hadice.

O Segundo: Este é Muhallim b. Jassama: ele injustamente matou 'Amir b. Adbat, a quem o Mensageiro de Allah (Allah o abençoe e lhe dê paz) havia enviado como comandante de uma força para lutar pela causa de Allah. Quando essa notícia chegou ao Mensageiro (Allah o abençoe e lhe dê paz), ele estava com raiva e amaldiçoou Muhallim, dizendo:[277] اَللّٰهُمَّ لَا تَغْفِرْ لِمُحَلِّم . Muhallim morreu uma semana depois. Foi colocado em seu túmulo, mas a sepultura expulsava-o. Foi enterrado em vários lugares diferentes, mas a cada vez o túmulo o rejeitava. Finalmente, foi construído um muro forte entre duas rochas, e dessa forma o cadáver foi sepultado.[278]

O Terceiro: Uma vez o Nobre Mensageiro de Allah (Allah o abençoe e lhe dê paz) viu um homem comer com a mão esquerda. Ele ordenou–lhe que كُلْ بِيَمِينِكَ "comesse com a mão direita". O homem respondeu: لَا أَسْتَطِيعُ "Eu não consigo." O Mensageiro (Allah o abençoe e lhe dê paz) disse como uma maldição: لَااسْتَطَعْتَ "A partir de agora você não será capaz de levantá-la." Depois disso, ele foi incapaz de usá-la.[279]

Sexto Exemplo: Aqui, além das inúmeras maravilhas resultantes das preces do Nobre Mensageiro (Allah o abençoe e lhe dê paz) e de seu toque, vamos mencionar vários incidentes que são verdadeiros.

O Primeiro: o Mensageiro de Allah (Allah o abençoe e lhe dê paz) deu a Khalid b. al-Walid, conhecido como a Espada de Allah, vários de seus cabelos e fez prece por sua vitória na batalha. Khalid colocou-os em seu boné. Como resultado dos cabelos e das bênçãos da oração, depois desse dia, nunca houve uma batalha em que ele se envolveu sem sair vitorioso.[280]

O Segundo: Salman al-Fársi tinha sido anteriormente um escravo dos judeus. Seus mestres tinham solicitado um elevado resgate, dizendo: "Para ganhar a sua liberdade, você deve plantar trezentas tamareiras e, depois que elas derem frutos, dê-nos quarenta okkas[281] de ouro, além das frutas." Ele foi ter com o nobre Mensageiro (Allah o abençoe e lhe dê paz) e explicou-lhe a sua situação. O Mensageiro de Allah (Allah o abençoe e lhe dê paz) então plantou as trezentas tamareiras na região de Madina; apenas uma delas foi plantada por alguém. Naquele ano, as três centenas de árvores deram frutos, com a exceção de uma plantada por outra pessoa. O Mensageiro (Allah o abençoe e lhe dê paz) desenraizou-a e plantou outra, que também deu frutos. Ele, então, esfregou um pouco de sua saliva em um pedaço de ouro do tamanho de um ovo de galinha e fez uma prece. Ele deu-o a Salman, dizendo-lhe para ir e dá-lo aos judeus. Salman al-Fársi foi e deu-lhes as quarenta Okkas de ouro daquela peça, mantendo-se ela em seu estado original.[282] Esse incidente milagroso foi narrado pelas autoridades mais confiáveis e respeitadas, foi o evento mais significativo em toda a vida de Salman.

O Terceiro: Uma mulher Companheira chamada Ummu Málik costumava dar ao Nobre Mensageiro (Allah o abençoe e lhe dê paz) manteiga de uma bolsa de couro chamada de 'okka, como presente. Em certa ocasião, o Mensageiro de Allah (Allah o abençoe e lhe dê paz) fez uma prece para ela, quando lhe devolvia a bolsa, e disse-lhe para não a aperta para não a esvaziar. Umm Málik levou a 'okka, e, posteriormente, como resultado da bênção da prece do Profeta (Allah o abençoe e lhe dê paz), a manteiga era encontrada nela sempre que os filhos a pediam. Isso continuou por um longo tempo, até que apertaram a ‘okka, e a bênção desapareceu.[283]

Sétimo Exemplo: Havia também muitos exemplos de água tornando-se doce e exalando um cheiro agradável, como resultado da prece do Profeta (Allah o abençoe e lhe dê paz) e de seu toque; vamos mencionar alguns a título de exemplo:

O Primeiro: Estudiosos do Hadice e, acima de tudo, Imam Bayhaqui, relataram que o bem conhecido Bír al-Qubá (poço de Qubá), às vezes, secava. O Mensageiro (Allah o abençoe e lhe dê paz) derramou a água com que ele havia praticado a ablução no poço e fez uma prece. A água tornou-se abundante e nunca mais secou.[284]

O Segundo: Autoridades do Hadice, incluindo Abu Nu'aym em seus *Daláil al-Nubuwwa* (Evidências da Profecia), relataram que, quando o Mensageiro de Allah (Allah o abençoe e lhe dê paz) cuspiu no poço na casa de Anas e fez uma prece, tornou-se a água mais doce de Madina.[285]

O Terceiro: Ibn Mája relatou que um balde de água da fonte de Zamzam foi trazido para o Mensageiro (Allah o abençoe e lhe dê paz). Ele colocou um pouco dela em sua boca e, em seguida, cuspiu-a dentro do balde. O balde então emitiu um perfume doce como almíscar.[286]

O Quarto: Imam Ahmad b. Hambal relatou que um balde de água extraída de um poço, após o Mensageiro de Allah (Allah o abençoe e lhe dê paz) ter colocado um pouco de sua saliva no balde e derramado essa água dentro do poço, ela começou a emitir um cheiro doce como o almíscar.[287]

O Quinto: Hammad b. Salama, que era um homem de Allah e foi confiável e aceito pelo Imam Musslim e pelos estudiosos do Maghreb, informou que o Nobre Mensageiro (Allah o abençoe e lhe dê paz) encheu um odre com água e soprou-o enquanto orava. Ele, então, amarrou-o e deu-o a alguns dos Companheiros, dizendo: "Não o abram, exceto quando executarem as abluções." Quando abriram o saco para praticar as abluções, encontraram puro leite com creme.[288]

Assim, esses cinco casos foram narrados por autoridades conhecidas e importantes. Junto com aqueles que não são mencionados aqui, provam definitivamente a ocorrência desse tipo de milagre como aqueles sobre os quais existem vários relatos com consenso significativo.

Oitavo Exemplo: Houve numerosos casos de cabras estéreis e secas produzirem leite abundante por meio do toque e das preces do Nobre Mensageiro de Allah (Allah o abençoe e lhe dê paz). Vamos mencionar apenas dois ou três que são bem conhecidos e certos, como exemplo:

O Primeiro: Todos os livros confiáveis da biografia do Profeta (Allah o abençoe e lhe dê paz) relatam que, quando o Mensageiro de Allah (Allah o abençoe e lhe dê paz) e Abu Bakr, o Veraz, estavam migrando para Madina, eles chegaram à casa de Ummu Ma'bad, de nome 'Átika Bint Khalid al-Khuza'i. Havia uma cabra extremamente magra, estéril e seca lá. O Mensageiro de Allah (Allah o abençoe e lhe dê paz) perguntou a Ummu Ma'bad: "Tem ela leite?" Ela respondeu: "Ela não tem nem sangue em seu corpo, como ela deve produzir leite?" O Mensageiro (Allah o abençoe e lhe dê paz) acariciou seus lombos e tetas e fez uma prece. Então ele disse: "Traga uma vasilha de leite e a ordenham". Eles a ordenharem, e depois de o Mensageiro (Allah o abençoe e lhe dê paz) e Abu Bakr terem bebido, todas as pessoas da casa beberam, também. A cabra cresceu forte e permaneceu assim abençoada.[289]

O Segundo: Esta é a famosa história da cabra de Ibn Mass'ud: antes de se tornar muçulmano, Ibn Mass'ud costumava trabalhar como pastor para um número de pessoas. O Mensageiro de Allah (Allah o abençoe e lhe dê paz) foi junto com o Abu Bakr, o Veraz, para o lugar onde Ibn Mass'ud e suas cabras estavam. O Mensageiro de Allah (Allah o abençoe e lhe dê paz) pediu para Ibn Mass'ud um pouco de leite. Ao ouvir a resposta de que as cabras não eram dele, mas de outra pessoa, o Mensageiro (Allah o abençoe e lhe dê paz) disse a ele para trazer-lhe uma cabra seca e estéril. Então, ele trouxe uma cabra que não havia acasalado por dois anos. O Mensageiro de Allah (Allah o abençoe e lhe dê paz) acariciou seus mamilos com a mão e fez uma prece. Em seguida, ele a ordenhou e obteve um doce leite, e bebeu-o. Ibn Mass'ud se converteu depois de testemunhar esse milagre.[290]

O Terceiro: Esta é a história bem conhecida de Halima Sa'diya, a mãe adotiva, ou seja, ama de leite, do Nobre Mensageiro (Allah o abençoe e lhe dê paz). Havia seca onde a tribo se encontrava, e todos os animais estavam magros e sem leite. Eles não conseguiram encontrar o suficiente para comer. Mas, quando o Mensageiro (Allah o abençoe e lhe dê paz) foi enviado para a sua mãe adotiva, através da bênção que ele trouxe, as cabras de Halima Sa'diya voltavam, à noite, com ambos os seus estômagos e seus mamilos cheios, ao contrário de todas as outras. Há outros exemplos nos livros de biografia do Profeta acima citados, mas esses exemplos são suficientes para o nosso propósito.[291]

Nono Exemplo: Vamos contar aqui um pouco de muitos casos de maravilhas que se manifestaram após o Mensageiro de Allah (Allah o abençoe e lhe dê paz) ter tocado os rostos e as cabeças de certas pessoas e feito preces.

O Primeiro: Ele passou a mão sobre a cabeça de Ômar b. Sáad, e fez uma prece. Quando o homem morreu com a idade de oitenta, através da bênção daquela prece, não havia um único fio de cabelo cinza em sua cabeça.[292]

O Segundo: Ele colocou a mão na cabeça de Qais b. Zayd, e fez uma prece. Pela bênção da prece e do efeito de seu toque, quando Qais atingiu cem anos de idade, sua cabeça era branca, exceto onde o Mensageiro de Allah (Allah o abençoe e lhe dê paz) havia colocado a mão; esse lugar havia permanecido totalmente preto.[293]

O Terceiro: 'Abdurrahman b. Zayd b. al-Khattab era muito pequeno e feio. O Mensageiro de Allah (Allah o abençoe e lhe dê paz) tocou sua cabeça com a mão e fez uma prece. Pela bênção de sua prece, 'Abdurrahman adquiriu a estatura mais alta e a mais bonita forma.[294]

O Quarto: A'idh b. 'Amr recebeu uma ferida no rosto durante a Batalha de Hunayn. O Mensageiro de Allah (Allah o abençoe e lhe dê paz) limpou o sangue do rosto dele com a mão. A parte de seu rosto que o Mensageiro (Allah o abençoe e lhe dê paz) tocou adquiriu um brilho reluzente que os estudiosos do Hadice descreveram كَغُرَّةِ الْفَرَسِ como semelhante a uma mancha branca em um cavalo castanho.[295]

O Quinto: Ele passou a mão sobre Qatada b. Malhan e fez uma prece, e o rosto de Qatada começou a brilhar como um espelho.[296]

O Sexto: Quando Zaynab, filha da mãe dos crentes Ummu Salama e enteada do Mensageiro de Allah (Allah o abençoe e lhe dê paz), era uma criança, ele jogou um pouco de sua água de ablução no rosto dela. Com o toque da água, seu rosto adquiriu uma beleza extraordinária.[297]

Há inúmeros outros exemplos semelhantes a esses, a maioria dos quais foi narrada pelos principais estudiosos do Hadice. Mesmo que suponhamos cada um desses casos ser um único relato, e fraco, como um todo, eles ainda demonstram um milagre absoluto de Mohammad (Allah o abençoe e lhe dê paz) que tem a certeza do "consenso significativo." Porque, se um evento é narrado de numerosas diferente formas, a ocorrência do evento básico torna-se clara. Mesmo que cada um seja fraco, ele ainda prova o evento básico. Por exemplo, um barulho foi ouvido; algumas pessoas disseram que uma casa tinha desmoronado. Outros disseram que era uma casa diferente, e assim por diante. Cada narração pode ser um único relato, fraco e falso, mas o evento básico era que a casa tinha desmoronado; isso era certo, e eles foram unânimes a respeito dele. No entanto, os seis casos acima enumerados foram todos autênticos, e alguns deles se tornaram famosos. Suponha que consideremos cada um deles como fraco, mas todos juntos demonstram a ocorrência de determinado milagre absoluto de Mohammad (Allah o abençoe e lhe dê paz), como o desmoronamento absoluto da casa na comparação.

Assim, o Nobre Mensageiro de Allah (Allah o abençoe e lhe dê paz) realizou definitivos milagres evidentes de cada categoria. As instâncias deles são as formas ou os exemplos desses milagres universais e absolutos. Assim como a mão, os dedos, a saliva, a respiração e a fala do Mensageiro (Allah o abençoe e lhe dê paz), ou seja, a sua prece, foram os meios de numerosos milagres. Por isso, também, as suas outras faculdades sutis, emoções e sentidos foram o meio de muitas maravilhas. Os livros de biografia do Profeta e de história descreveram-nos e demonstram que, em sua conduta, estado físico e sentidos, eram muitas as evidências de sua missão profética.

DÉCIMO QUINTO SINAL

Assim como rochas e árvores, a Lua e o Sol reconheceram e afirmaram a missão profética do Nobre Mensageiro (Allah o abençoe e lhe dê paz) com cada um demonstrando milagre, assim também os animais, os mortos, os gênios e os anjos reconheceram essa pessoa abençoada e afirmaram a sua missão profética. Uma vez que cada uma dessas espécies de seres apresentou uma série de milagres, demonstraram que o reconheceram e proclamaram a afirmação de sua missão profética. Este Décimo Quinto Sinal contém três ramos.

PRIMEIRO RAMO:

O reino animal reconheceu e exibiu os milagres do Nobre Mensageiro de Allah (Allah o abençoe e lhe dê paz). Existem inúmeros exemplos deste ramo. Aqui, como exemplos, vamos mencionar apenas aqueles que são bem conhecidos e definitivos ao grau de "consenso significativo", ou tenham sido aceites por estudiosos oficiais, ou que tenham sido considerados aceitáveis pela comunidade muçulmana.

O Primeiro Incidente: Isso é bem conhecido com o grau de "consenso significativo" e refere-se aos dois pombos que pousaram na entrada da caverna de Hirá, onde o Mensageiro de Allah (Allah o abençoe e lhe dê paz) e Abu Bakr, o Veraz, se esconderam dos incrédulos que os perseguiam, e a teia de uma aranha vedou a entrada com uma rede grossa, como um suporte de cortina. Ubayy B. Khalaf, um dos líderes dos coraixitas que o Mensageiro de Allah (Allah o abençoe e lhe dê paz) matou com a própria mão na batalha de Badr,[298] olhou para a caverna. Quando seus companheiros sugeriram que eles entrassem, ele respondeu: "Por que deveríamos? Eu vejo uma grande teia de aranha que parece ter estado lá desde antes de Nobre Mohammad nascer. E olhem esses dois pombos que estão lá em seu ninho. Será que eles pousariam lá se houvesse alguém na caverna?"[299] Num caso semelhante a esse, um pombo abençoado lançou uma sombra sobre a cabeça do Mensageiro de Allah (Allah o abençoe e lhe dê paz) durante a conquista de Makka, o que foi relatado pelo Imam Jalil b. Wahab.[300] Ainda de acordo com a narração autêntica, Aicha al-Siddiqa relatou: "Tivemos um pássaro em nossa casa chamado dajin, semelhante a um pombo. Quando o Mensageiro de Allah (Allah o abençoe e lhe dê paz) estava presente, ele ficava quieto, mas assim que ele saía de casa, começava a pular de um lado para outro sem parar."[301] Assim, o pássaro foi obediente ao Mensageiro (Allah o abençoe e lhe dê paz), mantendo-se calmo em sua presença.

O segundo incidente: Esta é a extraordinária história do lobo, que foi narrada por uma série de cadeias de transmissão de alguns Companheiros conhecidos entre os quais

Abu Said al-Khudri, Salama b. al-Akwa', Ibn Abi Wahab, Abu Huraira e Uhban, um pastor que estava envolvido em outro evento, relatado através de numerosas cadeias de transmissão: "Um lobo cercou uma cabra e o pastor salvou-a dele. O lobo exclamou: 'Você não teme a Allah? Você me privou do meu sustento.' O pastor murmurou para si mesmo: 'Que estranho! Lobos podem falar?' Disse-lhe o lobo: 'Você é o estranho, para além da colina alguém está chamando-o para o Paraíso! Ele é o Mensageiro de Allah, ainda que você não o reconheça.'" Apesar de todas as linhas de transmissão concordarem com o discurso do lobo, em seu relato, que tem uma linha forte, Abu Huraira disse: "O pastor disse ao lobo: 'Estou indo para vê-lo, mas quem vai cuidar de minhas cabras?' O lobo respondeu: 'Eu vou cuidar delas.' Então o pastor entregou o rebanho para o lobo e foi ver o Nobre Mensageiro (Allah o abençoe e lhe dê paz), creu nele e voltou para o seu rebanho. O pastor encontrou o lobo; nenhuma cabra tinha sido perdida. Assim, ele abateu uma para o lobo, pois tinha sido o seu mestre."[302] De acordo com uma cadeia de transmissão, um dos chefes coraixitas, Abu Sufyan, e Safwan viram um lobo perseguindo uma gazela. Esta entrou no recinto da Caaba. O lobo voltou. Eles ficaram surpresos. O lobo falou, informando sobre a Mensagem de Mohammad (Allah o abençoe e lhe dê paz). Abu Sufyan disse a Safwan: 'Não vamos contar a ninguém sobre isso; estou com receio de que vão se juntar a ele e Makka vai ficar vazia.'"[303]

Em Resumo: A história do lobo dá à pessoa plena convicção e é tão certa quanto esses relatos unânimes sobre os quais há "consenso no sentido."

O Terceiro Incidente: Esta é a narrativa do camelo, que foi por unanimidade relacionada através de cerca de cinco ou seis cadeias de transmissão por tais Companheiros famosos como Abu Huraira, Sa'laba b. Málik, Jábir b. 'Abdullah,' Abdullah b. Já'far, e 'Abdullah b. Abi 'Awfa, que são colocados no início das cadeias. Um camelo aproximou-se do Mensageiro de Allah (Allah o abençoe e lhe dê paz), prostrou-se diante dele como se o saudasse e falou. De acordo com uma série de linhas de transmissão, o camelo tinha sido maltratado em um jardim e tornou-se selvagem, atacando qualquer um que se aproximasse dele. Quando o Mensageiro de Allah (Allah o abençoe e lhe dê paz) apareceu, aproximando-se, o animal prostrou-se como sinal de respeito e ajoelhou-se. Ele colocou um freio sobre ele, e o camelo disse-lhe: "Eles me obrigaram a fazer o trabalho mais pesado e agora querem me matar. É por isso que eu fiquei selvagem." O Mensageiro (Allah o abençoe e lhe dê paz) solicitou informações ao proprietário, e este disse que era verdade. "Sim", ele respondeu.[304] Além disso, o Nobre Mensageiro de Allah (Allah o abençoe e lhe dê paz) teve um camelo chamado 'Adba'. Depois do falecimento do Profeta, fora o sofrimento, o camelo não comeu nem bebeu, até morrer.[305] Um número de autoridades importantes, incluindo Abu Ishaq Isfara'ini, relatou que ele falou com o Mensageiro (Allah o abençoe e lhe dê paz) sobre uma determinada história.[306] Em outro exemplo, em uma narração autêntica, o camelo de Jábir b. 'Abdullah se esgotou em uma viagem e não podia mais continuar. O Mensageiro de Allah (Allah o abençoe e lhe dê paz) deu-lhe uma ligeira cutucada. O camelo recebeu uma alegre ligeireza da cutucada do Profeta (Allah o abençoe e lhe dê paz) e, por causa de sua velocidade, não era pego, nem conseguiam prender suas rédeas.[307]

O Quarto Incidente: As autoridades de Hadice e, acima de tudo, Bukhari, relataram que havia rumores de uma noite em que o inimigo estava atacando fora de Madina. Bravos cavaleiros saíram para investigar. No caminho, viram alguém vindo.

Eles olharam e viram que era o Mensageiro (Allah o abençoe e lhe dê paz). Ele lhes disse que não havia nada. Ele havia montado o famoso cavalo de Abu Tal-ha, uma vez que sua coragem sagrada o levou a fazê-lo, e tinha ido antes de todo mundo para investigar e, em seguida, retornou. Ele disse a Abu Tal-ha: وَجَدْتُ فَرَسَكَ بَحْرًا "Seu cavalo é extremamente rápido e firme." Porém, anteriormente, esse cavalo tinha sido extremamente lento. Depois daquela noite, não havia cavalo para competir com ele.[308] Em outra ocasião, como relatado em uma narração autêntica, quando em uma viagem, deu-se o tempo para a *salat*, e o Nobre Mensageiro (Allah o abençoe e lhe dê paz) disse para o seu cavalo parar. Ele parou, e até que ele acabasse a *salat* o cavalo não faz o menor movimento.[309]

O Quinto Incidente: Safina, a serva do Nobre Profeta (Allah o abençoe e lhe dê paz), recebeu dele a ordem para ir ao Governador do Iêmen, Mu'az b. Jabal. Ela partiu e no caminho encontrou um leão. Safina disse a ele: "Eu sou a serva do Mensageiro de Allah!", ao que o leão fez um som como se estivesse dizendo algo e saiu sem molestá-la. De acordo com outra narração, Safina perdeu o rumo ao retornar e encontrou-se com um leão. Não só o leão não a molestou, mas também lhe mostrou o caminho.[310] Além disso, é narrada a partir de Ômar: "Um beduíno foi ter com o Nobre Mensageiro (Allah o abençoe e lhe dê paz). Ele estava segurando um lagarto. Ele disse: 'Se este réptil atesta você, vou acreditar em você; caso contrário, eu não vou." O Mensageiro de Allah (Allah o abençoe e lhe dê paz) pediu ao lagarto que ele desse testemunho de sua Mensagem mais eloquente, o que o animal fez."[311] Além dessa narrativa, a Mãe dos Crentes, Ummu Salama, relatou: "A gazela falou com o Nobre Mensageiro (Allah o abençoe e lhe dê paz), e testemunhou a Mensagem dele."[312]

Assim, existem inúmeros outros exemplos semelhantes a esses. Nós descrevemos alguns que são famosos e certos. Para aqueles que não reconhecem e nem obedecem ao Nobre Mensageiro (Allah o abençoe e lhe dê paz), dizemos isto: Ó homens! Tirem uma lição desses exemplos! O leão e o lobo reconheceram-no e obedeceram a ele; vocês, então, devem tentar não cair abaixo de um animal!

SEGUNDO RAMO:

Trata de cadáveres, gênio e anjos de Allah reconhecendo o Nobre Mensageiro (Allah o abençoe e lhe dê paz). Havia muitas instâncias dessas. Vamos descrever alguns exemplos famosos que têm sido relacionados por estudiosos de confiança, em primeiro lugar sobre cadáveres. Quanto aos gênios e aos anjos, os muitos relatos que lhes dizem respeito são unânimes, e exemplos deles são inúmeros, não um só, mas mil. E. assim, os exemplos da fala dos mortos:

O Primeiro é este: Hassan al-Basri, um estudante importante e leal de Imam 'Ali e a maior autoridade entre os estudiosos das ciências externas e esotéricas, no momento posterior da geração dos Companheiros, relatou: "Um homem foi chorando ter com o Mensageiro de Allah (Allah o abençoe e lhe dê paz) e disse: "Eu tive uma menina; ela se afogou em tal e tal córrego próximo. Deixei-a lá." Ele teve pena do homem e disse que iria lá, junto com ele. Eles foram, e o Mensageiro (Allah o abençoe e lhe dê paz) chamou pela menina morta, dizendo seu nome. No mesmo instante, a menina morta respondeu: [313] لَبَّيْكَ وَسَعْدَيْكَ . Ele perguntou a ela: 'Você quer voltar para o seu pai e sua mãe?" Ela respondeu: 'Não, eu encontrei algo melhor aqui.'"[314]

O Segundo: Autoridades importantes como Imam Bayhaqui e Imam b. 'Adiyy relacionaram com base em Anas b. Málik: Anas disse: "Uma mulher idosa tinha um único filho, que morreu repentinamente. A mulher virtuosa ficou muito triste e suplicou: "Ó Allah, eu deixei minha casa e migrei para cá apenas para obter o Teu aprazimento e prestar fidelidade ao Nobre Mensageiro de Allah (Allah o abençoe e lhe dê paz) e servi-lo. Pela causa de Teu Mensageiro, devolve o meu filho para mim, que era a única pessoa para cuidar de mim." Anas disse: "O homem morto se levantou e veio comer com a gente."[315]

Nas linhas seguintes, a partir do célebre poema Qasidat al-Burda, o Imam Busiri refere-se a este evento extraordinário:

لَوْ نَاسَبَتْ قَدْرَهُ اٰيَاتُهُ عِظَماً ۞ اَحْيَى اسْمُهُ حِينَ يُدْعَى دَارِسَ الرِّمَمِ

"Se as suas maravilhas corresponderem à sua virtude em grandeza,

A mera menção de seu nome teria animado ossos deteriorados."

O Terceiro: Estudiosos como Imam Bayhaqui relataram com base em 'Abdullah b. 'Ubaydullah al-Ansari: 'Abdullah disse: "Eu estava presente quando Sábit b. Qais b. Chammas caiu como mártir na batalha de Yamama e foi sepultado. Quando estava sendo colocado em seu túmulo, uma voz de repente veio-lhe, dizendo:

مُحَمَّدٌ رَسُولُ اللهِ اَبُو بَكْرٍ الصِّدِّيقُ وَعُمَرُ الشَّهِيدُ وَعُثْمَانُ الْبَرُّ الرَّحِيمُ[316]. Nós o descobrimos e olhamos: ele estava morto e sem vida, no entanto, prenunciou o martírio de Ômar, antes mesmo que ele tivesse conseguido o califado.

O Quarto: Imam Tabarani e Abu Nu'aym, em sua *Daláil al-Nubuwwa*, relataram com base em Nu'man b. Bachir: "Zaid b. Khárija caiu de repente morto no mercado. Nós levamos seu corpo para a casa dele. Naquela noite, entre o crepúsculo e a oração da noite, enquanto as mulheres choravam ao redor dele, o morto exclamou:

اَنْصِتُوا..اَنْصِتُوا "Silêncio! Silêncio!" Então, disse:

مُحَمَّدٌ رَسُولُ اللهِ اَلسَّلَامُ عَلَيْكَ يَا رَسُولَ اللهِ

"Mohammad é o Mensageiro de Allah! A paz esteja com você, ó Mensageiro de Allah!" Ele falou eloquentemente por um tempo. Olhamos: ele estava morto, sem vida."[317]

Assim, se corpos sem vida afirmaram sua missão profética e os vivos não fizeram isso, com certeza eles estão mais mortos do que os mortos e mais sem vida de que cadáveres!

No que respeita aos anjos aparecendo e servindo o Mensageiro de Allah (Allah o abençoe e lhe dê paz), e os gênios acreditarem nele e obedecerem a ele, esses fatos foram relatados numerosas vezes e por unanimidade. Eles foram explicitamente colocados em muitos versículos do Alcorão.[318] Na batalha de Badr, de acordo com o Alcorão,[319] cinco mil anjos serviram como soldados na linha de frente, com os Companheiros. Na verdade, esses anjos adquiriram distinção entre os anjos, como os homens que lutaram na batalha.[320] Há dois aspectos a serem considerados nesta matéria:

O Primeiro é o fato de que a existência de diferentes tipos de gênios é tão definida quanto as variedades e espécies de animais e de seres humanos, e que eles têm relações conosco. Comprovamos isso decisivamente na Vigésima Nona Palavra, tão certa como dois vezes dois são quatro, e transferimos a prova disso para essa Palavra.

O Segundo Aspecto é a visão dos membros da Comunidade do Mensageiro de Allah (Allah o abençoe e lhe dê paz) aos gênios que lhe concede a honra de serem descendentes do Nobre Profeta e a apresentação de um dos seus milagres.

Assim, os principais estudiosos do Hadice, e acima de tudo Bukhari e Musslim, relacionaram, por unanimidade: "Uma vez, um anjo, ou seja, Gabriel, apareceu na forma de um homem vestido de branco. Ele se aproximou de Mensageiro de Allah (Allah o abençoe e lhe dê paz), que estava sentado entre os seus companheiros, e perguntou: مَاالْإِسْلَامُ وَمَاالْإِيمَانُ وَمَاالْإِحْسَانُ "O que é o Islam? O que é a fé? E o que é a benevolência? Explica-os." O Mensageiro (Allah o abençoe e lhe dê paz) explicou, e os Companheiros ali reunidos receberam instruções valiosas e viram a pessoa claramente. Embora ele parecesse ser um viajante, não mostrava nenhum sinal de viagem. De repente, ele levantou-se e desapareceu. O Mensageiro de Allah (Allah o abençoe e lhe dê paz), então disse: "Gabriel fez isso para que eu o ensinasse!"'[321]

Além disso, as autoridades sobre Hadice relacionaram através de certas e autênticas narrações sobre as quais há "consenso no sentido: "Os Companheiros viram Gabriel com o Mensageiro de Allah (Allah o abençoe e lhe dê paz) muitas vezes sob a forma de *Dihya*, que era muito bonito." Por exemplo, Ômar, Ibn 'Abbas, Ussama b. Zayd, Háris, Aicha al- Siddiqa e Ummu Salama estabeleceram e relataram, certamente: "Nós frequentemente víamos Gabriel com o Mensageiro de Allah (Allah o abençoe e lhe dê paz) sob a forma de *Dihya*."[322] É de todo possível que essas pessoas dissessem que o tinham visto se eles não tivessem?

Além disso, o conquistador da Pérsia, Sáad b. Abi Waqqas, que era um dos dez aos quais foi prometido o Paraíso, refere-se em uma narração autêntica: "Na batalha de Uhud vimos duas pessoas vestidas de branco de cada lado do Mensageiro de Allah (Allah o abençoe e lhe dê paz), guardando-o como sentinelas. Nós entendemos que elas eram os anjos Gabriel e Miguel."[323] É possível que, se um herói do Islam disse que as viu, não as tivesse visto?

Além disso, Abu Sufyan b. Haris b. 'Abd al-Muttalib, o primo do Profeta (Allah o abençoe e lhe dê paz), referiu-se em uma narração autêntica: "Na batalha de Badr, vimos cavaleiros vestidos de branco entre o céu e a Terra."[324]

Além disso, Hamza pediu ao Nobre Mensageiro (Allah o abençoe e lhe dê paz) para ver Gabriel. Assim, ele mostrou-o a Hamza na Caaba, mas ele não suportou vê-lo e caiu no solo inconsciente.[325]

Havia inúmeras ocorrências como essas de anjos sendo vistos. Todas elas demonstraram um tipo de milagre de Mohammad (Allah o abençoe e lhe dê paz) e mostraram que os anjos também eram como mariposas atraídas pela lâmpada de sua missão profética.

Quando se trata de gênios, não foram somente os Companheiros, acontecia frequentemente que membros comuns da comunidade muçulmana se encontrarem com eles e vê-los. Mas os mais certos e autênticos relatos são nos dados pelos principais estudiosos do Hadice, que Ibn Mass'ud relacionou: "Eu vi os gênios na noite em que aceitaram o Islam em Batn al-Nakhl. Eu os comparei com o Zut, uma tribo sudanesa de alta estatura; aqueles se assemelhavam a estes."[326]

Também houve o famoso incidente a respeito de Khálid b. al-Walid, que e foi autenticado e aceito pelos principais estudiosos do Hadice: quando o ídolo chamado 'Uzza foi destruído, um jinn apareceu sob a forma de uma mulher negra. Khálid cortou-o em dois com sua espada. O Nobre Mensageiro (Allah o abençoe e lhe dê paz) disse em conexão com isso: "Eles costumavam adorá-lo dentro do ídolo Uzza; já não pode ser mais adorado."[327]

Ademais, há uma narração de Ômar, que disse: "Enquanto estávamos com o Mensageiro de Allah (Allah o abençoe e lhe dê paz), um gênio chamado Hama apareceu na forma de um homem velho carregando um cajado que aceitou o Islam. O Nobre Mensageiro (Allah o abençoe e lhe dê paz) instruiu-o com algumas das curtas Suratas do Alcorão, que ele ouviu e depois partiu."[328] Alguns estudiosos do Hadice questionaram esse último incidente, mas o mais importante deles declarou ser autêntico. Em qualquer caso, não é necessário descrever esse relato detalhadamente porque os exemplos dele são muitos. Nós só gostaríamos de acrescentar o seguinte:

Através da luz do Nobre Mensageiro de Allah (Allah o abençoe e lhe dê paz), por meio de sua formação e através de seu seguimento, milhares de polos espirituais e estudantes purificados, como Chaikh 'Abd al-Qadir Gilani, se encontraram e falaram com anjos e gênios. Esse fato atingiu o grau de consenso mais de cem vezes através de inumeráveis instâncias.[329] Sim, os membros da comunidade de Mohammad (Allah o abençoe e lhe dê paz) estão em contato com os anjos e os gênios e falam com eles, isso ocorre por meio da orientação e da instrução milagrosa do Nobre Mensageiro (Allah o abençoe e lhe dê paz).

TERCEIRO RAMO:

A proteção e a preservação do Mensageiro de Allah (Allah o abençoe e lhe dê paz) foi um milagre evidente, e muitos exemplos são indicados pela verdade indubitável do versículo: [330] ﴿وَاللّٰهُ يَعْصِمُكَ مِنَ النَّاسِ﴾ Com certeza, quando o Mensageiro de Allah (Allah o abençoe e lhe dê paz) apareceu, não estava apenas desafiando um grupo, ou um povo, ou alguns governantes, ou uma religião; ele estava sozinho desafiando todos os reis e os povos de todas as religiões. E, no entanto, até falecer em perfeita felicidade e elevar-se para a corte celestial, durante vinte e três anos ele ficou sem guarda ou protetor e foi exposto a inúmeros planos, tendo como inimigos o próprio tio, o maior inimigo, sua própria tribo e o povo hostil a ele. Isso mostra que verdade poderosa o versículo acima mencionado expressa e que ponto de apoio ele foi. Vamos citar como exemplos apenas alguns eventos classificados como definitivos.

O Primeiro Evento: Eruditos do Hadice e a biografia do Profeta (Allah o abençoe e lhe dê paz) informam, por unanimidade, que os coraixitas tinham feito um acordo para matar o Mensageiro de Allah (Allah o abençoe e lhe dê paz). Após a sugestão de um demônio em forma humana, de modo a evitar a discórdia dentro de Coraix, pelo menos um membro de cada ramo da tribo formaria um grupo de cerca de duas centenas de homens sob a liderança de Abu Jahl e Abu Lahab, e eles encenariam um ataque surpresa à casa do Mensageiro (Allah o abençoe e lhe dê paz). 'Ali estava junto com ele. Ele lhe tinha dito para dormir naquela noite em sua cama. O Mensageiro (Allah o abençoe e lhe dê paz) esperou até que os coraixitas viessem e cercassem completamente a casa, então ele saiu e jogou um punhado de terra em suas cabeças, e nenhum deles o viu. Ele passou por eles e desapareceu.[331] Quando ele alcançou a caverna de Hirá, dois pombos e uma aranha se tornaram seus guardas e protegeram-no contra toda a Coraix.[332]

O Segundo Evento: Certamente ocorreu que, quando eles saíram da caverna e partiram em direção a Madina, foram seguidos por um homem muito corajoso chamado Suraqa, que, por uma grande recompensa, tinha sido enviado pelos líderes dos coraixitas para matá-los. O Mensageiro de Allah (Allah o abençoe e lhe dê paz) e Abu Bakr, o Veraz, tinham visto Suraqa chegando quando saíram da caverna. Abu Bakr estava ansioso, mas o Mensageiro de Allah (Allah o abençoe e lhe dê paz) disse:

[333] ﴿لَا تَحْزَنْ إِنَّ اللهَ مَعَنَا﴾, como ele tinha feito na caverna. Abu Bakr olhou para Suraqa: os cascos de seu cavalo estavam presos na areia. Ele foi libertado e começou a segui-los, novamente. Em seguida, novamente o cavalo ficou paralisado e algo como fumaça subia de onde seus cascos estavam presos. Nesse ponto, ele entendeu que era além de seu poder e do poder de qualquer outra pessoa prejudicar o Mensageiro de Allah (Allah o abençoe e lhe dê paz). Ele clamou por misericórdia. O Mensageiro (Allah o abençoe e lhe dê paz) libertou-o, mas disse-lhe: "Volte, mas certifique-se de que ninguém mais venha atrás de nós."[334]

Em conexão com esse incidente, também devemos mencionar que um pastor os viu e imediatamente partiu para Makka para informar os coraixitas. Mas, ao chegar à cidade, esqueceu-se do que tinha visto. Não importa o quanto ele tentasse, não conseguia se lembrar. Ele foi obrigado a retornar. Então, mais tarde, entendeu que Allah o tinha feito esquecer.[335]

O Terceiro Evento: Os principais estudiosos do Hadice relacionam através de muitas cadeias de transmissão que, na batalha de Ghatafan e Anmar, um chefe tribal corajoso chamado Ghauras aproximou-se do Nobre Mensageiro (Allah o abençoe e lhe dê paz) sem que ninguém o visse, com a espada pronta na mão. Ele disse ao Mensageiro de Allah (Allah o abençoe e lhe dê paz): "Quem vai salvá-lo de mim?" O Mensageiro de Allah (Allah o abençoe e lhe dê paz) respondeu: "Allah!" Então ele fez a seguinte prec [336] اَللّٰهُمَّ اكْفِنيهِ بِمَا شِئْتَ. De repente, Ghauras recebeu um golpe invisível entre os ombros e sua espada caiu no chão. O Nobre Mensageiro (Allah o abençoe e lhe dê paz) pegou a espada e disse: "Agora, quem vai salvar você de mim?" Então ele o perdoou. O homem voltou para sua tribo. Todos ficaram surpreendidos com o lutador corajoso, valente, e perguntaram-lhe o que tinha acontecido com ele e por que nada tinha feito. Respondeu-lhes:

"É isso o que aconteceu. Vim agora da presença do melhor dos homens."[337]

Em um incidente semelhante a esse, na batalha de Badr, um dissimulador aproximou-se do Nobre Mensageiro (Allah o abençoe e lhe dê paz) por trás, quando ninguém estava ciente disso. Quando estava com a espada erguida para atacar, o Mensageiro de Allah (Allah o abençoe e lhe dê paz) virou-se e olhou para ele; o homem tremeu e a espada caiu-lhe da mão.[338]

O Quarto Evento: Este evento é bem conhecido ao grau de "consenso significativo", e é considerado pela maioria dos comentaristas do Alcorão como a razão imediata para a revelação do versículo:

﴿إِنَّا جَعَلْنَا فِي أَعْنَاقِهِمْ أَغْلَالًا فَهِيَ إِلَى الْأَذْقَانِ فَهُمْ مُقْمَحُونَ ۝ وَجَعَلْنَا مِنْ بَيْنِ أَيْدِيهِمْ سَدًّا وَمِنْ

خَلْفِهِمْ سَدًّا فَأَغْشَيْنَاهُمْ فَهُمْ لَا يُبْصِرُونَ﴾ [339]

Ele também está relacionado pelos comentaristas e estudiosos mais instruídos do Hadice. Eles relatam que Abu Jahl fez um juramento, dizendo: "Vou atirar uma pedra em Mohammad ao vê-lo prostrado." Ele pegou uma grande pedra e foi ao encontro do Mensageiro de Allah (Allah o abençoe e lhe dê paz). Ao levantar as mãos para lançar a pedra quando o viu prostrado, elas permaneceram levantadas. Quando o Mensageiro de Allah (Allah o abençoe e lhe dê paz) levantou-se ao completar a *salat*, as mãos de Abu Jahl ficaram livres. Ele pôde movê-las ou porque o Mensageiro (Allah o abençoe e lhe dê paz) permitiu, ou porque já não havia qualquer necessidade de que ele permanecesse daquele jeito.[340]

Em um incidente similar, um homem da mesma tribo de Abu Jahl, al-Walid b. Mughira, de acordo com uma narração, foi até a Caaba com uma grande pedra na mão, para atacar o Nobre Mensageiro (Allah o abençoe e lhe dê paz), enquanto ele estava prostrado, mas os olhos do homem ficaram fechados e não pôde ver o Mensageiro (Allah o abençoe e lhe dê paz) entrando, nem foi capaz de ver o povo que o haviam enviado; ele só podia ouvir as suas vozes. Quando o Mensageiro de Allah (Allah o abençoe e lhe dê paz) terminou a *salat* os olhos do homem se abriram porque não havia mais necessidade de permanecerem fechados.[341]

Além disso, foi relatado através de uma narração autêntica de Abu Bakr, o Veraz, que, após a Surata sobre Abu Lahab[342] ter sido revelada, a esposa dele, "*Hammálat al-Hatab*" (a portadora de lenha) Ummu Jamil, foi para a Caaba com uma pedra na mão. Ela viu Abu Bakr, que estava sentado ao lado do Nobre Mensageiro (Allah o abençoe e lhe dê paz) e lhe perguntou: "Onde está o seu amigo? Ouvi dizer que ele zombou de mim. Se eu o vir, vou golpeá-lo na boca com esta pedra." Ela não conseguiu ver o Mensageiro de Allah (Allah o abençoe e lhe dê paz), embora estivesse sentado ao lado dele.[343] Claro, uma portadora de lenha do Inferno como essa não poderia entrar na presença do "Sultão caracterizado pelo hadice: "*Laulak, Laulak*". [344] Como poderia vê-lo, estando ele sob a proteção divina?

O Quinto Evento: Está relacionado através de uma narração correta que 'Amir b. Tufayl e Arbad b. Qais foi ter com o Mensageiro de Allah (Allah o abençoe e lhe dê paz) com a intenção de assassiná-lo. 'Amir disse: "Eu vou mantê-lo ocupado, e você o atinge." Eles foram, mas Arbad nada fez. 'Amir perguntou-lhe mais tarde por que ele não o agrediu. Arbad respondeu: "Como eu poderia? Toda vez que eu pretendia acertá-lo, eu via você entre nós. Como poderia atingir você?"[345]

O Sexto Evento: Está relacionado através de uma narração autêntica que na batalha de Úhud ou de Hunayn, Chayba b. 'Utman al-Hajabaya, cujo tio e pai Hamza tinha matado, aproximou-se furtivamente do Nobre Mensageiro (Allah o abençoe e lhe dê paz) para vingá-los. Ao erguer a espada desembainhada, de repente ela soltou-se de sua mão. O Mensageiro de Allah (Allah o abençoe e lhe dê paz) virou-se e olhou para ele, colocando a mão em seu peito. Chayba disse mais tarde: "Naquele momento, não havia ninguém no mundo que eu amasse mais", e acreditou nele. O Mensageiro (Allah o abençoe e lhe dê paz) disse-lhe para ir e lutar. Chayba disse: "Eu fui e lutei na frente do Mensageiro de Allah (Allah o abençoe e lhe dê paz). Se visse o meu próprio pai, naquele momento, eu o golpearia!"[346]

Além disso, no dia da conquista de Makka, um homem chamado Fudála Ibn ‘Amru aproximou-se do Mensageiro de Allah (Allah o abençoe e lhe dê paz) com a intenção de atacá-lo. O Mensageiro (Allah o abençoe e lhe dê paz) olhou para ele e disse, sorrindo: “Você é Fudála” Respondi: “Sim.” Ele perguntou: "Qual é a sua intenção?" Respondeu: “Nenhuma.”. Ele sorriu e pediu para Allah que perdoe, Fadala. Este se tornou um crente e disse: "Naquele momento, não havia ninguém no mundo que eu amasse mais do que ele."[347]

O Sétimo Evento: De acordo com uma narração correta, no exato momento em que alguns judeus, com a intenção de assassinar o Profeta (Allah o abençoe e lhe dê paz), jogaram nele uma grande rocha; estando ele sentado, levantou-se por proteção divina, de modo que a trama deu em nada.[348]

Houve muitos eventos semelhantes a esses sete. Os estudiosos do Hadice, e acima de tudo, Imam Bukhari e Imam Musslim, relacionaram, com base em Aicha, que após o versículo: [349] (وَاللَّهُ يَعْصِمُكَ مِنَ النَّاسِ) ser revelado, o Mensageiro de Allah (Allah o abençoe e lhe dê paz) disse aos que o guardavam de vez em quando:

يَا أَيُّهَا النَّاسُ انْصَرِفُوا فَقَدْ عَصَمَنِى رَبِّى عَزَّ وَجَلَّ "Ó homens, deixem-me, que Allah, o Grande e Poderoso, me protege!"[350]

Assim, desde o início até aqui, este tratado mostra que cada espécie de ser, cada reino da criação do Universo, reconheceu o Nobre Mensageiro (Allah o abençoe e lhe dê paz) e foi conectado com ele. Seus milagres foram manifestados em cada um deles. Isso significa que a pessoa de Mohammad (Allah o abençoe e lhe dê paz) foi o Mensageiro oficial de Allah Todo-Poderoso, sendo Ele o Criador do Universo e Senhor de todas as criaturas. Por exemplo, cada escritório ou departamento do governo conhece e reconhece um alto funcionário, um inspetor do rei, e em qualquer um deles que ele entra, aqueles em que nele estão mostram um interesse por ele, pois ele age em nome do rei de todos eles. Se ele é um inspetor apenas do Judiciário, somente aquele departamento de governo o reconhece; os outros departamentos, não. E se ele é um inspetor do exército, o serviço público não o reconhece. Entende-se, então, que todos os reinos e esferas do governo divino, cada espécie e grupo de anjos, até as moscas e aranhas, conhecem e reconhecem o Mensageiro de Allah (Allah o abençoe e lhe dê paz), ou foram informados a respeito dele. Ou seja, ele é o selo dos profetas e o Mensageiro do Senhor do Universo. E sua Mensagem é mais compreensiva e abrangente do que as dos profetas anteriores.

DÉCIMO SEXTO SINAL

As maravilhas que ocorreram antes de sua missão profética, mas que foram relacionadas a elee estas também são indícios e provas de sua missão profética. Elas foram de três tipos:

O PRIMEIRO TIPO

Este tipo de *irhasat* compreende as boas-novas da profecia de Mohammad (Allah o abençoe e lhe dê paz) dadas pela Torá, pela Bíblia, pelos Salmos de David e pelas escrituras reveladas a outros profetas, como afirma o Alcorão. Com efeito, uma vez que esses Livros são escrituras reveladas e aqueles que os escreveram eram profetas, é necessário e certo que eles deveriam ter mencionado o único que substituiria as suas religiões, mudaria a forma do Universo e iluminaria a metade da Terra com a luz que ele trouxe. Seria possível que essas escrituras, que predisseram eventos insignificantes, não falariam do fenômeno mais importante da humanidade, da profecia de Mohammad (Allah o abençoe e lhe dê paz)? Sim, uma vez que certamente falariam disso, teriam ou de denunciá-la como uma mentira e assim salvar suas religiões da destruição e seus livros, da revogação, ou a confirmariam e, através daquele homem de verdade, salvar suas religiões da superstição e da corrupção. Entretanto, amigos e inimigos concordam que não há nenhum sinal de qualquer denúncia nas escrituras e, nesse caso, deve haver afirmação. E já que há certa confirmação, e uma vez que existe uma razão definitiva e causa fundamental para tal confirmação, nós também devemos demonstrar através de três provas categóricas a existência dessa confirmação:

Primeira Prova: O Nobre Mensageiro de Allah (Allah o abençoe e lhe dê paz) diz a eles através da língua do Alcorão: "Suas escrituras descrevem-me e confirmam-me; elas me confirmam nas coisas que eu digo." Ele os desafia com versículos como:

﴿قُلْ فَأْتُوا بِالتَّوْرَاةِ فَاتْلُوهَا إِنْ كُنْتُمْ صَادِقِينَ﴾ [351] ۞ ﴿قُلْ تَعَالَوْا نَدْعُ أَبْنَاءَنَا وَأَبْنَاءَكُمْ
وَنِسَاءَنَا وَنِسَاءَكُمْ وَأَنْفُسَنَا وَأَنْفُسَكُمْ ثُمَّ نَبْتَهِلْ فَنَجْعَلْ لَعْنَتَ اللَّهِ عَلَى الْكَاذِبِينَ﴾ [352]

Apesar de continuamente provocá-los com versículos como esses, nenhum estudioso judeu ou sacerdote cristão foi capaz de mostrar que ele tinha cometido qualquer erro. Se eles fossem capazes de fazê-lo, aqueles numerosos, obstinados e ciumentos incrédulos e dissimulados judeus e todo o mundo de incredulidade, o teriam proclamado em toda parte. O Mensageiro (Allah o abençoe e lhe dê paz) também disse: "Ou vocês encontram algum erro meu, ou eu vou lutar contra vocês até destruí-los!" E eles escolheram a guerra e a miséria. Isso significa que eles não conseguiram encontrar qualquer erro. Porque, se o tivessem feito, teriam sido salvos de tudo isso.

Segunda Prova: As palavras da Torá, da Bíblia e dos Salmos não têm os milagres contidos no Alcorão. Eles também foram traduzidos muitas vezes, e grande número de palavras estrangeiras misturou-se com eles. Além disso, as palavras de comentaristas e suas falsas interpretações têm sido confundidas com seus versículos. Além do mais, as distorções de ignorantes e hostis foram incorporadas a eles. Dessa forma, as corrupções e alterações têm se multiplicado nesses Livros. Na verdade, o Waikh Rahmatullah al-Hindi, o conhecido estudioso, provou aos estudiosos judeus e sacerdotes cristãos milhares de corrupções neles, e os silenciou. No entanto, apesar dessas corrupções, em nossos tempos, o célebre Hussain Jisri (que Allah tenha misericórdia dele) encontrou cento e quatorze alusões à profecia de Mohammad (Allah o abençoe e lhe dê paz) e as incluiu em sua obra Ar-Rissála al-Hamidiya. Ela foi traduzida para o turco pelo falecido İsmail Hakkı de Manastır; quem quiser pode consultá-la.[353]

Além disso, muitos estudiosos judeus e cristãos reconheceram e admitiram que os atributos de Mohammad, o árabe (Allah o abençoe e lhe dê paz), foram incluídos em suas escrituras.[354] O famoso imperador romano Heráclio, que não era muçulmano, disse: "Jesus predisse a vinda de Mohammad."[355]

Além disso, outro governante romano chamado Muqawquis, o governador do Egito[356] e célebres estudiosos e líderes judeus como Ibn Suriya, Zubayr b. Batiya, Ibn Akhtab e seu irmão Ka'b b. Assad, embora permanecendo não muçulmanos, admitiram: "Ele é descrito em nossos livros."[357]

Além disso, alguns dos estudiosos judeus conhecidos e sacerdotes cristãos desistiram de sua obstinação em ver os atributos de Mohammad (Allah o abençoe e lhe dê paz), como descritos nos livros acima referidos e creram nele. Eles, então, apontaram essas referências a outros estudiosos judeus e cristãos, e os convenceram. Entre eles estavam o famoso 'Abdullah b. Salam, Wahb b. Munabbih, Abu Yasser, os dois filhos de Sa'ya, Assid e Sa'laba, e Chamul. Este último viveu na época de Tubba', o governante do Iêmen.[358]

Chamul se tornou um crente antes da missão profética de Mohammad e sem nunca vê-lo, assim como fez Tubba'. Enquanto o convidado da Bani Nadir, antes da missão profética; um gnóstico chamado Ibn al-Hayyaban declarou:

[359] قَرِيبٌ ظُهُورُ نَبِيٍّ هٰذَا دَارُ هِجْرَتِهِ. Ele morreu lá. Mais tarde, quando sua tribo estava em guerra com o Mensageiro de Allah (Allah o abençoe e lhe dê paz), Assid e Sa'laba foram para frente e gritaram para a tribo: وَاللهِ هُوَ الَّذِى عَهِدَ اِلَيْكُمْ فِيهِ اِبْنُ هَيَبَانْ "Por Allah, ele é a pessoa que Ibn al-Hayyaban prometeu que viria. Não lutem contra ele!"[360] Mas eles não deram ouvidos a eles, e foram penalizados.

Além disso, muitos estudiosos judeus como Ibn Yassin, Mikhayriq e Ka'b al-Ahbar tornaram-se crentes ao ver os atributos proféticos em seus livros e silenciaram aqueles que não aceitaram a fé.[361]

Havia também o famoso estudioso cristão e monge, Bahira,[362] que foi mencionado acima. O Mensageiro de Allah (Allah o abençoe e lhe dê paz) tinha doze anos de idade quando foi a Damasco com seu tio Abu Tálib, e foi por causa dele que Bahira convidou os coraixitas para uma refeição, uma vez que ele tinha visto uma nuvem que fornecia sombra à caravana parada em seu lugar. Ele disse: "Quem eu desejo ver continua parado lá." Ele mandou buscá-lo e disse para o tio dele: "Retorna com ele a Makka! Os judeus são extremamente ciumentos e vão recorrer à traição, porque seus atributos (de Mohammad) são descritos na Torá."[363]

Além disso, o Nestor da Abissínia e o governante desse país, o Negus, passaram a acreditar ao ver os atributos de Mohammad escritos em seus Livros.[364]

Ademais, um estudioso cristão bem conhecido, chamado Daghatr, tornou-se um crente ao ver a descrição do Profeta (Allah o abençoe e lhe dê paz) e foi martirizado quando a proclamou entre os bizantinos.[365]

Também, os líderes cristãos, Háris b. Abi Chumar al-Ghassani e os governantes proeminentes e líderes religiosos de Damasco, como Sahib al-Ilya, Heráclio, Ibn Natur e al-Jarud, entraram no rebanho do Islam depois de ver a descrição do Profeta (Allah o abençoe e lhe dê paz) em seus Livros.[366] Deles, só Heráclio escondeu sua crença, por uma questão de governo mundano.[367]

Além disso, como estes, Salman al-Farsi tinha sido anteriormente um cristão. Ele procurou o Nobre Mensageiro (Allah o abençoe e lhe dê paz) depois de ver sua descrição.[368]

Ademais, um erudito famoso chamado Tamim, e o governante Abissínio bem conhecido, o Negus, e os cristãos da Abissínia, e os sacerdotes de Najran, todos, por unanimidade, declararam que tinham visto a descrição do Profeta (Allah o abençoe e lhe dê paz) em suas escrituras e tinham vindo a acreditar nele.[369]

Terceira Prova: Aqui, como exemplos, vamos apontar, com base no Evangelho, na Torá, e nos Salmos, alguns exemplos de versículos sobre o nosso Profeta (Allah o abençoe e lhe dê paz).

Primeiro: Nos Salmos, há o seguinte versículo:

اَللّٰهُمَّ ابْعَثْ لَنَا مُقِيمَ السُّنَّةِ بَعْدَ الْفَتْرَةِ[370]. Aqui, [371] مُقِيمَ السُّنَنِ refere-se ao Profeta Mohammad (Allah o abençoe e lhe dê paz).

Um versículo dos Evangelhos diz:

قَالَ الْمَسِيحُ اِنِّى ذَاهِبٌ اِلَى اَبِى وَاَبِيكُمْ لِيَبْعَثَ لَكُمُ الْفَارَقْلِيطَا [372] ou seja, "Vou embora para a vinda do Parácleto", ou seja Ahmad.

Um segundo versículo dos Evangelhos:

اِنِّى اَطْلُبُ مِنْ رَبِّى فَارَقْلِيطًا يَكُونُ مَعَكُمْ اِلَى الْاَبَدِ *"Peço a meu Senhor para que o Parácleto fique com vocês para sempre."*[373]

Parácleto, significando [374] اَلْفَارِقُ بَيْنَ الْحَقِّ وَالْبَاطِلِ, é o nome do nosso Profeta (Allah o abençoe e lhe dê paz) nesses Livros.

Um versículo da Torá diz:

اِنَّ اللّٰهَ قَالَ لِاِبْرٰهِيمَ اِنَّ هَاجَرَ تَلِدُ وَيَكُونُ مِنْ وَلَدِهَا مَنْ يَدُهُ فَوْقَ الْجَمِيعِ

وَيَدُ الْجَمِيعِ مَبْسُوطَةٌ اِلَيْهِ بِالْخُشُوعِ

"Verdadeiramente, Allah disse a Abraão que Hagar - a mãe de Ismael - ia ter filhos. Que emergirá dentre seus filhos um cuja mão estará acima de tudo, e as mãos de todos se abrirão para ele em reverência".[375]

Outro versículo da Torá:

وَقَالَ يَا مُوسَى اِنِّى مُقِيمٌ لَهُمْ نَبِيًّا مِنْ بَنِى اِخْوَتِهِمْ مِثْلَكَ وَاُجْرِى قَوْلِى فى فَمِهِ وَالرَّجُلُ الَّذِى لَا يَقْبَلُ قَوْلَ النَّبِىِّ الَّذِى يَتَكَلَّمُ بِاِسْمِى فَأَنَا اَنْتَقِمُ مِنْهُ

E Ele disse a Moisés: "Ó Moisés, em verdade lhes enviarei um profeta como você, dos filhos de seus irmãos [os filhos de Ismael]; vou colocar a minha palavra em sua boca e punirei quem não aceitar as palavras de quem vai falar em Meu nome."[376]

Um terceiro versículo da Torá:

قَالَ مُوسَى رَبِّ اِنِّى اَجِدُ فِى التَّوْرَيةِ اُمَّةً هُمْ خَيْرُ اُمَّةٍ اُخْرِجَتْ لِلنَّاسِ يَأْمُرُونَ بِالْمَعْرُوفِ وَيَنْهَوْنَ عَنِ الْمُنْكَرِ وَيُؤْمِنُونَ بِاللهِ فَاجْعَلْهُمْ اُمَّتِى قَالَ تِلْكَ اُمَّةُ مُحَمَّدٍ [377]

UM LEMBRETE: Nesses livros, o nome de Mohammad é dado de forma siríaca, como مُشَفَّحْ, اَلْمُنْحَمَنَّا , حِمْيَاطَا, e nomes que significam Mohammad em árabe. Caso contrário, o nome de Mohammad é explicitamente mencionado apenas em alguns lugares, e foi também alterado pelos ciúmes dos judeus.[378]

Um versículo dos Salmos de Davi afirma:

يَا دَاوُدُ يَأْتِى بَعْدَكَ نَبِىٌّ يُسَمَّى اَحْمَدَ وَمُحَمَّدًا صَادِقًا سَيِّدًا اُمَّتُهُ مَرْحُومَةٌ [379]

Um dos sete 'Abdullah,' Abdullah b. 'Amr b. al-'As, que fez extensos estudos das escrituras anteriores, e 'Abdullah b. Salam, que foi o primeiro a aceitar o Islam, dentre os famosos estudiosos judeus, e do famoso sábio Ka'b al-Ahbar do meio dos filhos de Israel, todos apontaram na Torá, que não tinha sido ainda corrompida, o versículo seguinte, que depois de abordar Moisés, então aborda o profeta-ainda-porvir:

﴿يَا اَيُّهَا النَّبِىُّ اِنَّا اَرْسَلْنَاكَ شَاهِدًا وَمُبَشِّرًا وَنَذِيرًا وَحِرْزًا لِلْاُمِّيِّينَ اَنْتَ عَبْدِى وَرَسُولِي سَمَّيْتُكَ الْمُتَوَكِّلَ لَيْسَ بِفَظٍّ وَلَا غَلِيظٍ وَلَا صَخَّابٍ فِي الْاَسْوَاقِ وَلَا يَدْفَعُ بِالسَّيِّئَةِ السَّيِّئَةَ بَلْ يَعْفُو وَيَغْفِرُ وَلَنْ يَقْبِضَهُ اللهُ حَتَّى يُقِيمَ بِهِ الْمِلَّةَ الْعَوْجَاءَ بِاَنْ يَقُولُوا لَا اِلَهَ اِلَّا اللهُ﴾ [380]

Outro versículo da Torá:

مُحَمَّدٌ رَسُولُ اللهِ مَوْلِدُهُ بِمَكَّةَ وَهِجْرَتُهُ بِطَيْبَةَ وَمُلْكُهُ بِالشَّامِ وَاُمَّتُهُ الْحَمَّادُونَ [381]

Nesse versículo, uma palavra siríaca significa Mohammad é mencionada pela palavra Mohammad.

Aqui está outro versículo da Torá:

اَنْتَ عَبْدِى وَرَسُولِى سَمَّيْتُكَ الْمُتَوَكِّلَ [382] que é dirigida a um profeta que há de vir depois de Moisés e da descendência de Ismael, o irmão de Isaac.

No seguinte versículo da Torá:

[383] عَبْدِى الْمُخْتَارُ لَيْسَ بِفَظٍّ وَلَا غَلِيظٍ O significado de *Mukhtar* (escolhido) é o mesmo que Mustafa, um nome de Mohammad.

Em vários lugares nos Evangelhos,[384] um profeta que virá depois de Jesus, referido como "o Mestre do Mundo" é descrito como:

مَعَهُ قَضِيبٌ مِنْ حَدِيدٍ يُقَاتِلُ بِهِ وَأُمَّتُهُ كَذٰلِكَ [385]

Este versículo indica que um profeta virá com uma espada, encarregado de jihad. "*Qadib min hadid* (literalmente, a equipe de ferro)" significa espada. E assim será a sua comunidade. De acordo com o versículo bíblico mencionado acima, e referindo-se a ele, bem como a alguns outros versículos, o seguinte versículo do Alcorão, no final da Sura al-Fath, também afirma que sua comunidade, como ele, será ordenada a promover o jihad:

﴿وَمَثَلُهُمْ فِى الْاِنْجِيلِ كَزَرْعٍ اَخْرَجَ شَطْـَٔهُ فَاٰزَرَهُ فَاسْتَغْلَظَ

فَاسْتَوٰى عَلٰى سُوقِهِ يُعْجِبُ الزُّرَّاعَ لِيَغِيظَ بِهِمُ الْكُفَّارَ....﴾[386]

No trigésimo terceiro capítulo do quinto livro da Torá,[387] há o seguinte versículo:

"*O Senhor veio do Sinai, e lhe subiu de Sa'ir, resplandeceu desde o Monte de Parã*".[388]

Nesse versículo, com a frase "o Senhor veio do Sinai," a profecia de Moisés é mencionada; com a frase " e lhe subiu de Sa'ir " (Sa'ir sendo uma montanha perto de Damasco), a profecia de Jesus é indicada. E a frase "resplandeceu desde o Monte de Parã" (as montanhas de Parã sendo as montanhas de Hijaz) dá notícia da profecia de Mohammad (Allah o abençoe e lhe dê paz), como todos vão concordar. Além disso, confirmando a sentença: ذٰلِكَ مَثَلُهُمْ فِى التَّوْرٰيةِ[389] é o seguinte versículo da Torá relativo aos Companheiros do Profeta (Allah o abençoe e lhe dê paz), que iriam resplandecer das Montanhas de Parã:

"*As bandeiras dos abençoados estarão com ele, e eles estarão à sua direita*".[390]

Nesse versículo, os Companheiros são descritos como "os abençoados", isto é, os seus Companheiros são abençoados, os homens justos, os amados de Allah.

No quadragésimo segundo capítulo do Livro de Isaías, existem os seguintes versículos:

"Deus, Glorificado seja, enviará no final dos tempos Se servo que Ele escolheu e elegeu. E enviará a Ele o Espirito Fiel, Gabriel. Ele o ensinará a religião de Deus, e ele, por sua vez, ensinará o que aprendeu do Espírito Fiel. Governará entre as pessoas com justiça, sendo luz que tirará as pessoas das trevas para a luz. E informará o que seu Senhor lhe ensinou antes de acontecer".

"*Eis aqui o meu servo, a quem sustenho, o meu eleito, em quem se apraz a minha alma; pus o meu espírito sobre ele; ele trará justiça aos gentios. Não clamará, não se exaltará, nem fará ouvir a sua voz na praça. A cana trilhada não quebrará, nem apagará o pavio que fumega; com verdade trará justiça.*

Não faltará, nem será quebrantado, até que ponha na terra a justiça; e as ilhas aguardarão a sua lei.[391]

Aqui, os versículos descrevem explicitamente Mohammad (Allah o abençoe e lhe dê paz), o profeta do fim dos tempos.

No quarto capítulo do Livro de Miquéias estão os seguintes versículos:

"No final dos tempos surgirá um povo compadecido. Escolherão a montanha abençoada para adorarem a Deus lá. Ali se reunirão muitas pessoas, de todas as regiões, e adorarão ao Senhor Único e não Lhe atribuirão parceiros".

"Mas nos últimos dias acontecerá que o monte da casa do SENHOR será estabelecido no cume dos montes, e se elevará sobre os outeiros, e a ele afluirão os povos.

E irão muitas nações, e dirão: Vinde, e subamos ao monte do Senhor, e à casa do Allah"[392]

Estes versículos obviamente descrevem a montanha mais abençoado do mundo, o Monte 'Arafat, e o culto e as proclamações de "Allah é o Maior!", as pessoas que fazem o Hajj, que se reunirão lá, vindas de todos os locais, e a Comunidade de Mohammad, famosa pela misericórdia divina que irá receber.

No septuagésimo segundo capítulo dos Salmos, existem os seguintes versículos:

"Dominará de mar a mar,

E desde os rios, até às extremidades da Terra,

Os reis de Sabá (Iêmen) e de Seba (Argélia) oferecerão dons.

E todos os reis se prostrarão perante ele;

E todas as nações o servirão.

E continuamente se fará por ele oração;

E todos os dias o bendirão.

Sua luz virá de Madina

Seu nome permanecerá para sempre

O seu nome existe antes da existência do sol,

O seu nome se espalhará enquanto o sol durar".[393]

Esses versículos descrevem a Glória do Mundo, o Profeta Mohammad (Allah o abençoe e lhe dê paz) mais evidentemente. Além de Mohammad, o árabe, que profeta tem vindo desde David (a paz esteja com ele), cuja religião se espalhou de Leste a Oeste, fez reis pagar tributos e submeteu governantes como se prostrassem-se perante ele; a quem, todos os dias, um quinto de toda a humanidade oferece bênçãos e orações, e cujas luzes resplandeceram desde Madina? Houve algum outro?

Mais uma vez, o Evangelho de João, capítulo quatorze, versículo trinta, diz:

"Já não falarei muito convosco, porque se aproxima o príncipe deste mundo, e nada tem em mim".

Assim, o título de "o Príncipe deste Mundo" significa a Glória do Mundo, um dos mais famosos títulos de Mohammad, o árabe (Allah o abençoe e lhe dê paz).

Mais uma vez, no Evangelho de João, capítulo dezesseis, versículo sete, ele diz:

"*Todavia digo-vos a verdade, que vos convém que eu vá; porque, se eu não for, o Consolador não virá a vós.*"

Agora veja, quem diferente de Mohammad, o árabe (Allah o abençoe e lhe dê paz), é o Governante do Mundo e o verdadeiro consolador dos homens? Sim, a Glória do Mundo é ele, e ele é o único que vai salvar os seres humanos transitórios da extinção eterna e, portanto, os conforta.

Mais uma vez, o oitavo versículo do capítulo dezesseis no Evangelho de João:

"*Quando ele vier, ele vai dar ao mundo uma evidência convincente sobre o seu pecado, sua justiça e seu julgamento*".[394]

Quem exceto Mohammad, o árabe (Allah o abençoe e lhe dê paz), transformou os delitos do mundo em justiça, salvou os seres humanos do pecado de associar parceiros a Allah e de transformar a política como regra para o mundo?

Também a partir do Evangelho de João, o versículo onze do capítulo dezesseis:

"*Há libertação do juízo, porqu e o príncipe deste mundo já está julgado*".[395]

Aqui "o Príncipe do Mundo"[NOTA] Mohammad (Allah o abençoe e lhe dê paz), conhecido como o Mestre da Humanidade.

Além disso, no Evangelho de João, o versículo décimo terceiro, capítulo dezesseis:[396]

"*Mas, quando vier aquele Espírito de verdade, ele vos guiará em toda a verdade; porque não falará de si mesmo, mas dirá tudo o que tiver ouvido, e vos anunciará o que há de vir*"[397].

Este versículo é explícito. Quem, além de Mohammad, o árabe (Allah o abençoe e lhe dê paz), chamou todos os seres humanos para a verdade, cujas afirmações foram baseadas na revelação, falou o que tinha ouvido falar de Gabriel e informou os seres humanos em detalhes sobre a ressurreição dos mortos e a vida após a morte? Quem além dele poderia fazer isso?

Além disso, os livros de outros profetas incluem nomes em siríaco e hebraico que correspondem aos diversos nomes do Nobre Mensageiro (Allah o abençoe e lhe dê paz), como Mohammad, Ahmad, *Mukhtar*. Por exemplo, nas escrituras do Profeta Xu'aib, seu nome é [398] مُشَفَّحْ e significa Mohammad. Na Torá, ele é mencionado como [399] مُنْحَمَنَّا que, por sua vez, significa Mohammad, e como [400] حِمْيَاطَا que significa Profeta do al-Haram. Nos Salmos, ele é chamado de "*al-Mukhtar*."[401] Mais uma vez, na Torá, o nome é [402] اَلْحَاتَمُ اَلْحَاتَمْ Tanto na Torá e nos Salmos, é [403] مُقِيمُ السُّنَّةِ nas escrituras de Abraão e na Torá, ele é mencionado como [404] مَازْ مَازْ e, novamente, na Torá, como [405] اَحْيَدْ .

O próprio Nobre Mensageiro de Allah (Allah o abençoe e lhe dê paz) disse:

NOTA: Sim, ele é um tal senhor e, na maioria dos séculos em 1350 anos (atualmente, 1438 anos), ele teve, pelo menos, 350 milhões (atualmente 1 bilhão e 600 milhões) de seguidores e de assuntos, que obedeceram suas ordens em completa submissão, e a cada dia renovam a fidelidade a ele, pedindo as bênçãos de Allah sobre ele. (Autor)

اِسْمِى فِى الْقُرْاٰنِ مُحَمَّدٌ ، وَفِى الْاِنْجِيلِ اَحْمَدُ ، وَفِى التَّوْرٰيةِ اَحْيَدُ [406]

Na verdade, a Bíblia se refere a ele como: [407] صَاحِبُ الْقَضِيبِ وَالْهِرَاوَةِ na verdade, o maior dos profetas que empunhou a espada e foi encarregado de lutar pela causa de Allah, juntamente com sua comunidade; foi o Mensageiro de Allah (Allah o abençoe e lhe dê paz). Os Evangelhos também o descrevem como: [408] صَاحِبُ التَّاج Sim, esse título é especial para o Mensageiro de Allah (Allah o abençoe e lhe dê paz), pois "coroa" significa turbante, porque, em dias anteriores, foram os árabes que, como povo usavam o turbante na cabeça. Isso, definitivamente, portanto, refere-se ao Mensageiro de Allah (Allah o abençoe e lhe dê paz).

O termo [409] اَلْبَارَقْلِيطْ, no Evangelho, ou [410] اَلْفَارَقْلِيطْ é definido na interpretação bíblica como "aquele que distingue o verdadeiro do falso"[411], é o nome de uma pessoa que, no futuro, levará as pessoas à verdade.

Em um lugar nos Evangelhos, Jesus (que a paz esteja com ele) diz: "Eu estou indo para que o Senhor do Mundo possa vir."[412] Quem, a não ser o Nobre Mensageiro (Allah o abençoe e lhe dê paz), veio depois de Jesus? Quem será o Governante do Mundo, que distingue e separa a verdade da mentira, e guia a humanidade no lugar de Jesus? Ou seja, Jesus (que a paz esteja com ele) comunicou constantemente à sua comunidade a boa notícia: Outro virá; não há necessidade de minha permanência. Eu sou o seu precursor e arauto. Isso é confirmado pelo seguinte versículo do Alcorão:

(وَاِذْ قَالَ عِيسَى ابْنُ مَرْيَمَ يَابَنِى اِسْرَائِيلَ اِنِّي رَسُولُ اللّٰهِ اِلَيْكُمْ مُصَدِّقًا لِمَا بَيْنَ يَدَىَّ مِنَ التَّوْرٰيةِ وَمُبَشِّرًا بِرَسُولٍ يَاْتِي مِنْ بَعْدِى اسْمُهُ اَحْمَدُ) [413]

Sim, nos Evangelhos, Jesus deu a boa-nova, muitas vezes, de que o maior líder da humanidade viria. Ele é mencionado com vários nomes, é claro, em siríaco e hebraico - o que tem sido visto pelos estudiosos - que levam o significado de Ahmad, Mohammad e o Distinguidor entre a Verdade e a Falsidade.[414] Isso quer dizer que, em muitas ocasiões, Jesus (a paz esteja com ele) falou da vinda de Ahmad (Allah o abençoe e lhe dê paz).[NOTA]

Se você perguntar: Por que é que, enquanto os outros profetas predisseram a vinda de Mohammad (Allah o abençoe e lhe dê paz), Jesus (a paz esteja com ele) o fez de forma mais plena e sob a forma de uma boa-nova?

A Resposta: Porque Ahmad (Allah o abençoe e lhe dê paz) defendeu Jesus (a paz esteja com ele) contra as negações temíveis e calúnias dos judeus e salvou a sua religião da corrupção. Além disso, em face da Chari'a onerosa dos Filhos de Israel, que não

---

NOTA: [416] أُمَّتُهُ الْحَمَّادُونَ No local do túmulo de Cham'un al-Safa, o famoso viajante Evliya Chelebi, deparei com o seguinte versículo dos Evangelhos, escrito em pele de gazela: "(ايتون) Um jovem (ازربيون) da descendência de Abraão (پروفتون) vai ser profeta . (لوغسلين) Ele não vai ser mentiroso ; (بنت) sua terra natal (افزولتا) será Makka ; (كه كالوشير) ele virá com piedade; (تونومنين) seu nome bendito é (مواميت) (*)Ahmad Mohammad; (اسفدوس) aqueles que lhe obedecerem (تاكرديس) vão prosperar neste mundo e (بيست بيث) no próximo "(Autor)

* A palavra, escrita como مواميت, foi corrompida de Mamad, em si uma corruptela de Mohammad.

reconheceram Jesus, ele veio com uma Chari'a elevada que foi fácil, toda abrangente, e completou as deficiências da Chari'a de Jesus. Por essas razões, muitas vezes Jesus deu a boa notícia: o Governante do Mundo virá.[415]

Agora, é claro que na Torá, nos Evangelhos, nos Salmos de David e nas escrituras de outros profetas existem inúmeras discussões de um profeta que está por vir em um momento posterior, muitos versículos mencionam-no, assim apontamos exemplos mostrando que ele é mencionado nesses livros com vários nomes. De quem, além de Mohammad (Allah o abençoe e lhe dê paz), o Profeta do fim do tempo, pode ser que essas escrituras dos profetas falam tão repetidamente em seus versículos, e com tal importância?

O SEGUNDO TIPO

Os sinais de profecia que se manifestaram por meio das *irhasat* também incluíram essas novas de sua vinda dadas antes de sua missão profética no tempo por profetas, adivinhos e por certas pessoas conhecidas como santas e gnósticas daquele tempo; elas publicaram suas afirmações e passaram-nas para as gerações seguintes, em sua poesia. Esses textos são numerosos, e vamos mencionar alguns que são bem conhecidos e têm sido aceitos e narrados pelos estudiosos da história e da vida do Profeta.

Primeiro: Um dos governantes do Iêmen, chamado Tubba', viu descrições do Mensageiro de Allah (Allah o abençoe e lhe dê paz) em antigas escrituras e acreditava nele. Ele anunciou isso por meio de um poema, que foi assim:

شَهِدْتُ عَلٰى اَحْمَدَ اَنَّهُ رَسُولٌ مِنَ اللهِ بَارِى النَّسَمِ

فَلَوْ مُدَّ عُمْرِى اِلٰى عُمْرِهِ لَكُنْتُ وَزِيرًا لَهُ وَابْنَ عَمِّ

"Presto testemunho a respeito de Ahmad, pois ele é um Mensageiro de Allah, o Criador dos seres humanos; Se eu vivesse o suficiente para vê-lo, eu seria um ministro e um primo seu".[417] (Ou seja, teria sido como 'Ali.)

Segundo: Quss b. Sa'ida foi o orador mais famoso e mais importante dos árabes, um monoteísta e homem de mente iluminada. Antes da missão profética de Mohammad (Allah o abençoe e lhe dê paz), ele anunciou sua Mensagem com estas linhas:

اَرْسَلَ فِينَآ اَحْمَدَ خَيْرَ نَبِيٍّ قَدْ بُعِثَ ۞ صَلّٰى عَلَيْهِ اللهُ مَا عَجَّ لَهُ رَكْبٌ وَحُثَّ[418]

Terceiro: Ka'b b. Lu'ay, um dos antepassados do Nobre Mensageiro (Allah o abençoe e lhe dê paz), anunciou a profecia de Mohammad por meio de inspiração, da seguinte forma:

عَلٰى غَفْلَةٍ يَاْتِى النَّبِىُّ مُحَمَّدٌ ۞ فَيُخْبِرُ اَخْبَارًا صَدُوقًا خَبِيرُهَا

"De repente, o Profeta Mohammad aparecerá, Dando notícias mais verdadeiras."[419]

Quarto: Sayf b. Zi-Yazan, um dos governantes do Iêmen, leu descrições do Mensageiro de Allah (Allah o abençoe e lhe dê paz) nas antigas escrituras e acreditou nele, e desejava vê-lo. Quando 'Abd al-Muttalib, o avô de Mohammad, foi para o Iêmen com alguns dos coraixitas, Sayf os chamou e disse:

إِذَا وُلِدَ بِتِهَامَةَ وَلَدٌ بَيْنَ كَتْفَيْهِ شَامَةٌ كَانَتْ لَهُ الْإِمَامَةُ وَإِنَّكَ يَا عَبْدَ الْمُطَّلِبِ لَجَدُّهُ

"Uma criança nascerá no Hijaz, com uma marca entre os seus ombros que se assemelha a um selo. Ele será o líder de toda a humanidade."

Então, em privado, ele disse a 'Abd al-Muttalib: "Você é o avô dele,"[420] previsão da sua missão de uma forma maravilhosa.

Quinto: Waraqa b. Nawfal era primo de Khadija. Quando a primeira revelação veio, o Nobre Mensageiro (Allah o abençoe e lhe dê paz) foi profundamente abalado. Khadija descreveu o evento para o bem conhecido Waraqa b. Nawfal, que lhe disse para levá-lo até ele. O Mensageiro de Allah (Allah o abençoe e lhe dê paz) foi ter com Waraqa e disse-lhe como a revelação havia chegado. Waraqa disse:

بَشِّرْ يَا مُحَمَّدُ إِنِّي اَشْهَدُ اَنَّكَ اَنْتَ النَّبِيُّ الْمُنْتَظَرُ وَبَشَّرَ بِكَ عِيسٰى

"Boa notícia, ó Mohammad! Eu declaro que você é o profeta esperado que foi predito por Jesus."[421] Ou seja, não se preocupe! Foi verdadeiramente a vinda da revelação.

Sexto: Antes da missão profética, um gnóstico chamado Askalan al-Himyari perguntou aos coraixitas quando os viu: "Existe alguém entre vocês que profetiza?" Eles responderam negativamente. Ele, mais uma vez, perguntou-lhes no início de sua missão e, dessa vez, a resposta foi afirmativa. Askalan disse: "O mundo espera por ele!"[422]

Sétimo: Ibn al-'Ala, um famoso estudioso cristão, falou a respeito do Mensageiro de Allah (Allah o abençoe e lhe dê paz) antes de sua missão, sem nunca tê-lo visto. Mais tarde, ele chegou, viu o Mensageiro (Allah o abençoe e lhe dê paz) e disse:

وَالَّذِى بَعَثَكَ بِالْحَقِّ لَقَدْ وَجَدْتُ صِفَتَكَ فِى الْاِنْجِيلِ وَبَشَّرَ بِكَ اِبْنُ الْبَتُولِ

"Por Aquele que lhe enviou com a verdade, eu achei sua descrição nos Evangelhos, e no que o Filho de Maria deu de boas- novas de sua vinda."[423]

Oitavo: Foi mencionado acima o que foi dito pelo Negus da Abissínia, que declarou: لَيْتَ لِى خِدْمَتَهُ بَدَلًا عَنْ هٰذِهِ السَّلْطَنَةِ "Preferiria ser o servo de Mohammad, o árabe (Allah o abençoe e lhe dê paz) em vez de um rei, pois servi-lo teria sido muito superior a esta soberania."[424]

Além dessas novas dadas por esses homens instruídos através de inspiração divina do Inviável, adivinhos também deram notícias do Invisível da vinda do Mensageiro (Allah o abençoe e lhe dê paz) e de sua missão profética, por meio de gênios e seres espírituais. Essas notícias são numerosas, também, e vamos mencionar algumas que são bem conhecidas, que chegaram ao grau de "consenso significativo", e que estão relacionadas na maioria dos livros de história e biografias do Profeta (Allah o abençoe e lhe dê paz). Pedimos que suas longas histórias sejam consultadas nos livros biográficos do Profeta, daremos apenas um resumo deles.

O primeiro é o famoso adivinho, Chiqq, que tinha apenas um olho, um braço e uma perna; ele foi simplesmente metade de um homem. Suas repetidas previsões relativas às Mensagem de Mohammad (Allah o abençoe e lhe dê paz) passaram para os livros de história, com a certeza de consenso significativo.[425]

O segundo é o famoso vidente de Damasco, Sateh, que era uma monstruosidade sem ossos, e até mesmo membros, cujo rosto estava em seu peito e que viveu um tempo muito longo. Ele foi altamente reputado na época pela informação correta que deu a respeito do Invisível. Mesmo o rei persa Chosroé enviou um culto aprendiz chamado Mubezan para pedir a Satih para interpretar um sonho estranho que ele teve no momento do nascimento de Mohammad (Allah o abençoe e lhe dê paz), em que os quatorze pináculos de seu palácio desabaram. Satih disse: "Quatorze homens governarão depois de você, então seu império será destruído. Também virá alguém que vai anunciar uma religião; ele vai abolir tanto a sua religião como seu império", e enviou essas notícias a Chosroé. Dessa forma, Satih explicitamente predisse a vinda do Profeta do fim dos tempos.[426]

Como escrito em detalhes nos livros de história e na biografia do Profeta, adivinhos como Sawad b. Qarib al-Dawsi, Khunafir, Af'a Najran, Jidhl b. Jidhl al-Kindi, Ibn al-Khalasat Dawsi e Fatima bint al-Nu'man al-Najariya predisseram a vinda do Profeta do fim dos tempos, afirmando que esse profeta seria o Profeta Mohammad (Allah o abençoe e lhe dê paz).[427]

Além disso, um dos parentes de Otman, Sá b. bint al-Kurayz, recebeu conhecimento do Invisível por meio de adivinhação sobre a profecia de Mohammad (Allah o abençoe e lhe dê paz). Nos primeiros dias do Islam, ele disse a Otman (que Allahj esteja satisfeito com ele), nos primórdios do Islam para ir aceitar a fé. Otman aceitou, e Sá'd expressou o evento com um poema, que foi assim:

هَدَى اللّٰهُ عُثْمَانَ بِقَوْلِى اِلَى الَّتِى ۞ بِهَا رُشْدُهُ وَاللّٰهُ يَهْدِى اِلَى الْحَقِّ [428]

Como os adivinhos, gênios que estavam invisíveis, mas cujas vozes altas foram ouvidas, predisseram várias vezes a vinda do Nobre Mensageiro de Allah (Allah o abençoe e lhe dê paz). Por exemplo:

Um gênio invisível gritou o seguinte para Dhayab b. al-Háris, e foi a razão pela qual ele e outros aceitaram o Islam:

يَا ذَيَابُ يَا ذَيَابُ اِسْمَعِ الْعَجَبَ الْعُجَابَ

بُعِثَ مُحَمَّدٌ بِالْكِتَابِ يَدْعُو بِمَكَّةَ فَلَا يُجَابُ [429]

Outro gênio invisível disse para Samá Ibn Qurra al-Ghatafani:

جَاءَ الْحَقُّ فَسَطَعَ وَدُمِّرَ بَاطِلٌ فَانْقَمَعَ [430] E foi o motivo para a crença de alguns.[431]

Tais mensagens e boas notícias dadas por gênios invisíveis são extremamente bem conhecidas e numerosas.

Assim como as vozes de gênios e de adivinhadores previram a vinda dele, assim também ídolos e sacrifícios feitos para os ídolos deram notícias da profecia do Mensageiro de Allah (Allah o abençoe e lhe dê paz). Por exemplo:

Um deles é a famosa história do ídolo da tribo Mazan, que gritou:

[432] هٰذَا النَّبِيُّ الْمُرْسَلُ جَآءَ بِالْحَقِّ الْمُنْزَلِ, falando da Mensagem de Mohammad (Allah o abençoe e lhe dê paz).

Outro exemplo é o conhecido incidente que fez Abbas b. Mardas a aceitar o Islam: havia um ídolo chamado Dimar, que um dia chamou:

أَوْدَى ضِمَارُ وَكَانَ يُعْبَدُ مُدَّةً قَبْلَ الْبَيَانِ مِنَ النَّبِيِّ مُحَمَّدٍ "Dimar foi adorado antes da declaração de Mohammad; a desorientação já não pode mais continuar."[433]

Antes de aceitar o Islam, Ômar ouviu um animal sacrificado ao ídolo exclamar:

يَا آلَ الذَّبِيحْ أَمْرٌ نَجِيحْ رَجُلٌ فَصِيحْ يَقُولُ لَآ إِلٰهَ إِلَّا اللهُ [434]

Há muito mais exemplos como esses, que foram aceitos como autênticos e narrados nos livros confiáveis.

E assim como os adivinhos, os gnósticos, gênios invisíveis e até mesmo os ídolos e sacrifícios falaram da Mensagem de Mohammad (Allah o abençoe e lhe dê paz), e cada instância foi a causa de pessoas acreditarem nele, assim também inscrições em pedras sobre as sepulturas, e sobre as lápides, como "Mohammad, um trabalhador da justiça, o confiável", foram os meios de algumas pessoas virem a acreditar.[435] Porque, na época, pouco antes de Mohammad (Allah o abençoe e lhe dê paz) nascer, havia apenas sete homens com essa designação, e nenhum deles mereceu o epíteto de justo e confiável.[436]

O TERCEIRO TIPO

Estes são *irhasat* incluindo os maravilhosos eventos que ocorreram no momento do, e em conjunto com, o nascimento de Nobre Mensageiro de Allah (Allah o abençoe e lhe dê paz). Havia também os eventos que ocorreram antes de sua missão profética que eram milagres. Eles eram muitos e vamos citar alguns exemplos que se tornaram famosos, que foram aceitos pelas autoridades sobre Hadices e cuja autenticidade foi estabelecida.

O Primeiro: Na noite do nascimento do Profeta (Allah o abençoe e lhe dê paz), tanto sua mãe como as mães de Ôtman b. al-'As e 'Abd al-Rahman b. 'Awf, que estavam com ela, viram uma luz muito brilhante sobre a qual eles disseram: "Na época de seu nascimento, vimos uma luz tão brilhante que iluminou o Oriente e o Ocidente para nós."[437]

O Segundo: Naquela noite, a maioria dos ídolos na Caaba tombou e caiu no chão.[438]

O Terceiro: Naquela noite, a famosa sala abobadada do palácio de Chosroé balançou e rachou, e seus quatorze pináculos colapsaram.[439]

O Quarto: Naquela noite, o pequeno lago de Saweh, o que foi considerado santo, afundou no solo[440] e, em Istakhrabad, o fogo que queimou continuamente durante mil anos, e que os zoroastristas tinham adorado, extinguiu-se.[441]

Esses quatro eventos indicaram que a pessoa que tinha acabado de nascer aboliria a adoração do fogo, destruiria o palácio dos reis persas e evitaria que essas coisas fossem santificadas, o que Allah não permite.

O Quinto: Apesar de não coincidir com a noite do nascimento de Mohammad (Allah o abençoe e lhe dê paz), certos acontecimentos que tiveram lugar não muito tempo antes também estão incluídos nas *irhasat*. Um deles é a Guerra do Elefante, que é mencionada no Alcorão, na Surata al-Fil (أَلَمْ تَرَ كَيْفَ) . Abraha. O rei da Abissínia, foi destruir a Caaba, dirigindo um enorme elefante chamado Mahmudi, à frente de suas forças. Quando chegaram perto de Makka, o elefante foi incapaz de se mover. Os abissínios não conseguiram fazê-lo avançar e tiveram que voltar. Quando recuaram, um bando de pássaros os cercou e atacou, e eles fugiram. Essa extraordinária história é registrada em detalhes nos livros de história. O evento foi uma das provas da profecia de Mohammad (Allah o abençoe e lhe dê paz), pois ocorreu próximo da hora de seu nascimento. Pois a Caaba Sagrada, a quibla, o local de seu nascimento e terra natal, salvaram-se da destruição de Abraha.[442]

O Sexto: De acordo com o testemunho de Halima al-Sa'diya e seu marido, quando o Mensageiro de Allah (Allah o abençoe e lhe dê paz) estava com eles, em sua infância, eles frequentemente viam uma nuvem acima dele protegendo-o do Sol. Disseram isso a todos, foi um evento bem conhecido e autenticado.[443]

Além disso, como testemunhado pela monge Bahira, quando o Nobre Mensageiro (Allah o abençoe e lhe dê paz) foi a Damasco, com a idade de doze anos, viu uma nuvem lançando sombra sobre a sua cabeça, e ele a mostrou.[444]

Mais uma vez, antes de sua missão profética, o Mensageiro de Allah (Allah o abençoe e lhe dê paz) voltou de uma viagem de troca que ele fez junto com o servo de Khadija, Maysara, quando Khadija viu dois anjos protegendo-o como se fossem nuvens. Ela mencionou isto ao seu servo Maysara, e ele respondeu: "Eu observei a mesma coisa ao longo da nossa jornada."[445]

O Sétimo: É citado em uma narração autêntica que, antes de sua missão profética, o Mensageiro de Allah (Allah o abençoe e lhe dê paz) sentou-se debaixo de uma árvore. Embora o lugar fosse seco, de repente tornou-se verde. Ramos da árvore se inclinaram sobre a sua cabeça, virando para trás e sombreando-o.[446]

O Oitavo: Quando o Nobre Mensageiro (Allah o abençoe e lhe dê paz) era pequeno, ele ficou na casa de Abu Talib. Sempre que ele comia junto com Abu Talib e sua família, eles comiam plenamente; mas, quando ele não estava presente, eles não ficavam satisfeitos.[447] Isso é tanto bem conhecido e definido.[448]

Além disso, Umm Ayman, que serviu o Nobre Mensageiro (Allah o abençoe e lhe dê paz) e cuidou dele quando ele era pequeno, disse: "O Mensageiro de Allah (Allah o abençoe e lhe dê paz) nunca reclamou de estar com fome ou com sede, nem quando pequeno, nem quando era mais velho ."[449]

O Nono: É tanto bem conhecido e definido que, ao contrário de outros membros de sua tribo, as cabras e possessões de sua ama de leite, Halima al-Sa'diya, foram muito produtivas e abundantes.[450]

Além disso, as moscas não o incomodavam; elas nunca pousaram em suas roupas ou corpo abençoado[451] - apenas um dos seus descendentes, Sayyid 'Abd al-Qadir Gilani (que seu nome seja santificado), recebeu esse legado de seu antepassado, pois moscas nunca pousaram nele.[452]

O Décimo: Após o nascimento do Nobre Mensageiro de Allah (Allah o abençoe e lhe dê paz), e especialmente na noite de seu nascimento, houve um grande aumento na queda das estrelas.[453] Como mostrado com provas decisivas na Décima Quinta Palavra, as estrelas cadentes são um sinal de gênios e de demônios sendo impedidos de receber notícias do Invisível. Assim, desde que o Mensageiro de Allah (Allah o abençoe e lhe dê paz) apareceu no mundo, juntamente com a revelação, foi necessário evitar que o conhecimento sobre o Invisível fosse transmitido por adivinhos, vaticinadores e gênios; esse conhecimento era impreciso e misturado com mentiras, de modo que o conhecimento do Profeta (Allah o abençoe e lhe dê paz) não causasse quaisquer dúvidas sobre a revelação, e não devesse se assemelhar ao conhecimento daqueles. Antes da missão profética, adivinhações eram generalizadas. Então, com sua revelação, o Alcorão colocou fim a isso. De fato, muitos adivinhos aceitaram o Islam porque não conseguiam encontrar seus informantes, que eram gênios. Ou seja, o Alcorão pôs um fim a isso. E, nos dias de hoje, um novo tipo de adivinhação apareceu sob a forma de meios entre os espiritualistas do Ocidente. Mas não vamos entrar nisso agora.

Em Resumo: Muitos eventos ocorridos e pessoas apareceram confirmando e causando aconfirmação da profecia do Nobre Mensageiro (Allah o abençoe e lhe dê paz) por parte de outros, antes do início de sua missão. Com certeza, antes do aparecimento de quem seria o Governante do Mundo [NOTA] e mudaria a forma espiritual desse mundo e poderia fazer dele o preparo do solo para o próximo, e proclamaria o alto valor das criaturas do mundo, e mostraria para os seres humanos e gênios o caminho para a felicidade eterna e salvá-los-ia da extinção eterna, e resolveria o talismã obscuro do mundo e o enigma da sabedoria na sua criação, e saberia dar a conhecer os efeitos do Criador doUniverso e reconhecer o Criador e familiarizá-Lo a todos os seres humanos - antes de tal aparecer, certamente tudo, todas as espécies e reinos de seres seriam felizes com a sua vinda, esperariam por ele e dar-lhe-iam boas-vindas e o aplaudiriam, e se sua vinda fosse dada a conhecer a eles por seu Criador, iriam anunciá-la. Na verdade, vimos nas indicações acima e nos exemplos como cada reino das criaturas exibiram seus milagres como se hes dando as boas vindas, confirmando a sua missão profética através da língua de milagres.

DÉCIMO SÉTIMO SINAL

Depois do Alcorão, o maior milagre de Nobre Mensageiro de Allah (Allah o abençoe e lhe dê paz) foi ele próprio. Ou seja, as elevadas virtudes morais reunidas em sua pessoa, sobre as quais amigos e inimigos concordam, foram em todos os aspectos

---

NOTA: Sim, o sultão de Lawlak [453] Como um líder cujo governo tem sido contínuo por 1350 (atualmente 1438) anos. A cada século, após o primeiro, ele teve pelo menos 350 milhões (atualmente 1 bilhão e 600 milhões) de seguidores e assuntos. Com metade do globo sob sua bandeira, a cada dia seus seguidores renovam a sua fidelidade a ele em perfeita submissão, pedindo para ele paz, bênçãos e obediência aos seus mandamentos.

do mais alto grau. Um herói da maior bravura, 'Ali, disse uma e outra vez: "Sempre que a luta feroz crescia, escudávamo-nos no Mensageiro de Allah (Allah o abençoe e lhe dê paz)."[455] Assim, todas as suas qualidades louváveis foram do mais alto e inatingível grau. Para este grande milagre, sugerimos aos leitores o al-Chifá al-Charif de Qadi Iyad, o erudito do Maghrib, pois ele descreveu e mostrou muito bem esse milagre de qualidades morais louváveis.

Outro grande milagre de Mohammad (Allah o abençoe e lhe dê paz), verificado por meio de amigos e inimigos, é a sua ilustre Chari'a, igual à qual não houve entre as que vieram antes dele, nem virão depois dele. Para uma explicação parcial desse milagre, que se refere aos leitores para as Trinta e Três Palavras, Trinta e Três Cartas, Trinta e Um Lampejos e Treze Raios é que escrevemos.

Entre seus maiores milagres há um cujos muitos relatos são unânimes, é a divisão da Lua. Esse milagre está relacionado através de muitas cadeias de transmissão de muitos dos principais Companheiros como Ibn Mass'ud, Ibn 'Abbas, Ibn Ômar, 'Ali, Anas, e Huzaifa. Além disso, o Alcorão anunciou esse milagre supremo para o mundo inteiro com o versículo:

﴿اِقْتَرَبَتِ السَّاعَةُ وَانْشَقَّ الْقَمَرُ﴾ [456]

Os idólatras obstinados de Coraix, naquele momento, não podiam negar esse versículo; eles só poderiam declarar que era "mágica".[457] Ou seja, os incrédulos também confirmaram a divisão da Lua como certa. Por esse milagre supremo, indicamos aos leitores o Adendo da Trigésima Primeira Palavra.

Além disso, assim como o Nobre Mensageiro (Allah o abençoe e lhe dê paz) mostrou aos habitantes da Terra o milagre da divisão da Lua, assim também ele mostrou aos habitantes dos céus seu milagre supremo da Ascensão. Referimo-nos que o maior milagre para o Tratado sobre a Ascensão, à Trigésima Primeira Palavra, a que demonstra com provas decisivas - mesmo para os negadores - quão luminoso, exaltado e verdadeiro foi esse milagre. Citaremos aqui apenas sua viagem a Jerusalém, a parte preliminar do milagre da Ascensão. Porque foi um milagre, também, quando interrogado pelos coraixitas, na manhã seguinte, ele lhes forneceu uma descrição do Masjid al-Aqsa. Foi como se segue:

Na manhã depois da noite da Ascensão, ele informou aos coraixitas sobre a Ascensão. Eles a rejeitaram como falsa e disseram: "Se você realmente foi para o Massjid al-Aqsa em Jerusalém, descreva-nos as suas portas, paredes e condição." O Nobre Mensageiro (Allah o abençoe e lhe dê paz), mais tarde, disse:

فَكَرَبْتُ كَرْبًا لَمْ اَكْرُبْ مِثْلَهُ قَطُّ فَجَلَّى اللهُ لِي بَيْتَ الْمَقْدِسِ وَكَشَفَ الْحُجُبَ

بَيْنِي وَبَيْنَهُ حَتَّى رَاَيْتُهُ فَنَعَتُّهُ وَاَنَا اَنْظُرُ اِلَيْهِ

"Eu me senti irritado com sua pergunta e negação de uma forma que eu nunca senti antes. De repente, Allah Todo-Poderoso levantou o véu entre mim e o Massjid al-Aqsa e mostrou-mo; eu olhei para ele e o vi, e o descrevi."[458] Então os coraixitas entenderam que eu estava dando a descrição correta e completa.

O Nobre Mensageiro de Allah (Allah o abençoe e lhe dê paz) também lhes disse: "Durante a viagem, vi uma de suas caravanas. Ela vai chegar aqui amanhã, tal e tal hora." Eles esperaram pela caravana. Ela foi adiada por uma hora, a fim de que previsão do Mensageiro (Allah o abençoe e lhe dê paz) fosse certa, por isso o sol ficou paralisado por uma hora, o que é confirmado por aqueles que investigaram o caso. Para provar que o que ele disse estava certo, a Terra parou a sua jornada, o seu dever, por uma hora, e sua imobilidade foi mostrada como o sol que está sendo preso em seu movimento.[459]

Assim, a poderosa Terra abandonou o seu dever, a fim de confirmar uma única declaração de Mohammad, o árabe (Allah o abençoe e lhe dê paz), e o poderoso Sol testemunhou. Assim, você pode entender quão infelizes são aqueles que não o afirmam nem obedecem aos seus mandamentos, e quão afortunados são aqueles que o afirmam e dizem : سَمِعْنَا وَاَطَعْنَا [460] .. Agora

اَلْحَمْدُ لِلّٰهِ على الْإِيمَانِ وَالْإِسْلَامِ [461]

DÉCIMO OITAVO SINAL

O maior milagre do Nobre Mensageiro de Allah (Allah o abençoe e lhe dê paz) é eterno, é o Alcorão Sagrado, que compreende centenas de evidências de sua missão profética, e o milagre de quarenta aspectos delas foi provado. A Vigésima Quinta Palavra explicou de forma concisa e mostrou os quarenta aspectos milagrosos em seus cerca de cento e cinquenta páginas. Portanto, tendo-nos citado os milagres supremos, um tesouro de milagres, naquela Palavra, aqui vamos explicar apenas um ou dois pontos.

PRIMEIRO PONTO

Se for Perguntado: O milagre do Alcorão reside na sua eloquência. Todas as classes de homens têm direito a uma parte do seu entendimento, mas somente um erudito em mil pode entender o milagre em sua eloquência?

A Resposta: O Alcorão Sagrado tem um tipo diferente de milagre correspondente ao entendimento de cada classe, o que indica a existência de sua miraculosidade para cada um de forma diferente.

Por exemplo, para os estudiosos da retórica e eloquência, exibe o milagre de sua eloquência extraordinária.

Para os poetas e oradores, ele mostra seu bonito e original estilo exaltado, que ninguém pode imitar, embora agrade a todos. A passagem do tempo não faz com que o seu estilo se torne obsoleto; ele permanece sempre fresco e novo. Sua prosa e palavra de ordem são muito bem ordenadas, elevadas e agradáveis.

Para adivinhos e outros narradores do Invisível, ele exibe seu milagre nos seus relatos extraordinários sobre o Invisível.

Para os historiadores, ele demonstra seu milagre dando informações sobre os acontecimentos de épocas passadas, bem como sobre o futuro, e sobre o Reino do Intermediário e do Outro.

Para os cientistas sociais e políticos, ele mostra o milagre em seus princípios sagrados. Sim, a Chari'a Suprema, que procede do Alcorão, indica o mistério de miraculosidade.

Para aqueles ocupados com o conhecimento de Allah e das verdades cósmicas, ele mostra o milagre das verdades sagradas divinas no Alcorão, ou então ele indica a existência desse processo milagroso.

Para os sufis e santos, ele mostra o milagre nos mistérios ocultos de seus versículos, que constantemente sobem e descem como ondas no mar do Alcorão, e assim por diante. Para cada indivíduo das quarenta classes de homens, ele abre uma janela e mostra o seu milagre.

As pessoas comuns, que só ouvem o Alcorão e entendem um pouco do seu significado, confirmam que ele não se assemelha a qualquer outro livro, e dizem: "O estilo desse Alcorão é totalmente diferente dos estilos dos outros livros que escutamos. Ou ele é do mesmo nível ou inferior a eles e isso é impossível, pois isso não foi declarado nem pelo maior inimígo dele, ou ele é superior a todos, e é, portanto, um milagre."

Agora, a fim de ajudar a pessoa comum vamos explicar melhor o milagre por apenas ouvi-lo. É como se segue:

Quando o Alcorão Sagrado apareceu desafiando o mundo inteiro, despertou fortes sentimentos de dois tipos de pessoas:

O Primeiro: Nos amigos, o desejo de imitá-lo, ou seja, o desejo de se parecer com o estilo de seu amado Alcorão, e um desejo de falar como ele.

O Segundo: Nos inimigos, o desejo de criticá-lo e disputar com ele, isto é, o desejo de invalidar sua reivindicação de milagre, competindo com o seu estilo.

Assim, por causa dessas duas emoções intensas, milhões de livros foram escritos em árabe, e estão sendo lidos. Entretanto, quem ouve o mais eloquente, o mais brilhante de um desses livros que estão sendo lidos em conjunto com o Alcorão é obrigado a dizer que este não se assemelha a nenhum deles. Isso significa que o Alcorão não é do mesmo nível que eles. Nesse caso, ou deve ser inferior a todos eles, e isso é totalmente impossível e, ninguém, nem mesmo Satanás,[NOTA 1] poderia reivindicar isso. Ou o Alcorão sagrado é superior a todos eles.

Além disso, o Alcorão Sagrado demonstra seu milagre ante a massa ignorante de pessoas, que não entende o seu significado por não cansá-las. Na verdade, essas pessoas dizem: "Se ouvirmos os melhores e mais conhecidos poemas duas ou três vezes, ficamos entediados com eles. Mas o Alcorão nunca nos cansa; quanto mais o ouvimos, mais ele nos agrada. Portanto, não pode ter sido escrito pelo homem".

Para as crianças que tentam memorizá-lo, o Alcorão Sagrado mostra seu milagre por se estabelecer-se em suas memórias com a maior facilidade, apesar de suas pequenas, delicadas, fracas e simples cabeças, incapazes de conservar na memória por muito tempo uma única página de outros livros, e também por muitos dos versículos e frases de vasto Alcorão assemelharem-se um ao outro, o que deveria causar confusão.

NOTA 1: A nota da primeira pesquisa importante da Vigésima Sexta Carta explica essa frase. O autor (que Allah esteja satisfeito com ele).

Mesmo para os doentes e os moribundos, que são perturbados pelo menor ruído, o murmúrio do Alcorão os faz sentir uma parte de seu milagre, por ser tão doce e agradável para eles como água de Zamzam.

Em Resumo: O Alcorão Sagrado demonstra seu milagre a quarenta classes e grupos de pessoas diferentes, ou indica a existência de seu milagre. Ele não negligencia ninguém. Mesmo para aqueles que podem compreender só o que os seus olhos[NOTA 2] veem, e que não têm ouvidos para ouvir, o coração para sentir, e nenhum conhecimento para julgar, o Alcorão faz alusão a sua miraculosidade de alguma forma.

É assim:

No Alcorão Sagrado impresso com a fonte de Hafiz Osman, muitas das palavras olham uma para a outra. Por exemplo, se você perfurar debaixo da palavra "cão" na frase [462] وَثَامِنُهُمْ كَلْبُهُمْ na Surata al-Kahf e através das páginas subjacentes, com um ligeiro desvio vai mostrar a palavra [463] قِطْمِيرٍ na Surata Fátir, estabelecendo, assim, o nome do cão.

De forma semelhante, as palavras [464] مُحْضَرُونَ ocorrem duas vezes na Surata Ya, Sin, a primeira se sobrepõe à segunda. As mesmas palavras são novamente repetidas duas vezes na Surata as-Sáffat (37:57, 127), e estas olham tanto uma para a outra como para aquelas na Surata Ya, Sin. Se você perfurar uma, verá as outras, com ligeiro desvio.

Além disso, a frase [465] مَثْنٰى ocorre apenas três vezes no Alcorão, e duas delas se correspondem não pode ser simples coincidência. [466] Existem numerosos exemplos semelhantes.

Uma palavra ainda coincide com ligeiro desvio em cinco ou seis páginas subjacentes. Vi uma cópia do Alcorão em trechos que coincidem um com o outro em páginas de frente uma para a outra sendo escritas em tinta vermelha. Naquela época, eu disse que isso também indicava outro tipo de milagre. Algum tempo depois, vi que muitas frases coincidem a outras nos versículos das páginas, o que corresponde a outra de uma forma significativa. Assim, uma vez que o arranjo do Alcorão na escrita e no roteiro de suas cópias impressas foi feito também por meio da orientação do Profeta (Allah o abençoe e lhe dê paz) e inspiração divina, isso é uma espécie de sinal de sua miraculosidade. Não é nem obra do acaso, nem da mente humana. Às vezes, há desvios, mas geralmente é a culpa da impressão e, se tivessem sido colocadas absolutamente em ordem, as palavras teriam correspondido a outras exatamente.

NOTA 2: Aqui, a menção ao aspecto de sua miraculosidade direcionada para aqueles sem ouvido, coração e conhecimento, e que veem apenas com os olhos, é extremamente concisa, abreviada, e mesmo deficiente. Mas foi demonstrado mais claramente e de forma brilhante nas Vigésima Nona e Trigésima Carta,(*) assim, que até os cegos podem ver. Tivemos uma cópia do Alcorão escrita que mostra esse aspecto da miraculosidade. Se Allah quiser, ela será publicada, em seguida, e todos serão capazes de vê-la.

* A Trigésima Carta havia sido planejada e prevista, mas deu o seu lugar a *Isharat al-I'jaz* (Sinais da Miraculosidade), enquanto em si nunca se materializou. (Autor).

Ademais, em cada página das Suratas do Alcorão de comprimento longo e médio que foram reveladas em Madina, a palavra "Allah" tem sido repetida da maneira mais maravilhosa. Além de estar repetida, na sua maioria cinco, seis, sete, oito, nove ou onze vezes na mesma página, as repetições dos dois lados de uma mesma página ou em páginas de frente exibem o relacionamento em bela e significativa forma numérica[NOTA].

NOTA: 1) Além disso, para aqueles que praticam a recitação dos nomes e louvores divinos e suplicam a Allah, as palavras do Alcorão, enfeitadas e rimadas, e o estilo eloquente e artístico, e as muitas virtudes de sua eloquência, que chamam a atenção para si mesmas, dão uma seriedade elevada e sensação da presença divina, e um recolhimento do espírito; elas não os estragam, nem os desfiguram , mesmo considerando que a retórica, a frase artística, a rima e a composição poética desse tipo geralmente enfraquecem a seriedade, filtram a sua elegância, perturbam o sentido da presença de Allah, e desviam a atenção do leitor. Na verdade, eu costumava recitar frequentemente a famosa súplica do Imam al-Cháfi'i, pois é uma súplica mais sutil e séria, é composta de uma forma versificada elevada, e uma vez causou o fim da escassez e da fome no Egito. Ao lê-la, observei que era em verso e rimada, e que isso estragou sua elevada seriedade. Recitei-a constantemente por oito ou nove anos, e eu era incapaz de conciliar o verso e a rima com sua seriedade. Eu entendi a partir disso que há uma espécie de milagre na rima, na ordenação e na qualidade das palavras do Alcorão, que são particulares, naturais e originais,e preservam totalmente a seriedade e o sentido da presença divina, e não a compromete. Assim, mesmo se aqueles que recitam súplicas, os nomes divinos e louvores não entenderem esse tipo de milagre com a mente, percebem-nos com o coração.

2) Outro milagre do Alcorão é que ele expressa o grau da crença do Nobre Mensageiro (Allah o abençoe e lhe dê paz), que manifestou da forma mais elevada e brilhante o Maior Nome. Ele também expressa e instrui de maneira natural a religião da verdade, que, por ser mais vasta, extensa, e altiva, estabelece as verdades sublimes dos mundos do além e da religiosidade como um mapa sagrado. Ele transmite também, em toda a sua infinita glória e majestade, o endereço do Criador do Universo, em relação a Ele ser o Senhor de todos os seres certamente em face de sua exposição ser assim, e de acordo com o versículo:

قُلْ لَئِنِ اجْتَمَعَتِ الْاِنْسُ وَالْجِنُّ عَلَٓى اَنْ يَاْتُوا بِمِثْلِ هٰذَا الْقُرْاٰنِ لَا يَاْتُونَ بِمِثْلِهِ [467] Se todas as mentes da humanidade fossem se unir e se tornassem uma única mente, não poderiamcontestá-lo ou se opor a ele. اَيْنَ الثَّرَامِنَ الثُّرَيَّا Como poderiam? Eles são tão distantes do Alcorão como a terra é das Plêiades. Tendo em conta os três princípios acima, certamente não é possível imitar o Alcorão, nem compor algo semelhante a ele.

3) Na parte inferior de cada página do Alcorão, os versículos são completos e acabam em rima de maneira correta. A razão é esta: quando o versículo chamado *Mudáyana* (2: 292) estabelece o padrão para as páginas, e as Suras Al-Ikhlas e Kauçar, o padrão para as linhas, a fina qualidade do Alcorão Sagrado e o sinal de sua miraculosidade se tornam aparentes.

4) Devido à infeliz pressa, tivemos que nos contentar nesta seção com ligeiras indicações, breves exemplos e pequenos sinais de uma maravilha altamente importante e magnífica, que, do ponto de vista do sucesso da Risale-i de Nur é linda, iluminada e encorajadora. Agora, aquela verdade importante e a admiração encorajadora - sob o nome de "coincidência" (tewâfuk), e cinco ou seis desses tipos - formam uma cadeia de maravilhas da Risale-i Nur, de lampejos de uma espécie visível dos milagres do Alcorão e de uma fonte de sinais das cifras do Invisível. Mais tarde, tivemos uma cópia do Alcorão que, escrita em letras douradas, mostrou um lampejo de seu milagre que surgiu a partir da coincidência da palavra Allah. E eu escrevi oito peças curtas, chamadas Os Oito Símbolos (*Rumuzat-ı Sim'aniya*), que explicam as relações sutis evidentes na coincidência das letras do Alcorão e suas alusões sobre o Invisível. Eu também escrevi cinco tratados, um sobre as maravilhas de Ghaus al-Gilani, três sobre as de 'Ali e um chamado "Indicações do Alcorão" (*Icharat-il Kur'aniya*) que, por meio de *tawáfuk* ou coincidências, confirmam, elogiam e aplaudem a Risale-i Nur. Ou seja, a verdade importante foi percebida e escrita de forma resumida na escrita dos Milagres de Mohammad, mas infelizmente o autor viu e descreveu apenas uma pequena parte deles; ele continuou sem persegui-los ainda mais.

SEGUNDO PONTO

Na época de Moisés (que a paz esteja com ele), a mágica era predominante, então seus milagres mais importantes assemelhavam-se a ela. E no tempo de Jesus (que a paz esteja com ele), a medicina era predominante e seus milagres eram na maior parte desse tipo. Da mesma forma, no momento do Mensageiro mais Nobre (Allah o abençoe e lhe dê paz), na Península Arábica quatro coisas eram predominantes:

A Primeira: Eloquência e retórica;

A Segunda: Poesia e oratória;

A Terceira: Adivinhos e assuntos de adivinhação do Invisível;

A Quarta: O conhecimento de eventos passados e cosmologia.

Assim, quando o Alcorão Sagrado apareceu, desafiou aqueles com conhecimento nesses quatro campos.

Em primeiro lugar, ele fez os homens de retórica e eloquência se curvarem diante dele; todos o ouviram com espanto.

Em segundo lugar, ele encheu os poetas e oradores com espanto, ou seja, aqueles que falavam bem e declamavam poesia muito bem, de modo a morder os dedos com assombro. Ele anulou o valor de seus mais belos poemas inscritos em ouro, levando-os a remover os famosos Sete Poemas suspensos, seu orgulho e glória das paredes da Caaba.

Ele silenciou os adivinhos e os feiticeiros, que davam notícia do Invisível, e os fez esquecer o conhecimento que haviam recebido. Ele afastou os gênios e pôs fim à adivinhação.

Ele salvou aqueles com conhecimento do passado e da cosmologia da superstição e da falsidade, e instruiu-os em verdadeiros fatos e conhecimentos luminosos.

Assim, esses quatro grupos curvaram-se perante o Alcorão em maravilha perfeita e veneração, tornando-se seus alunos. Em nenhum momento qualquer um deles tentou contestá-lo.

Se for perguntado: Como é que sabemos que ninguém apareceu para disputar com ele ou contestá-lo? Que ninguém conseguiu de apresentar algo semelhante a ele (o Alcorão). Como sabemos que a apresentação de semelhante é impossível?

A Resposta: Se tivesse sido possível disputar com ele, com certeza alguém teria tentado fazê-lo. Ninguém se furtaria de fazê-lo, porque a disputa era extremamente necessária, para se salvar do perigo de desafio para salvar sua religião, seus bens, suas vidas e suas famílias. Se a disputa fosse possível, ninguém se furtaria de tentá-la. Porém, os incrédulos e hipócritas, que eram maioria, tinham certeza de ter apoiado tal competição e teriam anunciado a sua ampla divulgação, como espalhavam tudo o que era contra o Islam. E se alguém tivesse contestado o Alcorão e feito saber a todos, certamente isso teria sido registrado nos livros de história de forma brilhante. Mas em todas as histórias e nos livros que estão em evidência, além de algumas passagens sobre Musaylima, o mentiroso, não há nada em nenhum deles. Considerando que, durante vinte e três anos, o Alcorão Sagrado continuamente os tentou e desafiou de uma forma que pudesse aumentar a sua obstinação (Mohammad), com efeito, disse:

"Mostrem alguém inculto como Mohammad, o Confiável, possa compor algo como o Alcorão. Se vocês não puderem fazê-lo, que não seja uma pessoa iletrada, tragam alguém muito culto e literato para fazê-lo. Vocês também não seriam capazes de fazê-lo. Então, ao invés de uma única pessoa, reúnam todos os seus estudiosos e homens de eloquência e deixem-nos ajudarem-se mutuamente, e os falsos deuses em que vocês confiam também podem dar uma mão. Vocês não serão capazes de fazer isso. Então, usem as obras literárias do passado, e até mesmo chamem aqueles do futuro para ajudá-los e, em seguida, componham algo como o Alcorão. E se vocês não puderem fazer isso, não precisam compor algo como todo o Alcorão, mas apenas dez Suratas como as dele. Vocês não serão capazes de produzir dez que sejam verdadeiramente como Suratas do Alcorão, coloquem nelas histórias e contos fictícios: produzem apenas algo semelhante às palavras de ordem e eloquência. Mas se não puderem fazer isso, escrevam uma só Surata e não precisa ser uma longa, apenas uma curta. Mas se vocês não puderem fazer isso, sua religião, vidas, propriedades e famílias estarão todos em perigo, tanto neste mundo como no próximo!"

Com essas oito alternativas, o Alcorão Sagrado tem desafiado e silenciado gênios e humanos, e não por vinte e três anos, mas por mil e quatrocentos. Porém, nos primeiros tempos, esses incrédulos não recorreram à maneira mais fácil de disputa ou competição, mas escolheram o caminho mais difícil, o da guerra, colocando suas vidas, posses e famílias em perigo. Isso significa que não foi possível disputar com ele.

Não teria qualquer pessoa inteligente, especialmente dos povos da Arábia na época - e dos coraixitas, que eram muito inteligentes - garantido que um de seus homens de letras compusesse uma Surata semelhante às do Alcorão, e evitado o método de guerra, que seria o caminho curto e fácil, lançando todas as suas posses em perigo e viajado da maneira mais repleta de dificuldades?

Em resumo: Como o famoso Jahiz disse: "A disputa com palavras não foi possível, por isso foram obrigados a lutar com a espada."

Se for Perguntado: Alguns eruditos têm dito que não apenas uma das Suratas do Alcorão, mas também nem um único de seus versículos pode ser contestado, nem mesmo uma única frase ou uma palavra, nem foram disputadas. Mas isso parece ser exagerado e inaceitável à razão, porque muitas palavras humanas se assemelham às do Alcorão. Por que eles dizem isso?

A Resposta: Há duas escolas de pensamento a respeito do milagre e da inimitabilidade do Alcorão.

A escola prevalecente e preferida afirma que as qualidades sutis da eloquência e do significado do Alcorão estão além do poder humano.

A segunda escola, menos preferida, afirma que está dentro da capacidade humana disputar com uma das Suratas do Alcorão, mas Allah Todo-Poderoso tem impedido isso como um milagre de Mohammad (Allah o abençoe e lhe dê paz) e poder explicar isso com um exemplo:

Se um homem pode levantar-se e sentar dentro de seu póder e sua capacidade, se um profeta diz a ele: “Você não vai poder levantar” para mostrar o seu milagre, e a pessoa não conseguir se levantar efetivamente, então isso é um milagre.

Essa opinião é chamada de Escola Sarf: ou seja, Allah, glorificado seja, foi Quem os impediu de contestá-lo. Se Allah não tivesse impedido gênios e humanos de contestarem com sucesso uma única das Suratas do Alcorão, teriam capacidade de fazê-lo.

De acordo com essa escola, os estudiosos que afirmam que uma única das suas palavras não pode ser contestada estão corretos porque, de se Allah, glorificado seja os impediu, para destacar o milagre. Não conseguem entãoapresentar com algo contestador. Se quisessem se atrever não conseguiriam sem a anuência de Allah ter dito uma palavra.

No entanto, de acordo com a primeira escola mencionada prevalente e preferida de pensamento, a declaração de estudiosos inclui a seguinte sutileza: frases e palavras do Alcorão Sagrado olham umas para as outras. Às vezes, acontece que uma única palavra olha para dez lugares; nela estão dez relacionamentos e dez pontos de fina eloquência. Temos apontado exemplos de alguns desses casos no comentário chamado *Icharat al-I'jaz* (Sinais da Miraculosidade), nas frases da Surata al-Fátiha e os de

﴿الٓمٓ ۞ ذٰلِكَ الْكِتَابُ لَا رَيْبَ فِيهِ﴾[468]

Por exemplo, pegue um palácio altamente decorado; colocar uma pedra em relação a todas as decorações e como ponto central de muitas variadas decorações, depende de conhecer toda a parede em conjunto com todas as suas decorações. E, situar a pupila do olho em uma cabeça humana depende de conhecer as suas relações com o corpo inteiro, e todas as funções maravilhosas do corpo, juntamente com a posição do olho em face dessas funções. Da mesma maneira, o mais avançado do povo da realidade tem demonstrado inúmeras relações entre as palavras do Alcorão e seus aspectos e conexões, e com outros versículos e frases. Estudiosos da Escola Hurufi, em particular, foram mais longe, explicando e demonstrando a seus seguidores uma página de significados ocultos em uma única das letras do Alcorão.

Além disso, uma vez que é o discurso do Criador de todas as coisas, cada uma de suas palavras podem ser como um coração ou semente, ou seja, um coração contido num corpo formado de mistérios imateriais, ou a semente de uma árvore imaterial.

Assim, palavras como as do Alcorão, e até mesmo frases ou versículos, podem ocorrer na fala do homem, mas um conhecimento abrangente é necessário para situá-los exatamente como estão no Alcorão, tendo em conta os muitos relacionamentos.

TERCEIRO PONTO

Uma reflexão breve, mas verdadeira, sobre a natureza essencial do Alcorão Sagrado foi uma vez inspirada no meu coração como uma recompensa divina, em língua árabe, que depois explicarei o seu significado:

سُبْحَانَ مَنْ شَهِدَ عَلٰى وَحْدَانِيَّتِهِ وَصَرَّحَ بِاَوْصَافِ جَمَالِهِ وَجَلَالِهِ وَكَمَالِهِ الْقُرْاٰنُ الْحَكِيمُ الْمُنَوَّرُجِهَاتُهُ

السِّتُّ الْحَاوِى لِسِرِّ اِجْمَاعِ كُلِّ كُتُبِ اْلاَنْبِيَاءِ وَاْلاَوْلِيَاءِ وَالْمُوَحِّدِينَ الْمُخْتَلِفِينَ فِى اْلاَعْصَارِ

وَالْمَشَارِبِ وَالْمَسَالِكِ الْمُتَّفِقِينَ بِقُلُوبِهِمْ وَعُقُولِهِمْ عَلٰى تَصْدِيقِ اَسَاسَاتِ الْقُرْاٰنِ وَكُلِّيَاتِ اَحْكَامِهِ عَلٰى وَجْهِ الْاِجْمَالِ وَهُوَ مَحْضُ الْوَحْيِ بِاِجْمَاعِ الْمُنْزِلِ وَالْمُنْزَلِ وَالْمُنَزَّلِ عَلَيْهِ وَعَيْنُ الْهِدَايَةِ بِالْبَدَاهَةِ وَمَعْدَنُ اَنْوَارِ الْاِيمَانِ بِالضَّرُورَةِ وَمَجْمَعُ الْحَقَائِقِ بِالْيَقِينِ وَمُوصِلٌ اِلَى السَّعَادَةِ بِالْعَيَانِ وَذُو الْاَثْمَارِ الْكَامِلِينَ بِالْمُشَاهَدَةِ وَمَقْبُولُ الْمَلَكِ وَالْاِنْسِ وَالْجَانِّ بِالْحَدْسِ الصَّادِقِ مِنْ تَفَارِيقِ الْاَمَارَاتِ وَالْمُؤَيَّدُ بِالدَّلَائِلِ الْعَقْلِيَّةِ بِاِتِّفَاقِ الْعُقَلَاءِ الْكَامِلِينَ وَالْمُصَدَّقُ مِنْ جِهَةِ الْفِطْرَةِ السَّلِيمَةِ بِشَهَادَةِ اِطْمِئْنَانِ الْوِجْدَانِ وَالْمُعْجِزَةُ الْاَبَدِيَّةُ اَلْبَاقِى وَجْهُ اِعْجَازِهِ عَلٰى مَرِّ الزَّمَانِ بِالْمُشَاهَدَةِ وَالْمُنْبَسِطُ دَآئِرَةُ اِرْشَادِهِ مِنَ الْمَلَاِ الْاَعْلٰى اِلٰى مَكْتَبِ الصِّبْيَانِ يَسْتَفِيدُ مِنْ عَيْنِ دَرْسِ اَلْمَلٰئِكَةُ مَعَ الصَّبِيِّينَ وَكَذَا هُوَ ذُو الْبَصَرِ الْمُطْلَقِ يَرَى الْاَشْيَاءَ بِكَمَالِ الْوُضُوحِ وَالظُّهُورِ وَيُحِيطُ بِهَا وَيُقَلِّبُ الْعَالَمَ فِى يَدِهِ وَيُعَرِّفُهُ لَنَا كَمَا يُقَلِّبُ صَانِعُ السَّاعَةِ السَّاعَةَ فِى كَفِّهِ وَيُعَرِّفُ لِلنَّاسِ فَهٰذَا الْقُرْاٰنُ الْعَظِيمُ الشَّانِ هُوَ الَّذِى يَقُولُ مُكَرَّرًا: ﴿اَللّٰهُ لَٓا اِلٰهَ اِلَّا هُوَ﴾ , ﴿فَاعْلَمْ اَنَّهُ لَٓا اِلٰهَ اِلَّا اللّٰهُ﴾

Agora vou dar abaixo uma explicação dessa parte árabe.

Os seis aspectos do Prudente Alcorão são brilhantes e luminosos; nenhuma dúvida nem conjectura podem penetrá-lo. Uma vez que está apoiado no Trono de Allah; há a luz da revelação nesse aspecto. Ante ele e o seu objetivo é a felicidade neste mundo e no Outro; ele estendeu a mão para a pós-eternidade e para a Outra Vida, onde se encontram a luz da felicidade e a luz do Paraíso. Acima dele brilha o selo do milagre. Abaixo se encontram os pilares das provas e dos indícios. Em seu íntimo está a orientação pura, a sua direita faz a mente afirmá-lo com frases como ﴿اَفَلَا يَعْقِلُونَ﴾[469]. À sua esquerda fornece apoio espiritual aos corações, e faz com que a consciência testemunhe as bênçãos de Allah. Assim, de que lado, de que canto podea dúvida e a conjectura entrar no Alcorão Sagrado?

Sim, o milagroso Alcorão Sagrado engloba todos os pontos de concordância encontrados nos livros dos profetas, dos santos e dos monoteístas, cujo séculos, caminhos e temperamentos são todos diferentes, isto é, aqueles que buscavam a verdade, quer através do intelecto, quer do coração, mencionaram em seus livros decretos e princípios concisos do Alcorão Sagrado, de tal forma a confirmá-los. Assim, eles são como as raízes da árvore celestial do Alcorão.

O Prudente Alcorão Sagrado também é fundado na revelação e é revelação, uma vez que o Glorioso, que o revelou, demonstra e prova que ele é revelação através dos milagres de Mohammad (Allah o abençoe e lhe dê paz). E o Alcorão revelado também mostra o que ele possui de miraculosidade que vem do Trono Divino. E que o

Mensageiro mais Nobre (Allah o abençoe e lhe dê paz), a quem foi revelado, mostra a sua preocupação no início da revelação, a sua inconsciência no tempo de sua revelação, a sua sinceridade e veneração ao Alcorão, mais do que qualquer pessoa, tudo isso demonstra que o Alcorão foi revelação vinda da pré-eternidade, e o Mensageiro (que Allah o abençoe e lhe dê paz) era seu convidado.

Além disso, o Alcorão é a orientação evidentemente pura, uma vez que o seu oposto é a desorientação da incredulidade. É também por necessidade a fonte das luzes da fé, e o inverso disso é, certamente, a escuridão. Comprovamos isso decisivamente em muitas das Palavras.

Ademais, o Alcorão é com certeza um conjunto de verdades; as ilusões e as superstições não se intrometem nele. Ele confirma, com o que fundou de perfeições elevadas no mundo do Islam o que apresentou da Chari'a, fundamental, o que realizou de perfeições sublimes que são a pura verdade e não contêm contradições. Suas discussões sobre o mundo do Invisível testemunham isso, também, como as relativas ao Mundo Manifesto.

Sem dúvida, o Alcorão também envia a humanidade para a felicidade neste mundo e no próximo, e exorta o ser humano a ela, sem dúvida. Se alguém duvida disso, que leia e ouça o Alcorão, uma vez.

Também, os frutos que o Alcorão produz são perfeitos e vitais. Nesse caso, as raízes da árvore do Alcorão estão fundadas sobre a realidade e estão vivas, uma vez que a vida dos frutos aponta para a vida da árvore. Veja quantos frutos perfeitos, vivos, luminosos, foram produzidos a cada século, como os santos e os eruditos purificados!

Além disso, com uma convicção surgindo de inúmeros sinais, pode-se dizer que o Alcorão é aceito e procurado por gênios, humanos e anjos, e quando é recitado, eles se reúnem em volta, atraídos por ele como mariposas.

E junto com a sua revelação, o Alcorão foi reforçado e fortificado com provas racionais; a unanimidade dos sábios e inteligentes testemunha isso. Os grandes estudiosos de teologia e os gênios da filosofia, como Ibn Sina e Ibn Ruchd, demonstraram, por unanimidade, os princípios do Alcorão, de acordo com seus próprios métodos e provas.

O Alcorão também é afirmado pela natureza sadia. Se não está corrompida de alguma forma, a natureza humana o confirma, uma vez que a consciência e a paz de espírito são fáceis de serem encontradas através de suas luzes. Ou seja, a natureza humana preservada afirma, por meio do testemunho de uma consciência tranquila, ao Alcorão: "Nossa natureza não pode ser aperfeiçoada sem você!" Provamos essa verdade em muitos lugares das Cartas.

O Alcorão também é observado e é evidentemente um milagre eterno e perpétuo; ele sempre exibe seus milagres; ele nunca se extingue, como outros milagres; seu tempo nunca chega ao fim; ele é eterno.

Além disso, existe tal amplitude na orientação do Alcorão que o Anjo Gabriel e uma criança podem ouvir a sua lição mesmo lado a lado, e ambos recebem a sua parte. Um filósofo brilhante como Ibn Sina pode estudar as mesmas lições ao lado de um recitador comum, e ambos receberão a sua instrução. Pode até acontecer que, devido à força e pureza de sua crença, o homem comum possa se beneficiar mais de que Ibn Sina.

Ademais, há no Alcorão um olho que vê e abrange todo o Universo e coloca-o ante essa visão descrevendo seus níveis e mundos como as páginas de um livro. Como um relojoeiro manipula, abre, mostra, conhece e descreve seu relógio, o Alcorão faz o mesmo com o Universo, como se estivesse segurando-o na mão. Esse importante Alcorão é quem declara: [470] ﴿فَاعْلَمْ اَنَّهُ لَٓا اِلٰهَ اِلَّا اللّٰهُ﴾, e proclama a Unidade Divina.

اَللّٰهُمَّ اجْعَلِ الْقُرْاٰنَ لَنَا فِى الدُّنْيَا قَرِينًا وَفِى الْقَبْرِ مُونِسًا وَفِى الْقِيٰمَةِ شَفِيعًا وَعَلَى الصِّرَاطِ نُورًا وَمِنَ
النَّارِ سِتْرًا وَحِجَابًا وَفِى الْجَنَّةِ رَفِيقًا وَاِلَى الْخَيْرَاتِ كُلِّهَا دَلِيلًا وَاِمَامًا ۞ اَللّٰهُمَّ نَوِّرْ قُلُوبَنَا وَقُبُورَنَا
بِنُورِ الْاِيمَانِ وَالْقُرْاٰنِ وَنَوِّرْ بُرْهَانَ الْقُرْاٰنِ بِحَقِّ وَبِحُرْمَةِ مَنْ اُنْزِلَ عَلَيْهِ الْقُرْاٰنُ عَلَيْهِ وَعَلٰى اٰلِهِ الصَّلَاةُ
وَالسَّلَامُ مِنَ الرَّحْمٰنِ الْحَنَّانِ اٰمِينَ [471]

O DÉCIMO NONO SINAL

Ficou provado, nos sinais anteriores, de forma decisiva e sem dúvida, que o Mensageiro mais Nobre (Allah o abençoe e lhe dê paz) foi o Mensageiro de Allah Todo-Poderoso. Sua Mensagem foi, assim, estabelecida através de milhares de evidências. Mohammad, o árabe (Allah o abençoe e lhe dê paz), foi a prova mais brilhante e conclusiva da Unicidade Divina e da eterna felicidade.

Neste sinal, vamos oferecer uma definição concisa e um resumo de sua evidência sobre o monoteísmo e a extenção de sua veracidade e entendimento, dizendo: O Nobre Mensageiro (Allah o abençoe e lhe dê paz) é a própria prova da existência do Magnífico Criador, de Sua Unicidade, como é indicado por qualquer criatura do Universo. O Profeta (Allah o abençie e lh dê paz) declarou o lado dessa sua prova sobre a unicidade e a existência com a prova de todas as criaturas. .

Se ele mesmo for evidência, vamos apontar em quinze Princípios a sua prova e integridade, sua autenticidade e veracidade.

Primeiro Princípio: Esta prova, que indica o Criador do Universo tanto por si como por sua língua, sua conduta e seu discurso, foi verificada pela realidade do Universo, e era verídica, uma vez que as provas da unidade divina feitas por todos os seres é certamente a confirmação de quem proclamou aquela unicidade. Ou seja, a causa que ele proclamou é verificada por todo o Universo. Além disso, uma vez que a perfeição da unicidade divina e o bem absoluto da felicidade eterna que Ele expôs estão de acordo e de conformidade com a beleza e perfeição de todas as verdades do mundo, Ele? Foi certamente verdadeiro em sua causa. Ou seja, o Nobre Mensageiro (Allah o abençoe e lhe dê paz) foi uma prova articulada da unicidade divina e da eterna felicidade que era tanto verídica como verificada.

Segundo Princípio: Também, uma vez que a prova verídica, verificada e executada por milhares de milagres maiores do que todos os profetas anteriores vieram com uma Chari'a que jamais será revogada, e sua convocação foi para todos os gênios e humanos, ele era certamente o chefe dos profetas, e, portanto, reuniu em si mesmo a essência e a unanimidade de todos os seus milagres. Isso significa que a força do consenso do Profeta e do testemunho de seus milagres formam um suporte para sua veracidade e sinceridade. Ele também foi o capitão e líder de todos os santos e eruditos purificados, que atingiram a perfeição através da sua formação, e orientação à luz de sua Chari'a. Nesse caso, reunidos nele foram o mistério de suas maravilhas, a sua afirmação unânime e a força das suas verificações. Uma vez que eles viajaram da forma como o seu mestre abriu e deixou em aberto descobriram a verdade. Nesse caso, todo o seu maravilhoso funcionamento, verificação e consenso formam um suporte para a veracidade e sinceridade de seu mestre sagrado. Além disso, como foi visto nos sinais anteriores, essa prova da unicidade Divina foi equipada com certas evidências, definidos milagres e *irhasat* maravilhosas, e sua profecia foi provada por evidências irrefutáveis de que sua afirmação não poderia ser contestada, mesmo que todo o Universo fosse se unir contra ele.

Terceiro Princípio: E nesse arauto da unidade Divina e doador das novas da eterna felicidade, de que ele mesmo era um milagre claro, são as qualidades morais elevadas, deveres de sua Mensagem, atributos sublimes, e a Chari'a com que ele propagou tais virtudes elevadas, e mesmo o seu mais amargo inimigo tinha que confirmá-las, sendo incapaz de negá-las. Uma vez que as mais elevadas e melhores qualidades morais, os mais elevados e perfeitos atributos, e as virtudes mais preciosas e aceitáveis estiveram presentes nele mesmo, nas suas funções e na sua religião, com certeza, essa pessoa foi o exemplar modelo, a personificação e o mestre das perfeições e qualidades morais elevadas nos seres. Nesse caso, essas perfeições, em si mesmo, no seu deve, e na sua religião formam um suporte tão poderoso para a sua veracidade e honestidade que não pode de forma alguma ser abalado.

Quarto Princípio: Esse arauto da unicidade e da felicidade divina, que era a fonte das perfeições e professor das virtudes elevadas, não falou de si mesmo; ele foi feito para falar. Sim, ele foi feito para falar pelo Criador do Universo. Ele recebeu a instrução de seu Pré-Eterno Mestre, então ele a ensinou. Uma vez que o Criador do Universo mostrou, através de milhares de provas de sua missão profética, em parte descritas nos Sinais acima, através de todos os milagres que Ele criou através de sua mão, que ele não estava falando por sua própria conta, mas transmitindo o Seu discurso.

Além disso, o Alcorão, que veio a ele, mostra, por intermédio de seus quarenta aspectos de miraculosidade exterior e interior, que ele era o intérprete de Allah Todo-Poderoso.

Também, através de toda sua sinceridade, temor a Allah, seriedade, confiabilidade, e de todas as suas outras qualidades e conduta, mostrou que ele não estava falando de suas próprias ideias em seu próprio nome, mas estava falando em nome de seu Criador.

Além disso, todos aqueles que penetram na realidade, que o acatam, afirmaram-no com as verdades que eles investigaram e o expuseram; creram com conhecimento de certeza (*'ilmel-yakîn*) que ele não estava falando em seu próprio nome, mas que o Criador do Universo estava fazendo-o falar e ensinar, ensinar por intermédio dele. Nesse caso, a sua veracidade e honestidade são suportados pelo consenso destes quatro princípios poderosos.

Quinto Princípio: E o Intérprete fiel das palavras de Allah Pré-Eterno que vêo espíritos, conversa com os anjos, orienta os gênios e humanos. Ele não recebeu o conhecimento ultrapassando do mundo dos gênios e humanos, e até mesmo do mundo dos espíritos e dos anjos; ele teve acesso ao conhecimento do Que está acima desses de todos esses reinos. Os milagres mencionados anteriormente e a história de sua vida, que têm a autenticidade de consenso, provam este fato. Em qual caso, ao contrário dos adivinhos e de outros que dão notícia do Invisível, nem gênios, nem ser espiritual, nenhum anjo e, além de Gabriel, nem mesmo os anjos mais elevados no atendimento a Allah Todo-Poderoso, poderiam interferir nas novas que ele deu. E, em algumas ocasiões, ele até deixou Gabriel, seu companheiro, para trás.

Sexto Princípio: E essa pessoa, o senhor dos anjos, gênios e humanos, foi o fruto mais iluminado e perfeito da árvore do Universo, e a personificação da misericórdia Divina, o exemplar do amor dominical, a mais luminosa prova da verdade, a luz mais radiante da realidade, a chave para o talismã do Universo e solucionador do enigma da criação, o expositor da sabedoria do mundo, o arauto da soberania divina, o delineador das belezas da arte dominical; no que diz respeito à abrangência de sua disposição, ele era o mais completo exemplo das perfeições dos seres. Nesse caso, esses atributos de sua personalidade espiritual indicam, de fato, e mostrm que esse ser foi a causa última da existência do Universo, ou seja, o Criador do Universo olhou para esse ser e criou o Universo. Pode-se afirmar que, se Ele não o tivesse criado, não teria criado o Universo. Sim, as verdades do Alcorão e as luzes de convicção que ele trouxe para gênios e humanos e as virtudes elevadas e perfeições exaltadas aparentes em seu ser são testemunhas decisivas deste fato.

Sétimo Princípio: E a prova da Verdade e a lâmpada da realidade demonstraram uma religião e Chari'a compreendem princípios que assegurem a felicidade neste mundo e no próximo. Por outro lado, além de ser abrangentes, explicam com exatidão verdades completas e funções do universo, e os nomes e atributos do Criador do universo.

Assim, o Islam e a Chari'a são tão abrangentes e perfeitos, e descrevem o universo e Ele mesmo, de tal maneira, que qualquer um que os estude com cuidado é obrigado reconhecer que a sua religião é uma declaração, um manifesto, descrevendo tanto Aquele que fez este belo universo, e o próprio universo.

Por exemplo: O construtor de um palácio escreve uma folha das instruções adequadas para o palácio para que ele possa descrever a si mesmo através de suas características. Da mesma forma, a religião e a Chari'a de Mohammad (Deus o abençoe e lhe dê paz) demonstram, através de sua clara supremacia, abrangência e verdade que a sua religião procedeu da pena d'Aquele que cria e regula o universo. Quem ordenou o universo tão bem é Aquele que igualmente bem ordenou esta religião. Sim, o fim perfeito de um exige a perfeita ordem do outro.

Oitavo Princípio: Assim qualificado pelos atributos acima mencionados e sustentado por suportes totalmente inabaláveis e poderosos, Mohammad o árabe (Allah o abençoe e lhe dê paz) proclamou a sua mensagem sobre as cabeças dos gênios e humanos em nome do mundo do Invisível, tornou-se o Manifesto Mundial; ele se dirigiu aos povos e às nações esperando além dos séculos futuros; ele clamou para todos os gênios e humanos; ele fez todos os lugares e todos os tempos ouvirem. Sim, nós também ouvimos!

Nono Princípio: Sua fala é tão elevada e poderosa que todos os séculos a acatam. Sim, todos os séculos ouvem o eco de Sua voz.

Décimo Princípio: Vemos em suas situações e nobre biografia que ele vê e então transmite à luz do que ele vê, porque transmite nos momentos de maior perigo, sem hesitação, sem medo, com firmeza absoluta e tranquilidade. Na ocasião, ele desafiou sozinho o mundo inteiro.

Décimo primeiro Princípio: Com toda a sua força, ele fez tão poderosa uma chamada e convocação que fez a metade da Terra e um quinto da humanidade responder a sua voz, declarando:[472] سَمِعْنَا وَاَطَعْنَا

Décimo Segundo Princípio: Ele convocou as pessoas com tanta seriedade e instruiu tão fundamentalmente que inscreveu seus princípios na face dos séculos e nas próprias pedras de todos os cantos do mundo; gravou-os na face do tempo.

Décimo Terceiro Princípio: Ele proclamou a solidez das injunções que transportou com tanta confiança e certeza que, se o mundo inteiro se reunisse, não poderia tê-lo feito revogar ou abjurar um único desses preceitos. Toda a sua vida e sua ilustre biografia provam isso.

Décimo Quarto Princípio: Ele convidou e transmitiu com tanta confiança e certeza que não temia a ninguém e nenhuma dificuldade o perturbava; com total sinceridade e honestidade, ele aceitou, antes que ninguém, os preceitos que ele havia trazido, agiu em conformidade com eles e os proclamou. Testemunha disso foi seu famoso ascetismo e independência e nunca se inclina para o brilho efêmero deste mundo, bem conhecido por todos, amigos e inimigos.

Décimo Quinto Princípio: Sua obediência à religião que ele trouxe, sua adoração ao seu Criador, sua abstenção de tudo o que estava proibido, todas as qualidades que ele apresentou em um grau maior do que todos os outros, demonstram conclusivamente que ele era o enviado e arauto da Monarca da Pré-Eternidade e Pós-Eternidade; ele era o servo mais leal d'Aquele que é adorado por direito, e o intérprete de Sua palavra pré-eterna.

A conclusão desses quinze Princípios é esta: o qualificado pelos acima mencionados atributos proclamou a unicidade Divina com todas as suas forças repetida e constantemente ao longo de sua vida, dizendo: [473] ﴿فَاعْلَمْ اَنَّهُ لَٓا اِلٰهَ اِلَّا اللّٰهُ﴾,

اَللّٰهُمَّ صَلِّ وَسَلِّمْ عَلَيْهِ وَعَلٰى اٰلِهِ عَدَدَ حَسَنَاتِ اُمَّتِهِ

﴿ سُبْحَانَكَ لَا عِلْمَ لَنَٓا اِلَّا مَا عَلَّمْتَنَاۜ اِنَّكَ اَنْتَ الْعَلِيمُ الْحَكِيمُ ﴾[474]

***

UM DOM DIVINO E UMA MARCA DO FAVOR DOMINICAL

Na esperança de se cumprir o significado do versículo:

[475] ﴿وَأَمَّا بِنِعْمَةِ رَبِّكَ فَحَدِّثْ﴾ mencionarei uma marca do favor e da misericórdia de Allah Todo-Poderoso que estava evidente na redação deste tratado, de modo que aqueles que o leem podem compreender a sua importância.

Eu não tinha intenção de escrever este tratado, uma vez que a Décima Nona e a Trigésima Primeira Palavra sobre a mensagem de Mohammad (Allah o abençoe e lhe dê paz) já tinham sido escritas. Então, de repente, senti um impulso irresistível de escrevê-lo. Também o meu poder de memória havia sido extinto devido às calamidades que eu tinha sofrido. Além disso, de acordo com a minha maneira, eu não tinha tomado o caminho da narrativa, ou seja, "ele disse que", "foi dito que," nas obras que eu tinha escrito. Ademais, eu não tinha livros de Hadice ou da biografia do Profeta (Allah o abençoe e lhe dê paz) disponíveis para mim. No entanto, dizendo: "Eu coloco minha confiança em Allah", comecei. Fui extremamente bem-sucedido e minha memória me ajudou de uma forma que superou até mesmo a do Velho Said. Trinta a quarenta páginas foram escritas em velocidade a cada duas ou três horas. Uma vez quinze páginas foram escritas em uma única hora. O tratado foi principalmente narrado a partir de livros como Bukhari, Musslim, Bayhaqui, Tirmizi, *al-Chifá al-Charif*, Abu Nu'aym e Tabari. Meu coração tremia, porque, se houvesse qualquer erro em relatá-los - já que são Hadices - seria um pecado. Mas ficou claro que o favor Divino estava conosco e houve necessidade disso para o tratado. Se Allah quiser, o que foi escrito é o correto. Se talvez houver algum erro na redação de alguns Hadices ou nos nomes dos narradores, peço que meus irmãos os olhem com tolerância e os corrijam.

Said Nursi

O nosso Mestre, Said Nursi, ditou e nós escrevemos o primeiro rascunho. Ele não tinha nenhum livro com ele, nem se referiu a qualquer um. Ele de repente ditou a grande velocidade, e nós escrevemos. Podíamos escrever trinta, quarenta e, às vezes, mais páginas em duas ou três horas. Formamos a convicção de que esta facilidade era em si um processo maravilhoso dos milagres do Profeta Mohammad (Allah o abençoe e lhe dê paz).

Seu servo permanente	Seu servo e escriba	Seu irmão na Outra Vida e também escriba	Escriba da minuta e cópia limpa
Abdullah Jáwuch	**Sulaiman Sámi**	**Háfiz Khálid**	**Háfiz Taufik,**

**

O PRIMEIRO ADITAMENTO AOS MILAGRES DE MOHAMMAD
(Allah o abençoe e lhe dê paz)

[A Décima Nona Palavra sobre a Mensagem de Mohammad (Allah o abençoe e lhe dê paz) e o Milagre da Divisão da Lua foram incluídos aqui devido à sua relevância]

بِسْمِ اللّٰهِ الرَّحْمٰنِ الرَّحِيمِ [476]

Esta Palavra é composta por quatorze "Gotinhas de Orvalho", e é também o Décimo Quarto Lampejo

PRIMEIRA GOTÍCULA: Há três grandes e universais coisas que tornam conhecidos para nós o nosso Senhor. Uma delas é o livro do universo, uma parte de cujo testemunho que ouvi de treze Lampejos junto com a 13ª lição da Risâle-i Nur em árabe. Outra é o Selo dos Profetas (Allah o abençoe e lhe dê paz), o sinal supremo do livro do universo. A outra é o Alcorão de Estatura Poderosa. Agora, temos de nos familiarizar com o Selo dos Profetas (Allah o abençoe e lhe dê paz), que é a segunda e articulada prova, e devemos ouvi-lo.

Sim, considere a personalidade coletiva desta prova: a face da terra é sua mesquita, a cidade de Makka, seu *mihrab*[477], e a cidade de Madina, seu púlpito. Nosso Profeta (Allah o abençoe e lhe dê paz), esta prova clara, é o líder de todos os crentes, pregador para toda a humanidade, o chefe de todos os profetas, mestre de todos os santos, o líder de um círculo para a recordação de Allah compreendendo todos os profetas e santos. Ele é uma árvore luminosa cuja vida e raízes são todos os profetas, e cujas frutas frescas são todos os santos; o que todos os profetas alegam contam com seus milagres e todos os santos dependem e corroboram a sua confirmação de prodígios. Uma vez que ele declara e afirma:[478] لَآ إِلٰهَ إِلَّا اللّٰهُ Tudo à esquerda e à direita, ou seja, os recitadores luminosos dos Nomes de Allah alinhados no passado e no futuro, repetem as mesmas palavras, e por meio de seu consenso em efeito declara: "Você fala a verdade e o que você diz está certo!" Que falsa ideia tem o poder de se intrometer em uma reivindicação que é assim afirmada e corroborada por milhares?

SEGUNDA GOTÍCULA: Assim como a prova luminosa da unidade divina é afirmada pela unanimidade e pelo consenso das duas asas, assim como centenas de indicações nas escrituras reveladas, como a Torá, o Evangelho e os Salmos,[NOTA] e os milhares de sinais que apareceram antes do início de sua missão e a notícia conhecida dada pelas vozes do invisível e do testemunho unânime dos adivinhos, as indicações dos milhares de seus milagres, como a divisão da lua, e da justiça da Chari'a todos o confirmam e corroboram com ele.

NOTA:Em sua Risâle-i Hamidiye, Husayn Jisri extraiu cento e quatorze indicações dessas escrituras. Se foram encontradas todas essas depois das alterações dos textos, havia certamente muitas menções explícitas antes.

Assim também, na sua pessoa, sua moral louvável, que estava no cume da perfeição; e em suas funções, a sua total confiança e qualidades elevadas, que eram da mais alta excelência, e seu medo extraordinário de Allah, adoração, seriedade e firmeza, o que demonstrou a força de sua crença e sua certeza total e sua firmeza completa, estas todos mostram tão claramente como o sol quão fiel ele foi para a sua causa.

TERCEIRA GOTÍCULA: Se puder, venha! Vamos para a Península Arábica, para a Era da felicidade! Em nossa imaginação iremos vê-lo e visitá-lo em seus deveres. Veja! Vemos uma pessoa distinta pelo seu fino caráter e bela forma. Em sua mão há um livro milagroso e, em sua língua, um discurso verídico; ele está proferindo um sermão eterno para toda a humanidade, de fato, para os humanos, os gênios e os anjos, e para todos os seres. Ele resolve e expõe o estranho enigma do mistério da criação do mundo; ele descobre e resolve o talismã abstruso que é o mistério do universo; e fornece respostas convincentes e satisfatórias às três perguntas impressionantes e difíceis que são feitas por todos os seres e pelas sempre perplexas mentes ocupadas: "Quem é você? De onde você veio? Para onde você vai?"

QUARTA GOTÍCULA: Veja! Ele espalha a Luz da verdade que, se você olhar para o universo como estando fora da esfera luminosa de sua verdade e orientação, você o vê como um lugar de luto geral, de seres estranhos um ao outro e hostis, e seres inanimados serem como cadáveres horríveis e criaturas vivas como órfãos chorando devido aos golpes da morte e separação. Agora, olhe! Por meio da luz que ele propaga, o lugar de luto universal foi transformado em um lugar onde Nomes e louvores a Allah são recitados em alegria e êxtase. Os seres hostis estrangeiros se tornaram amigos e irmãos. Enquanto os idiotas, criaturas inanimadas mortas todos se tornam funcionários familiares e servos dóceis. E os chorosos, reclamantes órfãos são vistos como ou recitando os Nomes e os louvores a Allah ou dando graças por terem sido liberados de suas funções.

QUINTA GOTÍCULA: Além disso, por sua luz, o movimento do universo, e suas variações, mudanças e transformações deixam de ser sem sentido, fúteis e brinquedos de azar; eles se elevam para serem missivas dominicais, páginas inscritas com os sinais da criação, espelhos dos Nomes Divinos, e o próprio mundo torna-se um livro de sabedoria do Eternamente Procurado. A fraqueza e impotência ilimitada, pobreza e necessidades do homem o tornam inferior a todos os outros animais, e sua inteligência, um instrumento para a transmissão de dor, tristeza torna-o mais miserável, mas quando ele é iluminado com a Luz, ele se eleva acima de todos os animais e todas as criaturas. Pela súplica, sua impotência iluminada, pobreza e inteligência fazem dele um monarca acariciado; devido à suas reclamações, ele se torna um legatário mimado da terra. Isso quer dizer que, se não fosse por sua Luz, o universo, o homem, e todas as coisas, não seriam nada. Sim, certamente essa pessoa é necessária em um universo tão maravilhoso; caso contrário, o universo e os firmamentos não existiriam.

SEXTA GOTÍCULA: Assim, aquele nobre ser traz e anuncia a boa notícia da felicidade eterna; ele é o descobridor e proclamador de uma infinita misericórdia, o arauto e observador das belezas da soberania de religiosidade, e o revelador e expositor dos tesouros dos Nomes Divinos. Se você o considerar dessa forma, isto é, em relação a ele ser um servo cultuador de Allah, você verá que ele é o modelo de amor, o exemplar de misericórdia, a glória da humanidade, e o fruto mais luminoso da árvore da criação.

Porém, se você olhar desta forma, isto é, em relação a sua Mensagem, você verá que ele é a prova de Allah, a luz da verdade, o sol de orientação, e os meios para a felicidade. E olha! Sua Luz iluminou de leste a oeste como um raio deslumbrante, e metade da terra e um quinto da humanidade aceitou o dom da sua orientação e o preservou como a própria vida. Então, como é que as nossas almas ordenadoras do mal e os demônios não aceitam com todos os seus graus, a base de toda convocação do nobre ser, ou seja:

لَا اِلٰهَ اِلَّا اللّٰهُ

SÉTIMA GOTÍCULA: Veja: Se erradicar em nenhum momento os seus maus, costumes e hábitos selvagens a que foram anexadas fanaticamente, ele engalana os vários povos selvagens, inflexíveis de que uma ampla península com todas as melhores virtudes, e fez-lhes os professores de todos os o mundo e mestres para as nações civilizadas. Veja, não era uma dominação externa, ele conquista e subjuga suas mentes, espíritos, corações e almas. Ele se tornou o amado dos corações, o professor de mentes, o treinador das almas, o governante dos espíritos.

OITAVA GOTÍCULA: Você sabe que um pequeno hábito como o tabagismo entre uma pequena nação pode ser removido de forma permanente por um governante poderoso, com grande esforço. Mas olhe! Estão sendo removidos inúmeros hábitos arraigados de intratáveis, fanáticas grandes nações com pouca força para fora e pouco esforço em um curto período de tempo, e em seu lugar ele assim estabelecida qualidades exaltadas que eles se tornaram tão firme como se tivessem misturado com seu próprio sangue. Ele alcança muitos feitos extraordinários como este. Assim, apresentamos a Península Arábica como um desafio para aqueles que se recusam a ver o testemunho da época abençoada do Profeta. Deixe-os, cada um leva uma centena de filósofos, vá lá, e se esforçam por cem anos; seriam capazes de realizar nesse tempo um centésimo do que ele conseguiu em um ano?

NONA GOTÍCULA: Além disso, você sabe que um homem insignificante de pequena posição entre uma pequena comunidade em uma questão em disputa de pequena importância não pode dizer uma mentira pequena, mas vergonhoso descaramento de rosto e sem medo sem mostrar ansiedade ou inquietação suficiente para informar os inimigos ao seu lado de seu engano. Agora olhe para esse grande homem; embora ele empreendesse uma tarefa enorme que exigia um funcionário de grande autoridade e grande posição e uma situação de grande segurança, pode qualquer contradição ser encontrada nas palavras que ele proferiu em uma comunidade de grande tamanho em face de grande hostilidade a respeito de um grande causa e assuntos de grande importância, com grande facilidade e liberdade, sem medo, hesitação, timidez ou ansiedade, com sinceridade pura, grande seriedade, e em uma intensa e elevada forma, que irritou seus inimigos? É de todo possível que qualquer trapaça deveria ter sido envolvida? Allah me livre!

[479]﴿اِنْ هُوَ اِلَّا وَحْىٌ يُوحٰى﴾ A verdade não engana, e aquele que percebe a verdade não se deixa enganar. Seu caminho, o que é verdade, é livre de engano. Como poderia uma fantasia parecem aquele que vê a verdade é a verdade, e enganá-lo?

DÉCIMA GOTÍCULA: Agora, veja! Que curiosidade excitante, verdades atraentes, necessárias e impressionantes que ele mostra, o que importa ele prova!

Você sabe que mais o que impele o homem é a curiosidade. Mesmo, se era para ser dito a você:

"Se você dá a metade de sua vida e da propriedade, alguém virá da Lua e Júpiter e dizer-lhe tudo sobre eles. Ele também irá dizer-lhe a verdade sobre o seu futuro e o que vai acontecer com você ", você seria obrigado a dar-lhes, se você tem alguma curiosidade em tudo. Considerando que o Ser conta a história de um monarca que é tal que em Seu reino, a Lua voa em volta de uma traça como uma mosca, e a traça, a terra, tremula em volta de uma lâmpada, e a lâmpada, o sol, é apenas uma lâmpada entre milhares em uma casa de hóspedes de milhares de que a Monarca.

Além disso, ele fala verdadeiramente de um mundo tão maravilhoso e uma revolução tão importante que, se a Terra fosse uma bomba e explodisse, não seria tão estranho. Veja! Ouça as Suratas, na língua dele, como:

﴿إِذَا الشَّمْسُ كُوِّرَتْ﴾ [480] ۞ ﴿إِذَا السَّمَاءُ انْفَطَرَتْ﴾ [481] ۞ ﴿الْقَارِعَةُ﴾ [482]

que ele receita.

Além disso, ele diz a verdade sobre um futuro onde o futuro neste mundo é uma pequena miragem. E ele diz mais seriamente de uma felicidade, onde toda a felicidade do mundo não é mais que um clarão fugaz de raio em relação a um sol eterno.

DÉCIMA PRIMEIRA GOTÍCULA: Com certeza, maravilhas nos aguardam sob o véu aparente do universo que é estranho e desconcertante. Então, alguém, como ele (o nobre ser), maravilhoso e extraordinário, um expositor de maravilhas, é necessário para falar de suas maravilhas. Resulta da conduta do nobre homem que ele os viu, e os vê, e diz que ele os viu. Ele nos instrui mais profundamente sobre o que o Allah dos céus e da terra, Que nos alimenta com Suas bênçãos, vontades e desejos de nós. Todos devem, portanto, deixar tudo e correr para e atender a esse grande homem que ensina inúmeras outras verdades necessárias e desperta curiosidades como estas, então, como é que a maioria das pessoas é surda e cega, e mesmo louca, de modo que não veem essa verdade, e não o ouvem e compreendem?

DÉCIMA SEGUNDA GOTÍCULA: Assim, como esta grande pessoa é uma prova articulada e verdadeira evidência ao grau de veracidade da unidade do Criador dos seres, assim ele é uma prova decisiva e clara evidência da ressurreição dos mortos e da felicidade eterna. Sim, com a sua orientação, ele é a razão da felicidade eterna vindo e é o meio de alcançá-la; assim também por meio de suas orações e súplicas, ele é a causa da existência e a razão da sua criação. Repetimos aqui este mistério, que é mencionado na Décima Palavra, devido a sua "estação".

Veja! Este homem suplica numa salat ampla como se a Península Arábica e a própria Terra realizassem salat e invocações por sua salat sublime. Veja, ele também suplica em uma congregação tão grande que é como se todos os membros luminosos e aperfeiçoados da humanidade desde o tempo de Adão até a nossa idade e, até o fim dos tempos, estivessem seguindo-o e dizendo "Amém" a suas súplicas. E veja! Ele está implorando por uma necessidade tão universal que não só os moradores da terra, mas também os dos céus, e todos os seres, se juntam em sua oração, declarando: "Sim! Ó

Senhor nosso! Concede-nos! Nós também queremos isso!" E ele suplica com tanto desejo, com tanta tristeza, com tanto amor, tanta saudade, e roga de forma que todo o cosmos chegue às lágrimas, levando-os a se juntarem a sua prece.

E veja! A finalidade e o objetivo da sua prece é tal que eleva o homem, o mundo, e todas as criaturas, do nível mais baixo, inferior, inútil, para o nível mais alto; ao valor, a permanência e à exaltada função. E veja! Ele pede e implora por ajuda e misericórdia de uma maneira tão elevada e doce, como se ele fizesse todos os seres e os céus e a terra ouvirem, e colocá-los em êxtase, a exclamarem: "Amém, ó Senhor nosso! Amém!" E veja! Ele pede as suas necessidades de alguém Poderoso, Oniouvinte e Munificente, Onisciente, Onividente e Misericordioso ouve a necessidade mais secreta e a prece do ser vivo mais oculto, e os aceita, e tem misericórdia dele, pois Ele dá o que pede, mesmo que apenas por meio da língua muda. E Ele dá de forma tão sábio, vista, e compassiva que não deixa dúvidas de que esse carinho e regulação são especiais para o Oniouvinte e Onividente, o Mais Generoso e Misericordioso.

DÉCIMA TERCEIRA GOTÍCULA: Que maravilha! O que quer esse orgulho da raça humana, esse ser único, constituindo na glória do cosmos, que possui todas as virtudes dos filhos de Adão atrás dele, em pé, no mundo, com as mãos erguidas, orando, dirigindo-se ao Trono Supremo? Ouça e veja! Ele está desejando a felicidade eterna. Ele está pedindo a vida eterna, pede o encontro com Allah. Ele pede o Paraíso. Ele pede com todos os Sagrados Nomes Divinos, que exibem sua beleza e decretos nos reflexos dos seres. Mesmo, se não fosse por razões do cumprimento dessas inúmeras solicitações, como a misericórdia, graça, sabedoria e justiça, uma única das orações que está sendo teria sido suficiente para a construção do Paraíso, cuja criação é tão fácil para o poder Divino como a criação da primavera. Sim, assim como sua Mensagem foi a razão para a abertura deste lugar de exame, assim também a sua adoração a Allah foram o motivo para a abertura do Outro Mundo.

Que maravilha! Será que a perfeita ordem observada no universo, o que fez com que os estudiosos e os inteligentes pronunciarem: [483] لَيْسَ فِى الْاِمْكَانِ اَبْدَعُ مِمَّا كَانَ , e a beleza impecável da arte dentro da misericórdia, da beleza incomparável de religiosidade, - podem permitir a feiura, a crueldade, a falta de ordem de ouvirem e responderem ao menos significativo dos desejos e vozes, e sua consideração irrelevante ao mais importante, os desejos mais necessários, e não ouvi-los ou compreendê-los, e não executá-los? Allah nos livre! Cem mil vezes, Allah nos livre! Tal beleza não permitiria tal feiura; não se tornaria feia.

E assim, meu amigo imaginário! Isso é suficiente por agora, temos de voltar. Uma vez que se permanecermos cem anos nesta época na Península Arábica, não conseguiríamos ainda compreender um centésimo das maravilhas dos deveres que estão sendo e as maravilhas que ele realizou, e nunca se cansaríamos de vê-lo.

Agora, vamos! Vamos olhar para os séculos, um por um, que passarem por nós. Veja como cada um abriu como uma flor com o esplendor que recebeu desse dom de Orientação! Eles produziram milhões de frutos esclarecidos como Abu Hanifa, Cháfi'i, Abu Bayazid Bistami, Chah Jiylani, Chah Naqchband, Imam Ghazáli, e Imam Rabbani. Mas adiando os detalhes de nossas observações para outro tempo, devemos recitar algumas bênçãos para que o expositor de milagres e portador da orientação, que mencionam uma série de seus certos milagres:

عَلٰى مَنْ اُنْزِلَ عَلَيْهِ الْفُرْقَانُ الْحَكِيمُ مِنَ الرَّحْمٰنِ الرَّحِيمِ ۞ مِنَ الْعَرْشِ الْعَظِيمِ سَيِّدِنَا مُحَمَّدٍ اَلْفُ اَلْفِ
صَلاَةٍ وَ اَلْفُ اَلْفِ سَلاَمٍ بِعَدَدِ حَسَنَاتِ اُمَّتِهِ عَلٰى مَنْ بَشَّرَ بِرِسَالَتِهِ التَّوْرٰيةُ وَ الْاِنْجِيلُ وَ الزَّبُورُ ۞ وَ بَشَّرَ
بِنُبُوَّتِهِ الْاِرْهَاصَاتُ وَ هَوَاتِفُ الْجِنِّ وَ اَوْلِيَاءُ الْاِنْسِ وَ كَوَاهِنُ الْبَشَرِ ۞ وَ انْشَقَّ بِاِشَارَتِهِ الْقَمَرُ ۞ سَيِّدِنَا
مُحَمَّدٍ اَلْفُ اَلْفِ صَلاَةٍ وَ سَلاَمٍ بِعَدَدِ اَنْفَاسِ اُمَّتِهِ ۞ عَلٰى مَنْ جَائَتْ لِدَعْوَتِهِ الشَّجَرُ وَ نَزَلَ سُرْعَةً بِدُعَائِهِ
الْمَطَرُ وَ اَظَلَّتْهُ الْغَمَامَةُ مِنَ الْحَرِّ ۞ وَ شَبَعَ مِنْ صَاعٍ مِنْ طَعَامِهِ مِأَتٌ مِنَ الْبَشَرِ وَ نَبَعَ الْمَاءُ مِنْ بَيْنِ
اَصَابِعِهِ ثَلاَثَ مَرَّاتٍ كَالْكَوْثَرِ وَ اَنْطَقَ اللّٰهُ لَهُ الضَّبَّ وَ الظَّبْىَ وَ الْجِذْعَ وَ الذِّرَاعَ وَ الْجَمَلَ وَ الْجَبَلَ وَ
الْحَجَرَ وَ الْمَدَرَ صَاحِبِ الْمِعْرَاجِ وَ مَازَاغَ الْبَصَرُ ۞ سَيِّدِنَا وَ شَفِيعِنَا مُحَمَّدٍ اَلْفُ اَلْفِ صَلاَةٍ وَ سَلاَمٍ
بِعَدَدِ كُلِّ الْحُرُوفِ الْمُتَشَكِّلَةِ فِى الْكَلِمَاتِ الْمُتَمَثِّلَةِ بِاِذْنِ الرَّحْمٰنِ فِى مَرَايَا تَمَوُّجَاتِ الْهَوَاءِ عِنْدَ قِرَائَةِ
كُلِّ كَلِمَةٍ مِنَ الْقُرْآنِ مِنْ كُلِّ قَارِءٍ مِنْ اَوَّلِ النُّزُولِ اِلٰى آخِرِ الزَّمَانِ وَ اغْفِرْلَنَا وَ ارْحَمْنَا
يَا اِلٰهَنَا بِكُلِّ صَلاَةٍ مِنْهَا آمِينَ ۞ [484]

[Eu descrevi as evidências da Profecia de Mohammad (Allah o abençoe e lhe dê paz) que indiquei aqui brevemente em um tratado turco chamado Chu'á'at-ı Ma'rifeti'n-Nabi e na Décima Nona Carta (Os Milagres de Mohammad). E há também os aspectos dos milagres do Prudente Alcorão que foram mencionados brevemente. Mais uma vez, em um tratado turco chamado Lámiát (Brilhantes) e na Vigésima Quinta Palavra (Os Milagres do Alcorão) expliquei de forma concisa quarenta maneiras em que o Alcorão é um milagre, e indiquei quarenta aspectos de seu milagre. E daqueles quarenta aspectos, apenas a eloquência na palavra de ordem, eu escrevi quarenta páginas em um comentário árabe chamado *Ichárat al-I'jaz* (Sinais do Milagres). Se você tem necessidade, você pode se referir a essas três obras.]

DÉCIMA QUARTA GOTÍCULA: O Prudente Alcorão, o Tesouro dos milagres e o milagre supremo, prova a profecia de Mohammad (Allah o abençoe e lhe dê paz), juntamente com a unidade Divina de forma tão decisiva que não deixa mais necessidade de provas. Vamos dar a sua definição e indicar um ou dois lampejos de seu milagre que têm sido a causa de críticas.

O Prudente Alcorão, que nos dá a conhecer o nosso Senhor, é assim: ele é o tradutor eterno do grande livro do universo; o revelador dos tesouros dos Nomes Divinos escondidos nas páginas da terra e do céu; a chave das verdades escondidas por baixo dessas linhas de eventos; o tesouro dos favores dos discursos mais misericordiosos e eternos, que saem do mundo do Invisível além do véu deste mundo manifesto; o sol, a fundação, e plano do mundo espiritual do Islam, o mapa dos mundos do além; o expositor distinto, a exposição lúcida, a prova articulada, claro tradutor da Essência Divina, dos atributos e das ações; o instrutor, a verdadeira sabedoria, guia e líder do mundo da humanidade; é ao mesmo tempo um livro de sabedoria e de lei, e um livro de oração e adoração, um livro de comando e convocação, um livro de invocação e conhecimento divino – é livro para todas as necessidades espirituais; é uma biblioteca sagrada de livros apropriados para as formas de todos os santos e verazes, dos purificados e estudiosos, cujas formas e caminhos são todos diferentes.

Considere os lampejos do milagre nas suas repetições, que são imaginadas como falha: uma vez que o Alcorão é tanto um livro de invocação e de oração, um livro de intimação, a repetição nele é apenas desejável; de fato, é essencial e mais eloquente. Não é defeito como o imaginam.

Certamente, o papel da invocação é a iluminação por meio da repetição. A função da oração é o fortalecendo pela repetição; a função do comando e da convocação é a confirmação pela repetição. Além disso, nem todo mundo é capaz de sempre ler todo o Alcorão, mas é mais capaz de ler uma Surata. Portanto, uma vez que os efeitos mais importantes do Alcorão estão incluídos na maior parte das longas suratas, cada uma é como um pequeno Alcorão. Isso quer dizer que ninguém deve ser privado, alguns dos seus objetivos, como unidade Divina, a ressurreição dos mortos e a história de Moisés, foram repetidos. Além disso, como as necessidades corporais, as necessidades espirituais são várias. O homem necessita de alguns deles em cada respiração; da mesma forma que o corpo precisa de ar, o espírito precisa da palavra *Hu* (Ele). Necessita de algumas coisas a cada hora, como: *Bismillah* "Em Nome de Allah". E assim por diante. Isso significa que a repetição dos versículos surge a partir da repetição da necessidade da pessoa, despertando-a e excitando-a – e para despertar o desejo e o apetite dela.

Além disso, o Alcorão é um fundador; ele é a base da evidente Religião, e a fundação do mundo do Islam. Ele mudou a vida social humana, e é a resposta para repetidas questões de suas diversas categorias. A repetição é necessária para o fundador, a fim de estabelecer as coisas. A repetição é necessária para a confirmação delas. A confirmação, verificação e repetição são necessários para enfatizá-las.

Além disso, ele fala de tais assuntos poderosos e verdades minuciosas que numerosas repetições são necessárias em diferentes formas, a fim de estabelecê-las nos corações de todos. No entanto, eles são aparentemente repetições, mas na realidade cada versículo tem inúmeros significados, inúmeros benefícios, e muitos aspectos e níveis. Em cada lugar que eles são mencionados têm um significado diferente, para diferentes benefícios e finalidades.

E também, a abrangência e a concisão do Alcorão em certos assuntos cosmológicos é um lampejo de milagres com a finalidade de orientação. Ele não pode ser alvo de críticas e não é uma falha, como alguns ateus imaginam.

Se você perguntar: "Por que o Prudente Alcorão não fala de seres da mesma forma como a filosofia e a ciência? Ele deixa algumas questões em forma breve, e fala de algumas de maneira simples e superficial que é fácil na opinião geral, não fere os sentimentos gerais nem cansa as mentes das pessoas comuns. Por que isso?"

Por meio de uma resposta dizemos: A filosofia se desviou do caminho da verdade, por isso... E também, é claro que você entendeu a partir das Palavras anteriores que elas ensinam que o Prudente Alcorão fala do universo, a fim de dar a conhecer a Essência Divina, os atributos e os Nomes. Ou seja, ele explica o significado do livro do universo para dar a conhecer o seu Criador. Isso significa que ele olha para os seres, não para si mesmo, mas para o seu Criador. Portanto, ele se dirige a todos. Mas, a filosofia e a ciência olham para os seres por eles mesmos, e visam os cientistas, em particular. Nesse caso, uma vez que o Prudente Alcorão faz dos seres evidências e provas, a prova tem de ser superficial, de modo que será rapidamente entendida na visão geral. E já que o Alcorão de Orientação aborda todas as classes de homens, as pessoas comuns, que formam a classe mais numerosa, quer uma orientação concisa com coisas desnecessárias, e que aproxima as coisas sutis com estreitas comparações, e não muda as coisas superficiais que, na sua visão, são evidentes em uma forma desnecessária ou mesmo prejudicial, para que não os faça cair em erro.

Por exemplo, ele diz sobre o sol: "O sol é uma lâmpada ou lanterna giratória." Uma vez que não fala sobre a natureza do sol, mas como uma espécie de mola mestra de uma ordem e o centro de um sistema, e a ordem e o sistema são reflexos da habilidade do Criador. Ele diz:[485] ﴿ اَلشَّمْسُ تَجْرِى ﴾ Ou seja, o sol se move. Para chamar a atenção para as alienações ordenadas do poder Divino nas revoluções de inverno e verão, do dia e da noite com a frase: O sol que segue o seu curso, faz entender a grandeza do Criador. Assim, qualquer que seja a realidade desta revolução, ele não afeta a ordem, que é tecida e observada, e que é o objetivo. Ele também diz:

[486] ﴿وَجَعَلْنَا الشَّمْسَ سِرَاجًا﴾

Entende-se da lâmpada a misericórdia e a benevolência do Criador, sugerindo que o mundo é um palácio, e as coisas dentro dele como decorações, necessidades e provisões preparadas para o homem e os seres vivos, e que o sol é também um castiçal subjugado. Agora olha e vê o que esta filosofia tola e tagarela diz:

"O sol é uma grande massa líquida em chamas. Isso faz com que os planetas que foram arremessados fora dele a girar em torno dele. Sua massa é tal-e-tal. É isso, é isso." Ela não concede ao espírito a satisfação e realização do verdadeiro conhecimento, concede apenas um terrível medo e admiração temerosa. Ela não fala dele como o Alcorão faz. Você pode entender a partir desta comparação o valor das questões da filosofia, ostentação por fora e oco por dentro. Então, não se deixe enganar pelo seu exterior brilhante e ser desrespeitoso para com as exposições mais milagrosos do Alcorão!

[**Nota:** As Seis Gotas da Décima Quarta Gotícula na Risâle-i Nur em árabe, e especialmente os Seis Pontos da Quarta Gotícula, explicam quinze dos aproximadamente quarenta tipos de milagres do Prudente Alcorão. Julgando esses serem suficientes, limitamo-nos a discussão aqui. Se desejar, pode consultá-las, e vocêencontrará um tesouro de milagres...]

اَللّٰهُمَّ اجْعَلِ الْقُرْآنَ شِفَاءً لَنَا وَ لِكَاتِبِهِ وَ اَمْثَالِهِ مِنْ كُلِّ دَاءٍ وَ مُونِسًا لَنَا وَ لَهُمْ فِى حَيَاتِنَا وَ بَعْدَ مَوْتِنَا وَ فِى الدُّنْيَا قَرِينًا وَ فِى الْقَبْرِ مُونِسًا وَ فِى الْقِيَامَةِ شَفِيعًا وَ عَلَى الصِّرَاطِ نُورًا وَ مِنَ النَّارِ سِتْرًا وَ حِجَابًا وَ

فِى الْجَنَّةِ رَفِيقاً وَ اِلَى الْخَيْرَاتِ كُلِّهَا دَلِيلاً وَ اِمَاماً بِفَضْلِكَ وَ جُودِكَ وَ كَرَمِكَ وَ رَحْمَتِكَ يَا اَكْرَمَ الاَكْرَمِينَ وَ يَا اَرْحَمَ الرَّاحِمِينَ آمِينَ ۞ اَللّٰهُمَّ صَلِّ وَ سَلِّمْ عَلَى مَنْ اُنْزِلَ عَلَيْهِ الْفُرْقَانُ الْحَكِيمُ وَ عَلَى آلِهِ وَ صَحْبِهِ اَجْمَعِينَ آمِينَ آمِينَ ۞ [487]

اَلْبَاقِى هُوَ الْبَاقِى [488]

Said Nursi

***

SOBRE O MILAGRE DE DIVIDIR A LUA

[Adendo à Décima Nona Carta e á Trigésima Primeira Palavra]

بِسْمِ اللّٰهِ الرَّحْمٰنِ الرَّحِيمِ [489]

﴿اِقْتَرَبَتِ السَّاعَةُ وَ انْشَقَّ الْقَمَرُ ۝ وَاِنْ يَرَوْا آيَةً يُعْرِضُوا وَ يَقُولُوا سِحْرٌ مُسْتَمِرٌّ﴾[490]

Os filósofos e os seus imitadores irracionais, que querem eclipsar com seus delírios viciosos a divisão da lua, que é um milagre de Mohammad (Allah o abençoe e lhe dê paz) que brilha como a lua, dizendo: "Se a divisão da lua tivesse ocorrido, teria sido conhecida pelo mundo inteiro e teria sida relacionada em toda a história posterior do homem."

A Resposta: Desde que a divisão da lua foi demonstrada como uma evidência de profecia, e aconteceu instantaneamente, à noite, quando as pessoas estavam dormindo, e ante uma reunião que, embora testemunhassem tal evidência, negaram-na; e desde que não havia obstáculos que dificultam o avistamento, como névoa, nuvens, e tempo – as diferenças entre as diferentes partes do mundo; e já que na época da ciência e da civilização não foram generalizadas, e a observação dos céus era muito limitada, e o evento em si foi excepcional, houve, portanto, nada a exigir que devesse ter sido visto em todo o mundo e passou para as histórias gerais. Por agora, ouça Cinco Pontos de muitos que vão dissipar essas nuvens de ilusão quanto à divisão da lua.

PRIMEIRO PONTO

A teimosia extrema dos incrédulos lá naquele momento é bem conhecida e está registrada na história. E, no entanto, quando o Alcorão Sagrado anunciou este evento para o mundo inteiro dizendo:[491] ﴿وَ انْشَقَّ الْقَمَرُ﴾, nenhum daqueles incrédulos, que negaram o Alcorão, desmentiu este versículo; ou seja, nenhum deles negou o evento que estava sendo anunciado. Se o evento não tivesse sido considerado um fato definido pelos incrédulos na época, teriam tornado o versículo um pretexto, negado de forma mais temível, e tentado atacar e derrubar a alegação da missão profética de Mohammad (Allah o abençoe e lhe dê paz). No entanto, as biografias do Profeta e as histórias que mencionam o evento nada relacionam que sugerisse que os incrédulos o negaram. A única coisa que a história se refere é que o versículo:[492] ﴿وَ يَقُولُوا سِحْرٌ مُسْتَمِرٌّ﴾ , aponta os incrédulos que viram o evento declararem que é magia, e disserem que, se as caravanas em outros lugares tinham visto, era verdade, caso contrário, ele os havia enfeitiçado. As caravanas que chegaram à manhã seguinte do Iêmen e de outros lugares anunciaram que tinham visto tal acontecimento. Assim, os incrédulos, em seguida, disseram que o orgulho de Todos os Mundos (Allah o abençoe e lhe dê paz) que, Allah me livre, a magia do órfão de Abu Tálib tinha afetado os céus.[493]

SEGUNDO PONTO

A maioria dos estudiosos mais ilustres, como Saad al-Din Taftazani, declarou que como o Profeta tinha satisfeito a sede de um exército inteiro com água que fluiu de seus dedos, e toda a congregação tinha ouvido um poste de madeira seca sobre o qual Mohammad (Allah o abençoe e lhe dê paz) tinha se colocado para discursar o sermão, a chorar por se separar dele, a divisão da lua, também, foi narração autêntica,[494] isto é, tinha sido transmitida por inúmeras autoridades. Ou seja, esses eventos foram passados de um grupo para outro formando uma vasta congregação de tal forma que uma conspiração para desmenti-los seria impossível. Como a aparência do famoso cometa Haley mil anos atrás tinha sido relatada por unanimidade, bem como a existência da ilha de Ceilão estava certa devido a relatos unânimes, embora não a tivessem visto.

E assim, não é razoável fomentar dúvidas infundadas em tal certeza, de assuntos testemunhados. É o suficiente para que eles não sejam impossíveis. E, como a divisão da lua é bastante possível como desdobramento de uma montanha com uma erupção vulcânica.

TERCEIRO PONTO

Os milagres são para provar reivindicações de profecia e convencer aqueles que negam essas alegações; eles não são para compelir as pessoas a acreditarem. Portanto, os milagres têm de se manifestar aos que ouvem reivindicações de profecia em um grau que vai convencê-los. Assim como seria contrário ao Onisciente e à sabedoria do Glorioso exibi-los em todo o mundo ou em modo autoevidente de forma que todos seriam obrigados a crer, portanto, seria também contrária ao mistério da responsabilidade do homem. Uma vez que, esta responsabilidade exige "abrir a porta para a razão e não a remoção do Livre Arbítrio." Se o Onisciente Criador havia deixado a divisão da lua para uma ou duas horas, a fim de mostrar para o mundo inteiro como os filósofos desejam, e que tinha sido registrada em todas as histórias gerais do homem, então, teria sido como todas as outras ocorrências no céu, e não teria sido uma evidência para a alegação de Mohammad (Allah o abençoe e lhe dê paz) ser Profeta nem sido especial para a mensagem dele. Ou então, teria sido um milagre tão evidente que teria negado o Livre Arbítrio, uma parte da razão do homem, obrigando-o a aceitá-la; querendo ou não, ele teria que concordar com a sua missão profética. Alguém com um espírito negro como carvão como Abu Jahl teria permanecido no mesmo nível como alguém com um espírito semelhante ao diamante como Abu Bakr Assidik; o mistério da responsabilidade do homem teria sido perdido. Foi devido a este mistério que, sendo ambos instantâneos, e à noite, e em um momento de sono, e as diferenças de tempo, névoa e nuvem e outros obstáculos ocultá-lo, não foi mostrado para o mundo inteiro e não passou para a história.

QUARTO PONTO

Uma vez que, este evento ocorreu instantaneamente à noite, enquanto todos dormiam, é claro que não foi visto em todo o mundo. Mesmo que algumas pessoas tinham visto aquilo, não teriam acreditado em seus olhos. E mesmo que os tinha feito crer, um evento tão significativo não teria se tornado uma fonte permanente para futuras histórias por meio de relatórios individuais isolados.

Em alguns livros está escrito que depois da lua dividida em duas metades, caiu por terra, mas os estudiosos verídicos rejeitaram tais adições, dizendo que eles estavam talvez adicionados por dissimulação com a intenção de reduzir a nada o valor deste milagre evidente.

E, por exemplo, assim como o mesmo tempo na Inglaterra e Espanha, que foram, então, envoltos em brumas da ignorância, teria sido logo após o por do sol, na América durante o dia, e na China e no Japão pela manhã, assim também em outros lugares haveria outros obstáculos que a impediriam de ser vista. Agora, considere esses objetores irracionais que dizem que as histórias de povos como os ingleses, chineses, japoneses e norte-americanos não a mencionam, e que, portanto, não ocorreu. Mil maldições estão nas cabeças daqueles bajuladores da Europa e que repetem essas coisas.

QUINTO PONTO

A divisão da lua aconteceu não de sua própria vontade, em consequência de certas causas, nem como resultado do acaso, nem foi um evento natural que ocorreu pelas leis ordinárias da natureza. Em vez disso, o Onisciente Criador do Sol e da Lua causou acontecer como algo fora do comum, a fim de confirmar a Sua Mensagem ao Mensageiro e para iluminar a sua afirmação.

Como o mistério de orientação, o mistério da responsabilidade humana, e a sabedoria de Mensagem necessária, foi demonstrado como uma prova convincente para certas pessoas especificadas pela sabedoria dominical. O mistério da sabedoria necessária que não foi mostrado para as pessoas em todas as regiões do mundo, que ainda não tinha ouvido falar de alegação de Mohammad (Allah o abençoe e lhe dê paz) quanto à missão profética. Numerosos obstáculos impediram-nos, portanto, como névoa, nuvem, e fuso horário, e o fato de que em alguns países a lua não tivesse nascido, e em outros o sol havia nascido, enquanto em outros era de manhã, e em outros ainda o sol tinha acabado de se por.

Se fosse mostrada a toda a gente, que seria mostrado como um resultado do Sinal de Mohammad (Allah o abençoe e lhe dê paz), e um milagre da profecia, caso em que a mensagem dele seria tão evidente que todos teriam sido obrigados a afirmá-la. Nenhuma escolha teria permanecido para a razão. E a crença é atingida pelo Livre Arbítrio do homem e sua razão. O mistério da responsabilidade humana teria sido para nada. E se fosse mostrado apenas como uma ocorrência nos céus, sua conexão com a Mensagem de Mohammad (Allah o abençoe e lhe dê paz) teria sido cortada, e não teria mantido nenhuma peculiaridade a ele.

Para concluir: Não há mais qualquer dúvida sobre a possibilidade de que a Divisão da lua ocorreu; que tenha sido provado de forma decisiva. E agora vamos mencionar seis[NOTA] das muitas evidências que apontam para a sua ocorrência.

A concordância dos Companheiros do Profeta, que eram todos homens de justiça, em sua ocorrência.

NOTA: Isto é, existem seis provas relativas ao caso, sob a forma de um consenso de seis vezes. Infelizmente, a explicação deles é breve, mas eles merecem muito mais.

O seu acordo ao expor o versículo,[495] ﴿وَ انْشَقَّ الْقَمَرُ﴾ de todos os comentaristas exigentes sobre o Alcorão.

O fato de que, contando com inúmeras cadeias diferentes de autoridades e linhas de transmissão, todos os estudiosos dos Hadices proféticos e transmissores das narrações autênticas narraram o evento.[496]

O testemunho de todos os santos e verdadeiros, aqueles que recebem inspiração, e desvendam os mistérios da criação.

A confirmação de estudiosos e teólogos eruditos, cujas formas diferem grandemente um do outro.

O fato de a Comunidade de Mohammad (Allah o abençoe e lhe dê paz) aceitou sua ocorrência, o que, em um princípio estabelecido, nunca concordou com o erro.[497]

Estas seis evidências provam a divisão da lua tão claramente como o sol.

Conclusão: Até aqui este Adendo tem sido em nome de estabelecimento da verdade, e de silenciar aqueles inimigos que o negam. Suas sentenças finais serão agora em nome da verdade e por uma questão de crença. Na verdade, estabelecer a verdade citada acima, agora a verdade fala.

O Selo da Profecia, que era a lua luminosa do seu céu, provou sua santidade por sua Ascensão. Esta foi a maior maravilha e o milagre supremo de santidade, conseguido por seu culto, que foi tão elevado fazendo-o ser amado por Allah. Isso quer dizer que, por viajar com seu corpo terrestre pelos céus, sua superioridade e ser amado por Allah foram demonstrados para os habitantes dos céus e habitantes dos mundos elevados. Assim, também, pela lua, que está vinculada à terra e suspensa nos céus, sendo dividida em duas metades no sinal de um habitante da terra, um milagre indicando a mensagem daquele habitante da terra foi exibido para os outros habitantes. Assim, a pessoa de Mohammad (Allah o abençoe e lhe dê paz) voou até o cume da perfeição nas duas asas luminosas da mensagem e da santidade como as duas asas desdobradas e luminosas da lua; ele subiu para a distância de dois comprimentos de arco; ele se tornou o motivo de orgulho de ambos os habitantes dos céus e os habitantes da terra...

عَلَيْهِ وَ عَلَى آلِهِ الصَّلاَةُ وَ التَّسْلِيمَاتُ مِلأَ الأَرضِ وَ السَّمٰوَاتِ[498]

﴿سُبْحَانَكَ لاَ عِلْمَ لَنَا اِلاَّ مَا عَلَّمْتَنَا اِنَّكَ اَنْتَ الْعَلِيمُ الْحَكِيمُ﴾[499]

O TERCEIRO TERMO ADITIVO AOS MILAGRES DE MOHAMMAD
(Allah o abençoe e lhe dê paz)

[Trata-se da Mensagem de Mohammad (Allah o abençoe e lhe dê paz) e é a resposta concisa, em forma de índices, para a primeira das três questões e dificuldades do Terceiro Princípio da Trigésima Primeira Palavra, sobre sua Ascensão.]

Pergunta: Por que houve esta poderosa Ascensão especial de Mohammad,o árabe (Allah o abençoe e lhe dê paz)?

A Resposta à sua primeira dificuldade: Ela foi analisada em detalhes nas primeiras trinta Palavras, então aqui vamos definir uma lista concisa aludindo brevemente às perfeições de Mohammad (Allah o abençoe e lhe dê paz), aos sinais de sua profecia e ao fato de que ele era o mais digno para fazer a Ascensão. É como se segue.

Em Primeiro Lugar: Apesar das inúmeras corrupções nos textos das referidas Escrituras Sagradas como a Torá, os Evangelho, e os Salmos, nos últimos tempos, até mesmo um estudioso exigente como Hussain Jisri encontrou cento e quatorze alusões à profecia de Mohammad (Allah o abençoe e lhe dê paz); ele expôs estas boas notícias em sua Risale-i Hamidiya.[500]

Em Segundo Lugar: Ficou provado historicamente que havia muitas previsões prognosticando a profecia de Mohammad (Allah o abençoe e lhe dê paz), como as dos dois adivinhos Chiqq e Satih, que fizeram pouco tempo antes de acontecer, e o fato de que ele seria o Profeta do fim dos tempos.[501]

Em Terceiro Lugar: Houve centenas de acontecimentos extraordinários, famosos na história, chamados *irhasat*, ou seja, sinais prevenindo as pessoas da vinda de um profeta. Entre eles estavam os ídolos na Caaba caindo de seus lugares na noite do nascimento de Mohammad (Allah o abençoe e lhe dê paz)[502] e a famosa sala abobadada do palácio persa de Chosroé ter rachado.[503]

Em quarto lugar: A história e a biografia do Profeta (Allah o abençoe e lhe dê paz) mostram que ele satisfez a sede de um exército com água que fluía de seus dedos,[504] e, na presença de uma grande congregação na mesquita, o suporte de madeira seca contra o qual ele (Allah o abençoe e lhe dê paz) usou para se apoiar gemeu como um camelo e chorou ao ser separado dele quando ele subiu ao púlpito,[505] e que ele se destacou por quase mil milagres atestados por esses versículos do Alcorão como:

[506]﴿وَانْشَقَّ الْقَمَرُ﴾ referindo-se à divisão da Lua,[507] e verificados por aqueles que os investigaram.

Em quinto lugar: Qualquer um que considera os fatos e é justo e imparcial não pode hesitar em concordar, como é acordado por unanimidade pelos amigos e inimigos, sobre as boas qualidades morais encontradas no mais alto grau em sua pessoa, e que, de acordo com o testemunho de todos os seus negócios e ações, atributos e excelência de caráter mais elevado, eram evidentes na forma como ele exerceu as suas funções e proclamou o Islam. E, de acordo com as qualidades finas e as condutas prescritas pela religião do Islam, as virtudes louváveis da mais alta ordem sãoencontradas na lei que ele trouxe.

Em sexto lugar: Como é mencionado na Segunda Indicação da Décima Palavra, é uma exigência de sabedoria que a Divindade se manifeste. E esse desejo de se manifestar é atendido no nível mais amplo e da forma mais brilhante pela adoração abrangente realizada por Mohammad (Allah o abençoe e lhe dê paz) na prática de sua religião. Além disso, a sabedoria e a verdade exigem que o Criador do mundo mostre Sua beleza em Sua perfeição absoluta através de alguns meios. E aquele que conheceu esse desejo exibiu e descreveu a beleza do Criador da forma mais perfeita foi evidentemente a pessoa de Mohammad (Allah o abençoe e lhe dê paz).

Foi também claramente que Mohammad (Allah o abençoe e lhe dê paz), em resposta ao desejo do Criador do mundo expôs Sua arte perfeita e infinita beleza e atraiu olhares atentos para elas, anunciando-as com a voz mais alta.

De novo foi necessariamente Mohammad (Allah o abençoe e lhe dê paz), que, em resposta ao desejo do Senhor do universo para proclamar Sua unidade nos níveis de multiplicidade, anunciou todos os graus de unidade, cada um em seu mais alto nível.

E, como é indicado pela beleza absoluta dos seres e é exigido por verdade e sabedoria, o Dono do mundo deseja ver Sua beleza essencial infinita e as qualidades sutis de Seu requinte exibidas em espelhos. Novamente foi evidente que Mohammad (Allah o abençoe e lhe dê paz), em resposta a esse desejo, agiu como um espelho e exibiu a beleza mais radiante adorou Allah, e fez os outros adorarem-no.

E, em resposta ao desejo do Criador do palácio deste mundo expor Seus tesouros escondidos, cheios como eles estão com milagres maravilhosos e joias de valor inestimável, e por meio deles descrever e dar a conhecer as Suas perfeições, foi novamente evidente que Mohammad (Allah o abençoe e lhe dê paz) exibiu, descreveu e mostrou-os mais compreensivamente.

E uma vez que o Criador do Universo o decora com várias maravilhas e embelezamentos e inclui criaturas conscientes nele, de tal forma que possam fazer passeios e excursões e refletir sobre ele e tomar lições, a sabedoria exige que Ele deve desejar fazer conhecer os significados e os valores dessas obras de arte àqueles que irão observá-los e refletir sobre eles. E foi novamente evidente que Mohammad (Allah o abençoe e lhe dê paz), em resposta a esse desejo do Criador do Universo, por meio do Prudente Alcorão, atuou como guia da forma mais abrangente para gênios e humanos, bem como para os seres espirituais e os anjos.

Além disso, o Onisciente Governante do Universo deseja, por meio de um emissário, conscientizar os seres a desvendar o talismã obscuro contendo o objetivo e o propósito da mudança e das transformações no Universo e resolver o enigma das três perguntas intrigantes: "De onde os seres vêm?" "Para aonde estão indo?"E "O que são eles?" E novamente foi o próprio Mohammad (Allah o abençoe e lhe dê paz), em resposta a esse desejo do Todo-sábio Governante, desvendou o talismã e resolveu o enigma por meio das verdades do Alcorão, com a maior clareza e da forma mais abrangente.

Ademais, o Criador Todo-Glorioso do Universo deseja tornar-Se conhecido dos seres conscientes por meio de Seus artefatos finos e fazê-los amá-Lo através de todas as suas preciosas bênçãos, e, certamente, para dar a conhecer a eles, por meio de um enviado, os desejos divinos e o que vai agradá-Lo em retorno por aqueles prémios. E novamente foi evidente que Mohammad (Allah o abençoe e lhe dê paz), em resposta a esse desejo do Criador Todo-glorioso, por meio do Alcorão, expôs esses desejos e coisas que Lhe agradam por palavras e obras na mais exaltada e perfeita forma.

Também, uma vez que o Senhor do Universo deu ao homem, que é o fruto do Universo, uma disposição abrangente, que engloba o Universo e preparou-o para o culto universal; e uma vez que, por causa de faculdades e sentidos do homem, há uma multiplicidade de fatores e o mundo a afligi-lo, o Senhor deseja virar o seu rosto da multiplicidade para a unidade, da transitoriedade para a permanência. E novamente foi evidente que Mohammad (Allah o abençoe e lhe dê paz), em resposta a esse desejo, através do Alcorão, atuou como guia da forma mais abrangente e completa, e da melhor maneira, e realizou o dever de profecia da forma mais perfeita.

Assim, entre os seres, os mais superiores são os seres animados, e, entre os seres animados, os mais superiores são os seres conscientes, e entre os seres conscientes, os mais superiores são os verdadeiros seres humanos, e, entre os verdadeiros seres humanos, aqueles que exerceram as funções acima mencionadas no nível mais abrangente e na forma mais perfeita deveriam com certeza se elevar através de uma Ascensão abrangente "à distância de dois comprimentos de arco," bater à porta da felicidade eterna, abrir o tesouro de misericórdia e ver as verdades ocultas de crença. Mais uma vez, seria ele.

Em Sétimo Lugar: Como é fácil ver, os seres são feitos belos com o maior grau de fino embelezamento e adorno. Tal embelezamento e adorno demonstram claramente que o seu Criador possui uma vontade muito forte para fazer bonito e intenção de enfeitar. A vontade de fazer bonito e de adornar demonstra que o Criador, necessariamente, possui um forte desejo e amor sagrado pela Sua arte. E, entre os seres, aquele que exibe em si mesmo as maravilhas mais abrangentes e sutis de arte, e as conhecia e as fez conhecidas e amadas, e ele mesmo amou, e que apreciava que as belezas fossem encontradas em outros seres, declarando: "Que maravilhas Allah quis!", e foi o mais amado aos olhos de seu Criador, que nutre e ama Sua arte.

Assim, foi novamente evidente que ele (Allah o abençoe e lhe dê paz) declarou: "Glorificado seja Allah! O que Allah quiser! Allah é Maior!", em face do requinte que doura os seres e das sutis perfeições que os iluminam; quem faz tremer o Universo através da melodia do Alcorão Sagrado e através da admiração, do apreço, da contemplação, da exibição, da menção dos Nomes Divinos e da afirmação da unidade Divina, atrai a terra e o mar ao êxtase.

Assim, de acordo com o provérbio اَلسَّبَبُ كَالْفَاعِلِ[508] é a pura verdade e pura sabedoria que aquele em cujas escalas devem ser encontrado o equivalente a todas as boas ações realizadas pela sua comunidade, e cuja perfeição espiritual extrai força das bênçãos de toda a sua comunidade,[509] e que, como resultado das funções de que se encarregou em sua missão profética, recebeu recompensa imaterial e emanações ilimitadas da misericórdia e do amor Divino, avançaria pela escada da Ascensão, tão longe quanto o Paraíso, " *a árvore de Lótus, o limite mais distante*, o Trono Divino e *a distância de dois comprimentos de arco* (Alcorão Sagrado, 53:1-18) é a pura verdade e a essência da sabedoria.

O QUARTO ADENDO AOS MILAGRES DE MOHAMMAD
(Allah o abençoe e lhe dê paz)

[O Décimo Sexto Grau, na Mensagem de Mohammad
(Allah o abençoe e lhe dê paz), do Supremo Sinal.]

Então, o viajante através do mundo se dirigiu ao seu próprio intelecto dizendo: "Desde que eu estou buscando o meu Senhor e Criador por meio das criaturas do cosmos, eu deveria antes de tudo visitar a mais célebre de todas essas criaturas, o maior e mais completo comandante entre eles, de acordo com o testemunho, mesmo de seus inimigos, o governante mais famoso, o mais exaltado no discurso e de mais brilhante intelecto, que tem iluminado 14 séculos com sua excelência e com o seu Alcorão, Mohammad, o Profeta árabe, (Allah o abençoe e lhe dê paz)." A fim de conseguir visitá-lo e pedir-lhe explicação a respeito do que busco, devemos ir juntos para o mais benéfico século, a era da felicidade, a era da profecia. Ele penetrou com a sua mente naquele período e descobriu que o Profeta (Allah o abençoe e lhe dê paz) transformou-o em um período de verdadeira felicidade para a humanidade, porque ele transformou, em pouco tempo, com a luz com que foi enviado, o mais primitivo e analfabeto dos povos em mestres e professores do mundo.

Ele disse também ao próprio intelecto: "Antes de perguntar-lhe sobre o nosso Criador, devemos primeiro conhecer o valor de esse Ser extraordinário, a veracidade de suas palavras e a veracidade de suas advertências." Assim, ele começou a investigar e, entre as numerosas provas conclusivas que ele encontrou, vamos citar brevemente aqui apenas nove das mais gerais.

A Primeira: Todas as excelentes qualidades e características encontravam-se na medida no ser extraordinário, de acordo com o testemunho até mesmo de seus inimigos. Centenas de milagres foram manifestados em suas mãos, de acordo com os explícitos versículos do Alcorão ou das tradições, desfrutando o status de *tawatur*.[510] Exemplos desses milagres são a sua Divisão da Lua, com uma única indicação de seu dedo, como foi dito no Alcorão nos versículos: [511]﴿وَانْشَقَّ الْقَمَرُ﴾; a derrota do exército inimigo jogando em seus olhos pouca areia, que ele jogou com a mão, como é explicado no sagrado versículo: [512] ﴿وَمَا رَمَيْتَ إِذْ رَمَيْتَ وَلٰكِنَّ اللّٰهَ رَمٰى﴾ ; o ato de dar de beber aos seus sedentos companheiros da água que brotava, como fonte abundante, de entre os nobres dedos. Como centenas de milagres, operadas por ele e transmitidas a nós com provas decisivas no trabalho notável e maravilhoso conhecido como Os Milagres de Mohammad (A Décima Nona Carta), a carta penetrante que contém mais de trezentos de seus milagres.

Então, o viajante dialogou consigo mesmo, dizendo:

"Quem tiver, além de características nobres e virtudes até esse ponto, milagres luminosos em tal quantidade, sem dúvida deve ser o mais verdadeiro no discurso. É inconcebível que ele se rebaixaria a trapaças, mentiras e erro, que são obras dos corruptos."

A Segunda: O Alcorão que tem nas mãos constitui um milagre de sete maneiras diferentes: um decreto do Senhor do Universo, um decreto aceito e seguido, em cada século, por mais de 300 milhões de pessoas. Na Vigésima Quinta Palavra, ou seja, "Os Milagres do Alcorão", o sol da Risale-i Nur afirmou com fortes provas de que o Alcorão Sagrado é um milagre de quarenta diferentes aspectos, que é a palavra do Criador de todos os seres. Por isso, deixavmos essa questão para ser consultada nesse trabalho e prestemos a atenção ao viajante que diz: "Não há qualquer possibilidade de mentiora na parte do ser que é o tradutor efetivo e o proclamador do decreto, pois isso seria a violação do decreto e traição a Quem que o emitiu".

A Terceira: O Profeta (Allah o abençoe e lhe dê paz) foi enviado com uma Lei Sagrada, uma religião inata, um código de adoração, uma prece humilde, com uma convocação abrangente, e de uma fé sólida, sem igual. Não existe igual ao que lhe foi enviado e não existirá, nem poderia existir, porque a "Lei Islâmica", surgida de uma pessoa iletrada, administrou um quinto da humanidade por 14 séculos de forma justa e precisa através de suas inúmeras e precisas leis, que não aceitam substitutos.

Além disso, o Islam que emergiu das obras, e dos ditos e das situações de um iletrado pioneiro de trezentos milhões de pessoas e sua fonte a cada século, guia e refúgio, professor e educador de seu intelecto e iluminador e purificador de seus corações, a causa para o refinamento e treinamento de suas almas, e fonte de progresso e avanço de seus espíritos.

O Profeta é igualmente sem paralelo em todas as formas de culto encontradas em sua religião, em sua piedade ímpar e temor a Allah, em seu empenho ininterrupto, nos seus deveres de adoração plena e com atenção às suas mais profundas dimensões, mesmo quando engajado em constante luta e em atividades em sua prática de culto combinando, de forma perfeita, o início e o fim de adoração e servidão a Allah sem imitação de ninguém.

Com o *Jawchan al-Kabir*, de entre os seus milhares de súplicas e invocações, ele descreve seu Senhor com tal grau de gnose que todos os gnósticos e os santos que vieram depois dele foram incapazes, com seus esforços conjuntos, de atingir um grau semelhante de gnose e de descrição precisa. Isso mostra que a prece também é sem igual. Quem olha para a seção no início do tratado "invocações" sobre a oração de súplica que estabelece alguma parte do significado de uma das noventa e nove seções do *Jawchan al-Kabir*, e isso no decorrer das "invocações", só pode dizer que não há nada semelhante à prece (o *Jawchan*) e esta também não tem par.

Em sua transmissão da mensagem e sua convocação às pessoas para a verdade, ele mostrou constância, firmeza e coragem inigualáveis, apesar da oposição hostil de grandes estados e religiões, e até mesmo de seu próprio povo, tribo e tio, ele não exibiu o menor traço de ansiedade, hesitação ou medo. Ele desafiou com sucesso todo o mundo e foi auxiliado por Allah fortalecendo-o e coroando os donos do mundo com a coroa do Islam. Haverá alguém igual a Mohammad (Allah o abençoe e lhe dê paz) na transmissão e convocação da mensagem de Allah?

Em sua forte e sólida fé, ele tinha uma convicção extraordinária e penetrante, uma amplitude milagrosa e tão exaltada que iluminou o mundo inteiro. Nenhuma das ideias e crenças, sabedoria dos sábios, ciências dos líderes espirituais que dominavam aquela época foram capazes, apesar da hostilidade extrema e da negação, de induzir a menor dúvida, hesitação, fraqueza ou ansiedade em sua certeza, convicção, confiança e segurança.

Além disso, os santos de todas as idades, liderados pelos Companheiros, os principais em graus de crença, foram todos formados em sua fonte de crença e considerando-o como representante do mais alto grau de fé. Isso prova que a sua fé também é incomparável.

Nosso viajante concluiu, portanto, e afirmou, com seu intelecto, que a mentira e a duplicidade não têm lugar naquele que trouxe uma lei única sagrada, como uma religião sem paralelo, como uma devoção maravilhosa para adoração, com uma excelência extraordinária em súplicas, convocação universal aclamada e fé milagrosa é certamente inigualável.

A Quarta: Da mesma forma que o consenso dos profetas (a paz esteja com eles) é forte prova para a existência e a unicidade de Allah, assim também é um testemunho firme para a veracidade e para a mensagem do Profeta (Allah o abençoe e lhe dê paz). Isso porque os atributos sagrados, os milagres e as funções que indicam a veracidade e a mensagem dos profetas (a paz esteja com eles) existiam em plena medida nele, isso de acordo com o testemunho da história. Os profetas previram verbalmente – ou seja, na Torá, nos Evangelhos, nos Salmos a vinda do ser abençoado, em mais de vinte exemplos conclusivos, e essas boas novas, tiradas das escrituras, foram definidas e provadas na Décima Nona Carta, "Os Milagres de Mohammad". Da mesma forma que anunciaram a sua vinda, eles o corroboram através de todos os atos e milagres associados à sua missão profética que têm afirmado, e, por assim dizer, colocaram a sua assinatura de que a sua missão é a principal e a mais perfeita nas tarefas e funções da profecia. Assim, através de um consenso verbal que indica a unicidade divina, através da unanimidade de seus atos, dão testemunho da veracidade desse nobre Profeta.

A Quinta: Da mesma forma, milhares de santos alcançaram a verdade, a realidade, a perfeição, as ações maravilhosas, revelando e testemunhando através da instrução e seguimento desse Profeta. Da mesma forma que indicam a Unicidade, dão testemunho unânime quanto à veracidade dele, como mestre e líder, e à veracidade de sua missão. Mais uma vez, o viajante observou o fato de que testemunha, através da luz da santidade, algumas das verdades que ele proclamou sobre o mundo do Invisível, em que ele acredita, e afirma todas essas verdades através da luz da fé, ou com o conhecimento da certeza, ou com a visão da certeza, ou com a certeza absoluta. Ele viu que isso também demonstra como oSol o grau da veracidade e da retidão daquele grande ser, seu mestre.

A Sexta: Os milhões de purificados, estudiosos sinceros, meticulosos e sábios fiéis, que atingiram a maior estação de aprendizagem através do ensino e da instrução contida nas verdades sagradas trazidas pelo Profeta (Allah o abençoe e lhe dê paz), apesar de sua natureza de iletrado, as ciências exaltadas que ele inventou e o conhecimento divino que ele descobriu, eles não só provam, mas também afirmam, por unanimidade e com as mais fortes provas, a Unicidade Divina, que é o fundamento da sua missão, e também testemunham por unanimidade a veracidade desse grande e supremo mestre, e a veracidade de suas palavras. Essa é uma prova tão clara como o dia. A Risale-i Nur também, com suas cem partes, é uma prova única de sua veracidade.

A Sétima: O numeroso grupo da Família e dos Companheiros do Profeta que, com a sua visão, conhecimento e realização espiritual, formam o grupo mais famoso, mais respeitado, mais célebre, mais piedoso e mais incisivo entre os homens, depois dos profetas, examinaram e analisaram, com a máxima atenção, seriedade e rigor, todos os estados, pensamentos e condições desse ser, oculta ou abertamente. Eles chegaram à conclusão unânime de que ele era o ser mais sincero, exaltado e honesto no mundo. Por isso, a sua afirmação inabalável e sua firme convicção são provas como a luz do dia, que atesta a realidade do Sol.

A Oitava: O Cosmo indica seu Criador, Registrador e Desenhador, que cria, administra e organiza e dispõe dele através da determinação de sua medida, forma e regulamentação, como se fosse um eminente palácio, um grande livro, uma maravilhosa exposição, um grande espetáculo. E assim também indica que isso exige e necessita de alguém que explique o que há nesse grande Livro, aprenda e ensine os Propósitos Divinos por trás da criação do Universo, e revela a sabedoria em suas mudanças e transformações, dê instruções sobre os resultados de seus movimentos funcionais, proclame seu valor essencial e as perfeições dos seres dentro dele, e expresse os significados do poderoso Livro, ou seja, torne-se um elevado arauto, um veraz convocador, um mestre comprovador, um professor exímio. Assim, o viajante concluiu, por causa disso, que o Universo testemunha a veracidade desse nobre Profeta, que realizou essas funções melhor do que ninguém por ser o mais elevado e leal enviado do Criador do universo.

A Nona: Há por trás do véu Quem demonstra com artefatos engenhosos e sábios a perfeição do Seu talento e arte, para tornar-Se conhecido e amado por meio dessas belas e incontáveis criações, estabelecendo o agradecimento e o louvor a Ele pelas inumeráveis dádivas agradáveis e valiosas que Ele concede, e leva os seres a adorá-Lo com gratidão e apreço em face de sua religiosidade, por meio de Seu sustento solícito e proteção da vida, e sua provisão de sustento e generosidade de tal maneira a satisfazer o mais delicado dos sabores e apetites, e obriga as criaturas à crença, submissão e obediência à Sua Divindade através da mudança das estações, a alternância da noite e do dia, e, através de todas as suas obras magníficas e majestosas, todos os Seus atos inspiradores e sábios. Ele mostra a Sua justiça e equidade na proteção da piedade e dos piedosos e destrói o mal e a maldade, aniquilando com golpes celestiais o opressor e o mentiroso.

Certamente, ele é o ser mais amado pelo oculto e Invisível. O mais veraz dos servos, o mais devotado na servidão dos propósitos que acaba de ser mencionado, quem descobre e desvenda o talismã e enigma da criação do Universo, que age sempre em nome do seu Criador, quem procura ajuda e força n'Ele e recebe d'Ele. Quem pode ser além de Mohammad, o coraixita (Allah o abençoe e lhe dê paz)?

O viajante disse ainda, dirigindo-se ao seu próprio intelecto: "Uma vez que essas nove verdades dão testemunho da veracidade desse nobre Profeta, sem dúvida, ele deve ser a fonte da glória da humanidade e a fonte de honra para o mundo. Nós, portanto, devemos chamá-lo de Círculo de Orgulho do Mundo, e é adequado chamá-lo a Glória dos Filhos de Adão e o orgulho da humanidade. O que ele possui de mandamentos do Clemente, o Alcorão Sagrado, que domina com sua autoridade significativa a metade do mundo, juntamente com suas virtudes individuais, perfeições e exaltações, mostram que ele é o personagem mais importante do mundo. "A palavra mais importante sobre o nosso Criador é o que ele profere".

Agora veja: A fundação da convocação desse ser extraordinário, por toda a sua vida, com base na força fornecida por suas centenas de milagres decisivos, evidentes e manifestos, e as milhares de exaltadas verdades fundamentais contidas na sua religião, foram para provar e testemunhar a existência do Existente Necessário, Sua Unidade, Atributos e Nomes, para afirmá-Lo, proclamá-Lo e anunciá-Lo.

Ele é, portanto, como um sol que ilumina o cosmos, a prova mais brilhante da existência e a unicidade de nosso Criador; é o nosso nobre Profeta a quem chamamos de "Amado de Allah". Existem três tipos de grande consenso e infalíveis, cada um dos quais afirma, confirma e coloca a sua assinatura sobre o testemunho que ele carrega.

O Primeiro Consenso: A afirmação feita por unanimidade por aqueles que se destacaram em todo o mundo como a família de Mohammad (Allah o abençoe e lhe dê paz), aquele grupo iluminado à frente do qual está o Imam 'Ali (que Allah esteja satisfeito com ele), que disse: "Se o véu fosse levantado, a minha certeza não aumentaria"[513], incluindo milhares de famosos escolhidose santos supremos de olhar penetrante e capacidade de perceber o Invisível, como o Cheikh 'Abd al-Qadir al-Gilani, o Ghaws al-A'zam (que o seu mistério seja santificado), que viu o Trono Supremo e a forma impressionante de Israfil enquanto ainda na Terra.[514]

A Segunda: A confirmação feita com uma forte fé que permitiu a homens sacrificar suas vidas e bens, seus pais e tribos, pela assembleia de renome conhecida como Os Companheiros, que se encontravam entre um povo primitivo e em um ambiente iletrado, desprovido de toda a vida social e política do pensamento, sem qualquer escritura e perdidos na escuridão de um período entre os profetas, e que em um tempo muito breve tornaram-se os mestres, guias e governantes dos povos mais civilizados e de Estados politica e socialmente avançados, e governar o mundo de Leste a Oeste na forma universalmente aprovada, e a bandeira de sua justiça tremulou na terra e no mar.

A Terceira: A confirmação fornecida com conhecimento unânime e determinada por aquele grupo magnífico de incontáveis estudiosos de conhecimento enciclopédico, pesquisadores e atestadores que cresceram na sua comunidade e seguiram campos diversos da ciência, que aparecem aos milhares como vencedores nos diversos campos da ciência; a corroboração de todos esses em consenso e de forma consciente. E que consenso!

Assim, o viajante concluiu que o testemunho desse profeta iletrado (Allah o abençoe e lhe dê paz) sobre a Unicidade Divina não é particular e individual, mas é geral, universal e inabalável. Se todos os demônios que existem se unissem, não poderiam desafiá-la.

Assim, foi citadoum sinal resumido do que aquele viajante, que percorreu com o seu intelecto, na época da felicidade, as fases da vida naquela escola iluminada, no 16º Grau da Primeira Estação:

لَا اِلٰهَ إِلَّا اللّٰهُ الْوَاجِبُ الْوُجُودِ الْوَاحِدُ الْاَحَدُ الَّذِى دَلَّ عَلٰى وُجُوبِ وُجُودِهِ فِى وَحْدَتِهِ: فَخْرُ عَالَمٍ وَشَرَفُ نَوْعِ بَنِى اٰدَمَ، بِعَظَمَةِ سَلْطَنَةِ قُرْاٰنِه، وَحَشْمَةِ وُسْعَةِ دِينِه، وَكَثْرَةِ كَمَالَاتِه، وَعُلْوِيَّةِ اَخْلَاقِه، حَتّٰى بِتَصْدِيقِ أَعْدَآئِه. وَكَذَا شَهِدَ وَبَرْهَنَ بِقُوَّةِ مِئَاتِ الْمُعْجِزَاتِ الظَّاهِرَاتِ الْبَاهِرَاتِ الْمُصَدَّقَةِ الْمُصَدِّقَةِ، وَبِقُوَّةِ اٰلَافِ حَقَائِقِ دِينِهِ السَّاطِعَةِ الْقَاطِعَةِ، بِاِجْمَاعِ اٰلِهِ ذَوِى الْاَنْوَارِ، وَبِاتِّفَاقِ اَصْحَابِهِ ذَوِى الْاَبْصَارِ، وَبِتَوَافُقِ مُحَقِّقِى أُمَّتِهِ ذَوِى الْبَرَاهِينِ وَالْبَصَآئِرِ النَّوَّارَةِ[515]

اَلْبَاقِى هُوَ الْبَاقِى[516]

Said Nursi

***

O Tratado dos Milagres do Alcorão

A Vigésima Quinta Palavra

O Tratado dos Milagres do Alcorão

> Embora haja um milagre perpétuo como o Alcorão, buscar mais uma prova parece supérfluo para a minha mente;
>
> Enquanto há uma prova da realidade, como o Alcorão, seria silenciar aqueles que negam o seu peso sobre o meu coração?

UM LEMBRETE

[No início, nossa intenção era escrever esta Palavra na forma de cinco 'Luzes', mas no final da Primeira Luz, fomos obrigados a escrever muito rápido, a fim de imprimi-la nos velhos escritos (otomanos).[517] Mesmo em alguns dias, escrevi vinte a trinta páginas em duas ou três horas. Portanto, escrevendo três Luzes de forma breve e concisa, abandonamos as duas últimas. Espero que meus irmãos olhem de forma justa e com tolerância as falhas e os defeitos, as dificuldades e os erros, que podem ser atribuídas a mim.]

A maioria dos versículos deste Tratado dos Milagres do Alcorão foi a causa de críticas por ateus, ou que tenha sido recusado por cientistas, ou que tenha sido objeto de dúvida e desconfiança por demônios entre os gênios e os humanos. Assim, esta Vigésima Quinta Palavra explica as verdades e os pontos seletos desses versículos de tal forma que os próprios pontos que os ateus e os cientistas imaginavam ser falhas têm sido provados de acordo com os princípios acadêmicos para serem lampejos de milagres e fontes das perfeições da eloquência do Alcorão. A fim de não causar aversão, respostas decisivas foram dadas sem mencionar as suas dúvidas. Apenas na primeira estação da Vigésima Palavra suas dúvidas foram declaradas a respeito de três ou quatro versículos, como:

﴿وَالشَّمْسُ تَجْرِى﴾[518] ۞ ﴿وَ الْجِبَالَ اَوْتَادًا﴾[519]

Além disso, embora este Tratado dos Milagres do Alcorão tenha sido escrito de maneira concisa e com grande velocidade, no que diz respeito à ciência da retórica e ciências árabes, é explicado de uma forma tão intelectual, profunda e poderosa que tem causado estranheza aos estudiosos. Embora todo mundo que o estude não entenderá todos os assuntos discutidos, há uma parcela significativa para cada um neste jardim. Apesar dos defeitos na fraseologia e na forma de expressão por ter sido escrito muito rápido e em condições confusas, ele explica a verdade e a realidade dos assuntos mais importantes.

Said Nursi

Tratado Dos Milagres Do Alcorão

بِسْمِ اللّٰهِ الرَّحْمٰنِ الرَّحِيمِ [520]

﴿ قُلْ لَئِنِ اجْتَمَعَتِ الْاِنْسُ وَالْجِنُّ عَلٰى اَنْ يَاْتُوا بِمِثْلِ هٰذَا الْقُرْاٰنِ لَا يَاْتُونَ بِمِثْلِهِ
وَلَوْ كَانَ بَعْضُهُمْ لِبَعْضٍ ظَهِيرًا ﴾ [521]

[Dos inúmeros aspectos dos milagres do Alcorão Sagrado de exposição milagrosa, o tesouro de milagres e o maior milagre de Mohammad (Allah o abençoe e lhe dê paz), já salientei perto de quarenta em meus tratados árabes, na Risale-i Nur árabes, em meu comentário do Alcorão chamado *Icharat al-I'jaz* (Os Sinais dos Milagres), e nas últimos vinte e quatro Palavras. Agora vou explicar a um grau apenas cinco desses aspectos e incluir neles brevemente os outros aspectos, e em uma Introdução dar uma definição do Alcorão e indicar a sua natureza.]

INTRODUÇÃO

A Introdução consiste em três partes.

PRIMEIRA PARTE: O QUE É O ALCORÃO? Como é definido?

Resposta: Como é explicado no Décima Nona Palavra e provado em outras, o Alcorão é a tradução pré-eterna do poderoso Livro do Universo; a interpretação pós-eterna das várias línguas recitando os versículos da criação; o comentador do livro do Mundo Manifesto e do Invisível; o revelador das tesourarias dos Nomes Divinos escondidos nos céus e na terra; a chave para as verdades escondidas sob as linhas de eventos; a língua do Mundo Invisível no Mundo Manifesto; o tesouro dos favores pós-eternos do Misericordioso e dos endereços pré-eternos do Santíssimo, que vêm do mundo do Invisível para além do véu deste mundo manifesto; é o sol, fundação, e plano do mundo espiritual do Islam; o mapa sagrado dos mundos da Outra Vida; a palavra exposta, a exposição lúcida, a prova decisiva e o claro intérprete da Essência Divina, dos atributos, Nomes e funções; ele é o instrutor do mundo da humanidade; a luz e a água do Islam, os macroantropos; a verdadeira sabedoria da humanidade; e o verdadeiro guia e líder convidando a humanidade para a prosperidade e a felicidade; é tanto um livro da lei, um livro de oração, um livro de sabedoria, um livro de culto, um livro de comando e convocação, um livro de invocação, um livro de pensamento, e um único livro sagrado abrangente que inclui muitos livros para que possam ser recorridos a todas as necessidades de toda a humanidade; é uma escritura revelada semelhante a uma biblioteca sagrada que oferece tratados adequados para todas as várias formas e os caminhos diferentes de todos os santos, os verazes, os sábios e os doutos, o que é apropriado para as iluminações de cada caminho, e é adequado para o curso de cada caminho e o descreve.

SEGUNDA PARTE e o complemento da definição:

Como é explicado e provado na Décima Segunda Palavra, já que o Alcorão veio do Sublime Trono e o Grande Nome, e do mais alto grau de cada Nome, é a Palavra de Allah em relação ao Seu Senhor do Universo; é um decreto Divino por meio de Seu título de Allah de todos os seres; é um endereço no Nome do Criador dos Céus e da Terra; é uma conversa em relação a dominicalidade absoluta; é um sermão pré-eterno por causa da soberania Divina universal; é um caderno dos favores do Misericordioso, do ponto de vista da global, abrangente misericórdia Divina; é uma coleção de endereços no início do que são certas cifras em relação à enormidade da majestade Divina; e por sua descida da abrangência do Grande Nome, é uma escritura sagrada cheia de sabedoria que parece e inspeciona todos os lados do Sublime Trono.

É por causa deste mistério que, com fitness completo o título da Palavra de Allah foi dada para o Alcorão, e é sempre dada. Depois do Alcorão vem o nível dos livros e escrituras dos outros profetas. No entanto, essas outras palavras Divinas inúmeras são cada um sob a forma de inspiração manifestada por uma conta especial, um título parcial, uma manifestação particular, um nome em particular, uma dominicalidade especial, uma soberania particular, uma mercê especial. As inspirações dos anjos e do homem e os animais variam muito em relação a universalidade e particularidade.

TERCEIRA PARTE: O Alcorão é a escritura revelada, que contém em síntese, os livros de todos os profetas, cujos tempos foram todos diferentes, os escritos de todos os santos, cujos caminhos são todos diversos, e as obras de todos os estudantes purificados, cujos caminhos são variados. Seus seis aspectos são todos brilhantes e refinados da escuridão, de dúvidas e ceticismo; o seu ponto de apoio é certa revelação celeste e o Verbo pré-eterno; seu objetivo é a felicidade evidentemente eterna; a sua face interna é claramente orientação pura; seu aspecto superior é necessariamente as luzes da crença; seu aspecto inferior é evidência inegável e prova; seu aspecto direito é, evidentemente, a entrega do coração e da consciência; seu aspecto esquerdo é manifestamente a subjugação da razão e do intelecto; seu fruto é, indiscutivelmente, a misericórdia do Misericordioso e o reino do Paraíso; e sua classificação e conveniência são seguramente aceitas pelos anjos, homens e gênios.

Cada um dos atributos destas três partes em matéria de definição do Alcorão foi provado de forma decisiva em outros lugares, ou eles serão provados. Nossas reivindicações não são isoladas; cada uma pode ser comprovada com provas claras.

PRIMEIRA LUZ

Esta Luz é composta por três "Raios".

PRIMEIRO RAIO: Esta é a eloquência do Alcorão, que está no grau de milagre. Sua eloquência é maravilhosa nascida da beleza da ordem de suas palavras, a perfeição da sua concisão, as maravilhas de seu estilo, sua singularidade e simpatia, a excelência de sua expressão, sua superioridade e clareza, o poder e a verdade de seus significados, e a pureza e fluência de sua linguagem, que por um mil e trezentos anos tem desafiado os homens mais brilhantes de letras da humanidade, seus oradores mais célebres e mais profundamente intelectuais deles, e os convidou para contestá-la. Ele provocou-os intensamente. E apesar de tê-los convidado para contestá-lo, esses gênios, cujas cabeças tocam os céus em seu orgulho e vaidade, não conseguiram sequer abrir a boca para fazê-lo, e inclinaram suas cabeças totalmente humilhados. Assim, vamos apontar para o milagroso em sua eloquência em dois "aspectos".

Primeiro aspecto: Possui milagres e eles existem, porque a grande maioria das pessoas da Península Arábica na época era iletrada. Devido a isso, em vez de escrita, eles preservaram as suas fontes de orgulho, eventos históricos e historias incentivando a boa conduta moral, por meio da poesia e da eloquência. Devido à atração de poesia e eloquência, provérbios significativos permaneceram na memória das pessoas para serem passados de geração em geração. Em consequência dessa necessidade inata, portanto, os produtos mais na demanda no mercado imaterial de que as pessoas era a eloquência e o falar bem. Um poeta ou orador de uma tribo era como seu maior herói nacional. Era ele a sua maior fonte de orgulho. Assim, entre os povos do mundo, a eloquência e a retórica das pessoas inteligentes, que devido a sua inteligência governavam o mundo após o estabelecimento do Islam, estava no mais alto e mais avançado grau. Foi a coisa mais valorizada entre os que sentiram maior necessidade, e foi o seu motivo de orgulho. Atribuíram esse valor à eloquência que duas tribos batalhariam na palavra de um poeta ou orador, e que iria fazer as pazes com a sua palavra. Eles ainda escreveram em ouro nas paredes da Caaba sete Cassidas (poemas) de sete poetas chamados de al-Mu'allaqat al-Sab'a, e tinha muito orgulho neles. Foi em tal momento quando a eloquência era a mais procurada depois que o Alcorão foi revelado. Assim como no tempo de Moisés (que a paz esteja com ele) foi a magia a mais procurada e na época de Jesus (que a paz esteja com ele), foi a medicina. O mais importante de seus milagres era nesses campos.

O Alcorão, por isso, convidou os oradores árabes daquele tempo para responder até mesmo a uma das mais curtas das Suratas. Ele desafiou-os com o decreto de:

﴿وَإِنْ كُنْتُمْ فِي رَيْبٍ مِمَّا نَزَّلْنَا عَلَى عَبْدِنَا فَأْتُوا بِسُورَةٍ مِنْ مِثْلِهِ﴾[522]

Ele também disse: "Se vocês não acreditarem, serão condenados e devem ir para o Inferno." Provocou-os intensamente. Ele quebrou o seu orgulho de forma assustadora. Foi desprezo de suas mentes arrogantes. Condenou-os em primeiro lugar à extinção eterna e, em seguida, à extinção eterna no Inferno, bem como a extinção do mundo. Ele disse: "Ou me contestam, ou vocês e suas propriedades perecerão."

Se tivesse sido possível contestar o Alcorão, seria de todo possível que enquanto houvesse uma solução fácil como contestá-lo com uma ou duas linhas e anular a reivindicação, eles teriam escolhido o mais perigoso e o mais difícil, o caminho de guerra? Sim, é de todo possível que pessoas inteligentes, aquelas nações politicamente sensatos, que ao um tempo estavam para governar o mundo por meio da política, tivessem abandonado o mais curto, o mais fácil, e a maneira mais leve, e escolhido o mais perigoso, o que ia colocar as suas vidas e todos os seus bens em perigo? Uma vez que, se os seus cálculos literários tivessem sido capazes de contestá-lo com poucas palavras, o Alcorão teria anulado sua reivindicação, e que teriam sido salvos do desastre material e moral. No entanto, escolheram uma longa estrada perigosa como a guerra. Isso significa que não foi possível contestar com palavras; era impossível, por isso foram obrigados a lutar com a espada.

Além disso, existem duas razões para o Alcorão ser disputado e imitado. A primeira é a ambição de disputá-lo; o outro, o prazer de seus amigos ao imitá-lo. Impelidos por isso, milhões de livros em árabe foram escritos, mas nenhum deles se assemelha ao Alcorão. Quer instruídos ou ignorantes, quem olha para ele e para eles é obrigado a dizer: "O Alcorão não se assemelha a estes. Nenhum deles foi capaz de imitá-lo." O Alcorão, portanto, não é inferior a todos eles, e de acordo com o consenso dos amigos e inimigos, isso é completamente inválido e impossível, ou o Alcorão é superior a todos eles.

Se você diz: "Como você sabe que ninguém tentou contestá-lo, e que ninguém tinha confiança suficiente para desafiá-lo, e a ajuda de alguém a outro fosse de qualquer proveito?"

A Resposta: Se tivesse sido possível contestá-lo, certamente teria sido tentado. Pois, era uma questão de honra e orgulho, e a vida e a propriedade estavam em risco. Se tivesse sido tentado, várias pessoas teriam apoiado tal tentativa. Uma vez que, aqueles que obstinadamente se opõem à verdade sempre foram muitos. E se muitas pessoas tivessem apoiado, eles certamente teriam encontrado a fama. Pois, concursos insignificantes atraem a admiração das pessoas e encontram a fama em histórias e contos. Assim, um concurso extraordinário e evento como esse nunca teria permanecido secreto. As coisas mais feias e infames contra o Islam foram transmitidas e tornaram-se famosas, mas para além de uma ou duas histórias sobre Mussaylima o mentiroso, nenhuma coisa tem sido relacionada. Mussaylima foi muito eloquente, mas quando comparado com a exposição do Alcorão, que possui beleza infinita, suas palavras passaram para as crônicas como absurdas. Assim, o milagre da eloquência do Alcorão é tão certo quanto dois mais dois é igual a quatro; e é assim que é.

Segundo Aspecto: Vamos agora explicar em cinco 'Pontos' a sabedoria milagrosa do Alcorão contidos em sua eloquência.

Primeiro Ponto: Há uma eloquência maravilhosa e pureza de estilo na ordem da palavra do Alcorão. Do início ao fim, Icharat al-I'jaz (Sinais dos Milagres) demonstra essa eloquência e concisão na ordem da palavra. A forma como os ponteiros dos segundos, minutos, as horas de um relógio cada um completa a ordem dos outros, que é o caminho de todos os períodos do Alcorão Sagrado, e suas palavras, e a ordem nas relações entre as sentenças e palavras, foram expostas em Icharat al I'jaz, desde a primeira página até a última. Quem quiser pode olhar para isso e ver esta maravilhosa eloquência na ordem da palavra. Aqui, vamos dar um ou dois exemplos, a fim de demonstrar a ordem da palavra nas partes de uma frase.

Por exemplo: [523] ﴿ وَلَئِنْ مَسَّتْهُمْ نَفْحَةٌ مِنْ عَذَابِ رَبِّكَ ﴾ Nesta frase, ele quer apontar a punição castigo tão terrível mostrando a gravidade da menor quantidade. Isto quer dizer, expressa a pequenez ou raridade, e todas as partes da sentença procuram também a pequenez ou a raridade e querem reforçá-la. Assim, são as palavras. Mas se a palavra

لَئِنْ significa dúvida, e a dúvida procura pequenez, a palavra مَسَّ significa tocar levemente e expressa uma pequena quantidade. Assim como a palavra نَفْحَةٌ respiração é apenas um sopro, por isso está na forma singular. Gramaticalmente masdar marra, uma vez, significa pequenez. Também o tanwin indicando indefinição em um sopro expressa pequenez ou raridade e significa que é tão insignificante que raramente é conhecido. A palavra مِنْ significa uma parte; significa um pouco e indica escassez. A palavra عَذَابِ aponta um tipo de punição leve em relação ao castigo ou penalidade, e sugere uma pequena quantidade. E aludindo à compaixão e sendo usada no lugar do Dominador, Compulsor, ou Vingador, a palavra رَبِّكَ indica pequenez ou raridade. Ele diz que, se a pequena quantidade de punição sugerida em tudo essa escassez tem esse efeito, você pode comparar quão terrível seria o castigo Divino. Ora, quanto às pequenas partes desta sentença olha um, para o outro e ajuda um ao outro! Como cada um reforça o objetivo do conjunto! Este exemplo evoca as palavras e objetiva um pequeno grau.

Segundo Exemplo: [524] ﴿ وَمِمَّا رَزَقْنَاهُمْ يُنْفِقُونَ ﴾ As partes desta sentença apontam cinco das condições que tornam a esmola aceitável.

Primeira Condição: Isto é dar tantas esmolas que não façam com que o doador passe necessidade de receber esmolas ele mesmo. Afirma esta condição por meio da divisão ou partes representadas na palavra مِنْ da palavra مِمَّا daquilo.

Segunda Condição: não é para tirar de um e dar para outro, mas dar dos próprios bens. As palavras رَزَقْنَاهُمْ os agraciamos como sustento expressam essa condição. Significa: "Dar do sustento que é seu."

Terceira Condição: Isso não é colocar uma obrigação ao destinatário. A palavra نَا em رَزَقْنَا. Isso quer dizer: "Eu os sustento. Quando vocês dão algo de Minha propriedade para um de Meus servos, vocês não podem colocá-los sob uma obrigação."

Quarta Condição: Você deve dá-la a uma pessoa que vai gastá-la em seu meio de vida, uma vez que as esmolas dadas a quem vai desperdiçá-las, não é aceitável. A palavra يُنْفِقُونَ aponta esta condição.

Quinta Condição: Isto é, para dar em nome de Allah. As palavras رَزَقْنَاهُمْ afirmam isso. Ou seja: "A propriedade é Minha; você deve dá-la em Meu nome."

Estas condições podem ser estendidas. Ou seja, a forma que a esmola deve tomar, com que bens, pode ser dada como aprendizado e conhecimento. Pode também ser dada com palavras, ou atos, ou como conselho. A palavra مَا de مِمَّا indicam esses vários tipos por sua generalidade. Além disso, ele indica isto com a própria frase, porque é absoluta e expressa generalidade. Assim, com as cinco condições desta frase curta descrevendo a esmola, o que abre um vasto campo diante da mente, concedendo-a a ele pela sentença como um todo. Assim, na sentença como um todo, a ordem das palavras tem muitos aspectos.

Da mesma forma, a ordem das palavra dentre as palavras abrange uma esfera ampla e tem muitos aspectos. E entre as frases. Por exemplo:

﴿قُلْ هُوَ اللّٰهُ اَحَدٌ﴾ [525] contém seis frases. Três deles são positivas e três negativas. Isso prova seis graus de Unicidade Divina e, ao mesmo tempo refuta seis formas de associar parceiros a Allah. Cada frase é simultaneamente a prova das outras frases e o resultado. Uma vez que, cada frase tem dois significados, por meio de um significa que é o resultado; do outro, a prova. Ou seja, dentro da Surata al-Ikhlas são trinta suratas compostas de provas que demonstram uma a outra para ser tão bem-ordenada como a própria Surata. Por exemplo:

قُلْ هُوَ اللّٰهُ لِاَنَّهُ اَحَدٌ لِاَنَّهُ صَمَدٌ لِاَنَّهُ لَمْ يَلِدْ لِاَنَّهُ لَمْ يُولَدْ

لِاَنَّهُ لَمْ يَكُنْ لَهُ كُفُوًا اَحَدٌ [526]

E:

وَلَمْ يَكُنْ لَهُ كُفُوًا اَحَدٌ لِاَنَّهُ لَمْ يُولَدْ لِاَنَّهُ لَمْ يَلِدْ

لِاَنَّهُ صَمَدٌ لِاَنَّهُ اَحَدٌ لِاَنَّهُ هُوَ اللّٰهُ [527]

هُوَ اللّٰهُ فَهُوَ اَحَدٌ فَهُوَ صَمَدٌ فَاِذَا لَمْ يَلِدْ فَاِذَا لَمْ يُولَدْ

فَاِذَا لَمْ يَكُنْ لَهُ كُفُوًا اَحَدٌ [528]

Outro exemplo:

﴿الٓمٓ ۞ ذٰلِكَ الْكِتَابُ لَا رَيْبَ فِيهِ هُدًى لِلْمُتَّقِينَ﴾ [529]

Cada uma destas quatro frases tem dois significados. Com um, cada uma é prova das outras frases, com o outro, é seu resultado. A partir dos dezesseis tópicos de seus relacionamentos, um bordado milagroso da ordem da palavra é forjado. É assim descrito em Icharat al-I'jaz. Além disso, como é explicado na Décima Terceira Palavra, é como se todos os versículos do Alcorão tivessem olhos que vissem a maioria dos outros versículos e rostos que se parecessem com eles, de modo que cada um estendesse aos demais os fios imateriais da relação; cada um tecesse um milagroso bordado. Do início ao fim, Icharat al-I'jaz expusesse essa beleza e eloquência da ordem das palavras.

Segundo Ponto: Esta é a eloquência maravilhosa em seu significado. Veja este exemplo, que é explicado na Décima Terceira Palavra. Por exemplo, se você quiser entender a eloquência do versículo:

﴿سَبَّحَ لِلّٰهِ مَا فِى السَّمٰوَاتِ وَالْاَرْضِ وَهُوَ الْعَزِيزُ الْحَكِيمُ﴾[530]

Imagine-se na Era da Ignorância nos desertos da barbárie antes da luz do Alcorão. Então, num momento em que tudo está envolto na escuridão da ignorância e negligência e envolto em véus sem vida da natureza, ouvir versículos da língua celestial do Alcorão como:

﴿سَبَّحَ لِلّٰهِ مَا فِى السَّمٰوَاتِ وَالْاَرْضِ﴾[531]

ou,

﴿تُسَبِّحُ لَهُ السَّمٰوَاتُ السَّبْعُ وَالْاَرْضُ وَمَنْ فِيهِنَّ﴾[532]

Agora, olhe! Veja como as criaturas mortas ou dormindo no mundo são ressuscitados para a vida nas mentes dos ouvintes ao som de سَبَّحَ تُسَبِّحُ glorificam-No; como eles se tornam conscientes, e se erguem e recitam os Nomes de Allah. E como no grito e luz تُسَبِّحُ glorificam-No as estrelas, que eram pedaços sem vida de fogo nos céus negros, todos aparecem na vista de quem a ouve como palavras exibindo sabedoria na boca do céu e da verdade pronunciando luzes. A terra, também, ao invés de ser uma terra desolada é vista como uma cabeça com a terra e o mar, como línguas, e animais e plantas como palavras de glorificação e louvor.

Agora, considere este exemplo, que foi provado na Décima Quinta Palavra. Ouça estes versículos. O que eles dizem?

﴿يَا مَعْشَرَ الْجِنِّ وَالْاِنْسِ اِنِ اسْتَطَعْتُمْ اَنْ تَنْفُذُوا مِنْ اَقْطَارِ السَّمٰوَاتِ وَالْاَرْضِ فَانْفُذُوا لَا تَنْفُذُونَ اِلَّا بِسُلْطَانٍ ۞ فَبِاَىِّ آلَاءِ رَبِّكُمَا تُكَذِّبَانِ ۞ يُرْسَلُ عَلَيْكُمَا شُوَاظٌ مِنْ نَارٍ وَ نُحَاسٌ فَلَا تَنْتَصِرَانِ ۞ فَبِاَىِّ آلَاءِ رَبِّكُمَا تُكَذِّبَانِ﴾[533] ۞ ﴿وَلَقَدْ زَيَّنَّا السَّمَاءَ الدُّنْيَا بِمَصَابِيحَ وَجَعَلْنَاهَا رُجُومًا لِلشَّيَاطِينِ﴾[534]

Estes versículos dizem: "Ó humanos e gênios, arrogantes e refratários em sua impotência e baixeza, rebeldes e obstinados em sua fraqueza e pobreza! Se vocês desobedecerem os Meus mandamentos, e têm o poder de fazê-lo, passem além dos limites de Meus domínios! Como vocês se atrevem a opor-se aos comandos de um Monarca Cujos comandos as estrelas, as luas e os sóis obedecem como se fossem soldados sob ordens? Em sua rebeldia vocês se opõem a um Todo-Sábio e Glorioso Quem tem obedientes soldados que são, assim, incríveis. Suponham que Seus demônios fossem resistir, Seus soldados fizessem chover pedras sobre eles como balas de canhão. Em sua impiedade vocês se revoltam nas terras de um Soberano tão Glorioso que entre as Suas forças há alguns que não são criaturas indefesas, não insignificantes como vocês, mas supondo o impossível vocês eram inimigos infiéis do tamanho das montanhas ou do globo, eles poderiam atirar para baixo estrelas e flamejantes mísseis em vocês dessa magnitude e cercá-los. Vocês infringem uma lei que junta os seres como aqueles; se fosse necessário, poderiam lançar o globo da terra em seu rosto e chover estrelas e corpos celestes em vocês como se fossem mísseis, com a permissão de Allah." Vocês podem comparar com estes podem, eloquência e forma elevada de expressão de outros versículos e seus significados.

Terceiro Ponto: Esta é a maravilhosa singularidade de seu estilo. Na verdade, o estilo do Alcorão é ao mesmo tempo estranho, original, maravilhoso e convincente. Ele não imitou nada nem ninguém. E ninguém foi capaz de imitá-lo. Seu estilo sempre preservou o frescor, a juventude e a singularidade que possuía quando foi revelado pela primeira vez e continua a preservá-lo. Por exemplo, o estilo único da cifra como muqatta'at, 'as letras desconexas', como,

[535] ﴿ الٓمٓ ۞ الٓر ۞ طٰه ۞ يٰسٓ ۞ حٰمٓ ۞ عٓسٓقٓ ﴾ No início de algumas Suratas. Nós descrevemos cinco ou seis dos lampejos dos milagres que compõem em *Icharat al I'jaz.*

Por exemplo, estas letras no início de certas suratas tomaram metade de cada categoria das muitas categorias bem conhecidas das letras, como as letras enfáticas, as sibilantes, as letras estressadas, as letras suaves, as labiolinguais e as trêmulas letras. Tomar mais do que a metade das letras leves e menos da metade das letras pesadas, nenhuma das quais é divisível, reduziu pela metade a cada categoria. Embora a mente humana fosse capaz disso, reduzir pela metade a todas as categorias que se sobrepõem uma dentro da outra, hesitante entre duas centenas de possibilidades, da única maneira possível, o que foi oculto para a mente humana e desconhecido para ela, e organizar todas as letras dessa forma, ao longo dessa ampla distância, não foi obra da mente humana. E o acaso não poderia ter interferido na mesma. Assim, para além destas letras no início das Suratas cifras Divinas exibindo cinco ou seis lampejos semelhantes do milagroso, estudiosos versados nos mistérios da ciência das letras e das autoridades dentre os santos deduziram muitos segredos destas "desarticuladas letras". Eles descobriram tais verdades que declararam por conta própria essas letras formam um milagre brilhante. Uma vez que não são parte de seus segredos e também não podemos fornecer provas claras para todos, não podemos abrir a porta. Vamos, portanto, nos satisfazer em nos referir aos leitores para a explicação em *Icharat al-I'jaz* de cinco ou seis lampejos dos milagres relacionados a elas.

Agora vamos apontar os estilos do Alcorão que dizem respeito à Surata, ao objetivo, ao versículo, à frase e à palavra.

Por exemplo, se a Surata [536] عَمَّ é estudada com cuidado, mostra os eventos de vida após a morte, da ressurreição dos mortos, do Paraíso e do Inferno em um estilo tão único e maravilhoso que prova que os atos Divinos e as obras dominicais neste mundo como se olhasse para cada um desses eventos do Outro Mundo, e convencesse o coração. Para expor o estilo desta Surata totalmente seria demorado, por isso, vamos indicar apenas um ou dois pontos, da seguinte forma:

No início da Surata, para provar a ressurreição, ela diz: "Nós fizemos a terra um leito lindamente decorado para vocês, e das montanhas mastros e estacas cheias de tesouros para suas casas e suas vidas. Fizemo-los como casais, amorosos e próximos uns dos outros. Fizemos a noite um manto para o seu sono e conforto, o dia a arena para vocês ganharem o seu sustento, o sol como lâmpada para o fornecimento da luz e do calor, e das nuvens derramamos água como se fossem uma fonte produzindo a água da vida. E criamos facilmente e rapidamente da água simples as várias plantes que produzem flores e frutos que carregam todo o seu sustento. Sendo assim, o Dia da Ressurreição, o dia em que devem ser separados o bem do mal, à sua espera. Não é difícil para Nós apresentarmos esse dia." De uma forma velada ela aponta para as provas que depois disso na ressurreição, as montanhas serão dispersas, o céu despedaçado, o Inferno preparado, e às pessoas do Paraíso dados jardins e pomares. Ela diz, com efeito: "Uma vez que Ele faz essas coisas relacionadas com as montanhas e a terra diante de seus olhos, ele deve fazer as coisas semelhantes a estes na Outra Vida." Ou seja, a ""montanha" no início da Surata parece o estado das montanhas na ressurreição, e o jardim dos jardins e paraísos na Outra Vida. Você pode comparar outros pontos a isso e ver que estilo bonito e elevado ela tem.

E, por exemplo:

﴿قُلِ اللّٰهُمَّ مَالِكَ الْمُلْكِ تُؤْتِى الْمُلْكَ مَنْ تَشَاءُ وَتَنْزِعُ الْمُلْكَ مِمَّنْ تَشَاءُ﴾[537]

Estes versículos descrevem os atos Divinos na espécie humana, e as manifestações Divinas nas alternâncias da noite e do dia, os atos dominicais de eliminação nas estações do ano, as obras dominicais na vida e na morte sobre a face da terra e na ressurreição e na congregação neste mundo em um estilo tão elevado que cativa as mentes dos atenciosos. Desde o seu estilo brilhante, elevado e de grande alcance é claramente entendido com pouco estudo, não devemos abrir o tesouro, por enquanto.

E, por exemplo,

﴿اِذَا السَّمَاءُ انْشَقَّتْ ۞ وَاَذِنَتْ لِرَبِّهَا وَحُقَّتْ ۞ وَاِذَا الْاَرْضُ مُدَّتْ ۞ وَاَلْقَتْ مَا فِيهَا وَ تَخَلَّتْ

۞ وَاَذِنَتْ لِرَبِّهَا وَحُقَّتْ﴾[538]

Isso explica em um estilo verdadeiramente elevado o grau de submissão e obediência ao Todo Poderoso comando de Allah dos céus e da terra. É assim: apenas como um comandante-em-chefe abre dois escritórios para acomodar as matérias necessárias para o combate, um para a estratégia e outro para a inscrição de soldados, e quando essas questões são realizadas e a luta acaba, ele se dirige aos dois escritórios, a fim de convertê-los em outra coisa para algum outro negócio, ambos dizem, seja pelas línguas das pessoas que trabalham nelas ou por meio de suas próprias: "O Chefe! Dê-nos uma breve pausa para que possamos limpar as partes da antiga empresa e jogá-las fora, então você pode nos honrar com a sua presença. Lá, já os temos jogado, aguardamos seu comando. Peça o que quiser. Nós ouvimos e obedecemos! Tudo que você faz é verdadeiro, bom e benéfico."

Da mesma forma, os céus e a terra foram abertos como duas arenas de obrigação, julgamento e análise. Após o período estipulado é terminado, eles vão colocar de lado as coisas que pertencem ao campo da experimentação e dizerem: "Ó Senhor nosso! O comando é Seu, emprega-nos agora no que quiser. O nosso direito é apenas obedecê-Lo. Tudo que Você faz é certo." Considere cuidadosamente o estilo majestoso dessas frases!

E, por exemplo:

﴿يَا اَرْضُ ابْلَعِى مَاءَكِ وَيَا سَمَاءُ اَقْلِعِى وَغِيضَ الْمَاءُ وَقُضِىَ الْاَمْرُ وَاسْتَوَتْ عَلَى الْجُودِىِّ

وَقِيلَ بُعْدًا لِلْقَوْمِ الظَّالِمِينَ﴾[539]

A fim de apontar para uma mera gota do mar de eloquência deste versículo, vamos mostrar um aspecto de seu estilo na forma de uma comparação. Na vitória a ser ganha em uma grande guerra, o comandante diz: "Cessar fogo!", para um exército disparador e "Alto" para outro exército de assalto. Ele emite o comando, e, naquele momento, os tiros cessam e o ataque é interrompido. Ele diz: "Está terminado, nós vencemos. Nossa bandeira é plantada no topo da alta cidadela no centro dos inimigos. Esses tiranos de maus-modos encontraram a sua recompensa e foram rebaixados à categoria mais ínfima."

Da mesma forma, o Incomparável Soberano emitiu o comando para os céus e a terra para aniquilar o povo de Noé. Depois de terem cumprido o seu dever, Ele decretou: "Ó terra, absorve as tuas águas! Ó céus, terminou! Agora, as águas estão retrocedendo. A Arca, que é um funcionário do Divino cumprindo o seu dever como uma tenda, é estabelecida no topo da montanha. Os infratores receberam sua retribuição." Veja a natureza elevada do seu estilo. Ele está dizendo: "Os céus e a terra obedecem ao comando como dois soldados altamente disciplinados." É, portanto, aludindo ao fato de que o universo fica irritado com a rebelião do homem, os céus e a terra ficam irritados. E com essa alusão ele está dizendo: "Não se pode rebelar contra Aquele Cujos comandos os céus e da terra obedecem como dois soldados disciplinados", restringindo o homem de forma impressionante. Assim, ele descreve um evento universal como o Dilúvio com todas as suas consequências e verdades em algumas frases de uma forma concisa, miraculosa, bela e sucinta. Você pode comparar esta gota do oceano com outras gotas. Agora, considere o estilo apresentado pela janela das palavras.

Por exemplo, considere as palavra como: ﴿كَالْعُرْجُونِ الْقَدِيمِ﴾[540] em

﴿وَالْقَمَرَ قَدَّرْنَاهُ مَنَازِلَ حَتَّى عَادَ كَالْعُرْجُونِ الْقَدِيمِ﴾[541]

Veja que estilo sutil que ele exibe. É assim: uma das mansões da lua está nas Plêiades. O Alcorão compara a lua quando ela está crescente com um ramo velho de tamareira, murcho e esbranquiçado. Por esta parábola retrata para o olho da imaginação uma árvore por trás do véu verde dos céus; um de seus brancos e curvados ramos luminosos tem rasgado o véu e levantado a cabeça; as Plêiades são como um cacho de uvas no ramo e as outras estrelas luminosas de todos os frutos escondidos dessa árvore da criação. Se você tem qualquer discernimento, entenderá o que é um estilo e forma adequada, graciosa, sutil e elevada de expressão na visão dos habitantes do deserto, para os quais a tâmara da tamareira é o mais importante meio de subsistência.

E, por exemplo, como é provado no final da Décima Nona Palavra, as palavras seguem o seu curso em: [542] ﴿وَ الشَّمْسُ تَجْرِى لِمُسْتَقَرٍّ لَهَا﴾ a palavra تَجْرِى abre-se uma janela para um estilo elevado, da seguinte forma como a palavra تَجْرِى segue seu curso, isso põe em mente a coisa extrordinária do Criador, recordando as disposições ordenadas do poder Divino nas alternâncias do inverno e verão, do dia e da noite, e dirige o olhar para as missivas do Absoluto inscrito pela caneta do poder nas páginas das estações. Ele proclama a sabedoria do Criador Todo-Glorioso.

E com a palavra lâmpada em:[543] ﴿وَ جَعَلَ الشَّمْسَ سِرَاجًا﴾ abre-se uma janela para o estilo assim: faz compreender a majestade e a generosidade do Criador, recordando que o mundo é um palácio e as coisas dentro dele são adornos, alimentos e necessidades preparados para o homem e as criaturas vivas, e que o sol é uma vela subserviente, demonstrando que o sol é uma evidência da Unicidade de Allah, e que os o maior, mais brilhante objeto de adoração dos idólatras é apenas uma lâmpada subjugada, uma criatura inanimada. Ou seja, a palavra سِرَاج lâmpada chama a atenção para a misericórdia do Criador dentro da grandeza de Sua religiosidade; recorda Seus favores dentro da amplitude de Sua misericórdia, e ao fazê-lo informa sobre a Sua generosidade dentro da majestade de Sua soberania, proclamando assim a unicidade Divina, e dizendo indiretamente: "Uma lâmpada inanimada e subserviente é de modo algum apropriada para ser adorada."

E no curso تَجْرِى de seguir o seu curso chama a atenção para a maravilhosa ordenada disposição de poder Divino nas revoluções da noite e do dia e do inverno e verão, e ao fazê-lo torna conhecidas a grandeza do poder do Único Criador em Sua religiosidade. Ou seja, verifica-se a mente do homem a partir dos pontos do sol e da lua para as páginas da noite e do dia e do inverno e verão, e chama a atenção para as linhas de eventos gravados nessas páginas. Uma vez que, o Alcorão não fala do sol por causa do sol, mas por Aquele Que o ilumina. Além disso, ele não fala da natureza do sol, uma vez que o homem não tem necessidade, mas do dever do sol, que é a fonte principal para a arte dominical, e centro da ordem de criatividade dominical e um traslado para o harmonia e ordem da arte dominical nas coisas que o Registrador Pré-Eterno tece com os fios do dia e da noite. Você pode comparar outras das palavras do Alcorão com estas. Enquanto todas são palavras simples, comuns, cada uma cumpre o dever de uma chave para os tesouros dos significados sutis.

É porque o estilo do Alcorão na maior parte elevado e brilhante na forma descrita acima, que na ocasião um nômade árabe foi atraído por uma única frase, e sem ser muçulmano prostrou. O nômade prostrou ao ouvir a frase:

﴿فَاصْدَعْ بِمَا تُؤْمَرُ﴾[544]

Quando perguntado: "Você se tornou muçulmano?", ele respondeu: "Não. Estou prostrando pela eloquência dessas palavras."

Quarto Ponto: Esta é a pureza de linguagem maravilhosa em sua redação; isto é, nas palavras empregadas. Sim, assim como o Alcorão é extraordinariamente eloquente em relação ao seu estilo e forma de exposição, assim há uma pureza de linguagem verdadeiramente fluente em sua formulação. A evidência clara dessa existência é o fato de que ela não aborrece ou causa cansaço; enquanto o testemunho dos estudantes brilhantes das ciências da retórica constitui uma prova decisiva da sabedoria da pureza de linguagem.

Sim, não cansa mesmo se repetidas milhares de vezes; na verdade, ela dá prazer. Não é onerosa para a memória de uma pequena e simples criança; a criança pode decorá-la com facilidade. Não é desagradável ao ouvido, dolorido com a menor palavra, de alguém muito doente; é fácil. É como bebida saborosa ao paladar de um nos estertores da morte. A recitação do Alcorão dá prazer doce ao ouvido e à mente de uma pessoa assim como a água de Zamzam para a boca e o paladar. A razão para não causar tédio, e a sabedoria dele, é esta: ser o Alcorão alimento e sustento para o coração, força e riqueza para a mente, água e luz para o espírito, e cura e remédio para a alma. Todos os dias comemos pão, e ainda não nos cansamos disso. Mas se tivéssemos de comer o fruto preferido todos os dias, ele poderia causar tédio. Isso significa porque o Alcorão é verdade, realidade, veracidade, orientação e maravilhosamente pura linguagem de que ele não causa cansaço e preserva seu frescor e afabilidade como se preservasse juventude perpétua. Mesmo um dos líderes coraixitas, um orador especialista, foi enviado pelos idólatras para ouvir o Alcorão. Ele foi e ouviu, em seguida, retornou e disse-lhes: "Estas palavras têm tal doçura e frescor que não se parecem com as palavras dos homens. Eu conheço poetas e adivinhos; estas palavras não se parecem com as deles. O melhor que podemos fazer é enganar os nossos seguidores e dizer que é magia."[545] Assim, até mesmo os inimigos mais obstinados foram surpreendidos pela pureza de linguagem do Alcorão Sagrado.

Seria muito longo explicar as fontes da linguagem pura do Alcorão Sagrado em seus versículos, palavras e frases, por isso vamos manter a breve explicação e mostrar como exemplo a fluência e a pureza de linguagem do texto em uma sentença obtida pela posição das letras e um único lampejo milagroso que brilha a partir desse posicionamento. Tome o versículo:

﴿ثُمَّ أَنزَلَ عَلَيْكُم مِّن بَعْدِ الْغَمِّ أَمَنَةً نُّعَاساً يَغْشَى طَائِفَةً مِّنكُمْ...﴾[546]

Neste versículo, todas as letras do alfabeto estão presentes. Mas, veja, apesar de todas as categorias de letras enfáticas estarem juntas, não estragaram a suavidade de estilo. Na verdade, isso acrescentou brilho, harmonia, congruência, melódica pureza de linguagem emitida de variadas cadeias. Além disso, observe atentamente o seguinte lampejo de milagre: as letras do alfabeto, "ا " e "ي ", elas são as mais leves e foram transpostas uma com a outra como irmãs, cada uma foi repetida vinte e uma vezes. E a letra "م" e a letra "ن"NOTA 1 são irmãs e foram alteradas de lugar, foram ambas mencionadas trinta e três vezes. As tristes letras "ش" "س" e "ص", irmãs em relação à articulação, qualidade e som, cada uma foi mencionada três vezes. E, apesar de "ع" e "غ" serem irmãs, já que "ع" é mais leve, é mencionada seis vezes, enquanto porque "غ" é mais dura, é mencionada metade desse número, três vezes. E "ز", "د", "ظ", e "ط" são irmãs no que diz respeito à articulação, qualidade e som, cada uma é mencionada duas vezes, enquanto ل e ا na forma de لا se uniram e partes do "ا" na forma de "لا" é a metade de "ل", "ل" é mencionada quarenta e duas vezes e como a metade dele "ا" vinte e uma vezes. E "ء" e "ه" são irmãs em relação à articulação, "ء"NOTA 2 é mencionada treze vezes e sendo um grau mais leve a "ه" é mencionada quatorze vezes. E "ق", "ف" e "ك" são irmãs; desde que "ك" tem um ponto adicional, é mencionada dez vezes, "ف", nove vezes e "ق" nove vezes, "ب" nove vezes, e "ت" doze vezes. E "ت" vem em terceiro lugar, é mencionada doze vezes. "ر" é irmã de "ل", mas de acordo com seu valor numérico, "ر" é duzentos e "ل" trinta, por isso, aumentou seis vezes mais e caiu seis. Além disso, uma vez que "ر" é repetida na pronúncia, torna-se enfática e é mencionada apenas seis vezes. E porque o "ض", "ث", "ح", e "خ" são enfáticas e ganham qualidades adicionais em conexão com outras letras, cada uma foi mencionada apenas uma vez. "و" é mais leve do que "ه" e "ء", e mais pesada do que "ي" e "ا", é mencionada dezessete vezes, quatro vezes mais do que a pesada "ء" e quatro vezes menos do que a suave "ا".

Assim, o posicionamento extraordinário das letras na passagem aqui mencionada e suas relações ocultas, e a bela e suave ordem, a sutil e harmônica regularidade mostram tão claramente quanto dois mais dois iguais a quatro, que não estaria dentro dos limites do pensamento humano que os compôs. Quanto ao acaso e à coincidência, é impossível terem interferido. E assim, tal como a estranha e maravilhosa ordem e a regularidade na posição dessas letras levam a uma fluência e pureza de linguagem nas palavras, de modo que possa haver muitos outros casos ocultos de sabedoria. Uma vez que, tal ordem foi seguida nas letras, certamente nas palavras, frases e significados uma ordem tão misteriosa, uma harmonia tão luminosa, foi observada que se o olho a visse,

---

NOTA 1: Tanwin (nasalação) também é a letra *nun*.

NOTA 2: Pronunciada e não pronunciada, a Hamza é vinte e cinco vezes, e três a mais que a irmã silenciosa de Hamza, a Alif, porque seus pontos são três.

declararia: O que Allah quiser, e se a razão fosse compreendê-la, exclamaria: que Allah abençoe!

Quinto ponto: Esta é a excelência na sua forma de exposição; isto é, a superioridade, concisão e grandeza. Assim como há pureza de linguagem na ordem das palavras, no texto, e no significado, e singularidade em seu estilo, por isso, a sua forma de exposição há uma excelência superior. Na verdade, todas as categorias e níveis de discurso e sermão, como estímulo e dissuasão, louvor e censura, demonstração e orientação, esclarecimento e silêncio no argumento, são no mais alto grau na exposição do Alcorão.

Dos inúmeros exemplos de sua maneira de exposição[NOTA] na categoria de incentivo e insistência é que na Surata:

[547](هَلْ اَتٰى عَلَى الْاِنْسَانِ) isso é tão doce quanto a água da Kauçar e flui com a fluência da fonte de Salsabil, e doce como os frutos do Parapiso, que é tão suave quanto as vestes das huris.

Dos numerosos exemplos da categoria de dissuasão e a ameaça no início da Surata:

[548](هَلْ اَتٰيكَ حَدِيثُ الْغَاشِيَةِ) Aqui a exposição do Alcorão tem um efeito como chumbo fervendo nos ouvidos do povo de desorientação, e fogo queimando seus cérebros, e zaqqum[549] escaldante em seus paladares, e Inferno agredindo seus rostos, e como uma árvore espinhosa amarga em seus estômagos. Um funcionário como o Inferno encarregado por alguém em infligir tormento e tortura, a fim de demonstrar as suas ameaças, e sua divisão além de raiva fervente, e seu provérbio:

[550]﴿ تَكَادُ تَمَيَّزُ مِنَ الْغَيْظِ ﴾ ertamente mostra quão impressionantes e terríveis as ameaças da pessoa são.

Dos milhares de exemplos na categoria de louvor, a maneira de exposição do Alcorão nas cinco Suratas começando com al-hamdulillah (louvado seja Allah) é brilhante como o sol,[NOTA] adornada como as estrelas, majestosa como os céus e a terra, amável como os anjos, compassiva como ternura para filhos e crias neste mundo, e bela como o Paraíso na Outra Vida.

Dos milhares de exemplos na categoria de censura e restrição, no versículo:

[551]﴿ اَيُحِبُّ اَحَدُكُمْ اَنْ يَاْكُلَ لَحْمَ اَخِيهِ مَيْتًا ﴾ que condena seis vezes. Ele impede a maledicência forçosamente seis vezes. É assim: como é conhecido: a "أ" no início do versículo é interrogativa. Este escoa por todas as palavras do versículo como a água. Assim, com a primeira "أ" ele pergunta: "vocês não têm raciocínio, o assento da pergunta" e responde: "Vocês não entendem quão feio é?"

Com a segunda, ele pergunta com a palavra يُحِبُّ: O seu coração, a sede de amor e ódio, estaria tão corrompido que ama a coisa mais desprezível?

NOTA O estilo aqui tenha deslizado para as roupas de significado desta Surata.

NOTA Nessas frases há uma alusão às questões discutidas nessas Suratas

Com a terceira, ele pergunta com as palavras اَحَدُكُمْ: O que aconteceu com a sua vida social e da civilização, que recebe sua vitalidade da comunidade, que considera aceitável um ato que, assim, envenena sua vida?

Com a quarta, ele pergunta com as palavras اَنْ يَأْكُلَ لَحْمَ: O que aconteceu com a sua humanidade que você dilacere o seu amigo como a um animal selvagem?

Com a quinta, pede com as palavras اَخِيهِ: Você não tem compaixão e sentimento de companheirismo que você dilacere injustamente com seus dentes, injuriando ao irmão espiritual em tantos aspectos? Você não tem consciência de que vai morder seus próprios membros como um louco?

E com a sexta pergunta com a palavra مَيْتًا: Onde está sua consciência? Estaria sua natureza tão corrompida que você faça a coisa mais repugnante à pessoa mais respeitada, seu irmão, como comer a sua carne? Ou seja, a maledicência é censurada e desprezada pela razão, pelo coração, pela humanidade, pela consciência, pela natureza humana e pela solidariedade social e nacional. Então veja! Como este versículo restringe este crime em seis concisos graus, em seis níveis milagrosos!

Dos milhares de exemplos da categoria da prova, há o versículo:

(فَانْظُرْ اِلَى آثَارِ رَحْمَتِ اللّٰهِ كَيْفَ يُحْيِى الْاَرْضَ بَعْدَ مَوْتِهَا اِنَّ ذٰلِكَ لَمُحْيِى الْمَوْتَى وَهُوَ عَلَى كُلِّ شَيْءٍ قَدِيرٌ)[552]

Sua exposição é tal em provar a ressurreição e a banir as dúvidas que não poderia ser mais claramente demonstrada. É assim: ele diz que, como é provado e explicado na Nona Verdade da Décima Palavra e no Sexto Lampejo da Vigésima Segunda Palavra, cada exemplo de ressurreição da primavera é fornecido em trezentas mil maneiras na terra sendo levantados para a vida com a maior ordem e diferenciação, apesar das inúmeras espécies que são todas misturadas em total confusão, demonstrando, assim, para o observador humano que a ressurreição dos mortos não seria difícil para Aquele que faz isso. Além disso, como escrever sem falta ou erro com a caneta de poder de centenas de milhares de espécies na página da terra, todos juntos e um dentro do outro, é o selo do Único da Unidade; com este versículo que tanto comprova a Unicidade Divina tão claramente como o sol, e demonstra a ressurreição dos mortos tão facilmente e de forma decisiva como o nascer e o pôr do sol. Assim, o Alcorão demonstra essa verdade no que diz respeito à forma, como descrito pela palavra [553]كَيْفَ, da mesma forma que menciona isso em detalhes em muitas Suratas.

E por exemplo, na Surata,[554] ﴿قٓ وَالْقُرْاٰنِ الْمَجِيدِ﴾ prova a ressurreição de uma forma tão brilhante, suave, doce e sublime que convence tão certamente como a chegada da primavera. Olhe: em resposta aos incrédulos que negam a ressurreição para a vida dos ossos decompostos dizendo: "Isto é extraordinário; não poderia ser", decreta:

﴿ أَفَلَمْ يَنْظُرُوا إِلَى السَّمَاءِ فَوْقَهُمْ كَيْفَ بَنَيْنَاهَا وَزَيَّنَّاهَا وَمَا لَهَا مِنْ فُرُوجٍ ﴾ الخ الاية[555]

A sua forma de exposição flui como água e brilha como as estrelas. Ela dá tanto prazer e deleite para o coração como tâmaras. E é o seu sustento.

E em um dos exemplos mais sutis da categoria de demonstração, ele diz:

﴿ يٰسٓ ۞ وَالْقُرْآنِ الْحَكِيمِ ۞ اِنَّكَ لَمِنَ الْمُرْسَلِينَ ﴾[556]

Ou seja, "Eu juro pelo Alcorão da Sabedoria que você é um dos Mensageiros Divinos." Este juramento indica que a prova da Mensagem é tão certa e verdadeira, e sua veracidade é tão digna de honra e respeito, que é juramentada. Ao indicar isso, está dizendo: "Você é o Mensageiro, para que mantenha o Alcorão em sua mão, e o Alcorão é a verdade e é a palavra da Realidade. Certamente, ele contém a verdadeira sabedoria, e por cima o selo do milagre. "

E um dos exemplos concisos e milagrosos da categoria da prova é este:

﴿ قَالَ مَنْ يُحْيِ الْعِظَامَ وَهِيَ رَمِيمٌ ۞ قُلْ يُحْيِيهَا الَّذِي أَنْشَأَهَا أَوَّلَ مَرَّةٍ وَهُوَ بِكُلِّ خَلْقٍ عَلِيمٌ ﴾[557]

Ou seja, o homem pergunta: "Quem vai ressuscitar ossos decompostos?" Você diz: "Quem os fez, em primeiro lugar e deu-lhes a vida, Ele vai ressuscitá-los." Como foi descrito na terceira comparação da Nona Verdade na Décima Palavra, se alguém reagrupa um grande exército em um dia diante de seus olhos, e alguém diz: "Por uma corneta essa pessoa reúne os membros de um batalhão que havia se dispersado para descansar; ele é capaz de trazer o batalhão por uma ordem," e você diz, ó homem: "Eu não acredito nisso", você pode ver quão tolo seria negar isso.

Da mesma forma, o Todo-Poderoso e Onisciente arrola e une novamente com o comando de "Seja!" e é, e com perfeita ordem e equilíbrio de sabedoria, as partículas e faculdades sutis do batalhão como os corpos de todos os animais – que são como um exército – e outros seres vivos, e cria a cada século, a cada primavera mesmo, todas as centenas de milhares de espécies do exército do tipo de criaturas que vivem na face da terra. Pode-se questionar então como Ele pode reunir em um toque da trombeta de Israfil as peças fundamentais e partículas de um batalhão, que já estão familiarizados uns com os outros, para reuni-los com um só toque? Ela pode ser considerada improvável? Se for considerado improvável, é uma tolice sem sentido.

Na categoria de orientação, a maneira de exposição do Alcorão é tão comovente, terna, familiar e suave que enche o espírito com ardor, o coração com prazer, a mente com interesse, e os olhos de lágrimas. Dos milhares de exemplos é este versículo:

﴿ ثُمَّ قَسَتْ قُلُوبُكُمْ مِنْ بَعْدِ ذَلِكَ فَهِيَ كَالْحِجَارَةِ أَوْ أَشَدُّ قَسْوَةً ﴾[558]

Como é provado e explicado na discussão do terceiro versículo na Primeira Estação da Vigésima Palavra, ele diz aos filhos de Israel: "O que aconteceu com vocês que, apesar de rochas duras derramarem lágrimas de doze fontes, como olhos diante de um milagre como o cajado de Moisés (que a paz esteja com ele), permanecem indiferentes diante de todas as suas maravilhas, com os olhos secos e sem lágrimas e duras e sem fervor de seus corações?" Uma vez que, esse sentido de orientação é explicado lá, na Palavra a que nos referimos, vamos nos satisfazer com isso aqui.

Dos milhares de exemplos na categoria de tornar compreendida e silenciar na argumentação, considerem apenas os dois seguintes:

﴿وَاِنْ كُنْتُمْ فِى رَيْبٍ مِمَّا نَزَّلْنَا عَلَى عَبْدِنَا فَأْتُوا بِسُورَةٍ مِنْ مِثْلِهِ وَادْعُوا شُهَدَاءَكُمْ مِنْ دُونِ اللّٰهِ

اِنْ كُنتُمْ صَادِقِينَ﴾[559]

Ou seja, "Se vocês têm alguma dúvida, convoquem todos os seus anciãos e simpatizantes para ajudá-los e testemunhem para você, então compõem algo semelhante a uma única Surata." Já que isso foi explicado e provado em *Icharat al-I'jaz*, aqui nós só devemos apontar um breve resumo do mesmo. É como se segue:

O Alcorão de exposição miraculosa diz: "Ó gênios e humanos! Se vocês têm alguma dúvida de que o Alcorão é a palavra de Allah e imaginam que seja a palavra de humano, então vamos lá, aqui está, vamos ver! Vocês trazem um livro como este Alcorão de alguém iletrado, que não sabe ler e escrever como o que vocês chamam de Mohammad "o Honesto", e levem-no para compô-lo! Se vocês não puderem fazer isso, então ele não precisa ser iletrado, que ele seja um famoso homem de letras e conhecimento. E se vocês não forem capazes de fazer isso, tudo bem, não por si mesmo, tomem todas as melhores obras de todos os seus oradores e homens de eloquência, e certamente de todos os gênios literários do passado e todos aqueles do futuro, e a assistência de todos os seus deuses. Trabalhem com todas as suas forças, componham algo similar a este Alcorão. E se vocês não puderem fazer isso, deixem de lado as verdades do Alcorão e seus muitos aspectos miraculosos, que não é possível imitar, e façam uma obra que igual apenas em eloquência da ordem de suas palavras!"

﴿فَأْتُوا بِعَشْرِ سُوَرٍ مِثْلِهِ مُفْتَرَيَاتٍ﴾[560] Ele diz: "Vamos lá, eu não quero o seu verdadeiro significado de vocês, deixem-no ser fabricações, mentiras e falsos contos. Vocês não serão capazes de fazer isso. Assim, não precisa ser tanto quanto todo o Alcorão, basta apresentar بِعَشْرِ سُوَرٍ dez Suratas como ele. Vocês não são capazes de fazer isso ou, então, apresentem uma única Surata. Isto será muito bom. Então tudo bem, apresentem o equivalente a uma curta Surata. Vocês não são capazes de fazer isso também, embora a necessidade de vocês para fazê-lo seja tão grande. Para sua honra e autoestima, sua dignidade e religião, sua honra tribal e orgulho, a sua vida e propriedade, e suas vidas neste mundo e no Outro serão todos salvos por produzir algo como ele. Caso contrário, neste mundo vocês vão permanecer em humilhação, sem honra, dignidade, religião, ou orgulho, e suas vidas e os bens serão destruídos e morrerão. Na Outra Vida, como é indicado pelo versículo:

﴿فَاتَّقُوا النَّارَ الَّتِى وَقُودُهَا النَّاسُ وَ الْحِجَارَةُ﴾[561] vocês serão condenados à prisão perpétua no Inferno; juntamente com os seus ídolos, são o combustível para seus fogos. Desde que a sua necessidade é, portanto, grande, e que vocês tenham entendido agora sua impotência em oito graus, vocês devem ter certeza de oito vezes mais que o Alcorão é um milagre. Então quer acreditar nele, ou ficar em silêncio e ir para o Inferno!"

Então veja a forma como o Alcorão obriga-os a aceitar o argumento nesta categoria de "silenciamento no argumento" que está dentro de "fazer entendido", e dizer:

[562]"لَيسَ بَعْدَ بَيانِ القُرآنِ بَيانٌ" De fato, depois do Alcorão não há necessidade de se aprofundar na exposição.

Aqui está um segundo exemplo:

﴿فَذَكِّرْ فَمَا اَنْتَ بِنِعْمَتِ رَبِّكَ بِكَاهِنٍ وَلاَ مَجْنُونٍ ۞ اَمْ يَقُولُونَ شَاعِرٌ نَتَرَبَّصُ بِهِ رَيْبَ الْمَنُونِ ۞ قُلْ تَرَبَّصُوا فَاِنِّى مَعَكُمْ مِنَ الْمُتَرَبِّصِينَ ۞ اَمْ تَاْمُرُهُمْ اَحْلاَمُهُمْ بِهذَا اَمْ هُمْ قَوْمٌ طَاغُونَ ۞ اَمْ يَقُولُونَ تَقَوَّلَهُ بَلْ لاَ يُؤْمِنُونَ ۞ فَلْيَاْتُوا بِحَدِيثٍ مِثْلِهِ اِنْ كَانُوا صَادِقِينَ ۞ اَمْ خُلِقُوا مِنْ غَيْرِ شَيْءٍ اَمْ هُمُ الْخَالِقُونَ ۞ اَمْ خَلَقُوا السَّمٰوَاتِ وَالْاَرْضَ بَلْ لاَ يُوقِنُونَ ۞ اَمْ عِنْدَهُمْ خَزَائِنُ رَبِّكَ اَمْ هُمُ الْمُصَيْطِرُونَ ۞ اَمْ لَهُمْ سُلَّمٌ يَسْتَمِعُونَ فِيهِ فَلْيَاْتِ مُسْتَمِعُهُمْ بِسُلْطَانٍ مُبِينٍ ۞ اَمْ لَهُ الْبَنَاتُ وَلَكُمُ الْبَنُونَ ۞ اَمْ تَسْئَلُهُمْ اَجْرًا فَهُمْ مِنْ مَغْرَمٍ مُثْقَلُونَ ۞ اَمْ عِنْدَهُمُ الْغَيْبُ فَهُمْ يَكْتُبُونَ ۞ اَمْ يُرِيدُونَ كَيْدًا فَالَّذِينَ كَفَرُوا هُمُ الْمَكِيدُونَ ۞ اَمْ لَهُمْ اِلٰهٌ غَيْرُ اللّٰهِ سُبْحَانَ اللّٰهِ عَمَّا يُشْرِكُونَ﴾ [563]

Aqui vamos explicar apenas uma das milhares verdades destes versículos como mais um exemplo da categoria de silenciar no argumento. É o seguinte: com a palavra اَمْ [564]أم - ele silencia todos os grupos do povo de desorientação em quinze categorias de perguntas retóricas que expressam surpresa e obstrução de todas as fontes de suas dúvidas. Ele não deixa brecha satânica pela qual as dúvidas podem entrar e se esconder; fecha todos elas. Ele não deixa véu de desorientação em que pode rastejar e se esconder; ele rasga todos eles. Não deixa uma de suas mentiras; esmaga-as. Em cada frase que tanto destrói a essência das ideias blasfemas de um grupo com uma frase curta, ou desde a falsidade é óbvia, ele expõe que o silêncio, ou, uma vez que é refutado em detalhe em outros versículos, que aqui faz alusão a ele brevemente. Por exemplo, a primeira frase faz alusão ao versículo:

﴿وَمَا عَلَّمْنَاهُ الشِّعْرَ وَمَا يَنْبَغِى لَهُ﴾ [565]

Enquanto a sentença quinze aponta para o versículo:

[566]﴿لَوْ كَانَ فِيهِمَا آلِهَةٌ اِلاَّ اللّٰهُ لَفَسَدَتَا﴾ Você pode fazer mais exemplos das outras frases como estas. É assim: ele diz no início: Anuncia os decretos Divinos. Você não é um adivinho, uma vez que as palavras de adivinhos são confusas e conjecturais, enquanto as suas são verdadeiras e certas. E você não é louco; mesmo os seus inimigos atestam a sua sanidade perfeita.

567﴾ أَمْ يَقُولُونَ شَاعِرٌ نَتَرَبَّصُ بِهِ رَيْبَ الْمَنُونِ ﴿ Será que eles o chamam de poeta, como os comuns irracional, infiéis? Eles estão esperando você morrer? Diz a eles: "Esperem! Vou esperar com vocês!" Suas vastas e brilhantes verdades são livres das imaginações de poesia e independente das suas fantasias.

568﴾ أَمْ تَأْمُرُهُمْ أَحْلَامُهُمْ بِهَذَا ﴿ Ou como irracionais filósofos que confiam em suas razões, eles se refreiam, dizendo: "Nossas faculdades da razão são suficientes." Mas a razão exige que você seja seguido, porque tudo que você diz é razoável. Mas, novamente, a razão por si só não pode alcançá-lo.

569﴾ أَمْ هُمْ قَوْمٌ طَاغُونَ ﴿ Ou é a razão de sua negação a sua não submissão a Allah Todo-Poderoso como maus tiranos? Mas as extremidades dos Faraós e Nimrodes, que eram os líderes dos opressores arrogantes, são conhecidos.

570﴾ أَمْ يَقُولُونَ تَقَوَّلَهُ بَلْ لَا يُؤْمِنُونَ ﴿ Ou como mentirosos hipócritas, sem consciência que o acusam, dizendo: "Você fez o Alcorão!"? Mas até o momento eles sabem que você é o mais sincero entre eles e o terem denominado de Mohammad o Honesto. Isso significa que eles não têm a intenção de acreditar. Caso contrário, deixa-os encontrarem algo semelhante ao Alcorão entre as obras dos homens.

571﴾ أَمْ خُلِقُوا مِنْ غَيْرِ شَيْءٍ ﴿ Ou como os filósofos absurdos que acreditavam que o universo ser sem propósito e em vão, supõem eles serem sem rumo e sem sabedoria, propósito, dever, ou Criador? Será que eles se tornaram cegos que não veem que o universo é adornado de cima para baixo com exemplos de sabedoria e produz os frutos de objetivos, e que seres de partículas dos sóis são encarregados de deveres e estão submetidos aos mandamentos Divinos?

572﴾ أَمْ هُمُ الْخَالِقُونَ ﴿ Ou eles imaginam que os materialistas como os faraó, "vieram a existir por si só, alimentam-se, e eles mesmos criaram tudo o que precisam", por isso são isentos de acreditar e adorar? Isso significa que todos supõem ser o Criador, quando o Criador de uma coisa tem de ser o Criador de tudo, Ou seja, o seu orgulho e sua vaidade tê-los feito tão completamente estúpidos que imaginam ser possuidores de um Poder Absoluto alguém que é absolutamente impotente e pode ser derrotado por uma mosca ou um micróbio. Já que eles abdicaram à sua razão e humanidade a este grau e terem caído a nível mais baixo do que os animais e até de seres inanimados, não fique triste com as suas negações. Considera-os uma variedade de animais nocivos e matéria imunda! Ignora-os e não lhes dê importância!

573﴾ أَمْ خَلَقُوا السَّمٰوَاتِ وَالْأَرْضَ بَلْ لَا يُوقِنُونَ ﴿ Ou, como o irracional, confuso ateísta, que negou a Allah todos os atributos e negou o Criador, eles negam a Allah, para que eles não acatem o Alcorão? Nesse caso, deixe que eles neguem a existência dos céus e da terra, ou dizer deixe-os dizer: "Nós os criamos!" Que eles perdem a cabeça completamente e começar a proferir os delírios frenéticos de loucura. Para nos céus como muitas provas da unidade divina são evidentes e são recitados como as estrelas, e na terra, como muitos como as flores. Isso significa que eles não têm a intenção de adquirir certos conhecimentos e descobrir a verdade. Caso contrário, como é que eles supõem ser sem autor o livro do universo, em uma palavra do que está escrito um livro inteiro, apesar de saber que uma letra não pode existir sem a pessoa que a escreveu.

﴿أَمْ عِنْدَهُمْ خَزَائِنُ رَبِّكَ﴾[574] Ou, como um grupo de filósofos equivocados que negaram a Allah Todo-Poderoso o Livre Arbítrio, ou como os brâmanes, que negam a origem da profecia de modo que não acreditam em você? Nesse caso, deixe que neguem todos os traços de sabedoria e propósito, toda a ordem e frutos que são evidentes em todos os seres e demonstram a vontade e a escolha, que eles negam todas as obras de misericórdia e graça, e todos os milagres de todos os profetas! Ou deixe-os dizer: "Todos os tesouros das bênçãos dados às criaturas estão conosco e sob nosso controle." Deixe-os provarem que não estão aptos a serem abordados! Não fique aflito com sua negação, diga: "Os animais irracionais de Allah são muitos!"

﴿أَمْ هُمُ الْمُصَيْطِرُونَ﴾[575] Ou, como os arrogante Mu'tazilas, que fizeram a razão dominante, imaginam eles serem rivais e inspetores de obras do Criador, e desejam manter o Criador Todo-Glorioso responsável? Cuidado, não desanime! Nada pode vir das recusas das pessoas egocêntricas como essas! Não se importe!

﴿أَمْ لَهُمْ سُلَّمٌ يَسْتَمِعُونَ فِيهِ فَلْيَأْتِ مُسْتَمِعُهُمْ بِسُلْطَانٍ مُبِينٍ﴾[576] Ou, como os espíritas e adivinhos falsos, seguem eles a Satanás e os gênios e supõem que tenham encontrado outro caminho para o Mundo do Invisível? Nesse caso, têm eles uma escada pela qual ascendem aos céus que estão fechados para os demônios? Será que imaginam que podem desmentir as suas notícias dos céus? As negações de tais charlatães não valem nada!

﴿أَمْ لَهُ الْبَنَاتُ وَلَكُمُ الْبَنُونَ﴾[577] Ou, como os filósofos politeístas que atribuíram parceiros a Allah sob o nome de “dez intelectos" e "os mestres das espécies”, e os sabeus, que atribuíram uma espécie de divindade às estrelas e aos anjos, que eles atribuem à prole do Poderoso Allah? Como os hereges e equivocados, que eles atribuem um filho a Ele, que é contrário à existência necessária, a unidade, e eternidade, e absoluta autossuficiência do Único e Absoluto? Será que eles atribuem a feminilidade aos filhos, que se opõem ao culto dos anjos, pureza e tipo? Será que supõem que seja um intercessor por eles, para não o seguirem? Geração é o meio de multiplicação, a assistência mútua, perpetuação e vida para criaturas como o homem, que é contingente, transitório, e na necessidade de perpetuar a espécie, é corpóreo e divisível, capaz de se multiplicar, impotente e carente de um herdeiro para ajuda-lo. Então, para atribuir prole – e uma espécie de descendentes que aquele contingente impotente, homens miseráveis que não se gostam e não poderiam igualar com seu orgulho arrogante, ou seja, descendentes do sexo feminino para o Todo-Glorioso, cuja existência é necessária e perpétua, Quem resiste a partir da pré-eternidade para pós-eternidade, Cuja essência é totalmente distante do exaltado acima da corporalidade, Cujo ser é livre e isento de divisão e multiplicação, e Cujo poder está muito acima e além de toda a impotência; é, de fato, tal delírio, tal lunático delirante que as mentiras e negações desses desgraçados que subscrevem a tal ideia não valem nada. Não se importe! Os absurdos cérebros de dispersão, os delírios febris de cada louco lunático, não deve ser atendido!

[578] ﴿أَمْ تَسْأَلُهُمْ أَجْرًا فَهُمْ مِنْ مَغْرَمٍ مُثْقَلُونَ﴾ Ou, como os rebeldes, adoradores arrogantes deste mundo, que fizeram da ganância e avareza um hábito; acham eles que o que você propõe onera, de modo que fogem de você? Será que não sabem que você só procura salário e recompensa de Allah? É um fardo para eles um quadragésimo da propriedade dada a eles por Allah Todo-Poderoso, ou uma parte dele e, como consequência, ambos recebem abundância, e são salvos da inveja e maldições dos pobres? Será que eles consideram a ordem para dar zakat onerosa e, portanto, retém do Islam? Suas negações não têm importância, e que eles merecem é um tapa, não uma resposta ...

[579] ﴿أَمْ عِنْدَهُمُ الْغَيْبُ فَهُمْ يَكْتُبُونَ﴾ Ou não aceitam as suas notícias sobre o Invisível? Será que possuem livros sobre o invisível, e não aceitam o seu Livro sobre o Invisível? Como os budistas, que afirmam estarem familiarizados com o Invisível, ou os pseudo intelectuais, que imaginam as suas conjecturas sobre seus assuntos estarem certas. Isso significa que eles imaginam que o Mundo do Invisível, que é divulgado a ninguém além dos Mensageiros Divinos, que recebem a revelação, e que ninguém tem a capacidade de entrar, está presente e aberto diante deles, e que eles obtêm informações a partir dele e o anotam. Portanto, não se desanimem com as mentiras desses fanfarrões arrogantes que ultrapassam a sua marca a um grau infinito! Em breve, suas verdades derrubarão completamente as suas imaginações!

[580] ﴿أَمْ يُرِيدُونَ كَيْدًا فَالَّذِينَ كَفَرُوا هُمُ الْمَكِيدُونَ﴾ Ou, como hipócritas mentirosos, ateus astuciosos, cujas naturezas são corrompidas e consciências apodrecidas, eles querem enganar as pessoas e levá-las para longe da orientação que eles não podem obter, para enganá-las, e assim chamá-los ou de adivinhos, ou possuídos, ou feiticeiros? Será que eles querem fazer os outros acreditarem que não creem? Não pense nesses charlatões insidiosos como seres humanos, não fique entristecido com suas artimanhas e negações, nem desanime. Em vez disso, aumenta seus esforços, uma vez que eles só enganam as suas almas e se machucam. E seus sucessos no mal são temporários; é um estratagema Divino, atraindo-os para a perdição gradualmente.

[581] ﴿أَمْ لَهُمْ إِلَٰهٌ غَيْرُ اللَّهِ سُبْحَانَ اللَّهِ عَمَّا يُشْرِكُونَ﴾ Ou, como os magos, que imaginaram dois deuses separados chamado o Criador do Bem e do Mal , ou como os idólatras e adoradores de causas, que atribuem uma espécie de divindade a diferentes causas e imaginam cada uma delas para ser uma fonte de suporte a eles, que contam com outros deuses e contestam você? Será que eles se consideram livres de qualquer necessidade de você? Isso significa que eles se tornaram cegos e não veem a perfeita ordem e

harmonia impecável em todo o universo, que é claro como o dia. De acordo com o decreto, [582]﴿لَوْ كَانَ فِيهِمَا آلِهَةٌ اِلاَّ اللهُ لَفَسَدَتَا﴾ Se houver dois chefes em uma aldeia, ou dois governadores em uma cidade, ou dois reis em um país, a ordem é virada de cabeça para baixo e a harmonia estragada. Mas a partir de uma asa de mosca até as lâmpadas nos céus, uma excelente ordem tem sido observada que não deixa muito espaço, como a asa de uma mosca para parceiros a serem associados com Allah. Desde que a o ato acima de uma forma tão oposta à razão, à sabedoria, ao sentimento, e o que é óbvio, não deixe que suas mentiras o afastem de proclamar a mensagem!

Assim, uma das centenas de joias desses versículos, que constituem uma série de verdades, explicamos brevemente apenas uma única joia da forma de exposição do Alcorão na categoria de "dar a entender" e "silenciar em argumento." Se eu tivesse o poder e mostrado mais algumas joias, você também teria dito: "Estes versículos são um milagre por si só." Mas a maneira de exposição do Alcorão em fazer compreender e instruir é tão maravilhosa, sutil, e fluente que a mais simples e comum das pessoas facilmente compreende uma verdade mais profunda da forma como ele explica. Sim, o Alcorão de exposição miraculosa, simples e clara ensina verdades mais abstrusas de uma forma que acaricia a visão das pessoas em geral, e não machuca seus sentimentos, nem irrita suas mentes, nem as cansa. Assim como quando se fala com uma criança, palavras infantis são usadas, da mesma forma os estilos do Alcorão descem ao nível daqueles que aborda chamado na terminologia dos estudiosos de teologia:

[583]"التَّنَزُّلاتِ الإلَهِيَّةِ إلى عُقُولِ البَشَرِ" ele os aborda dessa maneira; por comparações na forma de alegorias, faz uma pessoa comum iletrada entender as verdades Divinas abstrusas e mistérios dominicais que a mente dos filósofos mais sábios não podem provocar.

Por exemplo, por meio de uma comparação, o versículo:

[584]﴿اَلرَّحْمنُ عَلَى الْعَرْشِ اسْتَوَى﴾ Ele retrata a religiosidade Divina como um reino, e o grau de religiosidade como a de um Rei sentado no trono de sua soberania e exercer o Seu governo. De fato, como o discurso do Criador Todo-Glorioso do universo, o Alcorão procede do último grau de Sua dominicalidade, passa por cima de todos os outros graus, orientando aqueles que se levantam para eles, e passando por setenta mil véus, que olha para cada um e ilumina. Ela espalha seu brilho e espalha sua luz para milhares de níveis daqueles que aborda, a compreensão e a inteligência de quem são todos diferentes. Embora tenha vivido pelas eras e pelos séculos, cujas capacidades são todas diferentes, e transmitir seu significado a esta grande extensão, não perdeu um pingo de sua perfeita juventude, e mantém o seu frescor total e delicadeza, ela ensina cada pessoa comum de uma maneira mais fácil, mais hábil, e compreensível. Seja qual for o aspecto de um maravilhoso livro exposto que assim ensina, convence, e satisfaz com a mesma lição, as mesmas palavras, vários níveis de pessoas cuja compreensão e graus são todos diferentes qualquer aspecto de tal livro é estudado, um lampejo de milagres certamente aparecerá.

Em resumo: Assim como quando algumas palavras do Alcorão como Alhamudullilah "Louvado seja Allah" são recitadas, elas preenchem uma caverna, que é a orelha de uma montanha, da mesma forma que enchem os ouvidos minúsculos de uma mosca, assim também os significados do Alcorão satisfazem os ouvidos como montanhas, da mesma forma que com as mesmas palavras que ensinam e satisfazem as simples e minúsculas mentes, como de uma mosca. Uma vez que, o Alcorão chama para a crença todos os níveis de gênios e humanos, ele ensina as ciências da crença a todos. Nesse caso, a mais humilde das pessoas comuns se ajoelha ombro a ombro com os mais elevados da elite e, juntos, ouvem os ensinamentos do Alcorão e se beneficiam deles. Ou seja, o Alcorão é uma refeição celestial em que milhares de diferentes níveis de mentes, intelectos, corações e espíritos encontram seu alimento na mesma mesa. Seus desejos são realizados e os seus apetites são satisfeitos. Na verdade, numerosas de suas portas permanecem fechadas e são deixadas para os que virão no futuro. Se você quer um exemplo dessa categoria, do começo ao fim o Alcorão faz exemplos. Todos os alunos do Alcorão e aqueles que ouvem os seus ensinamentos, como os intérpretes da lei, os verazes, os filósofos islâmicos, os sábios, os estudiosos da jurisprudência e estudiosos de teologia, as guias de santos daqueles que buscam conhecimento de Allah, os polos espirituais dos amigos de Allah, os eruditos e exigentes, e a massa de muçulmanos, declaram unanimemente: "Nós entendemos completamente o que o Alcorão nos ensina." Em suma, lampejos do brilho milagroso do Alcorão na categoria de “fazer-se entendido e instruir" assim como fazem nas outras categorias.

SEGUNDO RAIO

Este Raio é a abrangência extraordinária do Alcorão. É composto por cinco 'lampejos'.

O Primeiro Lampejo é a abrangência nas palavras. Esta abrangência é claramente aparente nos versículos mencionados tanto em todas as Palavras anteriores, e nesta Palavra. Como é indicado pelo Hadice:

لِكُلِّ اٰيَةٍ ظَهْرٌ وَبَطْنٌ وَحَدٌّ وَمُطَّلَعٌ وَ لِكُلٍّ شُجُونٌ وَغُصُونٌ وَ فُنُونٌ[585] as palavras do Alcorão foram posicionadas de tal forma que todas as suas frases, palavras , e até mesmo letras, e às vezes até uma omissão, tem muitos aspectos. Ele dá a todos aqueles que aborda a sua parte de uma porta diferente.

Tomemos, por exemplo, o versículo: [586]﴿وَ الْجِبَالَ اَوْتَادًا﴾ Uma frase que diz: "Eu fiz as montanhas como estacas e postes para a terra de vocês." A participação de uma pessoa comum a partir desta frase seria esta: ele vê as montanhas que aparecem como estacas fincadas no chão, pensa nos benefícios e nas generosidades neles, e agradece ao seu Criador.

A participação de um poeta a partir desta frase: ele imagina a terra como o solo, em que é lançado em um arco varrendo a cúpula dos céus como uma tenda verde poderosa enfeitada com lâmpadas elétricas, e ele vê as montanhas contornando a base dos céus para serem as estacas da tenda. Ele adora o Criador Todo-Glorioso em admiração.

A participação de um literato que mora em tenda quanto à frase: ele imagina a face da terra ser um deserto estéril, e as cadeias das montanhas como as tendas variadas de nômades, como se a camada de solo fosse encarregada de altos cargos e nas pontas dos postos havia levantado o manto do solo, que ele vê como a morada de inúmeras criaturas diferentes que olham um para o outro. Ele se prostra em admiração diante do Criador Glorioso, Quem colocou e armou tão facilmente esses augustos e poderosos seres, como tendas na face da terra.

A participação de um geógrafo com uma tendência literária a partir desta frase: ele pensa no globo da terra como um navio que navega os oceanos ou o ar ou o éter, e as montanhas como mastros e postes fincados no navio para equilibrá-lo e estabilizá-lo. Ele declara:[587] سُبْحَانَكَ مَا اَعْظَمَ شَانُكَ Diante do Todo-Poderoso da Perfeição, Que faz o poder e o globo como um navio comum, coloca-nos nele, e o faz viajar pelos confins do mundo.

A participação do sociólogo e filósofo da sociedade humana desta frase; seus pensamentos seriam assim: a terra é uma casa, e a coluna daquela casa é a vida animal, enquanto o suporte da vida animal são a água, o ar, a terra, as condições de vida. E o apoio da água, do ar e da terra são as montanhas, uma vez que as montanhas são os reservatórios de água, os pentes do ar: eles precipitam os gases nocivos e os purificam; são os preservadores da terra: preservam-na de ser transformada em um pântano, e do avanço do mar. Eles também são os tesouros para outras necessidades da vida humana. Em reverência absoluta ele oferece louvor e agradecimento ao Criador da Glória e Bondade, Que fez estas grandes montanhas como postes para a Terra – a casa da nossa vida – desta forma, e designou-os como os guardiões dos tesouros da nossa subsistência.

A participação de um estudioso das ciências naturais a partir desta frase seria esta: ele pensaria nos terremotos e tremores que ocorrem como resultado de convulsões e fusões no coração da terra sendo acalmadas pelo impulso das montanhas; que o surgimento das montanhas é a causa da rotação estável da Terra sobre seu eixo e sua órbita e de não se desviar de sua rotação anual, como resultado das convulsões de terremotos; e que a raiva e a ira da terra são acalmados por sua respirando pelas aberturas nas montanhas. Ele viria a acreditar completamente, e exclamar:[588] اَلْحِكْمَةُ لِلّٰهِ

Outro exemplo:[589] ﴿اَنَّ السَّمٰوَاتِ وَالْاَرْضَ كَانَتَا رَتْقًا فَفَتَقْنَاهُمَا﴾ O estudioso não contaminado pelo estudo da filosofia entenderia a palavra [590]"رتقاً" assim: enquanto o céu estava brilhando e sem nuvens, e a terra seca e sem vida e incapaz de produzir, o céu estava aberto com chuva e a terra com vegetação, e todos os seres vivos foram criados da água por uma espécie de casamento e de impregnação. Fazer isso foi o trabalho de Alguém tão Poderoso e Glorioso que a face da terra é apenas um pequeno jardim Seu, enquanto as nuvens, encobrindo o rosto dos céus, absorvem água para regá-lo. O estudioso entende isso e se prostra diante de Seu poder.

Um filósofo pesquisador entenderia a mesma palavra da seguinte forma: enquanto no início da criação, o céu e a terra eram uma massa disforme, cada uma composta de matéria como massa úmida, sem benefícios, filhos, ou criaturas, o Onisciente Criador tanto os rolou e expandiu-os em uma bela e benéfica forma, e os tornou a fonte de criaturas adornadas e numerosas. O filósofo ficaria maravilhado diante da amplitude de Sua sabedoria.

Um filósofo moderno entenderia a palavra assim: em primeiro lugar, o nosso mundo e os outros planetas, que formam o sistema solar, foram fundidos na forma de uma massa indiferenciada. Em seguida, o Todo-Poderoso e Autossubsistente rolou a massa e colocou cada um dos planetas em sua posição; deixando o sol onde ele estava e trazendo a terra aqui, Ele estendeu a terra sobre o globo da terra e o aspergiu com água do céu, espalhou luz sobre ele a partir do sol, e a habitou colocando-nos nela. O filósofo puxaria a cabeça para fora do pântano da natureza, e declararia:

آمَنْتُ بِاللهِ الْوَاحِدِ الْاَحَدِ [591]

E outro exemplo: [592]﴿وَ الشَّمْسُ تَجْرِى لِمُسْتَقَرٍّ لَهَا﴾ A letra Lam, de لِمُسْتَقَرٍ traduzida aqui como "até', expressa também o sentido de "em". Assim, os crentes ordinários veem isso no sentido de "até"! E entendem que o sol, que é uma lâmpada móvel, fornecendo luz e calor a eles, certamente vai concluir a sua jornada e chegar ao seu lugar de descanso, em seguida, assumir uma forma que, não mais será benéfica. E pensando sobre as grandes bênçãos que o Criador Todo-Glorioso tem anexado ao sol, eles declaram: "*Subahanallah*" [593] "*Alhamudullilah*"[594]

Um erudito também mostra o Lam no sentido de "até", mas ele pensaria nele, não só como uma lâmpada, mas também como um transporte das tapeçarias tecidas pelo Senhor no tear da primavera e do verão, como um pote de tinta cuja tinta é luz para as letras do Eternamente Procurado escritas nas páginas da noite e do dia. E pensando na ordem e regularidade do mundo, de que o movimento aparente do sol é um sinal e para o qual ele aponta, exclama ante a Sua sabedoria: "Machallah"[595], e declara ante a arte do Criador Sábio: "Baracallah"[596], e ele se curva em prostração.

Um geógrafo e filósofo entenderia a *Lam* como significando "em", assim: pelo comando Divino e com um movimento de mola em seu próprio eixo, o sol ordena e impulsiona o sistema solar. Exclamando em admiração e espanto diante do Criador Todo-Glorioso Quem, assim, cria e define este poderoso relógio: "Todo poder pertence a Allah!", Ele rejeita a filosofia e abraça a sabedoria do Alcorão.

Um estudioso preciso consideraria esta Lam como tanto causal e adverbial, e entenderia assim: "Uma vez que, o Onisciente Criador tornou as causas aparentes um véu de Suas obras, por meio de uma lei Divina de Sua chamada gravidade, ele juntou os planetas ao sol como pedras em uma tipoia, e fez com que eles girassem com diferentes, mas regulares movimentos dentro da esfera de Sua sabedoria; e Ele fez o giro do sol sobre seu próprio eixo a causa aparente dando origem à gravidade. Ou seja, o significado de لِمُسْتَقَرٍ (até) um lugar determinado, é [597] فِى مُسْتَقَرٍّ لَهَا لِاسْتِقْرَارِ مَنْظُومَتِهَا

Já que é uma regra Divina, uma lei dominical como o movimento aparente dando origem ao calor, e o calor à força, e a força à gravidade. Assim, no entender isso de uma única letra do Alcorão, o filósofo declararia: "Alhamdulillah"[598] É no Alcorão que a verdadeira sabedoria é para ser encontrada. Eu considero a filosofia não valer nada!"

E a ideia seguinte ocorreria a um pensador de tendência poética deste Lam e a estabilidade mencionada acima: "O sol é uma árvore luminosa, e os planetas são seus frutos móveis. Mas ao contrário das árvores, o sol sacode-se, mas os frutos não caem. Se não se agitar, eles iriam cair e espalhados." Então ele pensaria consigo mesmo: "O sol é o líder de êxtase de um grupo recitando os Nomes de Allah. Ele recita em êxtase no centro do círculo e faz com que os outros recitem." Em outro tratado, descrevi este significado da seguinte forma:

"Sim, o sol é uma árvore frutífera; ele se agita, de modo que os frutos dos planetas não caem.

Se ele repousar em silêncio, a atração cessaria; e que seus estáticos iriam chorar pelo espaço."

Outro exemplo: [599]﴿أُولَٰئِكَ هُمُ الْمُفْلِحُونَ﴾ Este versículo é geral e não específico, não especifica de que forma eles devem ser bem-sucedidos, de modo que cada pessoa pode encontrar o que quer nele. As suas palavras são poucas, e podem ser demoradas. O objetivo de alguns daqueles a quem se está dirigindo é serem salvos do Inferno. Outros pensam somente no Paraíso. Alguns desejam a felicidade eterna. No entanto, outros buscam apenas aprazer a Allah. Enquanto outros conhecem o seu objetivo e desejam ser a visão de Allah; e assim por diante. Em muitos lugares, o Alcorão deixa as palavras abertas desta forma, para que possam ser gerais. Deixa as coisas não ditas, de modo que podem expressar vários significados. Torna isso breve, para que todos possam encontrar a sua parte. Assim, ele diz[600] الْمُفْلِحُونَ. Ele não determina como devem prosperar. É como se, com esta omissão estivesse dizendo: "Ó muçulmanos! Boas notícias! Ó você que teme a Allah! Você vai encontrar a bem-aventurança por ser salvo do Inferno. Ó justo! Você deve encontrar a bem-aventurança no Paraíso. Ó você que busca o conhecimento de Allah! Você alcançará o prazer de Allah. Ó amante de Allah! Você experimentará a visão de Allah." E assim por diante.

Assim, de milhares de exemplos, oferecemos um exemplo de cada uma das frases, palavras, letras e omissões que demonstram a abrangência das palavras do Alcorão. Você pode fazer analogias e comparar os seus versículos e histórias com estes.

Outro exemplo, o versículo:

[601] ﴿فَاعْلَمْ اَنَّهُ لَا اِلٰهَ اِلَّا اللّٰهُ وَاسْتَغْفِرْ لِذَنْبِكَ﴾ Este versículo contém tantos aspectos e graus que todos os níveis de santos encontraram as suas necessidades a partir dele, em todas as suas jornadas espirituais e em todos os seus graus, e de terem encontrado sustento espiritual e um novo significado a partir dele apropriado para o seu próprio nível. Pois, uma vez que, o nome de 'Allah' é o Nome abrangente, há aspectos da unidade Divina dentro dele ao número dos Nomes mais Belos:

[602] اَىْ لَا رَزَّاقَ اِلَّا هُوَ ۞ لَا خَالِقَ اِلَّا هُوَ ۞ لَا رَحْمٰنَ اِلَّا هُوَ E assim por diante.

E, por exemplo, entre as histórias do Alcorão, a história de Moisés (que a paz esteja com ele) contém milhares de benefícios, assim como o cajado de Moisés. Existem inúmeros objetivos e aspectos da história, como consolar e confortar o Profeta Mohammad (Allah o abençoe e lhe dê paz), ameaçar os incrédulos, censurar os dissimuladores e repreender os judeus. Por esta razão, é repetida em muitas Suratas. Embora expresse todos os objetivos em cada lugar que a Surata é repetida, apenas um é o objetivo principal e os outros são secundários.

Se você dissesse: Como podemos conhecer todos os significados dos exemplos que você deu que o Alcorão tem intenção de apontar?

Nós responderíamos: Desde que o Alcorão é um tema pré-eterno, e está acima e além dos séculos, que, camada sobre camada, são todas diferentes, dirige-se a todos da humanidade alinhados dentro delas e os instrui, certamente ele os incluirá e pretende inúmeros significados de acordo com esses diferentes entendimentos, e fará alusões ao que pretende. Os inúmeros significados contidos nas palavras do Alcorão semelhantes aos mencionados aqui foram provados em *Icharatal-I'jaz* (Sinais de Milagres) de acordo com as regras da gramática árabe, e as ciências da retórica, semântica e eloquência e sua regras. De acordo com o consenso daqueles qualificados para interpretar a Chari'a, os comentaristas do Alcorão, os estudiosos da teologia e da jurisprudência, e de acordo com o testemunho de suas diferenças, sob a condição de que eles são considerados corretos pelas ciências da língua árabe e os princípios da religião, todos os aspectos e significados que são encontrados aceitáveis pela ciência da semântica, e apropriado pela ciência da retórica, e desejável pela ciência da eloquência, pode ser considerado um dos significados do Alcorão. O Alcorão tem colocado alusões a cada um desses significados de acordo com a sua gravidade. Eles são ou literal ou significativamente. Se significativamente, há alusões a eles em qualquer contexto anterior ou posterior ou em outros versículos. Alguns deles foram expostos em comentários do Alcorão de vinte, trinta, quarenta, sessenta e até oitenta volumes, escritos por estudiosos exigentes, que são provas claras e decisivas da abrangência extraordinária das palavras do Alcorão. No entanto, se nessa Palavra fôssemos apontar as alusões que indicam todos os significados em conjunto com as suas regras, a discussão se tornaria extremamente prolongada. Por isso, resumimo-los aqui, e para parte dele, encaminhamos para *Icharatal-I'jaz.*

Segundo Lampejo: Esta é a abrangência extraordinária em seu significado. Sim, juntamente com a concessão dos tesouros de seu significado as fontes para todos os intérpretes da Chari'a, as iluminações de todos aqueles que procuram o conhecimento de Allah, os caminhos de todos aqueles que buscam a união com Allah, os caminhos de todos os aperfeiçoados dentre a humanidade, e as escolas de todos os estudiosos, o Alcorão tem sido em todos os tempos guia de todos eles e dirigindo-os em seu progresso, e é verificado, por unanimidade, por todos que iluminou os caminhos a partir de suas tesourarias.

Terceiro Lampejo: Esta é a abrangência extraordinária em seu conhecimento. O Alcorão tem causado a fluir a partir dos oceanos de seu próprio conhecimento, as numerosas e diversas ciências da *Chari'a*, as ciências múltiplas da realidade, e as inúmeras ciências diferentes de sufismo (*Tariqa*). Da mesma forma, tem provocado a fluir em abundância e a boa ordem da verdadeira sabedoria da esfera de contingência, as verdadeiras ciências da esfera da necessidade, e o conhecimento enigmático da esfera da Outra Vida. Seria preciso escrever um volume inteiro para fornecer exemplos deste Lampejo, e mesmo assim como meros exemplos, que apontam para as vinte e cinco Palavras até agora escritas. Sim, as verdades verídicas de todas as vinte e cinco Palavras são apenas vinte e cinco gotas do oceano do conhecimento do Alcorão. Se houver erros com essas Palavras, eles brotam de minha compreensão defeituosa.

Quarto Lampejo: Esta é a abrangência extraordinária dos temas que ele propõe. Juntamente com a reunião dos assuntos extensos do homem e dos seus deveres, o universo e o Criador do universo, do céu e da terra, neste mundo e no Outro, o passado e o futuro, e pré-eternidade e pós-eternidade, o Alcorão explica todos os tópicos essenciais e importantes, desde a criação do homem a partir do fluido seminal até quando este entra no túmulo; da conduta correta de comer e dormir para as questões de decreto Divino e a Predestinação; desde a criação do mundo em seis dias, até os deveres do vento soprando, indicado pelos juramentos de:[603](وَالذَّارِيَاتِ) e [604](وَالْمُرْسَلاَتِ) , a partir de sua intervenção no coração do homem e, indicado por:

[605] (يَحُولُ بَيْنَ الْمَرْءِ وَقَلْبِهِ)

e: [606]﴿وَمَا تَشَاؤُنَ اِلاَّ اَنْ يَشَاءَ اللّٰهُ﴾ para

[607] (وَالسَّمٰوَاتُ مَطْوِيَّاتٌ بِيَمِينِهِ) isto é, segurar todos os céus dentro de Seu aperto; de flores, uvas, e tâmaras da terra, descritos em:

[608] ﴿وَجَعَلْنَا فِيهَا جَنَّاتٍ مِنْ نَخِيلٍ وَاَعْنَابٍ﴾ para a estranha verdade expressada por:

[609](اِذَا زُلْزِلَتِ اْلاَرْضُ زِلْزَالَهَا) a partir do estado dos céus em:

[610]﴿ثُمَّ اسْتَوَى اِلَى السَّمَاءِ وَهِىَ دُخَانٌ﴾ a serem rasgados com a fumaça e as estrelas caindo

e sendo espalhadas no espaço infinito; do mundo que está sendo aberto para testes e exames, ao seu encerramento; da sepultura, a primeira casa da Outra Vida, e, em seguida, a partir do Reino Intermediário, a ressurreição, e da Ponte, para a felicidade eterna; a partir dos acontecimentos do passado, e a criação do corpo de Adão e a disputa de seus dois filhos, até o Dilúvio, e o afogamento do povo do Faraó, e os principais acontecimentos da maioria dos profetas; e da circunstância de pré-eterna a que alude:

[611] ﴿اَلَسْتُ بِرَبِّكُمْ﴾ para a ocorrência pós-eterna expressa por:

[612]﴿وُجُوهٌ يَوْمَئِذٍ نَاضِرَةٌ ۞ اِلَى رَبِّهَا نَاظِرَةٌ﴾ todos esses temas importantes, fundamentais são

explicados de uma maneira condizente com o Glorioso Quem administra todo o universo como se fosse um palácio, e abre e fecha neste mundo e no Outro, como dois quartos, e regula a terra como se fosse um jardim e os céus, como se fossem um teto decorado com lâmpadas, e vê o passado e vê o futuro, como se fossem duas páginas apresentam diante d'Ele como uma única noite e único dia, e olha no pré-e pós-eternidade como se fossem o ontem e o amanhã, de uma forma em que os dois lados de uma cadeia de eventos sejam unidos e toquem-se no tempo presente. Assim como um mestre de obras fala de duas casas que ele tem construído e disposto, e faz com que o programa, a lista e o índice dos assuntos envolvidos, de forma que o Alcorão é apropriado Quem faz o universo e o organiza, e escreve e exibe a lista e o índice e – se alguém pode dizer isso - o programa dos assuntos relacionados com ela. Não há nenhum sinal de qualquer artificialismo ou falsa apresentação. E assim como não há qualquer vestígio de imitação ou indício de qualquer fraude, como falar em nome de outra pessoa ou supondo-se estar no lugar de outra pessoa e falar, também, com toda a sua seriedade, toda a sua pureza, toda a sua sinceridade, a pureza brilhante do Alcorão, declara: "Eu sou a palavra e a exposição do Criador do mundo", assim como a luz do dia declara: "Eu vim do sol."

Na verdade, além do Criador Quem adorna este mundo com as artes antigas e o enche com deliciosas generosidades e espalha em abundância sobre a face do mundo, juntamente com essas maravilhas da Sua arte tantos presentes valiosos, e coloca-os em linhas ordenadas espalhadas ao longo a face da terra, para além deste Doador de Recompensas, quem mais poderia o Alcorão de exposição miraculosa ser apropriado – o Alcorão, que enche o mundo com este clamor de saudação e aclamação, este louvor retumbante e graças, e transforma a terra em um lugar para a recitação dos Nomes de Allah, uma mesquita, e lugar para olhar sobre as obras Divinas de arte? Cujo discurso poderia ser parte d'Ele? Quem pode reclamar a propriedade além d'Ele? Cuja palavra pode ser diferente da Sua? Cuja luz poderia ser a exposição do Alcorão, que resolve o talismã da criação e ilumina o mundo, além do Pré-Eterno Sol? Quem tem a capacidade de produzir coisa similar a isso, e imitá-lo? Na verdade, é impossível para o Artista Que adorna este mundo com Sua arte não falar com o homem, que aprecia Sua arte. Já que Ele faz e sabe, Ele certamente fala. E uma vez que fala, é certamente o Alcorão que é apropriado para o Seu discurso. Como deve o Senhor de Todo o Domínio, Que não é indiferente ao modo como uma flor é ordenada ficar indiferente a um discurso que traz todo o Seu domínio a um clamor de saudação e louvor? Ele permitiria que fosse atribuído aos outros e ser feito como nada?

Quinto Lampejo: Esta é a maravilhosa abrangência de estilo e concisão do Alcorão. É composto por cinco 'Brilhos'.

Primeiro Brilho: O estilo do Alcorão tem abrangência tão maravilhosa que uma única Surata contém o oceano do Alcorão, que por sua vez contém o universo. Um único de seus versículos contém o tesouro da Surata. E a maioria dos versículos constitui cada um, uma curta Surata, enquanto a maioria das Suratas constitui em curtos Alcorões. Assim, este é um grande favor, orientação e facilitação decorrente de sua concisão milagrosa. Uma vez que, embora todos tenham necessidade do Alcorão o tempo todo, ou devido à insensatez ou por algum outro motivo, eles não têm tempo para lê-lo inteiro, ou não têm oportunidade. Portanto, a fim de que não sejam privados do mesmo, cada Surata é como um curto Alcorão, e cada versículo longo ainda tem a patente de uma Surata. Aqueles que penetram no significado interior das coisas concordam que todo o Alcorão está contido na Surata al-Fátiha, mesmo, e a Fátiha no Bismillah. A prova deste fato é o consenso dos estudiosos que a investigaram.

Segundo Brilho: Os versículos do Alcorão são abrangentes por meio de denotar e indicam todas as categorias de discurso e o verdadeiro conhecimento das necessidades humanas, como o comando, a proibição, a promessa e a ameaça, o estímulo, a dissuasão, contenção e orientação, as histórias e comparações, as ordenanças Divinas e ensinamentos, as ciências relacionadas com o universo e as leis e as condições de vida pessoal, a vida social, a vida do coração, a vida espiritual e a vida do Outro Mundo. Daí a verdade do ditado:[613] خُذْ مَا شِئْتَ لِمَا شِئْتَ tornou-se aceito a tal ponto pelo povo da realidade que se tornou proverbial entre eles. Há tal abrangência nos versículos do Alcorão que eles podem ser a cura para todos os males e o sustento para cada necessidade. Sim, eles têm de ser assim, porque é essencial que o guia absoluto de todos os níveis do povo de perfeição, que se eleva continuamente nos graus de progresso, possua essa propriedade.

Terceiro Brilho: Esta é a concisão milagrosa do Alcorão. Por vezes, acontece que o Alcorão menciona as duas extremidades de uma cadeia longa de tal modo que claramente mostra toda a cadeia. E, às vezes, acontece que inclui explicitamente e implicitamente, em sentido figurado, e alusivamente em uma palavra muitas provas de uma afirmação. Por exemplo, no versículo:

﴿وَمِنْ اٰيَاتِهِ خَلْقُ السَّمٰوَاتِ وَالْاَرْضِ وَاخْتِلاَفُ اَلْسِنَتِكُمْ وَ اَلْوَانِكُمْ﴾[614]

mencionando o início e o fim da cadeia de criação do universo, que formam uma cadeia de sinais e indicações da unidade Divina, o versículo mostra a segunda cadeia. Ele faz ler a primeira cadeia. Sim, o primeiro grau das páginas do mundo que testemunham um Criador Todo-Sábio é a origem da criação dos céus e da terra. Em seguida, estão os céus sendo adornados com estrelas e a terra alegrar-se com os seres vivos. E depois, a mudança das estações do ano, pela subjugação do sol e da lua. Em seguida, a alternância do dia e da noite, e a cadeia de eventos dentro deles. E assim vai tão longe como as características e as distinções individuais nos rostos e nas vozes, o mais difundido lugar da multiplicidade. Assim, uma vez que, existe uma ordem surpreendente e sábia nas características dos rostos individuais, que são as mais distantes da ordem e mais sujeitas à interferência do acaso, se for demonstrado que a pena de um artesão mais sábio trabalha lá, certamente as outras páginas, cuja ordem é clara, serão entendidas e exibirão a sua inscrição. E uma vez que as obras de arte e sabedoria de um Criador são evidentes na criação original dos vastos céus e da terra, Que os posiciona propositadamente como os alicerces do palácio do universo; as obras de Sua arte e a marca de Sua sabedoria, certamente será mais clara em Seus outros seres. Assim, ao expor o oculto e esconder o óbvio, este versículo expressa a mais bela concisão.

Da mesma forma nos versículos:[615] (فَسُبْحَانَ اللّٰهِ حِينَ تُمْسُونَ) até: ﴿وَلَهُ الْمَثَلُ الْاَعْلَى فِى السَّمٰوَاتِ وَالْاَرْضِ وَهُوَ الْعَزِيزُ الْحَكِيمُ﴾[616] a cadeia de provas que começa seis vezes com as palavras,[617] وَمِنْ آيَاتِهِ وَمِنْ آيَاتِهِ, E entre os Seus sinais, é uma sequência de joias, uma sequência de luz, uma sequência de milagres, uma sequência de concisão milagrosa. Desejo do fundo do coração exibir os diamantes ocultos nestes tesouros, mas o que posso fazer? A discussão aqui não a suporta. Então, adie-a para outra vez, eu não vou abrir essa porta agora.

E por exemplo:[618] ﴿فَاَرْسِلُونِ ۞ يُوسُفُ اَيُّهَا الصِّدِّيقُ﴾ Entre:

فَاَرْسِلُونِ e يُوسُفُ[619] estão as palavras:

[620]اِلَى يُوسُفَ لِاَسْتَعْبَرَ مِنْهُ الرُّؤْيَا فَاَرْسَلُوهُ فَذَهَبَ اِلَى السِّجْنِ وَ قَالَ يُوسُفُ Ou seja, apesar de cinco frases terem sido abreviadas e resumidas em uma frase, isso não estragou a clareza ou dificultou a compreensão.

E, por exemplo:[621] ﴿اَلَّذِى جَعَلَ لَكُمْ مِنَ الشَّجَرِ الْاَخْضَرِ نَارًا﴾ Aqui o Alcorão está dizendo na face dos rebeldes negadores, que estavam desafiando o Alcorão, dizendo: "Quem poderá reviver os ossos, quando já estiverem decompostos?" Quem os criou da primeira vez, Ele os ressuscitará para a vida. E esse Criador conhece todos os aspectos de cada coisa. Além disso, Aquele que fornece fogo para vós desde as árvores verdes é capaz de dar vida a ossos secos. Assim, esta frase parece de várias maneiras a afirmação de que o homem será ressuscitado para a vida, e prova isso.

Em primeiro lugar, com estas palavras, o Alcorão começa a cadeia de generosidades que coloca perante o homem, move-as a sua frente, e chama-lhe a atenção. Tendo-as descrito em detalhes em outros versículos, ele abrevia a descrição aqui, e se refere à inteligência. Isto é: "Vocês não podem fugir de Quem lhes dá frutas e fogo de árvores, sustento e sementes de plantas, cereais e grãos da terra, e faz da terra um excelente berço para vocês cheio de todo o seu sustento, e do mundo um palácio em que se encontram todas as suas necessidades – vocês não podem ser independentes d'Ele, ou desaparecer em não existência e se esconder lá. Vocês não podem entrar no túmulo, sem direitos para dormir no conforto e não serem despertados.

Em seguida, ele chama a atenção para uma evidência da afirmação. Com as palavras, الشَّجَرِ الْاَخْضَرِ a árvore verde, implica: "Ó você que nega a ressurreição! Olhe para as árvores! Aquele Que faz surgir a vida e torna verde, na primavera inúmeras árvores ósseas semelhantes que ficaram mortas durante todo o inverno, e em cada árvore ainda demonstra três exemplos de ressurreição: pelas folhas, flores e frutos – o poder de tal Pessoa não pode ser contestado pela negação ou por considerar improvável a ressurreição."

Em seguida, ele aponta outra evidência, dizendo: "Como vocês consideram improvável dar vida como o fogo, consciência como a luz, a ossos como madeira, Aquele que lhes extrai de matéria sutil, leve, iluminada como fogo, de matéria densa, pesada escura como árvore?"

Em seguida, ele afirma explicitamente outra evidência; ele diz: "Aquele que cria a famosa árvore que produz o fogo, enquanto verde para os nômades no lugar de fósforos quando dois de seus ramos são friccionados juntos, e combina dois opostos como o verde e úmido e o seco e quente, e os torna a fonte do fogo – tudo, até mesmo os elementos fundamentais, olham para Seu comando e atuam por Seu poder. Não pode ser considerada improvável d'Aquele Que demonstra que nenhum deles é independente e age de acordo com a vontade própria que Ele deve erguer o homem da terra, uma vez mais, que foi feita a partir de terra e mais tarde retornou à terra. Ele não pode ser desafiado com rebelião."

Então, com as lembranças da famosa árvore de Moisés (que a paz esteja com ele), isso mostra que essa afirmação de Mohammad (Allah o abençoe e lhe dê paz) é também o de Moisés (a paz esteja com ele). Levemente aludindo ao consenso dos profetas, acrescenta mais um ponto sutil para a frase.

Quarto Brilho: A concisão do Alcorão é tão abrangente e maravilhosa que, quando estudada cuidadosamente torna-se evidente que, às vezes, por meio de algum detalhe simples ou evento específico, ele mostra compaixão para com as mentes simples, comuns mais extensas, longas, regras universais e leis gerais, como mostra um oceano em um jarro. Devemos salientar apenas dois de milhares de exemplos.

Primeiro Exemplo: São os três versículos expostos em detalhes na Primeira Estação da Vigésima Palavra, que descrevem com o nome de "o ensinamento dos Nomes" para a pessoa de Adão, o ensino de todas as ciências e ramos do conhecimento com que os filhos de Adão têm sido inspirados. Por meio dos anjos prostrando diante de Adão e Satanás não prostrando, afirmam que a maioria dos seres, desde os peixes aos anjos está submetida à espécie humana, que apenas criaturas nocivas como cobras até Satanás não obedecem ao homem e são hostis a ele. E pelo povo de Moisés (que a paz esteja com ele) o abate de uma vaca, ele afirma que o conceito do culto à vaca – que foi feita a partir do culto à vaca no Egito e mostrou seu efeito no "caso de bezerro"- foi abatido pela faca de Moisés. E pela água jorrando da rocha e fontes que fluem e se espalhando, eles também afirmam que a camada de rocha que está sob as camadas de solo age como fonte de ambas as nascentes de água e do solo.

Segundo Exemplo: Este é o todo e as partes da história de Moisés (a paz esteja com ele), que é frequentemente repetida no Alcorão, e cada uma das repetições é mostrada como a ponta de uma regra universal, cada repetição afirmando a regra em questão. Por exemplo:[622] ﴿يَا هَامَانُ ابْنِ لِى صَرْحًا﴾ O Faraó comandando seu ministro: "Construa-me uma torre alta para que eu possa dar uma olhada para os céus e observá-los. Gostaria de saber se existe um Allah que governa nos céus como Moisés alega Que pode ser visto a partir de sua disposição? "Assim, por meio da palavra[623] صَرْحًا e esse pequeno incidente, afirma uma regra estranha dominante nas tradições dos faraós egípcios, que, porque eles viviam no deserto, sem montanhas, queriam torres, e porque não reconhecem o Criador, eram adoradores da natureza e reivindicavam divindade; e adorando a fama, por meio da exibição das obras de seu domínio perpetuaram seus nomes e construíram as famosas pirâmides como montanhas; e concordando com a magia e metempsicose, tiveram seus corpos mumificados e preservados em suas montanhas como túmulos.

E, por exemplo:[624] ﴿فَالْيَوْمَ نُنَجِّيكَ بِبَدَنِكَ﴾ Ao dizer ao Faraó, que está se afogando: "Hoje eu vou salvar seu corpo que vai se afogar", ele está expressando, uma regra exemplar contaminada da vida dos faraós, que era como consequência da ideia da metempsicose e mumificação dos corpos de todos eles, para levá-los do passado e enviá-los para serem vistos pelas gerações do futuro. E este presente século um corpo foi descoberto que era o corpo do faraó, arremessado na praia onde ele se afogou. O versículo afirma, portanto, um sinal miraculoso do Invisível, que o corpo estava a ser carregado nas ondas dos séculos e lançado pelo mar de tempo para a praia deste século.

E, por exemplo:[625] ﴿يُذَبِّحُونَ اَبْنَاءَكُمْ وَيَسْتَحْيُونَ نِسَاءَكُمْ﴾Um evento no tempo de um faraó, a degola dos filhos de Israel e a preservação de suas mulheres e filhas, menciona os numerosos massacres que a nação judaica sofreu em todas as idades, e o papel de suas mulheres e meninas têm desempenhado na vida humana dissoluta.

﴿وَلَتَجِدَنَّهُمْ اَحْرَصَ النَّاسِ عَلَى حَيٰوةٍ﴾[626] ۞ ﴿وَتَرَى كَثِيرًا مِنْهُمْ يُسَارِعُونَ فِى الْاِثْمِ وَالْعُدْوَانِ وَاَكْلِهِمُ السُّحْتَ لَبِئْسَ مَا كَانُوا يَعْمَلُونَ﴾[627] ۞ ﴿وَيَسْعَوْنَ فِى الْاَرْضِ فَسَادًا وَاللّٰهُ لاَ يُحِبُّ الْمُفْسِدِينَ﴾[628] ۞ ﴿وَقَضَيْنَا اِلَى بَنِى اِسْرَائِيلَ فِى الْكِتَابِ لَتُفْسِدُنَّ فِى الْاَرْضِ مَرَّتَيْنِ﴾[629] ۞ ﴿وَلاَ تَعْثَوْا فِى الْاَرْضِ مُفْسِدِينَ﴾[630]

Estas duas afirmações do Alcorão, dirigidas aos judeus, compreendem as duas regras gerais temíveis, que essa nação trama na vida social humana com a sua astúcia, que sacodem a sociedade humana. Eles dizem que, assim como foi a nação que fez concurso de trabalho com o capital; e por usura e dos juros compostos, fez o pobre confrontar-se com o rico, e fez com que os bancos fossem fundados, e acumulou riqueza por meio de artimanhas e fraudes; por isso foi mais uma vez a nação que, a fim de ter a sua vingança sobre os vencedores e os governos em que sempre sofreram privação e opressão, foram envolvidos em todo tipo de organização corrupta secreta e teve um dedo em cada espécie de revolução.

E, por exemplo:[631] ﴿فَتَمَنَّوُا الْمَوْتَ﴾Isto é, "Se o que vocês dizem é verdade, procurai, então, a morte, mas vocês não vão procurá-la!" Assim, por um pequeno incidente em uma pequena reunião na presença do Profeta (Allah o abençoe e lhe dê paz), salienta que a nação judaica, que é a mais famosa entre as nações da humanidade pela sua ganância pela vida e o medo da morte, não vai, de acordo com a sua língua de disposição, buscar a morte até o Dia do Juízo, e não vai desistir de sua ambição pela vida.

E, por exemplo:[632] ﴿ضُرِبَتْ عَلَيْهِمُ الذِّلَّةُ وَالْمَسْكَنَةُ﴾ Com isso, descreve geralmente o destino do futuro da nação. É por causa dessas regras temíveis que regem o destino e o caráter desta nação que o Alcorão age de forma tão severa contra eles. Aplica-lhes bofetadas impressionantes como punição. A partir destes exemplos estabelece analogias com as outras histórias e passagens sobre Moisés (que a paz esteja com ele) e os filhos de Israel. Agora, existem muitos lampejos de milagres como o lampejo neste Quarto Brilho por trás das palavras simples e assuntos específicos do Alcorão. Uma dica é suficiente para o sábio.

Quinto Brilho: Esta é a abrangência extraordinária do Alcorão no que diz respeito aos seus objetivos e temas, significados e estilos, e suas qualidades sutis e belas virtudes. De fato, se as Suratas e os versículos do Alcorão de exposição miraculosa são estudados cuidadosamente e, especialmente, as aberturas das Suratas, e o início e o fim dos versículos, será visto que, embora reúna todas as categorias de eloquência, todas as partes do excelente discurso, todas as classes de estilos elevados, todos os tipos de excelente moralidade, todos os resumos das ciências relacionadas com o universo, todos os índices do conhecimento Divino, todas as regras benéficas para a vida individual e social humana, e todas as leis luminosas das exaltadas ciências físicas, nenhum traço de confusão é evidente. Na verdade, para reunir em um só lugar muitas categorias diferentes de conhecimento e não causar qualquer disputa ou dificuldade só pode ser obra de uma ordem milagrosa esmagadora.

Em seguida, juntamente com a ordem dentro desta abrangência, como é exposto e provado nas últimas vinte e quatro Palavras, rasgar os véus do habitual e comum, que são a fonte de ignorância agravada, e tirar as maravilhas escondidas debaixo delas e exibi-las; esmagar com a espada de diamante da prova o ídolo da natureza, que é a fonte de desorientação; espalhar com estrondosas explosões da trombeta, as densas camadas do sono da negligência; e descobrir e revelar o talismã obscuro do ser e o estranho enigma da criação do mundo, perante o qual a filosofia humana e a ciência têm permanecido impotente, é apenas mais certamente o trabalho maravilhoso de um fazedor de milagres, como o Alcorão o Alcorão, que vê a realidade, está familiarizado com o Invisível, dá orientação, e mostra a verdade.

Se os versículos do Alcorão são considerados com cuidado e de forma justa, será visto que eles não se assemelham a uma cadeia gradual de pensamento, seguindo um ou dois objetivos, como outros livros. Uma vez que a forma do Alcorão é súbita e instantânea; é inspirada no momento; sua marca é que todos os seus aspectos chegam juntos, mas independentemente de lugares distantes, um discurso mais sério e importante que vem isoladamente e de forma concisa.

Sim, quem além de Criador do universo que poderia dar um discurso preocupado a respeito deste grau com o universo e o Criador do universo? Quem poderia ir além de sua marca a um grau infinito e fazer o Criador Todo-Glorioso falar de acordo com seus próprios caprichos, em seguida, fazer o universo falar a verdade? Sim, no Alcorão, o Criador do universo é visto estar falando e fazendo os outros falarem mais sério e honestamente e de forma elevada e verdadeira. Não há sinal algum de sugerir imitação. Ele fala e faz falar. Se supormos o impossível, alguém como Musaylima pudesse dar um passo além da sua marca a um grau infinito, e por meio de imitação tornar o Criador Todo-Glorioso, o Sublime e Majestoso, falar de acordo com suas próprias ideias, e o universo também, certamente haveria milhares de sinais de imitação e indícios de falsidade. Uma vez que, quando o desprezível assumir a forma do sublime, todas as suas ações mostram a sua pretensão. Portanto, considere cuidadosamente estes versículos, que proclamam este fato com um juramento:

﴿وَالنَّجْمِ اِذَا هَوَى ۞ مَا ضَلَّ صَاحِبُكُمْ وَمَا غَوَى ۞ وَمَا يَنْطِقُ عَنِ الْهَوَى ۞ اِنْ هُوَ اِلاَّ وَحْىٌ يُوحَى﴾[633]

TERCEIRO RAIO

Este é o milagre do Alcorão de exposição miraculosa, que é a sua notícia sobre o Invisível, preservando a sua juventude em todos os tempos e sendo apropriado a todos os níveis da pessoa. Este Raio tem três "irradiações".

Primeira Irradiação: Esta é a sua notícia do Invisível. É composto por três 'Brilhos'.

O Primeiro Brilho é a sua narrativa sobre o passado, uma parte do Invisível. Na verdade, o Alcorão Sagrado menciona pela língua de alguém, que todos concordaram foi tanto analfabeto e confiável, os acontecimentos importantes e fatos significantes sobre os profetas, desde o tempo de Adão até a Era da Felicidade de uma forma que, confirmadas pelas escrituras como a Torá e a Bíblia, diz deles com o maior poder e a seriedade. Concorda com os pontos em que os antigos Livros concordaram, e decidem entre eles nos pontos sobre os quais não diferiram, apontando a verdade da questão. Ou seja, a visão do Alcorão que penetra no Invisível vê os acontecimentos do passado de uma forma acima de todas as escrituras anteriores, e pronuncia-as direito e confirma-as nas questões em que estão de acordo, e atua como árbitro entre eles, corrigindo em assuntos sobre os quais eles estão em desacordo.

No entanto, os fatos que o Alcorão relata sobre os acontecimentos do passado não poderiam ter sido aprendidos pelo exercício da razão, eles foram comunicados por ele; eles transmitiram conhecimento, dependente dos céus, sobre a revelação. E, quanto ao conhecimento transmitido, é o domínio dos que sabem ler e escrever, e estes foram revelados a um conhecido por amigos e inimigos por igual que não sabia ler nem escrever, e sendo de confiança; alguém descrito como iletrado.

Além disso, o Alcorão fala sobre esses eventos passados como se tivesse realmente visto, já que leva o espírito e o ponto vital de um evento longo, e torna-os a introdução ao seu objetivo. Ou seja, os resumos e extratos que o Alcorão contém mostram que ele vê todo o passado junto com todos os seus eventos. Pois, assim como alguém que é um especialista em alguma ciência ou ofício mostra sua habilidade e proficiência por algumas palavras sucintas ou uma declaração concisa, também, os resumos e espíritos dos eventos mencionados no Alcorão mostram que quem as disse abrange todos os eventos e os vê, e, se assim se pode dizer, relaciona-os com habilidade extraordinária.

O Segundo Brilho é a revelação do futuro, o que é outra parte do Invisível. Existem muitos tipos disso. O primeiro tipo é particular, e especial para os santos e aqueles que buscam a verdade pela iluminação. Por exemplo, Muhyiddin al-'Arabi descobriu inúmeras notícias do Invisível do Alcorão na Surata:

[634] ﴿الٓمٓ ۝ غُلِبَتِ الرُّومُ﴾ e o Imam-i Rabbani viu muitos sinais dos eventos do Invisível e da comunicação deles nas letras desconexas 'no início de algumas Suratas, e assim por diante. Para os estudiosos da Escola Batiniya, o Alcorão consistiu do começo ao fim de informações sobre o Invisível. Nós, no entanto, vamos indicar algumas em geral. Estes também têm muitos níveis, um dos quais discutiremos. Assim, o Alcorão Sagrado diz

que o Nobre Mensageiro de Allah (Allah o abençoe e lhe dê paz):[NOTA]

﴿فَاصْبِرْ اِنَّ وَعْدَ اللهِ حَقٌّ﴾ 635 ❁ ﴿لَتَدْخُلُنَّ الْمَسْجِدَ الْحَرَامَ اِنْ شَاءَ اللهُ آمِنِينَ مُحَلِّقِينَ رُؤُسَكُمْ وَ
مُقَصِّرِينَ لاَ تَخَافُونَ... ❁ هُوَ الَّذِى اَرْسَلَ رَسُولَهُ بِالْهُدَى وَدِينِ الْحَقِّ لِيُظْهِرَهُ عَلَى الدِّينِ كُلِّهِ﴾ 636 ❁ ﴿
وَهُمْ مِنْ بَعْدِ غَلَبِهِمْ سَيَغْلِبُونَ* فِى بِضْعِ سِنِينَ لِلّٰهِ الْاَمْرُ﴾ 637 ❁ ﴿فَسَتُبْصِرُ وَيُبْصِرُونَ ❁ بِاَيِّكُمُ
الْمَفْتُونُ﴾ 638 ❁ ﴿اَمْ يَقُولُونَ شَاعِرٌ نَتَرَبَّصُ بِهِ رَيْبَ الْمَنُونِ ❁ قُلْ تَرَبَّصُوا فَاِنِّى مَعَكُمْ مِنَ
الْمُتَرَبِّصِينَ﴾ 639 ❁ ﴿وَاللهُ يَعْصِمُكَ مِنَ النَّاسِ﴾ 640 ❁ ﴿فَاِنْ لَمْ تَفْعَلُوا وَ لَنْ تَفْعَلُوا﴾ 641 ❁ ﴿وَ
لَنْ يَتَمَنَّوْهُ اَبَدًا﴾ 642 ❁ ﴿سَنُرِيهِمْ آيَاتِنَا فِى الْآفَاقِ وَفِى اَنْفُسِهِمْ حَتَّى يَتَبَيَّنَ لَهُمْ اَنَّهُ الْحَقُّ﴾ 643 ❁
﴿قُلْ لَئِنِ اجْتَمَعَتِ الْاِنْسُ وَالْجِنُّ عَلَى اَنْ يَاْتُوا بِمِثْلِ هذَا الْقُرْآنِ لاَ يَاْتُونَ بِمِثْلِهِ وَلَوْ كَانَ بَعْضُهُمْ لِبَعْضٍ
ظَهِيرًا﴾ 644 ❁ ﴿يَاْتِى اللهُ بِقَوْمٍ يُحِبُّهُمْ وَيُحِبُّونَهُ اَذِلَّةٍ عَلَى الْمُؤْمِنِينَ اَعِزَّةٍ عَلَى الْكَافِرِينَ يُجَاهِدُونَ فِى
سَبِيلِ اللهِ وَلاَ يَخَافُونَ لَوْمَةَ لاَئِمٍ﴾ 645 ❁ ﴿وَقُلِ الْحَمْدُ لِلّٰهِ سَيُرِيكُمْ آيَاتِهِ فَتَعْرِفُونَهَا﴾ 646 ❁ ﴿قُلْ هُوَ
الرَّحْمنُ آمَنَّا بِهِ وَعَلَيْهِ تَوَكَّلْنَا فَسَتَعْلَمُونَ مَنْ هُوَ فِى ضَلاَلٍ مُبِينٍ﴾ 647 ❁ ﴿وَعَدَ اللهُ الَّذِينَ آمَنُوا مِنْكُمْ
وَعَمِلُوا الصَّالِحَاتِ لَيَسْتَخْلِفَنَّهُمْ فِى الْاَرْضِ كَمَا اسْتَخْلَفَ الَّذِينَ مِنْ قَبْلِهِمْ وَلَيُمَكِّنَنَّ لَهُمْ دِينَهُمُ الَّذِى
ارْتَضَى لَهُمْ وَلَيُبَدِّلَنَّهُمْ مِنْ بَعْدِ خَوْفِهِمْ اَمْنًا﴾ 648

As informações sobre o Invisível que muitos versículos como estes dão tornaram-se exatamente verdade. Porque foram dadas por alguém que foi alvo de muitas críticas e objeções e poderia ter perdido sua causa por menor erro, e foram falados, sem hesitação, e com absoluta seriedade e confiança de uma maneira que confirmaram a sua autenticidade; estas notícias do Invisível demonstram com certeza que quem as deu tinha recebido instruções do Mestre Pré-Eterno, e então falou.

Terceiro Brilho é a notícia dada sobre verdades Divinas, verdades cósmicas, e em matéria da vida após a morte. As exposições do Alcorão das verdades Divinas, e as suas explicações sobre o cosmos, que resolvem o talismã do universo e o enigma da criação, são as mais importantes de suas divulgações sobre o Invisível. Pois, não é razoável esperar que a razão humana descubra as verdades sobre o Invisível e segui-las sem se desviar em meio a inúmeras formas de desorientação. É bem sabido que os filósofos

---

[NOTA] Uma vez que estes versículos que dão notícia do Invisível foram expostos em numerosos comentários do Alcorão, e também devido à pressa imposta ao autor com a sua intenção de ter este trabalho impresso no antigo roteiro [otomano, com caracteres árabes], não foram explicados aqui e esses tesouros valiosos permaneceram fechados. [Tr.]

mais brilhantes da humanidade foram incapazes de resolver o mais insignificante dos assuntos pelo uso da razão. Além disso, é somente após o Alcorão elucidar essas verdades Divinas e verdades cósmicas, que apontou, e depois o coração do homem e sua alma foram purificados, e depois de seu espírito ter avançado e sua mente ter sido aperfeiçoada afirma e aceita essas verdades, ela diz ao Alcorão: Bárakallah! (quão grandes são as bênçãos de Allah!) Esta seção foi, em parte, explicada e provada na Décima Palavra, e não há necessidade de repeti-la. Mas quando se trata de fatos relativos à Outra Vida e ao Reino de Intermediário, a mente humana certamente não pode subir para eles e vê-los por conta própria. No entanto, pode prová-las ao grau vê-las por meios indicados pelo Alcorão. É explicado e provado na Décima Palavra quão certas e verdadeiras são estas revelações do Alcorão sobre o Invisível.

Segunda Irradiação: Esta é a juventude do Alcorão. Ele preserva a sua modernidade e juventude em todas as idades, como se recém-revelado. Na verdade, o Alcorão tem de ter a juventude perpétua desde que como um endereço pré-eterno, aborda de uma só vez todos os níveis da humanidade em todas as épocas. E é assim que tem sido visto e é visto. Mesmo, apesar de todos os séculos serem diferentes no que diz respeito às ideias e capacidade, à medida que olha para cada um em particular, e o ensina. As obras e as leis do homem envelhecem como o homem; elas mudam e são alteradas. Mas as regras e leis do Alcorão são tão firmes e bem fundamentadas que aumentam a força com o passar dos séculos. Na verdade, a época atual e os adeptos do Livro, nesta idade, que têm sido invocados mais do que qualquer outro povo e taparam os ouvidos às palavras do Alcorão, são tão necessitados de seu discurso orientador: يَا اَهْلَ الْكِتَابِ يَا اَهْلَ الْكِتَابِ[649] é como se abordassem esta idade diretamente, e a frase يَا اَهْلَ الْكِتَابِ compreende também o significado de يَا اَهْلَ الْمَكْتَبِ[650] Ele oferece o seu grito de:[651] ﴿يَا اَهْلَ الْكِتَابِ تَعَالَوْا اِلَى كَلِمَةٍ سَوَاءٍ بَيْنَنَا وَ بَيْنَكُمْ﴾ até os confins do mundo com toda a sua força, todo o seu vigor, toda a sua juventude.

Por exemplo, a civilização moderna, que é o produto do pensamento de toda a humanidade e talvez dos gênios também, assumiu uma posição de oposição ao Alcorão, que os indivíduos e as comunidades não conseguiram competir. Com sua magia ela impugna os milagres do Alcorão. Agora, a fim de provar a alegação do versículo: ﴿قُلْ لَئِنِ اجْتَمَعَتِ الْاِنْسُ وَالْجِنُّ....﴾[652] vamos comparar as bases e os princípios que a civilização estabeleceu como oposição, com os princípios do Alcorão.

No Primeiro Grau: As comparações e as avaliações que formam todas as Palavras da Primeira até a Vigésima Quinta, e os versículos em seus inícios que formam as suas verdades, tudo prova com a certeza de que dois mais dois são iguais a quatro, os milagres do Alcorão e a superioridade em face da civilização.

No Segundo Grau: Resume na Décima Segunda Palavra uma série de princípios. Por causa de sua filosofia, a civilização atual aceita "a força" como o ponto de apoio na vida da sociedade. Ela toma como objetivo “os benefícios”, e considera “a disputa” o princípio de sua vida. Ela considera a ligação entre as comunidades ser "racismo e nacionalismo negativo.” Enquanto seu objetivo é fornecer “divertimentos” para gratificar os apetites da alma e o aumento das necessidades do homem. No entanto, a intenção da força é a superação e a dos benefícios é a disputa por eles, porque são insuficientes para satisfazer todas as necessidades. A intenção do conflito é a disputa, e do racismo é a superação, uma vez que prospera em devorar os outros. Assim, é por causa destes princípios da civilização que, apesar de todas as suas virtudes, tem fornecido uma espécie de felicidade superficial para apenas vinte por cento da humanidade e causa aos expressivos oitenta por cento sofrimento e pobreza.

A sabedoria do Alcorão, no entanto, tem como ponto de apoio "a verdade" em lugar da força, e no lugar do benefício tem "a virtude e o aprazimento de Allah", como seus objetivos. Ele considera "o princípio de assistência mútua" fundamental para a vida, em vez de disputa. Nos laços entre as comunidades aceita "os laços de religião, classe e país", no lugar de racismo e nacionalismo. Os seus objetivos são para colocar uma barreira diante dos ataques ilícitos de apetites da alma e instar o espírito de assuntos sublimes, para satisfazer as emoções elevadas do homem e incentivá-lo para as perfeições humanas. Portanto, a intenção da verdade é a concórdia, a intenção da virtude é o apoio mútuo, a intenção de assistência mútua, é a ajuda de um ao outro, e a intenção da religião é a fraternidade e a atração. E o resultado de frear e amarrar a alma mal dominante e deixar o espírito livre, instando-o em direção à perfeição é à felicidade neste mundo e no próximo. Assim, apesar das virtudes da civilização atual ter adquirido a partir da orientação do Alcorão, em particular, e das religiões reveladas anteriores, na verdade, ela tem, assim, sofrido uma derrota ante o Alcorão.

Terceiro Grau: De milhares de questões, vamos apontar apenas três ou quatro a título de exemplo. Uma vez que, os princípios e as leis do Alcorão vieram da pré-eternidade, eles devem ir para a pós-eternidade. Eles não estão condenados a envelhecer e morrer como as leis da civilização. Eles estão sempre jovens e fortes. Por exemplo, apesar de todas as suas sociedades por boas obras, todos os seus estabelecimentos para o ensino de ética, toda a sua severa disciplina e regulamentos, a civilização tem sido incapaz de contestar o Alcorão Sagrado em dois dos seus assuntos, e ser derrotado por eles. Estas duas questões são:

[653] ﴿وَاَقِيمُوا الصَّلٰوةَ وَاٰتُوا الزَّكٰوةَ﴾ e, [654] ﴿وَاَحَلَّ اللّٰهُ الْبَيْعَ وَحَرَّمَ الرِّبَا﴾ Vamos descrevê-los, esta vitória miraculosa, por meio de uma introdução. É assim:

Como é provado em *Icharatal-I'jaz*, assim como a origem das revoluções da humanidade é uma frase, então outra frase é a origem de toda imoralidade.

Primeira frase: "Enquanto eu estou satisfeito, que me importa que outros morram de fome."

Segunda frase: "Você trabalha, para eu comer."

Sim, as classes superiores e inferiores na sociedade humana, ou seja, os ricos e os pobres vivem em paz quando em equilíbrio. A base desse equilíbrio é a compaixão e a bondade nas classes mais altas, e respeito e obediência nas classes mais baixas. Agora, a primeira frase incita as classes superiores a praticar a opressão, a imoralidade e a impiedade. E assim como a segunda tem impulsionado as classes mais baixas ao ódio, a inveja, e a enfrentar as classes mais altas, e negado a tranquilidade do homem durante vários séculos, também neste século, como o resultado da luta entre o capital e o trabalho tem sido a causa dos acontecimentos importantes da Europa bem conhecida por todos. Assim, juntamente com todas as suas sociedades para as boas obras, todos os seus estabelecimentos para o ensino de ética, toda a sua severa disciplina e regulamentos, não poderia conciliar essas duas classes da humanidade, nem poderia curar as duas feridas terríveis na vida humana. O Alcorão, no entanto, erradica a primeira frase com a sua intimação para pagar o zakat, e curá-la. Enquanto ele arranca a segunda frase com a sua proibição da usura e dos juros, e cura isso. De fato, o versículo do Alcorão está à porta do mundo e declara a usura e os juros proibidos. Ele lê o seu decreto para a humanidade, dizendo: "A fim de fechar a porta da contenda, feche a porta da usura e dos juros" Ela proíbe seus alunos de ingressar nisso.

Segundo Princípio: A civilização não aceita a poligamia. Ela considera o decreto do Alcorão como sendo contrário à sabedoria e em detrimento dos benefícios do homem. De fato, se o propósito do casamento fosse apenas satisfazer a luxúria, a poligamia teria sido contrário a ele. Mas como é testemunhado por todos os animais e corroborado pelas plantas que, a finalidade e o objetivo do casamento é a reprodução. O prazer da luxúria satisfatória é um pequeno salário dado por misericórdia Divina para incentivar o desempenho do dever. Uma vez que, de acordo com a sabedoria, o casamento é para a reprodução e a perpetuação da espécie, e as mulheres podem dar à luz apenas uma vez por ano, e podem ser impregnadas apenas na metade do mês, e depois de cinquenta anos de idade entram em menopausa, e os homens podem impregnar até com cem anos de idade, e, portanto, uma mulher é insuficiente para um homem. Por isso, a civilização foi obrigada a aceitar inúmeras casas de má reputação.

Terceiro princípio: a civilização irracional critica o versículo do Alcorão que destina às mulheres um terço [na herança]. No entanto, a maioria das regras relativas à vida social está em conformidade com a maioria, e principalmente quando a mulher encontra alguém para protegê-la. Quanto ao homem, ela será um fardo para ele e terá que combinar esforços com alguém mais que vai proporcionar-lhe meios de subsistência. Assim, desta forma, se a mulher tem metade do legado do pai, o marido garante a deficiência dela. Mas se o homem recebe duas partes de seu pai, ele vai dar uma parte para manter a mulher com quem ele se casou, tornando-se assim igual a sua irmã. A justiça do Alcorão exige que seja assim. Ele decretou desta forma.[NOTA]

Quarto Princípio: Assim como o Alcorão proíbe severamente a adoração de ídolos, proíbe também a adoração de imagens, que é uma espécie de imitação da adoração de ídolos. Enquanto a civilização conta a representação de formas como uma de suas virtudes, e tentou contestar o Alcorão nesta matéria. Mas representadas formas, seja pictórico ou concretamente, são ou incorporadas tirania, ou hipocrisia, ou luxúria; eles excitam a luxúria e incentivam o homem a opressão, a hipocrisia e a libertinagem. Além disso, a compaixão do Alcorão ordena as mulheres a usar o véu de modéstia para que possam ser tratadas com respeito e as fontes de compaixão não serem pisadas sob

---

NOTA: Esta é parte da minha defesa judicial, que foi o suplemento para o Tribunal da Apelação e que silenciou o tribunal. É apropriado como uma nota de rodapé para essa passagem. Eu disse ao tribunal: Certamente, se houver alguma justiça na face da terra, ela irá rejeitar e anular uma decisão injusta, que condenou alguém por expor uma regra mais sagrada, apenas regra Divina que governa na vida social de trezentos e cinquenta milhões de pessoas no ano de 1350, e em todos os séculos, contando com a confirmação e o consenso de 350 mil comentários do Alcorão, e seguir as crenças dos nossos antepassados de 1350 anos.

os pés dos desejos inferiores, nem ser como bens inúteis para a emoção de luxúria.[NOTA 2] A civilização, no entanto, tem atraído as mulheres para fora de suas casas, rasgado seus véus, e corrompido a humanidade. Para a família a vida continua por meio do amor e do respeito mútuo entre homem e mulher. Mas o vestido imodesto destruiu o respeito e o carinho sincero, e envenenou a vida familiar. Enquanto o culto da forma humana, em particular, abalou a moral de forma terrível, causando a degradação do espírito do homem. Isso pode ser entendido a partir do seguinte: olhar com intenção impura, e com o desejo para o cadáver de uma mulher bonita que está na necessidade de piedade e compaixão destrói a moralidade; assim também, olhar lascivamente as representações de mulheres mortas, ou de mulheres que vivem, porque elas são como pequenos cadáveres, sacode a suas próprias raízes das emoções humanas elevadas, e os destrói.

Assim, juntamente com a assistência da felicidade humana neste mundo, todos os milhares de assuntos do Alcorão como os três exemplos acima, servem também a felicidade eterna. Você pode comparar outros assuntos com estes.

Assim como a civilização atual permanece derrotada ante os princípios do Alcorão a respeito da vida social humana, e na realidade, está falida em face da miraculosidade do Alcorão, também ficou provado decisivamente nas últimas vinte e cinco Palavras por meio de comparações entre filosofia europeia e ciências humanas, que são o espírito da civilização, e a sabedoria do Alcorão que a filosofia é impotente e a sabedoria do Alcorão milagrosa. A impotência e a falência da filosofia e o milagre e a riqueza da sabedoria do Alcorão foram provados você deve consulta-las na Décima Primeira e Décima Segunda Palavra.

Além disso, assim como a civilização atual é derrotada ante a miraculosidade da sabedoria do Alcorão, no que diz respeito à aprendizagem e às ações, o mesmo é verdade quanto à literatura e eloquência. A comparação entre a literatura e a eloquência da civilização e aquelas do Alcorão é a da tristeza escura e o choro desesperado de um órfão de mãe e a canto melancólico e barulhento de um bêbado, a triste e sem esperança saudade de ver uma elevada paixão decorrente de uma separação temporária e canções patrióticas pedindo a vitória ou a guerra e elevado auto sacrifício. No que diz respeito aos efeitos de seus estilos, literatura e eloquência produzem quer tristeza quer alegria. E a tristeza é de dois tipos. Ou é uma tristeza escura decorrente da falta de amigos, ou seja, não ter amigos ou proprietário, que é o sofrimento produzido pela literatura da civilização, que é manchada por desorientação, apaixonada pela natureza, manchada por negligência; ou é a segunda tristeza, que decorre da separação de amigos, ou seja, os amigos existem, mas a sua ausência causa um triste anseio. Esta é a orientação de dispersão da luz que dá a que o Alcorão produz. A alegria também é de dois tipos. Um estimula os desejos da alma. Esta é a marca da literatura da civilização nas áreas de teatro, cinema e romances. Enquanto o outro silencia a alegria da alma, e é sutil e educado, inocentemente pedindo espírito, coração, mente e faculdades sutis para atingir as sublimes matérias, para a sua casa original e morada eterna, e os seus companheiros da Outra Vida; é a alegria que a exposição miraculosa que o Alcorão produz. Ele preenche o ser humano com ânsia do Paraíso e a felicidade eterna e com a visão da beleza de Allah.

NOTA 2 No Vigésimo Quarto Lampejo da Trigésima Primeira Carta sobre o véu das mulheres se mostrou decisivamente que o vestido islâmico é natural para as mulheres, e que deixá-lo de lado é contrário à natureza da mulher.

Assim, o grande significado e a poderosa verdade expressa pelo versículo:

﴿قُلْ لَئِنِ اجْتَمَعَتِ الْاِنْسُ وَالْجِنُّ عَلَى اَنْ يَاْتُوا بِمِثْلِ هذَا الْقُرْآنِ لاَ يَاْتُونَ بِمِثْلِهِ

وَلَوْ كَانَ بَعْضُهُمْ لِبَعْضٍ ظَهِيرًا﴾[655]

é imaginado por aqueles de pouca inteligência ser uma suposição impossível para os efeitos de proferir uma peça exagerada de eloquência. Allah nos livre! Não é um exagero, nem é uma suposição impossível; é uma peça absolutamente verdadeira de retórica, possível e real.

Um aspecto de ser nesta forma é esta: se todas as belas palavras dos gênios e humanos que ainda não partem do Alcorão e que não pertencem a ele fossem reunidos, eles não poderiam imitar o Alcorão. E eles não foram capazes de imitá-lo, uma vez que eles não foram capazes de mostrar o que eles têm. O segundo aspecto é o seguinte: civilização, ciência, filosofia e literatura europeia, produtos do pensamento e esforços de gênios e humanos e até mesmo de demônios, permanecem nos próprios poços de impotência perante os decretos, a sabedoria e a eloquência do Alcorão. Assim como mostramos nos exemplos.

Terceira Irradiência: É como se o Alcorão Sagrado se dirige a cada século diretamente para todas as classes da humanidade, e se dirige a cada um em particular. De fato, desde que o Alcorão convoca toda a humanidade, com todas as suas classes e as instrui na fé, a ciência mais alta e mais sutil, e no conhecimento de Allah, o ramo mais amplo e luminoso de aprendizagem, e nas leis do Islam, que são os mais importantes e diversos das ciências, é essencial que ele deve instruir cada classe e grupo de forma adequada. O que ele ensina, no entanto, é o mesmo; não difere. Nesse caso, tem de haver diferentes níveis da mesma lição, e de acordo com seu grau, cada classe assume a sua quota de um dos véus do Alcorão. Nós temos dado muitos exemplos disso, e eles podem ser consultados. Aqui vamos indicar apenas um ou dois pontos de menor importância, e a participação de entendimento de uma ou duas classes. Por exemplo:

﴿لَمْ يَلِدْ وَلَمْ يُولَدْ وَلَمْ يَكُنْ لَهُ كُفُوًا اَحَدٌ﴾[656]

A parcela de compreensão disto entre as pessoas comuns, que formam a classe mais numerosa: "Allah Todo-Poderoso está acima de ter pai e mãe, parentes ou esposa." Enquanto a parcela de uma classe média: "É negar a divindade de Jesus (que a paz esteja com ele), dos anjos, e de qualquer coisa que tenha nascido." Pois, embora negando algo impossível é, aparentemente, sem propósito, de acordo com as regras da retórica, a necessária declaração é intencional, o que dá o seu propósito. Assim, o objetivo de negar o filho e o genitor, que são particulares a corporeidade, é negar a divindade de quem tem prole, pais e semelhantes; e é para mostrar que eles não são dignos de serem adorados. É por isso que a Surata al-Ikhlas é benéfica para todos o tempo todo. A participação de uma classe mais avançada: "Allah Todo-Poderoso está acima de todas as relações que sugerem que dá à luz e nasce. Ele está isento de ter quaisquer parceiros, ajudantes ou companheiros. Suas relações com todos os seres são o de Criador. Ele cria por Sua vontade pré-eterna com o comando de 'Seja!', e é. Ele está muito além de ter qualquer relação contrária à perfeição, ou seja compelido, necessitado, ou com involuntariedade." E a parte de compreensão de uma classe mais alta ainda: "Allah Todo-Poderoso é Pré-eterno e Pós-eterno, Ele é o Primeiro e o Último. Nem na Sua essência, nem em Seus atributos, nem em Suas ações, tem Ele de forma alguma quaisquer iguais, entre pares, ou jogo, ou qualquer coisa semelhante, assemelhando-se, ou análogo a Ele. Apenas, em Seus atos, pode haver comparações expressando semelhança: [657]﴿وَ لِلّٰهِ الْمَثَلُ الْاَعْلٰى﴾ Você pode fazer analogias com o exemplo anterior para outras classes, que todos receberam ações diferentes, como aqueles que alcançaram o conhecimento de Allah, os amantes de Allah, e os verdadeiramente sinceros.

Segundo exemplo: [658]﴿مَا كَانَ مُحَمَّدٌ اَبَا اَحَدٍ مِنْ رِجَالِكُمْ﴾ A parcela de compreensão deste da primeira classe: "Zayd, o servo do Nobre Mensageiro de Allah (Allah o abençoe e lhe dê paz), a quem ele também se dirigia como "meu filho", divorciou-se de sua esposa pomposa porque ele não se sentia igual a ela. Por ordem de Allah, o Mensageiro (Allah o abençoe e lhe dê paz) a tomou como esposa. O versículo diz: "Se o Profeta chama alguém de seu filho, é em relação a sua Mensagem. No que diz respeito a sua pessoa, ele não é seu pai, Assim às mulheres, que tomou podiam ser inadequadas para ele."

A segunda parcela da classe é a seguinte: "O grande governante olha para seus súditos com compaixão paternal. Se ele é um monarca espiritual governando tanto externa como internamente, então, uma vez que a sua compaixão está cem vezes além de um pai, seus súditos olham para ele como um pai e sobre si mesmos como seus filhos reais. A visão de um pai não pode ser transformada na de um marido, e a visão de uma filha não pode ser facilmente transformada no ponto de vista de uma esposa, por isso, uma vez que o Profeta tomar as filhas das crentes parece impróprio, o Alcorão diz: 'O Profeta (Allah o abençoe e lhe dê paz) age bondosamente com vocês com os olhos da compaixão divina, e o faz de uma maneira paternal. Em nome de sua Mensagem, vocês são como seus filhos. Mas no que diz respeito à sua pessoa humana, ele não é seu pai, quanto ao tomar uma esposa de vocês ser inconveniente."

O terceiro grupo iria entendê-lo assim: "Vocês não devem reivindicar uma conexão com o Profeta (Allah o abençoe e lhe dê paz), e contar com suas perfeições e confiar em sua compaixão paternal, cometer erros e falhas. "Sim, muitas pessoas são preguiçosas porque elas se apoiam em seus anciãos e guias. Mas, por vezes dizem: "Nossas orações foram realizadas", como fazem alguns 'alauítas)

O Quarto Ponto. Outro grupo iria entender um sinal do Invisível a partir desse versículo, como segue: Os filhos do sexo masculino do Profeta não alcançam a idade de adultos em consequência de algum sábio propósito. Seus descendentes não seriam de homens. O uso do termo "Rijal" (homens) indica que ele seria pai de mulheres; sua linhagem continuaria pelas mulheres. E, louvado seja Allah, os abençoados descendentes de Fátima, como Hassan e Hussain, as duas luas radiantes de duas linhas luminosas, continuou a linha física e espiritual do Sol da profecia.

اَللّٰهُمَّ صَلِّ عَلَيْهِ وَعَلٰى آلِهِ[659]

[A Primeira Luz aqui chega a uma conclusão com Três Raios.]

SEGUNDA LUZ

A Segunda Luz compreende três fachos.

PRIMEIRO FACHO: De acordo com o testemunho de milhares de estudantes brilhantes de retórica e da ciência do estilo retórico como Zamakhshari, Sakkaki, e 'Abdal-Qahir Jurjani, há no Alcorão de exposição miraculosa como um todo, uma fluência agradável, uma correção superior, uma solidariedade mútua firme, e proporcionalidade compacta e potente cooperação entre as sentenças e peças, e uma harmonia elevada entre os versículos e os seus objetivos. E, no entanto, enquanto há sete ou oito fatores significativos que poderiam estragar ou destruir a harmonia, a cooperação e o apoio mútuo, fluência e correção, eles não o estragam, na verdade, eles dão força para a fluência, exatidão e proporcionalidade. Apenas, essas causas têm exercido uma influência até certo ponto e outras retiradas do véu da ordem e fluência. Mas, assim como uma série de solavancos e excrescência aparecem em uma árvore, para não estragar a harmonia da árvore, mas para produzir frutos que serão os meios para a árvore alcançar sua adornada perfeição e beleza; da mesma forma, esses fatores destacam suas cabeças nodosas, a fim de expressar significados que irão reforçar a fluente palavra de ordem do Alcorão. Assim, embora o perspícuo Alcorão tenha sido revelado parte por parte como estrelas em mais de 20 anos em resposta às circunstâncias e necessidades, possui uma harmonia perfeita e mostra como tal proporcionalidade que é como se fosse revelado todo de uma vez.

Além disso, embora as circunstâncias que levaram a revelação do Alcorão tenham sido diferentes e diversas, suas peças se suportam tão mutuamente que é como se tivessem sido reveladas em resposta a apenas uma delas. E, embora o Alcorão tenha vindo em resposta a perguntas diferentes e repetidas, ele exibe o máximo de mistura e unidade, como se fosse a resposta a uma única pergunta. E, embora o Alcorão tenha vindo para explicar as exigências de inúmeros eventos diversos, ele exibe uma ordem tão perfeita que é como se explicasse um único evento. E, embora o Alcorão tenha sido revelado pela condescendência Divina em estilos adequados para a compreensão das inúmeras pessoas que enfrentariam, cujas circunstâncias eram diferentes e diversas, ele exibe uma excelente correspondência tal e bela suavidade de estilo que é como se as circunstâncias fossem um e o nível de compreensão o mesmo; flui tão bem quanto a água. E, embora o Alcorão aborde numerosas classes distantes uma da outra, possui tal facilidade de exposição, como uma eloquência na sua palavra de ordem, tal clareza na sua forma de expressão que é como se ele estivesse se dirigindo a uma única classe. Mesmo que, cada classe suponha que só ela está sendo tratada. E, embora o Alcorão tenha sido revelado a fim de orientar e conduzir os diversos objetivos, possui uma integridade tão perfeita, um equilíbrio tão cuidado, uma ordem tão boa que é como se o objetivo fosse um deles.

Assim, enquanto estas são todas as causas da confusão, elas têm sido utilizadas de forma miraculosa do Alcorão, na sua fluência e proporcionalidade. Com certeza, todo aquele cujo coração é sem doença, cuja mente é perfeita, cuja consciência não está doente, cujo sabor é perfeito vê na forma do Alcorão uma bela exposição de suavidade de estilo, harmonia graciosa, uma proporção agradável, uma única eloquência. Todos os lúcidos veem que o Alcorão possui um olho que vê claramente todo o universo, juntamente com seus aspectos exteriores e interiores como se fosse uma página; que vira a página como quiser, e diz os significados da página da forma que desejar. Seriam necessários vários volumes se fôssemos explicar o significado deste Primeiro Facho juntamente com exemplos, por isso bastando com as explicações e provas deste fato, nos meus tratados árabes e em Icharatal-I'jaz, e nas vinte e cinco Palavras até aqui, eu indiquei apenas aqui estas características do Alcorão nele como um todo.

SEGUNDO FACHO

Trata-se das qualidades milagrosas no estilo original do Alcorão nos resumos e nomes divinos mais bonitos, que ele mostra nas extremidades dos seus versículos.

LEMBRETE: Há muitos versículos neste Segundo Fecho. Estes não são apenas exemplos para o Segundo facho, mas para todos os exemplos anteriores e Raios. Seria extremamente demorado explicar todos eles e dar-lhes a devida importância, então por enquanto eu sou obrigado a ser breve e sucinto. Portanto, eu indiquei com muita concisão todos os versículos que formam exemplos desse forte mistério de milagres, e adiei a explicação detalhada deles para outro momento.

Assim, o Alcorão de exposição miraculosa menciona principalmente resumos na conclusão de seus versículos que quer conter os Nomes Divinos ou os seus significados; ou consulte o versículo com a razão, a fim de instá-lo a refletir sobre ele; ou eles compõem uma regra universal, dentre os objetivos do Alcorão, a fim de corroborar e fortalecer o versículo. Assim, nos resumos são algumas indicações de sabedoria exaltada do Alcorão e certas gotas de água da vida da orientação Divina, e certas faíscas do raio dos milagres do Alcorão. Agora vou mencionar brevemente apenas dez dessas inúmeras indicações, e apontar um significado conciso de apenas uma das inúmeras verdades, que são um exemplo entre muitos. A maioria destas dez indicações são encontradas juntas de forma compacta na maioria dos versículos e formam um verdadeiro bordado milagroso. Além disso, a maior parte dos versículos que dão como exemplo são exemplos da maioria das indicações. Vamos apontar apenas uma indicação para cada versículo, e deve apenas apontar levemente para os significados desses versículos apresentados como exemplos nas palavras precedentes.

Primeira Qualidade da Beleza de Expressão: Com sua exposição milagrosa, o Alcorão Sagrado estabelece, espalha diante dos olhos, os atos e as obras do Todo-Glorioso Criador. Em seguida, ele extrai os Nomes Divinos dessas obras e atos, ou ele prova que os objetivos básicos do Alcorão como a ressurreição dos mortos e a unidade Divina. Um exemplo do primeiro sentido é o seguinte:

(هُوَ الَّذِى خَلَقَ لَكُمْ مَا فِى الْاَرْضِ جَمِيعًا ثُمَّ اسْتَوَى اِلَى السَّمَاءِ فَسَوَّيهُنَّ سَبْعَ سَمٰوَاتٍ وَهُوَ بِكُلِّ شَيْءٍ عَلِيمٌ)[660]

E um exemplo da segunda parte:

﴿اَلَمْ نَجْعَلِ الْاَرْضَ مِهَادًا ۞ وَ الْجِبَالَ اَوْتَادًا ۞ وَخَلَقْنَاكُمْ اَزْوَاجًا﴾ ۞...

Até [661] ﴿اِنَّ يَوْمَ الْفَصْلِ كَانَ مِيقَاتًا﴾ (حتى) O primeiro versículo descreve as obras Divinas, e estabelece a mais poderosa delas, que testemunham por sua ordem e visão o conhecimento e o poder, como as instalações de uma conclusão, ou um objetivo importante. Em seguida, ele extrai o Nome do Onisciente. No segundo versículo, como é explicado brevemente no terceiro ponto do Primeiro Raio na Primeira Luz, menciona atos e milagres de Allah Todo-Poderoso, em seguida, conclui a ressurreição dos mortos, que é o Dia da Discriminação.

Segundo Ponto de Beleza de Expressão: O Alcorão desenrola os tecidos da arte Divina e apresenta-os ao olhar humano. Então, nos resumos passa sobre a tecelagem dentro dos Nomes Divinos, ou então encaminha para a razão.

O primeiro exemplo destes:

﴿قُلْ مَنْ يَرْزُقُكُمْ مِنَ السَّمَاءِ وَالْاَرْضِ اَمَّنْ يَمْلِكُ السَّمْعَ وَالْاَبْصَارَ وَمَنْ يُخْرِجُ الْحَيَّ مِنَ الْمَيِّتِ

وَيُخْرِجُ الْمَيِّتَ مِنَ الْحَيِّ وَمَنْ يُدَبِّرُ الْاَمْرَ فَسَيَقُولُونَ اللّٰهُ فَقُلْ اَفَلَا تَتَّقُونَ ۝

فَذٰلِكُمُ اللّٰهُ رَبُّكُمُ الْحَقُّ﴾[662]

Assim, no início ele pergunta: "Quem é que prepara os céus e a terra como se fossem dois armazéns para o seu sustento, e faz com que um produza chuva e o outro, as sementes? Existe alguém que não seja Allah, que poderia torná-los dois lojistas subservientes? No caso em que, graças devem ser oferecidas somente a Ele".

Na segunda frase, ele pergunta: "Quem é o dono dos seus olhos e ouvidos, os mais preciosos de seus membros? De que bancada ou loja você os obteve? É apenas o seu Sustentador que poderia dá-los. Ele é Aquele Que cria e levanta você, e as deu a você. Nesse caso, não há Sustentador além d'Ele, e o único digno de ser adorado é Ele".

Na terceira frase, diz: "Quem é que ressuscita a terra morta e eleva a vida de centenas de milhares de espécies de seres mortas? Quem poderia fazer isso acontecer além do Verdadeiro Allah e Criador de todo o universo? Certamente é Aquele que o faz acontecer, Ele os ergue para a vida. Uma vez que Ele é a Verdade, Ele não violará os direitos; Ele mandará você para um Tribunal Supremo. Ele vai ressuscitá-lo para a vida, assim como Ele ressuscita para a vida a terra."

Na quarta frase, ele pergunta: "Quem, além de Allah pode administrar e regular esse vasto universo com perfeita ordem, como se fosse um palácio ou uma cidade? Uma vez que, não pode ser outro além de Allah, o poder que administra com extrema facilidade o vasto universo e todos os seus corpos celestes é tão impecável e infinito, ele não pode ter necessidade de sócio ou associado, assistência ou ajuda. Aquele Que dirige o vasto universo não deixará as pequenas criaturas para outras mãos. Isso significa que você será obrigado a dizer: "Allah".

Assim, a primeira e a quarta frases dizem "Allah", a segunda, "Senhor", e a terceira, "Verdadeiro". Assim, entende como milagrosamente aptas são as palavras:

﴿فَذٰلِكُمُ اللّٰهُ رَبُّكُمُ الْحَقُّ﴾[663] Ela menciona grandes alienações do Todo Poderoso Allah, as tecelagens significativas de Seu poder. Em seguida, mencionando os nomes de "Allah", "Senhor" e "Verdade", ele mostra a fonte dessas grandes alienações do poder Divino.

Um exemplo da segunda:

﴿إِنَّ فِى خَلْقِ السَّمٰوَاتِ وَالْاَرْضِ وَاخْتِلَافِ الَّيْلِ وَالنَّهَارِ وَالْفُلْكِ الَّتِى تَجْرِى فِى الْبَحْرِ بِمَا يَنْفَعُ النَّاسَ وَمَا اَنْزَلَ اللّٰهُ مِنَ السَّمَاءِ مِنْ مَاءٍ فَاَحْيَا بِهِ الْاَرْضَ بَعْدَ مَوْتِهَا وَبَثَّ فِيهَا مِنْ كُلِّ دَابَّةٍ وَتَصْرِيفِ الرِّيَاحِ وَالسَّحَابِ الْمُسَخَّرِ بَيْنَ السَّمَاءِ وَالْاَرْضِ لَاٰيَاتٍ لِقَوْمٍ يَعْقِلُونَ﴾[664]

Primeiro este enumera as manifestações da soberania Divina na criação dos céus e da terra, que demonstra o poder perfeito de Allah Todo-Poderoso e a vastidão de Sua religiosidade, e testemunha a Sua unidade; a manifestação da religiosidade na alternância do dia e da noite, a manifestação da misericórdia divina na subjugação dos navios no mar, o mais importante meio de transporte na vida social humana; a manifestação da imensidão do poder divino, que envia a água da vida para a terra morta do céu e aumenta a vida de centenas de milhares de espécies e torna-as como uma exposição de maravilhas; a manifestação da misericórdia e do poder na criação de um número infinito de diferentes animais na terra de solo simples; a manifestação da sabedoria e misericórdia no emprego dos ventos em funções importantes, como auxiliar na polinização e respiração das plantas e animais e na impulsão e regularização deles, de modo a torná-los adequados para desempenhar essas funções; a manifestação da religiosidade na subjugação e ajuntamento das nuvens, os meios de misericórdia, suspensos entre o céu e a terra em grandes massas estranhas, e dispersá-las, como se dispersa um exército para descansar e, em seguida convocá-lo de volta às suas funções. Então, a fim de incitar a mente a refletir sobre os seus detalhes e as verdades essenciais, diz: [665] ﴿ لَاٰيَاتٍ لِقَوْمٍ يَعْقِلُونَ ﴾. A fim de despertar a mente das pessoas com ele, referindo-se às suas faculdades de sensatez.

Terceira Qualidade de Beleza de Expressão: Às vezes o Alcorão explica os atos de Allah Todo-Poderoso em detalhes, em seguida, sumaria-os. Ele convence com os detalhes e memoriza-os e os fixa, resumindo-os. Por exemplo:

﴿وَكَذٰلِكَ يَجْتَبِيكَ رَبُّكَ وَيُعَلِّمُكَ مِنْ تَاْوِيلِ الْاَحَادِيثِ وَيُتِمُّ نِعْمَتَهُ عَلَيْكَ وَعَلٰى آلِ يَعْقُوبَ كَمَا اَتَمَّهَا عَلٰى اَبَوَيْكَ مِنْ قَبْلُ اِبْرَاهِيمَ وَاِسْحٰقَ اِنَّ رَبَّكَ عَلِيمٌ حَكِيمٌ﴾[666]

Com este versículo, ele aponta as bênçãos derramadas sobre o Profeta José e seus antepassados. Ele diz: "Fora de toda a humanidade o favor Divino enobreceu-o com o posto de profeta; vinculando todas as linhas de profecia a sua linha e fez dela a chefe de todas as linhagens entre a humanidade; fez a sua família uma célula de instrução e orientação nas ciências Divinas e sabedoria dominical, e uniu em você por esse conhecimento e essa sabedoria, domínio mundano próspero e a felicidade eterna na Outra Vida; e o fez tanto um poderoso governante do Egito, e um alto profeta, e um guia sábio, e o distinguiu e a seus antepassados, com conhecimento e sabedoria." Ele enumera essas dádivas Divinas, então diz: Na verdade, o seu Senhor é Sapiente, Prudentíssimo. "Sua religiosidade e sabedoria exigem que Ele manifeste em você, em seus pais e antepassados os Nomes Divinos de Sapiente, Prudentíssimo". Assim, ele sintetiza essas generosidades detalhadas com este resumo.

E, por exemplo:[667] ﴿قُلِ اللّٰهُمَّ مَالِكَ الْمُلْكِ تُؤْتِى الْمُلْكَ مَنْ تَشَاءُ﴾ Esse versículo mostra a disposição do Allah Todo-Poderoso na vida social da humanidade, de tal forma que vincula glória com humilhação, pobreza com riqueza diretamente à vontade e desejo do Allah Todo-Poderoso. Quer dizer, "Até as disposições mais dispersas nos níveis de multiplicidade são pela vontade e Predestinação. O acaso e a coincidência não podem interferir. "Depois de fazer essa declaração, ele menciona a questão mais importante na vida do homem, o seu sustento. Este versículo prova com uma ou duas frases introdutórias que o sustento do homem é enviado diretamente da tesouraria do Verdadeiro Provedor da misericórdia. É assim: "O seu sustento está ligado à vida da terra, e da terra a ser ressuscitado para a vida parece com a primavera, e a primavera está nas mãos d'Aquele Que subjuga o sol e a lua, e alterna a noite e o dia. Nesse caso, somente Aquele Que enche a face da terra, com todas as frutas pode dar uma maçã a alguém como verdadeiro sustento. Somente Ele pode ser seu verdadeiro Provedor "Em seguida, ele diz: ﴿وَ تَرْزُقُ مَنْ تَشَاءُ بِغَيْرِ حِسَابٍ﴾ [668]

Resume e comprova esses atos detalhados nesta frase. Ou seja, "aquele que lhe dá sustento ilimitado é Aquele Que realiza esses atos."

Quarta Qualidade de Beleza de Expressão: Às vezes, acontece que o Alcorão menciona as criaturas Divinas com um arranjo especial da sentença, em seguida, mostra que as criaturas estão dentro de uma ordem e equilíbrio e que eles são seus frutos, proporcionando uma espécie de transparência e brilho. E, em seguida, esta transparência e este brilho mostram os Nomes Divinos, a manifestação dos quais é arranjo espelhado. É como se as criaturas mencionadas acima fossem palavras, e os nomes são os seus significados, ou as sementes dos frutos, ou suas essências. Por exemplo:

﴿وَلَقَدْ خَلَقْنَا الْاِنْسَانَ مِنْ سُلَالَةٍ مِنْ طِينٍ ۞ ثُمَّ جَعَلْنَاهُ نُطْفَةً فِى قَرَارٍ مَكِينٍ ۞ ثُمَّ خَلَقْنَا النُّطْفَةَ عَلَقَةً فَخَلَقْنَا الْعَلَقَةَ مُضْغَةً فَخَلَقْنَا الْمُضْغَةَ عِظَامًا فَكَسَوْنَا الْعِظَامَ لَحْمًا ثُمَّ اَنْشَاْنَاهُ خَلْقًا آخَرَ فَتَبَارَكَ اللّٰهُ اَحْسَنُ الْخَالِقِينَ﴾[669]

Assim, o Alcorão menciona em ordem essas maravilhosas, estranhas, surpreendentes, bem ordenadas e equilibradas etapas, da criação do homem, de tal forma como um espelho que: [670] ﴿فَتَبَارَكَ اللّٰهُ اَحْسَنُ الْخَالِقِينَ﴾ aparece por si só de dentro deles, e faz-se exclamado. Um escriba que escrevia este versículo pronunciou as palavras antes de chegar a eles, e perguntou a si mesmo: "Será que a revelação veio a mim também?" Considerando que era a perfeição da ordem e transparência das palavras anteriores e sua coerência, que tiveram de mostrar as palavras finais antes de chegar a eles.

E por exemplo:

﴿اِنَّ رَبَّكُمُ اللّٰهُ الَّذِى خَلَقَ السَّمٰوَاتِ وَالْاَرْضَ فِى سِتَّةِ اَيَّامٍ ثُمَّ اسْتَوٰى عَلَى الْعَرْشِ يُغْشِى الَّيْلَ النَّهَارَ يَطْلُبُهُ حَثِيثًا وَالشَّمْسَ وَالْقَمَرَ وَالنُّجُومَ مُسَخَّرَاتٍ بِاَمْرِهِ اَلَا لَهُ الْخَلْقُ وَالْاَمْرُ تَبَارَكَ اللّٰهُ رَبُّ الْعَالَمِينَ﴾[671]

Neste versículo, o Alcorão aponta a sublimidade do poder Divino e a soberania da dominicalidade. Ele mostra um Todo Poderoso de Glória estabelecido no trono de Sua dominicalidade, Que, com o sol, a lua e as estrelas como soldados sob ordens aguardam seu comando, gira a noite e o dia, um após o outro como duas linhas ou duas fitas, uma branca e outra preta, e grava os sinais de Sua religiosidade nas páginas do universo. Isso ele faz de tal forma que, quando um espírito ouve o versículo, sente o desejo de exclamar:

بَارَكَ اللّٰهُ ۞ مَاشَاءَ اللّٰهُ ۞ فَتَبَارَكَ اللّٰهُ رَبُّ الْعَالَمِينَ[672] Ou seja:

﴿تَبَارَكَ اللّٰهُ رَبُّ الْعَالَمِينَ﴾[673] é como o resumo, a semente, o fruto, e a água da vida, do que precedeu.

Quinta Qualidade de Beleza de Expressão: O Alcorão menciona, por vezes, material, assuntos especiais que estão sujeitos a alterações e são o meio de várias circunstâncias, em seguida, a fim de mudá-los em forma de verdades constantes, resume-os com constantes, luminosos Nomes Divinos universais, e os vincula. Ou ele conclui com um resumo que incentiva o pensamento e a tomada de lições. Um exemplo do primeiro significado:

﴿وَعَلَّمَ آدَمَ الْاَسْمَاءَ كُلَّهَا ثُمَّ عَرَضَهُمْ عَلَى الْمَلٰئِكَةِ فَقَالَ اَنْبِئُونِى بِاَسْمَاءِ هٰؤُلَاءِ اِنْ كُنْتُمْ صَادِقِينَ ۞ قَالُوا سُبْحَانَكَ لَا عِلْمَ لَنَا اِلَّا مَا عَلَّمْتَنَا اِنَّكَ اَنْتَ الْعَلِيمُ الْحَكِيمُ﴾[674]

Primeiro de tudo, este versículo menciona uma questão particular, que é: "A questão de vice-gerência de Adão, que era o seu conhecimento que lhe dava superioridade sobre os anjos." Então, dentro deste evento, menciona a derrota dos anjos ante Adão no que diz respeito ao conhecimento. Em seguida, ele resume esses dois eventos com dois nomes universais: [675] ﴿اَنْتَ الْعَلِيمُ الْحَكِيمُ﴾ Ou seja: já que você é Prudente, Sapientíssimo, instruíste Adão e ele prevaleceu sobre nós. E já que Tu és Sapientíssimo, Tu nos trataste de acordo com as nossas capacidades e deu-lhe preferência, de acordo com suas habilidades.

Um exemplo do segundo significado:

﴿وَاِنَّ لَكُمْ فِى الْاَنْعَامِ لَعِبْرَةً نُسْقِيكُمْ مِمَّا فِى بُطُونِهِ مِنْ بَيْنِ فَرْثٍ وَدَمٍ لَبَنًا خَالِصًا سَائِغًا لِلشَّارِبِينَ﴾[676]

Até: [677] ﴿فِيهِ شِفَاءٌ لِلنَّاسِ اِنَّ فِى ذٰلِكَ لَاٰيَةً لِقَوْمٍ يَتَفَكَّرُونَ﴾

Esses versículos apontam que Allah Todo-Poderoso faz as Suas criaturas como ovelhas, cabras, gados e camelos em mananciais de leite puro, delicioso para o homem, e artefatos como uvas e tâmaras em caldeirões e bandejas carregadas com generosidades deliciosamente doces para ele, e minúsculos milagres de Seu poder como o mel da abelha em fabricantes de um doce, saudável, e, em seguida, concluir com as palavras:

﴿ اِنَّ فِى ذٰلِكَ لَاٰيَةً لِقَوْمٍ يَتَفَكَّرُونَ ﴾ , de fato nisto há sinais para um povo que pensa, incitando assim o homem a pensar e tirar lições e compará-las com outras coisas.

Sexta Qualidade da Beleza de Expressão: Às vezes, acontece que um versículo espalha decretos dominicais sobre uma grande multiplicidade de coisas, então ele unifica-as com um laço de unidade semelhante a um aspecto da unidade, ou situa-as dentro de uma regra universal. Por exemplo:

﴿وَسِعَ كُرْسِيُّهُ السَّمٰوَاتِ وَالْاَرْضَ وَلَا يَؤُدُهُ حِفْظُهُمَا وَهُوَ الْعَلِيُّ الْعَظِيمُ﴾[678]

Assim, juntamente com a prova com dez frases em Ayatul-Kursi (versículo do Trono) dez níveis de unidade Divina em tons variados, com a frase:

[679] ﴿ مَنْ ذَا الَّذِى يَشْفَعُ عِنْدَهُ اِلَّا بِاِذْنِهِ ﴾ Isso rejeita totalmente e com veemência os associados parceiros com Allah e a interferência de outros. Além disso, uma vez que este versículo manifesta o Maior Nome, seus significados relacionados com as verdades Divinas estão em um grau máximo, demonstrando os atos dominicais de eliminação de um nível máximo. Além disso, depois de mencionar a regulamentação Divina de todos os céus, a terra, a preservação abrangendo todas as coisas, no grau máximo, um laço de união e aspecto de unidade resumem as fontes dessas manifestações máximas com a frase:

[680] ﴿ وَهُوَ الْعَلِيُّ الْعَظِيمُ ﴾

E, por exemplo:

﴿اَللّٰهُ الَّذِى خَلَقَ السَّمٰوَاتِ وَالْاَرْضَ وَاَنْزَلَ مِنَ السَّمَاءِ مَاءً فَاَخْرَجَ بِهِ مِنَ الثَّمَرَاتِ رِزْقًا لَكُمْ وَسَخَّرَ لَكُمُ
الْفُلْكَ لِتَجْرِىَ فِى الْبَحْرِ بِاَمْرِهِ وَسَخَّرَ لَكُمُ الْاَنْهَارَ ۝ وَسَخَّرَ لَكُمُ الشَّمْسَ وَالْقَمَرَ دَائِبَيْنِ وَسَخَّرَ لَكُمُ
الَّيْلَ وَالنَّهَارَ ۝ وَاٰتٰيكُمْ مِنْ كُلِّ مَا سَاَلْتُمُوهُ وَاِنْ تَعُدُّوا نِعْمَتَ اللّٰهِ لَا تُحْصُوهَا﴾[681]

Estes versículos descrevem como Allah Todo-Poderoso criou o imenso universo como um palácio para o homem, e envia a água da vida dos céus para a terra, fez os céus e a terra dois servos que produzem alimentos para ele. Da mesma forma, Ele sujeitou os navios para que os humanos possam se beneficiar dos frutos da terra encontrados em cada parte dela, e também trocar os frutos do seu trabalho e garantir o sustento em cada respeito. Isto é, ele fez os ventos como chicotes, navios como cavalos, e os mares como um deserto sob seus cascos. E, além de ligar o homem com todas as regiões da terra por meio de navios, Ele subjugou os rios, grandes e pequenos para ele, tornando-os meios de transporte. E fazendo o sol e a lua viajarem o verdadeiro Doador de Bênçãos alterna as estações do ano e os faz dois servos obedientes pelos quais Ele oferece ao homem Suas bênçãos multicoloridos que mudam com as estações do ano; Ele os criou também como dois timoneiros transformando essa poderosa roda. E fez a noite e o dia sujeitos ao homem; isto é, Ele fez a noite como um véu para o sono e repouso, e o dia um lugar de comércio para ganhar o seu sustento.

Depois de enumerar essas dádivas divinas, com o resumo:

﴿وَاٰتٰيكُمْ مِنْ كُلِّ مَا سَاَلْتُمُوهُ وَاِنْ تَعُدُّوا نِعْمَتَ اللّٰهِ لاَ تُحْصُوهَا﴾[682]

O versículo aponta a vasta extensão das graças derramadas sobre o homem, e sua profusão de abundância. Ou seja, tudo o que o homem pede pela língua de sua capacidade e necessidades inatas, tudo têm sido dado a ele. Um final nunca pode ser alcançado em contar as bênçãos divinas outorgadas ao homem, que não podem ser esgotados. Certamente, uma vez que os céus e a terra são uma mesa de prêmios para o homem, e coisas como o sol e a lua, a noite e o dia algumas das recompensas sobre a mesa, as generosidades voltadas para o homem estão certamente, além de contagem e do cálculo.

Sétima Qualidade da Beleza de Expressão: Às vezes, acontece que, a fim de não permitir causas aparentes faz com que a capacidade de criar e demonstrar como longe estão disso, um versículo aponta os objetivos e frutos dos efeitos de modo que possa ser entendido que as causas são apenas um véu aparente. Uma vez que, para a vontade os objetivos mais sábios e propositais são seguidos, e importantes resultados são obtidos, é necessariamente o trabalho de quem mais Conhece e é mais Sábio, considerando que as causas são sem vida e sem inteligência. Assim, ao mencionar os objetivos e resultados, esses versículos mostram que, embora as causas sejam superficiais e sendo unidos a adjacentes aos seus efeitos, na realidade há uma grande distância entre eles. A distância entre o motivo para a criação do efeito é tão grande que o lado das maiores causas não podem alcançar a criação dos efeitos mais insignificantes. Assim, é dentro desta longa distância entre causa e efeito que os Nomes Divinos surgem como estrelas. O lugar da sua subida é esta distância. A um olhar superficial para as montanhas sobre o horizonte parecem ser unidas a e contíguas com as fronteiras do céu, apesar das montanhas até o céu haver uma grande distância em que as estrelas nascem e outras coisas estão situadas; assim também a distância entre causas e efeitos é tal que ela pode ser vista apenas com a luz do Alcorão pelo telescópio da crença. Por exemplo:

﴿فَلْيَنْظُرِ الْاِنْسَانُ اِلٰى طَعَامِهِ ۞ اَنَّا صَبَبْنَا الْمَاءَ صَبًّا ۞ ثُمَّ شَقَقْنَا الْاَرْضَ شَقًّا ۞ فَاَنْبَتْنَا فِيهَا حَبًّا ۞

وَعِنَبًا وَقَضْبًا ۞ وَزَيْتُونًا وَنَخْلاً ۞ وَحَدَائِقَ غُلْبًا ۞ وَفَاكِهَةً وَاَبًّا ۞ مَتَاعًا لَكُمْ وَلاَنْعَامِكُمْ﴾[683]

Ao mencionar os milagres do poder Divino em uma sequência proposital, este versículo vincula as causas aos efeitos e com as palavras ﴿مَتَاعًا لَكُمْ﴾ , para o seu uso e conveniência aponta para um objetivo na sua conclusão. Este objetivo prova que na sequência de todas as causas e efeitos é um triturador escondido que vê e segue o objetivo, para quem as causas são um véu. De fato, com a frase:

﴿ مَتَاعًا لَكُمْ وَلِأَنْعَامِكُمْ ﴾[684], não permite todas as causas a capacidade de criar. É na verdade dizendo: "A chuva vem do céu, a fim de produzir alimentos para vocês e seus animais. Como a água não possuem a capacidade de pena de você e produzir alimentos, isso significa que a chuva não vem, ela é enviada. E a terra produz plantas e sua comida vem de lá, mas sem ter sentimentos e inteligência, está muito além da capacidade da terra pensar em seu sustento e sentir compaixão por vocês, por isso ela não produz por si. Além disso, uma vez que, é remoto que as plantas e árvores considerarem a sua comida e compassivamente produzirem frutas e grãos para vocês, o versículo demonstra que eles são cordas e cabos que Todo-sábio e Clemente estende por trás do véu, para que Ele vincula sua generosidade e a estende para animar as criaturas". Assim, a partir desta explicação, numerosos Nomes Divinos surgem, como o Clemente, o Provedor, Doador, e o Generoso.

E outro exemplo:

﴿أَلَمْ تَرَ أَنَّ اللَّهَ يُزْجِي سَحَابًا ثُمَّ يُؤَلِّفُ بَيْنَهُ ثُمَّ يَجْعَلُهُ رُكَامًا فَتَرَى الْوَدْقَ يَخْرُجُ مِنْ خِلَالِهِ وَ يُنَزِّلُ مِنَ السَّمَاءِ مِنْ جِبَالٍ فِيهَا مِنْ بَرَدٍ فَيُصِيبُ بِهِ مَنْ يَشَاءُ وَ يَصْرِفُهُ عَنْ مَنْ يَشَاءُ يَكَادُ سَنَا بَرْقِهِ يَذْهَبُ بِالْأَبْصَارِ ۞ يُقَلِّبُ اللَّهُ اللَّيْلَ وَ النَّهَارَ إِنَّ فِي ذَلِكَ لَعِبْرَةً لِأُولِي الْأَبْصَارِ ۞ وَاللَّهُ خَلَقَ كُلَّ دَابَّةٍ مِنْ مَاءٍ فَمِنْهُمْ مَنْ يَمْشِي عَلَى بَطْنِهِ وَ مِنْهُمْ مَنْ يَمْشِي عَلَى رِجْلَيْنِ وَ مِنْهُمْ مَنْ يَمْشِي عَلَى أَرْبَعٍ يَخْلُقُ اللَّهُ مَا يَشَاءُ إِنَّ اللَّهَ عَلَى كُلِّ شَيْءٍ قَدِيرٌ﴾[685]

Este versículo explica as disposições maravilhosas na formação de nuvens e causando as chuvas, que é um dos milagres mais importantes da dominicalidade e estranho véu do tesouro da misericórdia. Como os soldados que se dispersaram para descansar, reúnem-se ao chamado de uma corneta, as nuvens se juntam e formam ao comando Divino quando suas peças foram dispersas e escondidas na atmosfera. Em seguida, como um exército é formado por pequenos grupos, os pedaços de nuvens se juntam e formam massas – as quais são vastas e imponentes, úmidas e brancas, e contêm a neve e o granizo como as montanhas se movendo na ressurreição – a partir dos quais a água da vida é enviada para os seres vivos. Mas em ser enviada, uma vontade e propósito são aparentes; vêm de acordo com a necessidade. Isso significa que ela é enviada. Enquanto o céu está claro e vazio, as peças montanhosas das nuvens não se reúnem por vontade própria em um grande e maravilho encontro, elas são enviadas por alguém que conhece os seres vivos. Nesta distância, em seguida, Nomes Divinos de ascensão, como Todo-Poderoso, Onisciente, Triturador, Desenhista, Nutridor, e Doador da Vida.

Oitava Qualidade da Beleza de Expressão: Às vezes, acontece que, a fim de impulsionar o coração para aceitar as maravilhas do Todo-Poderoso Allah na Outra Vida e torna a mente afirmá-las, o Alcorão menciona Suas obras surpreendentes neste mundo a título de preparação, ou menciona as maravilhas obras Divinas do futuro e na Outra Vida, de tal forma que adquirimos convicção firme sobre eles por intermédio de coisas semelhantes que observamos aqui. Por exemplo:

﴿اَوَ لَمْ يَرَ الْاِنْسَانُ اَنَّا خَلَقْنَاهُ مِنْ نُطْفَةٍ فَاِذَا هُوَ خَصِيمٌ مُبِينٌ﴾[686]

Nesta discussão sobre a ressurreição dos mortos, o Alcorão prova a ressurreição em sete ou oito maneiras diferentes. Em primeiro lugar, chama a atenção para a primeira criação, dizendo: "Você vê a sua criação de espermatozóides a um coágulo de sangue, de um coágulo de sangue para um nódulo como feto, e disso até e a criação humana, então como é que você nega a segunda criação, que é como ele ou ainda mais fácil? "

E com as palavras: ﴿اَلَّذِى جَعَلَ لَكُمْ مِنَ الشَّجَرِ الْاَخْضَرِ نَارًا﴾[687] O Todo Poderoso Allah indica as graças poderosas que Ele agracia o homem, dizendo: "Aquele que concede essas bênçãos a você não vai deixá-lo em liberdade para entrar no túmulo, dormir e nunca mais se levantar." E por alusão diz: "Você vê as árvores mortas ganharem vida e crescerem verdes, mas você não tira conclusões de seus ossos que ganham vida quando como acontece com a lenha seca, e assim por considerarem improvável a ressurreição do ser humano. Além disso, poderia Aquele Que cria os céus e a terra permanecer impotente diante da vida e da morte do ser humano, o fruto dos céus e da terra? Será que Aquele Que administra a poderosa árvore não atribuir nenhuma importância para o seu fruto e permitir que outros o alegarem? Você acha que Ele iria abandonar o resultado de toda a árvore, tornando sem propósito e em vão a árvore da criação, que, juntamente com todas as suas partes é amassado com sabedoria?" Ele diz: "Aquele Q o ressuscitará à vida como a todo o universo é como um soldado sob as Suas ordens." É absolutamente submisso diante de Seu comando de: "Seja!" e é. É tão fácil para Ele criar a Primavera como criar uma flor. Ele é Um cujo poder é tão fácil de criar todos os animais como criar uma mosca. Tal Ser não pode ser desafiado com as palavras:

[688]﴿مَنْ يُحْيِى الْعِظَامَ﴾ Seu poder é menosprezado. Então, com a expressão:

﴿فَسُبْحَانَ الَّذِى بِيَدِهِ مَلَكُوتُ كُلِّ شَىْءٍ﴾[689]

Isso diz: "Ele é Um Todo-Poderoso da Glória, em Cujas Mãos estão as rédeas de todas as coisas, com Ele são as chaves de todas as coisas; Ele alterna o inverno e o verão tão facilmente como virar as páginas de um livro, e abre e fecha este mundo e o Outro, como se fossem duas casas." Já que é assim, a conclusão de todas essas evidências é.:

[690] ﴿وَ اِلَيْهِ تُرْجَعُونَ﴾ Isto é, "Ele vai ressuscitá-los à vida da sepultura e trazê-los. Lá serão chamados a prestar contas na presença do Todo-Poderoso."

Assim, todos esses versículos já preparam a mente para aceitar a ressurreição, e por isso têm que preparar o coração, porque eles têm apontado atos semelhantes no mundo.

Às vezes, acontece também que o Alcorão menciona obras de Allah Todo-Poderoso na Outra Vida de tal forma que o homem pode entender as coisas semelhantes neste mundo. Em seguida, não permanece possibilidade de negá-los ou considerá-los pouco prováveis. Um exemplo são as que os começos das suratas:

﴿إِذَا الشَّمْسُ كُوِّرَتْ﴾[691] ۞ ﴿إِذَا السَّمَاءُ انفَطَرَتْ﴾[692] ۞

﴿إِذَا السَّمَاءُ انشَقَّتْ﴾[693]

Nestas Suratas ele menciona as revoluções poderosas e os atos dominicais da disposição na ressurreição e o Grande Encontro de tal forma que, se o homem vê as coisas semelhantes a eles neste mundo, por exemplo, no outono e na primavera, ele aceita essas revoluções facilmente, que causam pavor ao coração e não podem ser compreendidas pela mente. Para proporcionar ainda um resumo do significado dessas três Suratas seria muito longo, então por enquanto vamos apontar uma única frase a título de exemplo.

Por exemplo, a frase: [694] ﴿إِذَا الصُّحُفُ نُشِرَتْ﴾ expressa o seguinte: na ressurreição, todos os atos de todas as pessoas serão publicados escritos em páginas. Sendo muito estranho por si só, a mente não pode compreender este assunto. Mas como a Surata indica, da mesma forma que na ressurreição da primavera as coisas são semelhantes a outros pontos, as coisas semelhantes a esta postura de estarem abertas as páginas são muito claras. Se todas as árvores frutíferas ou plantas com flores realizam feitos, atos e deveres, e da maneira que apresentam os nomes Divinos e glorificar a Allah, realizam o culto. Todos esses feitos são escritos em suas sementes juntamente com suas histórias de vida, e emergem em outra primavera em outro lugar. Assim como eles mencionam mais eloquentemente os feitos de suas mães e estoque pelas línguas das formas e formas que exibem, assim eles publicam as páginas de suas obras por seus ramos, folhas, flores e frutos. Assim, Aquele que realiza esta Sabedoria, Preservação, Planejamento, Carinho, Trabalho Benevolente, é aquele que diz:

﴿ إِذَا الصُّحُفُ نُشِرَتْ﴾

Você pode fazer analogias com outros pontos deste e deduzi-los, se puder. Para ajudá-lo, eu vou dizer o seguinte: a frase:[695] ﴿ إِذَا الشَّمْسُ كُوِّرَتْ﴾ é uma brilhante metáfora que significa "dobrado"; e "recolhido"; assim também faz alusão a coisas semelhantes a ele.

A Primeira: Allah Todo-Poderoso afastou os véus da não-existência, o éter, e os céus, e tomando do Tesouro de Sua misericórdia uma lâmpada como um brilhante cintilante para iluminar o mundo, exposto para o mundo. Quando o mundo estiver fechado, ele deve enrolar o brilhante em seus véus e removê-lo.

A Segunda: O sol é um funcionário encarregado de espalhar as mercadorias de sua luz e envolver a cabeça da terra, alternadamente, em luz e escuridão. Todas as noites ele recolhe suas mercadorias e as esconde e, às vezes, faz negócios escassos devido ao véu de uma nuvem, e às vezes a lua atrai um véu sobre o seu rosto e de certa forma dificulta suas operações, em seguida, ajusta os livros de contas de suas mercadorias e transações. Da mesma forma, um tempo virá quando este funcionário renunciará a seu posto. Mesmo que não haja nenhuma causa para a sua destituição, devido ao alargamento das duas manchas negras em seu rosto, como começou, com a permissão Divina, o sol levará de volta a luz que se propague ao comando dominical e a envolverá em torno de sua própria cabeça. Será dito: "Nenhum trabalho continua para você na terra. Vá para o Inferno e queime aqueles que o adoraram e insultaram um funcionário obediente como você, inferindo que você era desleal!" Ele irá ler o decreto de ﴿ إِذَا الشَّمْسُ كُوِّرَتْ ﴾ por seu rosto manchado de preto.

Nona Qualidade da Beleza de Expressão: Às vezes, acontece que o Alcorão Sagrado menciona certos objetivos específicos, e em seguida, a fim de impulsionar a mente por meio deles, confirma, estabelece, verifica, e prova os objetivos pelos Nomes Divinos, que são como regras universais. Por exemplo:

﴿قَدْ سَمِعَ اللّٰهُ قَوْلَ الَّتِى تُجَادِلُكَ فِى زَوْجِهَا وَتَشْتَكِىٓ اِلَى اللّٰهِ وَاللّٰهُ يَسْمَعُ تَحَاوُرَكُمَا

اِنَّ اللّٰهَ سَمِيعٌ بَصِيرٌ﴾[696]

Aqui, o Alcorão diz: "Allah Todo-Poderoso é absolutamente Oniouvinte; Ele ouve tudo, até mesmo pelo Nome Divino da Verdade, uma mulher discutindo com você e reclamando de seu marido, uma questão verdadeiramente insignificante. E, uma vez que, as mulheres manifestam as manifestações mais sutis de misericórdia e são minas de abnegada compaixão, Ele ouve pelo Nome do Compassivo a legítima reivindicação de uma mulher e sua reclamação a Ele, e pelo Nome da Verdade leva isso a sério, conferindo-lhe maior importância." Assim, a fim de tornar este objetivo, nomeadamente, universal, Um fora da esfera da contingência do universo Quem ouve e vê um pequeno incidente entre as criaturas, deve, necessariamente, ouvir e ver todas as coisas, e Aquele que é Senhor do universo da necessidade vê o sofrimento das criaturas insignificantes dentro do universo que são injustiçadas, e ouve seus gritos. Aquele que não vê o seu sofrimento e não ouve seus gritos de socorro não pode ser o Senhor. Nesse caso, ele estabelece duas verdades poderosas com a frase: [697]﴿اِنَّ اللّٰهَ سَمِيعٌ بَصِيرٌ﴾ e, por exemplo:

﴿سُبْحَانَ الَّذِى اَسْرٰى بِعَبْدِهِ لَيْلاً مِنَ الْمَسْجِدِ الْحَرَامِ اِلَى الْمَسْجِدِ الْاَقْصَى الَّذِى بَارَكْنَا حَوْلَهُ لِنُرِيَهُ مِنْ

اٰيَاتِنَا اِنَّهُ هُوَ السَّمِيعُ الْبَصِيرُ﴾[698]

Aqui, depois de mencionar a viagem noturna do Nobre Mensageiro (Allah o abençoe e lhe dê paz) da Sagrada Mesquita em Makka para a Mesquita Al Acsa em Jerusalém, que foi o início de sua ascensão, o Alcorão diz: ﴿ اِنَّ اللّٰهَ سَمِيعٌ بَصِيرٌ ﴾ O pronome Ele (اِنَّهُ) refere-se a Allah Todo-Poderoso ou ao Profeta. Se ele se refere ao

Profeta, é assim: "Havia dentro desta jornada especial, uma viagem geral e ascensão universal, durante a qual, tanto quanto a árvore de Loto e a distância de duas cordas de arco, ele ouviu e viu os sinais dominicais e as maravilhas da arte Divina, que eram evidentes aos olhos e ouvidos nos graus universais dos Nomes Divinos".

Isso mostra que essa particular e insignificante viagem era como uma chave para uma viagem que era universal e um conjunto de maravilhas.

Se o pronome se refere a Allah Todo-Poderoso, é assim: "Ele convidou um de Seus servos para viagem à Sua presença; e para confiar-lhe um dever, mandou-o da Mesquita Sagrada para a Mesquita Al Acsa, onde Ele o levou a reunir-se com os profetas que estavam ali reunidos. Em seguida, depois de mostrar que ele era o herdeiro absoluto com os princípios de todas as suas religiões, transportou-o por seus reinos em seus aspectos internos e externos, tanto quanto "a distância de dois comprimentos de arco."

Ele era certamente um servo e viajou numa ascensão particular, mas assumiu a confiança que estava relacionada com todo o universo, e uma luz que mudaria a cor do universo. Desde que houvesse entre eles uma chave para abrir as portas da felicidade eterna, o Todo Poderoso Allah descreveu este Ser com os atributos de ouvir e ver todas as coisas. Desta forma ele poderia demonstrar os propósitos e exemplos de sabedoria da confiança, a luz e a chave de âmbito mundial.

E, por exemplo:

﴿اَلْحَمْدُ لِلّٰهِ فَاطِرِ السَّمٰوَاتِ وَالْاَرْضِ جَاعِلِ الْمَلٰٓئِكَةِ رُسُلًا اُو۬لٓي اَجْنِحَةٍ مَثْنٰى وَثُلَاثَ وَرُبَاعَ يَزِيدُ فِي الْخَلْقِ مَا يَشَٓاءُ اِنَّ اللّٰهَ عَلٰى كُلِّ شَيْءٍ قَدِيرٌ﴾[699]

Nesta Surata, o Alcorão diz: "Por decorarem os céus e a terra, desta forma e exibirem as obras de Sua perfeição, o seu Criador Todo-Glorioso provoca inúmeros espectadores a exalá-Lo e louvá-Lo. Ele pavimenta-os com recompensas incontáveis para que os céus e a terra louvem e exaltem o Criador infinitamente Misericordioso pelas línguas de todas as graças e aqueles que as recebem." Depois disso, aponta que, desde que o Criador deu aos homens, aos animais e aos pássaros membros e asas com as quais viajam pelas cidades e terras do mundo, e desde que o Todo-Glorioso também deu asas aos anjos, os habitantes do reino dos céus, a fim de voarem por palácios celestiais das estrelas e terras altas das constelações, Ele é certamente poderoso sobre todas as coisas. Aquele Que dá asas a uma mosca, para voar de fruta para fruta, e as asas para um pardal a voar de árvore em árvore, é Aquele Que dá asas aos anjos para voarem de Vênus a Júpiter. Além disso, os anjos não se restringem a particularidades como os habitantes da terra; eles não estão confinados a um lugar específico. Com as palavras:[700] مَثْنٰى وَثُلَاثَ وَرُبَاعَ, sugere que ao mesmo tempo podem estar presentes em quatro ou mais estrelas; ele dá detalhes. Assim, por meio de descrever a "teoria dos anjos com asas", que é um evento particular, ele aponta para uma oficina universal, geral do poder Divino e de sua imensidão, e verifica e estabelece isso com o resumo:

﴿اِنَّ اللّٰهَ عَلٰى كُلِّ شَيْءٍ قَدِيرٌ﴾[701]

Décima Qualidade da Beleza de Expressão: Às vezes, acontece que um versículo menciona atos rebeldes do homem e, em seguida, restringe-o com ameaças graves. Então, para que a gravidade das ameaças não o lance em desespero e desesperança, conclui com alguns Nomes Divinos que apontam para a Sua misericórdia e o consola. Por exemplo:

﴿قُلْ لَوْ كَانَ مَعَهُٓ اٰلِهَةٌ كَمَا يَقُولُونَ اِذًا لَابْتَغَوْا اِلٰى ذِى الْعَرْشِ سَبِيلًا ۝ سُبْحَانَهُ وَتَعَالٰى عَمَّا يَقُولُونَ عُلُوًّا كَبِيرًا ۝ تُسَبِّحُ لَهُ السَّمٰوَاتُ السَّبْعُ وَالْاَرْضُ وَمَنْ فِيهِنَّ وَاِنْ مِنْ شَىْءٍ اِلَّا يُسَبِّحُ بِحَمْدِهِ وَلٰكِنْ لَا تَفْقَهُونَ تَسْبِيحَهُمْ اِنَّهُ كَانَ حَلِيمًا غَفُورًا﴾ [702]

Este versículo diz: "Dize-lhes: Se, como você diz, Allah tinha tido parceiros na sua soberania, deveria haver certamente alguns sinais de doença, causada pela mão que se estendia até o trono da sua religiosidade e interferido. No entanto, pelas línguas das manifestações e inscrições dos Nomes Divinos que se manifestam, todas as criaturas, universais ou particulares, grandes ou pequenas, a partir dos sete níveis dos céus até os organismos microscópicos, glorificam o Todo-Glorioso significado por esses Nomes, declarando que Ele está livre de parceiros ou afins.

Sim, assim como os céus declaram ser Ele Sagrado pela luz de dispersão das palavras dos sóis e estrelas, e pela sabedoria que mostram e a sua ordem, testemunham a Sua unidade, a atmosfera O glorifica e O santifica pela voz das nuvens e das palavras dos trovões, relâmpagos e chuva, e testemunham Sua unidade. A terra também glorifica e declara ser um Criador Todo-Glorioso por meio de suas palavras vivas conhecidas como animais, plantas e outros seres; e assim é que glorificam e testemunhar a sua unidade por meio das palavras de suas árvores e suas folhas, flores e frutos. Da mesma forma, apesar de seu tamanho minúsculo e insignificância, as menores criaturas e seres mais particulares glorificam o Todo-Glorioso indicadas pelos inúmeros Nomes universais que mostram e testemunham a sua unidade pelas inscrições que eles suportam.

Assim, desde que o homem é o resumo e o resultado do universo, e legatário de Allah na terra, e o seu fruto delicado, este versículo aponta como é feio e merecedora de punição a sua incredulidade e associando parceiros com Allah. Pois, é contador e contrário a todo o universo, que em conjunto glorifica, por unanimidade, com uma língua, o seu Criador Todo-Glorioso e testemunha em sua própria maneira a Sua unidade, e realiza o dever de adoração com o qual ele é encarregado, transportando-o para fora em perfeita submissão. Mas, para não lançar o homem em desespero, e mostrar a sabedoria do Todo-Glorioso Dominador de permitir uma rebelião tão infinitamente feia e não destruir o universo em torno de humanidade, ele diz:

﴿اِنَّهُ كَانَ حَلِيمًا غَفُورًا﴾ [703]

Ele mostra com este resumo da sabedoria em seu adiamento, e deixa uma porta aberta para a esperança.

Assim, você pode entender a partir destas dez indicações de milagres que, nos resumos das conclusões dos versículos são inúmeras aspersões de orientação e lampejos de milagres. Os maiores gênios entre os estudiosos da retórica têm mordido os dedos em absoluta maravilha e admiração por estes estilos únicos, e declarado: "Estas não são palavras de ser humano", e têm acreditado com certeza absoluta nisso de que:

﴿إِنْ هُوَ إِلَّا وَحْىٌ يُوحَى﴾[704]

Isso significa que juntamente c, om as indicações acima mencionadas, numerosos outras facetas não incluídasídas em nossa discussão estão contidos em outros versículos no arranjo que dos quais uma impressão da miraculosidade está tão aparente que mesmo um cego pode vê-la.

O Terceiro Facho da Segunda Luz:

O Alcorão não pode ser comparado com outras palavras e discursos. Isso ocorre porque o discurso é de diferentes categorias, e no que diz respeito à superioridade, poder, beleza e delicadeza, tem quatro fontes: uma é o falante, outra é o destinatário, outra é a finalidade, e outra é a forma. Sua fonte não é apenas a forma como as pessoas letradas têm mostrado de forma errada. Assim, em discurso deve-se considerar: "Quem disse isso? A quem eles dizem isso? Por que eles dizem isso? De que forma é que eles dizem isso?" Não se devem considerar apenas as palavras e parar por aí. Já que o discurso extrai sua força e beleza dessas quatro fontes, se as fontes do Alcorão são estudadas cuidadosamente, o grau de sua eloquência, superioridade e beleza será compreendido. De fato, se a fala olha para o falante, se for comando ou proibição, compreende também a vontade e o poder do falante, de acordo com a sua posição. Em seguida, elimina a resistência; ele tem um efeito como a eletricidade física e aumenta em proporção da superioridade e do poder do discurso. Tomemos, por exemplo, o versículo:

﴿يَا اَرْضُ ابْلَعِى مَاءَكِ وَيَا سَمَاءُ اَقْلِعِى﴾[705]

Ou seja, "ó terra! Seu dever está concluído, engula a água. Ó céu! Não resta mais necessidade, deixe de chover." E, por exemplo:

﴿فَقَالَ لَهَا وَ لِلاَرْضِ ائْتِيَا طَوْعاً اَوْ كَرْهاً قَالَتَا اَتَيْنَا طَائِعِينَ﴾[706] Ou seja: "Ó terra! Ó céu! Venham se vocês quiserem ou não, vocês estão de qualquer maneira submissos à minha sabedoria e poder. Emergem do não-ser e venham para o local de exposição de minha arte na existência." E eles responderam: "Nós vamos com perfeita obediência. Por Seu poder, realizamos todos os deveres que o Senhor tem-nos mostrado." Considere o poder e elevação desses verdadeiros e eficazes comandos, que compreendem o poder e, em seguida, olhem para as palavras humanas, como a seguinte conversa sem sentido com os seres inanimados:[707] اُسْكُنِى يَا اَرْضُ وَانْشَقِّى يَا سَمَاءُ وَقُومِى اَيَّتُهَا الْقِيَامَةُ

Podem as duas ordens serem comparadas? Sim, se houver qualquer comparação entre as vontades que surgem a partir de desejos e ordens oficiosos emitidos desses desejos, e a ordem de um comandante de autoridade real? Pode haver qualquer comparação entre essas palavras e a ordem efetiva: "Em frente, marchem!" de um comandante supremo de um vasto exército? Porque, se uma ordem como essa é ouvida por um soldado comum, enquanto as duas ordens são as mesmas na forma, em significado que eles diferem quanto muito como um soldado comum e do comandante de um exército.

E por exemplo, os versículos: ﴿اِنَّمَا اَمْرُهُ اِذَا اَرَادَ شَيْـًٔا اَنْ يَقُولَ لَهُ كُنْ فَيَكُونُ﴾[708] e:

[709] ﴿وَاِذْ قُلْنَا لِلْمَلٰئِكَةِ اسْجُدُوا لِآدَمَ﴾ Olhe para o poder e a sublimidade destes dois versículos, em seguida olhe para o discurso do homem na forma de ordem. Não é este último como um vaga-lume em relação ao sol? Para descrever seu ato a ambos os olhos e ouvidos, um verdadeiro dono descreve seu ato, enquanto o executa, e um verdadeiro artista explica sua arte como ela funciona, e um verdadeiro doador explica suas bênçãos como ele as concede, isto é, a fim de combinar tanto a palavra como a ação, cada um diz: "Olha! Eu tenho feito isso e eu estou fazendo isso desta forma. Eu fiz isso por esse motivo, e isso será assim, e eu estou fazendo isso por isso será assim."

E por exemplo:

﴿اَفَلَمْ يَنْظُرُوا اِلَى السَّمَاءِ فَوْقَهُمْ كَيْفَ بَنَيْنَاهَا وَ زَيَّنَّاهَا وَمَا لَهَا مِنْ فُرُوجٍ۞ وَالْاَرْضَ مَدَدْنَاهَا وَ اَلْقَيْنَا فِيهَا رَوَاسِيَ وَ اَنْبَتْنَا فِيهَا مِنْ كُلِّ زَوْجٍ بَهِيجٍ۞ تَبْصِرَةً وَ ذِكْرَى لِكُلِّ عَبْدٍ مُنِيبٍ۞ وَ نَزَّلْنَا مِنَ السَّمَاءِ مَاءً مُبَارَكًا فَاَنْبَتْنَا بِهِ جَنَّاتٍ وَ حَبَّ الْحَصِيدِ۞ وَالنَّخْلَ بَاسِقَاتٍ لَهَا طَلْعٌ نَضِيدٌ۞ رِزْقًا لِلْعِبَادِ وَ اَحْيَيْنَا بِهِ بَلْدَةً مَيْتًا كَذٰلِكَ الْخُرُوجُ﴾[710]

Pode haver qualquer comparação entre estas descrições, estes atos, que brilham como os frutos estrelados do Paraíso, na constelação desta Surata nos céus do Alcorão, e nos vários níveis de provas mencionados dentro deles por meio de ordem de retórica, e essa prova da ressurreição dos mortos, a sua conclusão, com a frase:[711] كَذٰلِكَ الْخُرُوجُ - vem, silenciando, assim, aqueles que estão no início da Surata que negam a ressurreição – pode haver qualquer comparação entre esta e as discussões dos homens sobre atos intrometidos que pouco têm a ver com eles? Não é nem mesmo a comparação de imagens de flores por meio de cópia, e as flores de vida real. Para explicar inteiramente o significado de:

[712] اَفَلَمْ يَنْظُرُوا até كَذٰلِكَ الْخُرُوجُ seria muito demorado, por isso vamos passar por cima com uma indicação concisa, como esta:

Uma vez que, no início da Surata, os incrédulos negam a ressurreição, o Alcorão dá uma longa passagem introdutória, a fim de obrigá-los a aceitá-la. Ele diz: "Vocês não olham para o céu acima de vocês, que temos construído em tão magnífica forma ordenada? Vocês não veem como temos adornado com estrelas, o sol e a lua, e como não permitimos nenhuma falha ou defeito? Vocês não veem como temos estendido a terra para vocês e com que sabedoria a temos decorado? Nós erguemos as montanhas sobre ela e a protegemos da invasão do mar. Vocês não veem como criamos todas as variedades de plantas e as coisas que crescem sobre a terra, bonitas e de todas as cores, e como temos feito bela cada parte dela com eles. E vocês não veem como enviamos a chuva abundante do céu, e com isso criamos jardins, pomares, grãos, altas árvores frutíferas, como a deliciosa tamareira, e como as fizemos crescer e enviamos aos Meus servos sustento com elas? E vocês não veem que ressuscito à vida a terra árida com a chuva? Eu criei milhares de ressurreições mundanas. Da mesma forma que ressuscito com o Meu poder essas plantas da terra árida, será a forma como a sua ressurreição. Na ressurreição, a terra morrerá e vocês sairão vivos."

Pode haver qualquer comparação entre as explicações eloquentes destes versículos estabelecidos em provar a ressurreição, apenas um milésimo de que temos sido capazes de aludir, e as palavras humanas colocadas para apoiar uma reivindicação?

Desde o início deste tratado até aqui, esforçando-se em fazer um inimigo obstinado aceitar o milagroso Alcorão por meio de raciocínio imparcial, conhecido como o apuramento da verdade, deixamos muitos segredos dos direitos do Alcorão. Trouxemos o sol, na função de velas e fizemos comparações. Efetuamos o dever de apurar a verdade, e temos provado o seu milagre de forma brilhante. Agora, em uma ou duas palavras, não em nome de "apuramento da verdade", mas na de 'realidade', vamos apontar a verdadeira posição do Alcorão, que está além de comparação.

De fato, a comparação de qualquer discurso com os versículos do Alcorão é como a comparação da minúscula reflexão das estrelas em pedaços de vidro com as próprias estrelas. Como podem as palavras do Alcorão, cada uma das quais retrata e mostra uma verdade constante, serem comparadas com o significado humano que retrata por suas palavras os minúsculos reflexos dos seus pensamentos e sentimentos? Como podem as angélicas palavras do Alcorão, que inspiram as luzes de orientação e são a expressão do Criador Todo-Glorioso do sol e da lua, serem comparadas às palavras cortantes do homem com a sua substância e falsas sedutoras sutilezas para despertar desejos básicos? Sim, a comparação dos vermes venenosos e insetos, com os anjos sagrados e seres espirituais luminosos, das palavras do homem e as do Alcorão. A Vigésima Quinta Palavra junto com as anteriores vinte e quatro Palavras provaram essas verdades. Esta nossa afirmação não é infundada; sua prova é a conclusão acima mencionada. Na verdade, como podem as palavras do Alcorão, que são todas as conchas de joias de orientação e fontes das verdades da fé e nascentes dos fundamentos do Islam, e que vieram diretamente do Trono do Todo-Misericordioso, e acima e além do olhar universal para o homem e descer até ele, e compreendem o conhecimento Divino, poder e vontade, e são os endereços pré-eternos – como podem as suas palavras serem comparadas com vãs, fantásticas, fúteis, palavras – alimentando o desejo do homem?

Sim, como pode o Alcorão, que é como uma árvore de Tuba, e espalha-se sob a forma de folhas o mundo do Islam com todas as suas qualidades, marcas e perfeições, todas as suas ordenanças e princípios, e é exibido fresco e belo por sua água da vida, seus estudantes purificados e santos, cada um como uma flor, e produz todas as perfeições e verdades cósmicas e divinas como frutas, e novamente como uma frutífera árvore que produz numerosas sementes dentro de seus frutos cada um como princípio e um programa de ações e exibe verdades em sucessão contínua – como isso pode ser comparado com a fala do homem, que nós sabemos? [713] اَيْنَ الثَّرَا مِنَ الثُّرَيَّا

Embora por 1350 anos, o Alcorão Sagrado tenha estabelecido e exibido todas as suas verdades no mercado do universo, e de todos, de todas as nações, todos os países têm tomado algumas de suas joias e suas verdades, e eles os adotaram, nem a familiaridade, nem a abundância, nem a passagem do tempo, nem as grandes mudanças têm prejudicado suas valiosas verdades e excelentes estilos, ou o envelheceram, ou dessecado, ou fez perder o seu valor, ou extingue a sua beleza. Isso por si só é um aspecto milagroso.

Se alguém se apresentar agora e colocar algumas das verdades do Alcorão trazidas em uma ordem infantil de acordo com suas próprias fantasias, e se fosse para compará-las com alguns dos versículos do Alcorão, a fim de contestá-los, e dizer: "eu proferi palavras parecidas com o Alcorão" seria totalmente insensato, como no exemplo a seguir: há um homem comum, um construtor de casas comuns, incapaz de compreender as inscrições elevadas de um mestre que construiu um esplêndido palácio, cujas pedras são várias joias, e decorado com enfeites harmoniosos que mostram as inscrições elevadas de todo o palácio e sua relação com as pedras. Se o homem comum, que não teve qualquer participação em qualquer uma das joias e dos adornos do palácio, fosse entrar no palácio, destruísse as inscrições elevadas nas pedras valiosas e lhe desse uma forma, uma ordem, semelhante ao de uma casa comum de acordo com seus desejos infantis e orçado em algumas esferas agradáveis a sua visão juvenil, e depois dissesse: "Olha! Eu tenho mais habilidade e riqueza e adornos mais preciosos do que o construtor do palácio", em comparação, seria a arte de um louco, delirante falsificador.

A TERCEIRA LUZ

A terceira luz é composta por três Brilhos.

PRIMEIRO BRILHO: Um aspecto importante do milagroso Alcorão das milagrosas Exposições foi explicado na Décima Terceira Palavra. Ele foi incluído aqui para que possa tomar o seu lugar entre os outros aspectos de seus irmãos milagrosos. É o seguinte: se você quiser ver e apreciar como as estrelas brilhantes, todos os versículos do Alcorão dispersam a escuridão da incredulidade espalhando a luz do milagre e da orientação, imagine-se na idade da ignorância e do deserto de selvageria, onde tudo estava envolto em véus sem vida da natureza, sob a escuridão da ignorância e negligência. Então, de repente da língua elevada do Alcorão, você ouve versículos como:

﴿سَبَّحَ لِلّٰهِ مَا فِى السَّمٰوَاتِ وَالْاَرْضِ وَهُوَ الْعَزِيزُ الْحَكِيمُ﴾[714]

﴿يُسَبِّحُ لِلّٰهِ مَا فِى السَّمٰوَاتِ وَمَا فِى الْاَرْضِ الْمَلِكِ الْقُدُّوسِ الْعَزِيزِ الْحَكِيمِ﴾[715]

Veja como essas criaturas mortas ou dormindo da primavera surgem para a vida ao som de exaltação (سَبَّحَ) e glorificação (يُسَبِّحُ) nas mentes dos ouvintes, como acordam, surgem, e mencionam os Nomes de Allah! E ao som de:

[716]﴿تُسَبِّحُ لَهُ السَّمٰوَاتُ السَّبْعُ وَالْاَرْضُ﴾ as estrelas desses céus negros, cada pedaço inanimado de fogo, e as miseráveis criaturas na face da terra apresentam a seguinte vista aos ouvintes: o céu aparece como uma boca e as estrelas como palavras – exibindo sabedoria e verdade – enunciação de luzes. A terra aparece como uma cabeça, a terra e o mar como línguas, e todos os animais e plantas como palavras de glorificação. Caso contrário, você não vai apreciar as sutilezas do prazer em olhar a partir deste momento para aquele. Porque, se você olhar para cada versículo como se tivesseespalhado sua luz desde aquela época, e tivesse se tornado como o conhecimento universalmente aceito com o passar do tempo, e brilhasse com as outras luzes do Islam, e tomasse a sua cor do sol do Alcorão, ou se você olhasse para ele por um véu superficial e simples de familiaridade, você não veria realmente que tipo de escuridão cada versículo dispersa ou quão doce é o recital de sua miraculosidade, e você não apreciaria este tipo de seu milagre entre seus muitos tipos. Se você quiser ver um dos mais altos graus do Alcorão de miraculosidade de Exposição Milagrosa, ouça a seguinte comparação:

Vamos imaginar uma árvore extremamente estranha, vasta e espalhada, que está oculta debaixo de um véu do invisível e escondida em um nível de ocultação. É claro que tem de haver relação, harmonia e equilíbrio entre uma árvore e todos os seus membros, como seus ramos, frutos, folhas e flores, o mesmo entre os membros do homem. Cada uma das suas partes toma uma forma, de acordo com a natureza da árvore. Portanto, se alguém aparece e rastreia uma imagem na parte superior do véu correspondente aos membros da árvore, que nunca foi vista, em seguida, delimita cada membro, dos ramos para a fruta, e da fruta para as folhas desenha uma forma proporcional e preenche o espaço entre sua origem e extremidades, que é uma distância infinita, com os desenhos que mostram exatamente o tipo e a forma de seus membros, certamente, nenhuma dúvida continuará que o artista vê a árvore escondida com um olho que penetra e engloba o invisível, então ele mostra isso.

Da mesma forma, as declarações discriminatórias do Alcorão de exposição miraculosa relativas à realidade de seres contingentes (isto é, sobre a realidade da árvore da criação, que se estende desde o princípio do mundo até os limites mais distantes do Porvir, e se espalha a partir da terra para o Trono Divino e das mínimas partículas para o sol) preservaram a proporção entre os membros, a tal ponto e deram cada membro e frutas de forma tão adequada que as representações do Alcorão, todos os estudiosos exigentes declararam na conclusão de suas investigações: "Que maravilhas Allah quis! Quão grandes são as bênçãos de Allah." Eles disseram: "É só você que resolve e desvenda o talismã do universo e o enigma da criação, ó Alcorão Sagrado"!

[717]﴿وَلِلّٰهِ الْمَثَلُ الْاَعْلٰى﴾ e não há erro na comparação – vamos representar os Nomes e Atributos Divinos, e os atos dominicais e os atos como a árvore de Tuba de luz, a esfera de cuja grandeza se estende desde a pré-eternidade para a pós-eternidade, e os limites de cuja vastidão se espalha pelo espaço infinito e o abarca, e os limites de cujas ações se estendem desde: [719](فَالِقُ الْحَبِّ وَالنَّوٰى) ۞ [718](يَحُولُ بَيْنَ الْمَرْءِ وَقَلْبِهِ) Até:

(وَالسَّمٰوَاتُ مَطْوِيَّاتٌ بِيَمِينِهِ)[720]

(خَلَقَ السَّمٰوَاتِ وَالْاَرْضَ فِى سِتَّةِ اَيَّامٍ)[721]

O Alcorão Sagrado descreveu a realidade luminosa, as verdades desses Nomes e Atributos, atos e ações, em conjunto com todos os seus ramos e galhos, objetivos e frutos, de uma forma tão harmoniosa, tão apropriada de um para outro, sem estragar os outros ou estragar o decreto de um e de outro, ou serem distantes uns dos outros, que todas as pessoas de iluminação e aquelas que penetraram às realidades, e todo o sábio e o inteligente que têm viajado no reino da dimensão interna das coisas, declararam: "Glorificado seja Allah!" perante as evidências do Alcorão, afirmaram, dizendo: "quão perfeitas em veracidade e congruências, quão conformados com a realidade, quão excelentes, quão dignas!"

Tomemos, por exemplo, os seis pilares da fé, que são como uma única sucursal dessas duas árvores poderosas que imaginam toda a esfera da contingência e da necessidade: eles mostram todos os ramos e galhos desses pilares – como medida em que as mais distantes das frutas e Flores – observando tal harmonia e proporção entre eles, e os descreve de uma forma tão equilibrada, e ilustra-os de forma tão simétrica que a mente humana é incapaz de percebê-lo e fica espantada com a sua beleza. E a prova de que a beleza de proporção e relação perfeita e equilíbrio completo foram preservados entre os cinco pilares do Islam, que são como uma parte do ramo da crença, até os menores detalhes, o menor ponto de conduta, os mais distantes objetivos, a maioria da profunda sabedoria, e as frutas mais insignificantes, é a perfeita ordem, equilíbrio e beleza de proporção e solidez da Grande Chari'a do Islam, que emergiu das decisivas declarações, dos sentidos, das indicações, e das alusões do Alcorão abrangente; eles formam uma prova irrefutável e decisiva e apenas testemunham que não se pode duvidar. Isto significa que as exposições do Alcorão não podem ser atribuídas a um conhecimento parcial do homem e, particularmente, ao conhecimento de alguém analfabeto. Eles permanecem em vez de um conhecimento abrangente e são as palavras d'Aquele que é capaz de ver todas as coisas e observar em um momento todas as verdades da eternidade entre pré-e pós-eternidade. Nisto acreditamos.

SEGUNDO BRILHO: A que ponto a filosofia humana que desafia a sabedoria do Alcorão caiu perante a sabedoria que foi explicada e ilustrada com comparações na Décima Segunda Palavra e provada nas outras Palavras, remetemos os leitores para aqueles tratados e oferecemos agora uma comparação adicional de outro ponto de vista. É como se segue:

As ciências humanas e a filosofia olham para o mundo de forma fixa e constante. Elas discutem a natureza dos seres e suas características em detalhes; se elas falam de seus deveres perante o seu Criador, falam deles brevemente. Simplesmente, falam apenas da decoração e das letras do livro do universo, e anexam qualquer importância ao seu significado.

Quanto ao Alcorão, olha o mundo como transitório, passageiro, enganador, como viagem instável, e passando por revolução, sem constância. Ele fala brevemente sobre a natureza dos seres e suas características superficiais e materiais, mas menciona em detalhe os deveres de adoração que são cobrados pelo Criador, e em que aspectos aponta para Seus Nomes e Sua obediência ante as ordens da criação Divina. Vamos, portanto, olhar para as diferenças entre a filosofia humana e a sabedoria do Alcorão em relação a esta questão de olhar para as coisas momentâneas ou em detalhes, e veremos qual é a pura verdade e a realidade.

Um relógio na nossa mão parece ser constante, mas o seu interior está em convulsão permanente pelo movimento do funcionamento e da agitação constante das engrenagens e peças. Da mesma forma, juntamente com a sua aparente estabilidade, este mundo, que é um enorme relógio de poder Divino, está perpetuamente girando dentro de agitação e mudança, transitoriedade e evanescência. De fato, desde que o tempo entrou no mundo, o dia e a noite são como um ponteiro de duas cabeças contando os segundos desse enorme relógio. Os anos são como um ponteiro contando seus minutos, enquanto os séculos contam suas horas. Assim, o tempo molda o mundo sobre as ondas da morte e decadência. Ele atribui todo o passado e o futuro para a não existência, deixando de existir apenas o presente.

Juntamente com esta forma que o tempo dá ao mundo, no que diz respeito ao espaço é também como um relógio submetido a uma revolução instável. Porque, assim como o espaço da atmosfera muda rapidamente e rapidamente passa de um estado para outro por ser cheio e esvaziado com as nuvens, por vezes, vários momentos do dia, faz com que a mudança seja como uma ponteiro contando os segundos. E o espaço da terra, que é como o chão da casa do mundo. Uma vez que, com a vida e a morte e os animais e as plantas sua face muda muito rapidamente, como um ponteiro dos minutos que mostra que este aspecto do mundo também é transitório.

Assim como a terra é assim em relação a sua superfície, então por meio das revoluções e revoltas dentro dela, e as montanhas emergentes, como resultado disso e desaparecendo, este aspecto do mundo está lentamente passando também, como um ponteiro de horas. E pela mudança, como os movimentos dos corpos celestes, o aparecimento de cometas, a ocorrência de eclipses solares e lunares, e estrelas cadentes, o espaço dos céus também, que é como o teto da casa do mundo, mostram que os céus também não são estáveis e constantes, mas estão progredindo em direção à velhice e á destruição. Sua mudança é lenta e tardia como o ponteiro contando os dias em um relógio semanal, mas em todos os aspectos demonstra que é transitória e passageira e caminhando para a destruição.

Assim, o mundo, no que diz respeito a ele próprio, foi construído sobre estes sete pilares. Esses pilares perpetuamente agitam-no. Mas quando o mundo, que é assim em movimento,sendo abalado, olha para o seu Criador, o movimento e a mudança são o funcionamento da caneta do poder escrever as missivas do Eternamente Procurado. E esses estados mutantes são os espelhos dos Nomes Divinos, que sendo constantemente renovados, exibem com representações sempre diferentes a manifestação das qualidades dos Nomes.

E assim, em relação ao mundo, ele é ao mesmo tempo transitório e apressa-se para a morte, e está passando por revolução. Embora na realidade ele esteja partindo, como a água que flui, ao olho desatento, parece estar congelada; devido à ideia de natureza, tornou-se densa e turva, e torna-se um véu escondendo a Outra Vida. Assim, pela investigação filosófica e ciência natural, e os divertimentos sedutores da civilização dissoluta e as suas paixões embriagantes, a filosofia doente tem tanto aumentado o Estado e a inação congelada do mundo, e fez mais densa negligência, e aumentou a sua opacidade e turbidez, e fez com que o Criador e a Outra Vida fossem esquecidos.

Enquanto, com seus versículos:

﴿الْقَارِعَةُ مَا الْقَارِعَةُ﴾[722] ۞ ﴿إذا وَقَعَتِ الْوَاقِعَةُ﴾[723] ۞

﴿وَ الطُّورِ وَ كِتَابٍ مَسْطُورٍ﴾[724]

o Alcorão figura o mundo em relação a ele como o algodão, e lança-o fora, por meio de suas exposições como:

﴿اَوَلَمْ يَنْظُرُوا فِى مَلَكُوتِ السَّمٰوَاتِ وَ الْاَرْضِ﴾[725] ۞ ﴿اَفَلَمْ يَنْظُرُوا اِلَى السَّمَاءِ فَوْقَهُمْ كَيْفَ بَنَيْنَاهَا﴾[726] ۞ ﴿اَوَلَمْ يَرَ الَّذِينَ كَفَرُوا اَنَّ السَّمٰوَاتِ وَالْاَرْضَ كَانَتَا رَتْقاً﴾[727]

ele dá ao mundo uma transparência e remove sua turbidez, Por suas iluminações de dispersão luminosa como:

﴿اَللّٰهُ نُورُ السَّمٰوَاتِ وَالْاَرْضِ﴾[728] ۞

﴿وَمَا الْحَيٰوةُ الدُّنْيَا اِلاَّ لَعِبٌ وَ لَهْوٌ﴾[729]

Ele derrete o congelado mundo inativo mostrada com a morte, como os versículos:

﴿اِذَا الشَّمْسُ كُوِّرَتْ﴾[730] ۞ ﴿اِذَا السَّمَاءُ انْفَطَرَتْ﴾[731]

﴿اِذَا السَّمَاءُ انْشَقَّتْ﴾[732] ۞ ﴿وَنُفِخَ فِى الصُّورِ فَصَعِقَ مَنْ فِى السَّمٰوَاتِ وَمَنْ فِى الْاَرْضِ اِلاَّ مَنْ شَاءَ اللّٰهُ﴾[733]

ele dispersa a ilusão de que o mundo é eterno. Por suas explosões estrondosas, como:

﴿يَعْلَمُ مَا يَلِجُ فِى الْاَرْضِ وَمَا يَخْرُجُ مِنْهَا وَمَا يَنْزِلُ مِنَ السَّمَاءِ وَمَا يَعْرُجُ فِيهَا وَهُوَ مَعَكُمْ اَيْنَ مَا كُنْتُمْ وَاللّٰهُ بِمَا تَعْمَلُونَ بَصِيرٌ﴾[734] ۞ ﴿وَقُلِ الْحَمْدُ لِلّٰهِ سَيُرِيكُمْ آيَاتِهِ فَتَعْرِفُونَهَا وَمَا رَبُّكَ بِغَافِلٍ عَمَّا تَعْمَلُونَ﴾[735]

ele espalha o nascimento da negligência da noção da "natureza".

Assim, do começo ao fim, os versículos do Alcorão voltados para o universo procedem de acordo com este princípio. Eles revelam e mostram a realidade do mundo como ele é. Por meio da amostra de quão feio o mundo é, verifica-se o rosto do homem a partir dele, e aponta o belo rosto do mundo, que olha para o Criador e fixa os olhos do homem nisso. Ele instrui na verdadeira sabedoria e conhecimento, ensinando os significados do livro do universo, e olhando com pouca frequência para as letras e decorações. Não deixa o significado ser esquecido como a filosofia embriagantes, nem faz o homem se apaixonar do feio e perder seu tempo com coisas sem sentido devido à decoração das letras.

O TERCEIRO BRILHO: No Segundo Brilho apontamos para a queda da filosofia humana ante a miraculosa sabedoria do Alcorão. Agora, neste Brilho, vamos mostrar o grau da sabedoria e da ciência – ante a sabedoria do Alcorão – dos estudantes purificados, os santos e os iluminados entre os filósofos, os ocidentais, todos os estudantes do Alcorão, e faremos uma breve indicação para a miraculosidade do Alcorão a este respeito.

A mais verdadeira indicação da sublimidade do Alcorão Sagrado e uma prova mais clara da sua verdade e justiça e um sinal mais poderoso de sua miraculosidade é esta: a preservação de todos os cursos de todas as áreas da unidade Divina, juntamente com todas suas necessidades os expõe, têm preservado seu equilíbrio e não o têm estragado; e têm preservado o balanço de todas as exaltados verdades Divinas; e reunido todas as ordenanças ditadas pelos Nomes Divinos e preservado a sua proporção mútua; e reunido os atos dominicais e Divinos com equilíbrio perfeito. Assim, esta preservação, equilíbrio e reunião é uma característica que certamente não está presente nas obras do homem nem nos produtos do pensamento do eminente entre os homens. É para ser encontrado em nenhum lugar nas obras dos santos que penetraram na face interior dos seres, que olham para o seu Criador, nem nos livros dos ocidentais, que passaram para o sentido oculto das coisas, nem no conhecimento do espiritual que penetrou no mundo do Invisível. Como se tivessem praticado uma divisão do trabalho, é como se cada grupo aderisse a apenas um ou a dois ramos da grande árvore da realidade; cada um ocupa-se apenas com o seu fruto ou com suas folhas. Eles não sabem nada sobre os outros, ou não se preocupam com eles.

A realidade absoluta não pode ser compreendida por visões restritas. Uma visão universal como a do Alcorão é necessária, a fim de compreendê-lo. Com certeza, são instruídos pelo Alcorão, mas com uma mente particular, eles só podem ver completamente um ou dois lados da realidade universal, estão preocupados com eles, e presos a eles. Eles estragam o equilíbrio da realidade pelo excesso ou da negligência e prejudica a sua proporção e harmonia. Esta verdade foi explicada com uma comparação inusitada no segundo ramo da Vigésima Quarta Palavra, e agora vamos apontar para o assunto com outra comparação.

Por exemplo, suponhamos que há um tesouro no fundo do mar, cheio de inúmeras joias de vários tipos. Mergulhadores estão a mergulhar nas profundezas para procurar as joias do tesouro. Desde os seus olhos estão fechados, eles entendem o que está lá por meio da habilidade das mãos. Um diamante alongado vem na mão de um deles. O mergulhador assume que todo o tesouro consiste de um longo pilar como o diamante. Quando ele ouve de outras joias de seus companheiros, ele imagina que elas são auxiliares do diamante que ele encontrou e são facetas e enfeites do mesmo. Na mão de outro passa um rubi redondo, enquanto outro acha um pedaço quadrado de âmbar, e assim por diante, cada um deles acredita que a jóia que ele vê com a mão é a principal parte essencial do tesouro, e supõe que as coisas sobre o que ele ouve são peças e detalhes adicionais do mesmo. Então o equilíbrio das verdades é estragado, e a proporção recíproca também é prejudicada. A cor de muitas verdades muda, e a fim de ver a verdadeira cor da realidade, eles são obrigados a recorrer a interpretações forçadas e explicações elaboradas. Às vezes, vão mesmo tão longe como a negação e rejeição. Qualquer um que estuda os livros dos filósofos ocidentais e as obras dos sufis, que contam com iluminações e visões, sem pesá-las na balança da Sunna, sem dúvida, confirma esta nossa afirmação. Isso quer dizer que, apesar de suas obras se referirem a verdades semelhantes aos do Alcorão e serem tomadas com os ensinamentos do Alcorão, porque elas não são o Alcorão, estão com defeito dessa forma. Os versículos do Alcorão também, que são oceanos de verdades, são mergulhadores do tesouro no fundo do mar. Mas seus olhos estão abertos e abrangem o tesouro. Veem o que há no tesouro e o que não há. Descrevem-no e o expõe com tal harmonia, ordem e proporção em que mostram a verdadeira beleza e delicadeza. Por exemplo, da mesma forma que ver a vastidão da religiosidade expressa pelos versículos:

﴿وَالْاَرْضُ جَمِيعًا قَبْضَتُهُ يَوْمَ الْقِيَامَةِ وَالسَّمٰوَاتُ مَطْوِيَّاتٌ بِيَمِينِهِ﴾ [736] ۞ ﴿يَوْمَ نَطْوِى السَّمَاءَ كَطَيِّ السِّجِلِّ لِلْكُتُبِ﴾ [737]

assim também veem a misericórdia abrangente expressa por estes:

﴿اِنَّ اللّٰهَ لاَ يَخْفَى عَلَيْهِ شَىْءٌ فِى الْاَرْضِ وَلاَ فِى السَّمَاءِ ۞ هُوَ الَّذِى يُصَوِّرُكُمْ فِى الْاَرْحَامِ كَيْفَ يَشَاءُ﴾ [738] ۞ ﴿مَا مِنْ دَابَّةٍ اِلاَّ هُوَ آخِذٌ بِنَاصِيَتِهَا﴾ [739]

﴿وَكَاَيِّنْ مِنْ دَابَّةٍ لاَ تَحْمِلُ رِزْقَهَا اَللّٰهُ يَرْزُقُهَا وَاِيَّاكُمْ﴾ [740]

E assim como eles veem e apontam a vasta extensão da criatividade expressa por:

﴿خَلَقَ السَّمٰوَاتِ وَالْاَرْضَ وَجَعَلَ الظُّلُمَاتِ وَالنُّورَ﴾ [741]

Assim também veem e mostram a disposição compreensiva e abrangente da dominicalidade expressa por: [742] ﴿خَلَقَكُمْ وَمَا تَعْمَلُونَ﴾

Eles veem e apontam a poderosa verdade expressa por:

﴿يُحْيِى الْاَرْضَ بَعْدَ مَوْتِهَا﴾ [743]

E a verdade magnânima expressa por: [744] ﴿وَ اَوْحَى رَبُّكَ اِلَى النَّحْلِ﴾

E a grande verdade soberana e de comando expressa por,

﴿وَ الشَّمْسَ وَالْقَمَرَ وَالنُّجُومَ مُسَخَّرَاتٍ بِاَمْرِهِ﴾ [745]

Eles veem e mostram a compaixão, que regulamenta a verdade expressa por:

﴿اَوَ لَمْ يَرَوْا اِلَى الطَّيْرِ فَوْقَهُمْ صَافَّاتٍ وَيَقْبِضْنَ مَا يُمْسِكُهُنَّ اِلاَّ الرَّحْمٰنُ اِنَّهُ بِكُلِّ شَىْءٍ بَصِيرٌ﴾ [746]

E a vasta verdade expressa por:

﴿وَسِعَ كُرْسِيُّهُ السَّمٰوَاتِ وَالْاَرْضَ وَلاَ يَؤُدُهُ حِفْظُهُمَا﴾ [747]

E que guarda a verdade expressa por:[748] ﴿وَهُوَ مَعَكُمْ اَيْنَ مَا كُنْتُمْ﴾

E a verdade abrangente expressa por:

﴿هُوَ الْاَوَّلُ وَالْآخِرُ وَالظَّاهِرُ وَالْبَاطِنُ وَهُوَ بِكُلِّ شَيْءٍ عَلِيمٌ﴾[749]

E a proximidade expressa por:

﴿وَلَقَدْ خَلَقْنَا الْاِنْسَانَ وَنَعْلَمُ مَا تُوَسْوِسُ بِهِ نَفْسُهُ وَ نَحْنُ اَقْرَبُ اِلَيْهِ مِنْ حَبْلِ الْوَرِيدِ﴾[750]

E a verdade elevada, indicada por:

﴿تَعْرُجُ الْمَلٰئِكَةُ وَالرُّوحُ اِلَيْهِ فِى يَوْمٍ كَانَ مِقْدَارُهُ خَمْسِينَ اَلْفَ سَنَةٍ﴾[751]

E a verdade abrangente expressa por:

﴿اِنَّ اللّٰهَ يَأْمُرُ بِالْعَدْلِ وَالْاِحْسَانِ وَاِيتَاۤئِ ذِى الْقُرْبٰى وَيَنْهٰى عَنِ الْفَحْشَاۤءِ وَالْمُنْكَرِ وَالْبَغْىِ﴾[752]

Os versículos do Alcorão veem e mostram em detalhes cada um dos seis pilares da crença em relação a este mundo e ao Outro como ação e conhecimento. Eles veem e mostram intencionalmente e seriamente cada um dos cinco pilares do Islam, e todos os princípios que garantem a felicidade neste mundo e no Outro. Eles preservam o seu equilíbrio, perpetuam a sua porção, e uma forma do milagre do Alcorão vem a ser a partir da fonte da beleza que nasce da proporção mútua da totalidade dessas verdades.

É devido a este grande mistério que, embora os estudiosos de teologia (kalam) sejam estudantes do Alcorão e uma parte deles tenha escrito milhares de obras de dez volumes cada um sobre os pilares da crença, porque, como os Mu'tazilas eles preferiram a razão à revelação, eles não foram capazes de expressar com clareza apenas dez dos versículos do Alcorão, ou prová-los decisivamente, ou convencer persuasivamente o que lhes dizem respeito. É simplesmente como se tivessem cavado túneis sob montanhas distantes, tomado tubos com as cadeias de causas, até os confins do mundo, não cortam as correntes, e depois demonstram conhecimento de Allah e da existência do Necessariamente Existente, que são como a água da vida. Os versículos do Alcorão, no entanto, tudo podem extrair da água de todo lugar como a equipe de Moisés, abriram uma janela de tudo, e dão a conhecer o Todo-Glorioso Criador. Temos efetivamente provado e demonstrado esse fato no tratado árabe Katre, e nas outras Palavras, que fluem do oceano do Alcorão.

É também devido a este mistério que, desde que todos os líderes dos grupos heréticos que passaram para a natureza interna das coisas (Batin), que, não seguem a Sunna do Profeta (Allah o abençoe e lhe dê paz), mas que dependem de suas visões, voltaram na metade do caminho, e se tornaram líderes de uma comunidade fundando seitas, têm sido incapazes para preservar a proporção e o equilíbrio das verdades do Alcorão, eles caíram em inovação e desorientação e dirigiram uma comunidade de pessoas no caminho errado. Assim, a impotência completa de tudo isso demonstra a miraculosidade dos versículos do Alcorão.

CONCLUSÃO

Dois lampejos da miraculosidade do Alcorão mencionados no Décima Quarta Gota da Décima Nona Palavra são suas repetições, que são imaginadas ser uma falha, e sua brevidade sobre as ciências físicas, sendo ambas as fontes de lampejos da miraculosidade. Além disso, um lampejo dos milagres do Alcorão que brilha sobre os milagres dos profetas no Alcorão é demonstrado claramente na Segunda Estação da Vigésima Palavra. Da mesma forma que estes, inúmeros lampejos de miraculosidade foram mencionados nas outras Palavras e em meus tratados árabes. Portanto, considerando aqueles serem suficientes, aqui nós só devemos dizer isto, que mais um milagre do Alcorão é assim como todos os milagres dos profetas exibem um cunho dos milagres do Alcorão, assim com todos os seus milagres, o Alcorão é em si um milagre do Profeta Mohammad (Allah o abençoe e lhe dê paz). E todos os milagres do Profeta Mohammad (Allah o abençoe e lhe dê paz) são milagres do Alcorão que demonstram sua relação com Allah Todo-Poderoso. E, com a aparência de que a relação de todas as suas palavras se tornam milagres. Então, uma única das suas palavras pode conter o significado de uma árvore de verdades, como uma semente; e pode estar ligada a todos os membros de uma poderosa verdade, como o centro do coração; e desde que conta com um conhecimento e infinita vontade, pode olhar para inúmeras coisas junto com suas letras, totalidades, situações e posições. É por isso que os estudiosos da ciência das letras afirmam ter encontrado uma página de segredos em uma única das letras do Alcorão, e eles provam o que afirmam aos adeptos dessa ciência.

Agora, reúna na visão da sua mente todas as Luzes, Raios, Lampejos, Brilhos, desde o início deste tratado até aqui e considere-os todos juntos! Como conclusão decisiva, eles recitam e proclamam em voz retumbante a afirmação feita no início, isto é:

﴿قُلْ لَئِنِ اجْتَمَعَتِ الْاِنْسُ وَالْجِنُّ عَلَى اَنْ يَأْتُوا بِمِثْلِ هذَا الْقُرْآنِ لاَ يَأْتُونَ بِمِثْلِهِ وَلَوْ كَانَ بَعْضُهُمْ لِبَعْضٍ ظَهِيرًا﴾[753]

﴿سُبْحَانَكَ لاَ عِلْمَ لَنَا اِلاَّ مَا عَلَّمْتَنَا اِنَّكَ اَنْتَ الْعَلِيمُ الْحَكِيمُ﴾[754]

﴿رَبَّنَا لاَ تُؤَاخِذْنَا اِنْ نَسِينَا اَوْ اَخْطَاْنَا﴾[755] ۞ ﴿رَبِّ اشْرَحْ لِى صَدْرِى ۞ وَيَسِّرْلِى اَمْرِى ۞ وَاحْلُلْ عُقْدَةً مِنْ لِسَانِى ۞ يَفْقَهُوا قَوْلِى﴾[756]

اَللّٰهُمَّ صَلِّ وَ سَلِّمْ اَفْضَلَ وَ اَجْمَلَ وَ اَنْبَلَ وَ اَظْهَرَ وَ اَطْهَرَ وَ اَحْسَنَ وَاَبَرَّ وَ اَكْرَمَ وَ اَعَزَّ وَ اَعْظَمَ وَ اَشْرَفَ وَ اَعْلَى وَ اَزْكَى وَ اَبْرَكَ وَ اَلْطَفَ صَلَوَاتِكَ وَ اَوْفَى وَ اَكْثَرَ وَ اَزْيَدَ وَ اَرْقَى وَ اَرْفَعَ وَ اَدْوَمَ سَلاَمِكَ صَلاَةً وَ سَلاَمًا وَ رَحْمَةً وَ رِضْوَانًا وَ عَفْوًا وَ غُفْرَانًا تَمْتَدُّ وَ تَزِيدُ بِوَابِلِ سَحَائِبِ مَوَاهِبِ جُودِكَ وَ كَرَمِكَ وَ تَنْمُوا وَ تَزْكُوا بِنَفَائِسِ شَرَائِفِ لَطَائِفِ جُودِكَ وَ مِنَنِكَ اَزَلِيَّةً بِاَزَلِيَّتِكَ لاَ تَزُولُ اَبَدِيَّةً بِاَبَدِيَّتِكَ لاَ تَحُولُ عَلَى

عَبْدِكَ وَ حَبِيبِكَ وَ رَسُولِكَ مُحَمَّدٍ خَيْرِ خَلْقِكَ النُّورِ الْبَاهِرِ اللاَّمِعِ وَ الْبُرْهَانِ الظَّاهِرِ الْقَاطِعِ وَ الْبَحْرِ الذَّاخِرِ وَ النُّورِ الْغَامِرِ وَ الْجَمَالِ الزَّاهِرِ وَ الْجَلاَلِ الْقَاهِرِ وَ الْكَمَالِ الْفَاخِرِ صَلاَتَكَ الَّتِى صَلَّيْتَ بِعَظَمَةِ ذَاتِكَ عَلَيْهِ وَ عَلَى آلِهِ وَ صَحْبِهِ كَذٰلِكَ صَلاَةً تَغْفِرُ بِهَا ذُنُوبَنَا وَ تَشْرَحُ بِهَا صُدُورَنَا وَ تُطَهِّرُ بِهَا قُلُوبَنَا وَ تُرَوِّحُ بِهَا اَرْوَاحَنَا وَ تُقَدِّسُ بِهَا اَسْرَارَنَا وَ تُنَزِّهُ بِهَا خَوَاطِرَنَا وَ اَفْكَارَنَا وَ تُصَفِّى بِهَا كُدُورَاتِ مَا فِى اَسْرَارِنَا وَ تَشْفِى بِهَا اَمْرَاضَنَا وَ تَفْتَحُ بِهَا اَقْفَالَ قُلُوبِنَا[757]

﴿رَبَّنَا لاَ تُزِغْ قُلُوبَنَا بَعْدَ اِذْ هَدَيْتَنَا وَهَبْ لَنَا مِنْ لَدُنْكَ رَحْمَةً اِنَّكَ اَنْتَ الْوَهَّابُ﴾[758]

﴿وَ آخِرُ دَعْوَيهُمْ اَنِ الْحَمْدُ لِلّٰهِ رَبِّ الْعَالَمِينَ﴾ ۞ آمِينَ آمِينَ آمِينَ[759]

***

PRIMEIRO ADENDO

[Do Adendo adicionado à Vigésima Quinta Palavra, este Primeiro Adendo consiste no Décimo Sétimo Grau da Primeira Estação do Sétimo Raio, O Sinal Supremo, por conta de sua estação.]

Conhecer o objetivo da vida neste mundo, e a vida ser crença, o viajante incansável e insaciável pelo mundo que estava questionando o universo a respeito de seu Senhor então disse para si mesmo: "Vamos consultar o livro chamado Alcorão de Exposição Milagrosa, que é conhecido como a palavra e a fala do Único que estamos buscando, e é o mais famoso, brilhante e dominante livro no mundo, desafiando a todos em todos os séculos, que não se submetem a ele. Mas primeiro temos de provar que é o livro de nosso Criador." E ele começou a procurar.

Já que o viajante vivia neste tempo, ele olhou primeiro para a Risale-i Nur, que consiste em lampejos do milagroso Alcorão, e viu que os seus cento e trinta partes são pontos excelentes e luzes dos versículos do Difirenciador entre a verdade e a mentira, e as explicações autênticas deles. Embora pelos muitos esforços a Risale-i Nur se espalhassem as verdades do Alcorão em todos os lugares em uma época tão obstinada e ímpia como esta, o fato de que ninguém se opusesse com sucesso a elas, prova que o Alcorão, que é o seu mestre, sua fonte, sua autoridade e o seu sol, é celestial e revelado, e não a palavra de ser humano. Apenas uma prova do Alcorão fora das centenas da Risale-i Nur, a Vigésima Quinta Palavra juntamente com a última parte da Décima Nona Carta, tem-se revelado de forma tão decisiva que o Alcorão é milagroso em quarenta aspectos que todos que os viram, em vez de criticá-los ou contestá-los, encheram-se de admiração perante suas provas, apreciando-as e elogiando-as. Então, referindo-lo às Risale-i Nur para provar aspectos milagrosos do Alcorão e ser a Palavra de Allah, o viajante só notou com breves indicações vários pontos que demonstram a sua grandeza.

Primeiro Ponto: Com todos os seus milagres e todas as suas verdades, que são uma indicação da sua veracidade, o Alcorão é um milagre de Mohammad (Allah o abençoe e lhe dê paz), assim também com todas as suas maravilhas e as evidências de sua missão profética e perfeições de seu conhecimento, Mohammad (Allah o abençoe e lhe dê paz) é um milagre do Alcorão, e uma prova decisiva de que ele é a Palavra de Allah.

Segundo Ponto: O Alcorão provocou uma transformação na vida social neste mundo em tão luminosa, feliz, e verdadeira forma, e provocou revolução na alma, nos corações, nos espíritos, nas mentes das pessoas, e em sua vida pessoal, social e política, e continuou e dirigiu a revolução, que a cada minuto por quatorze séculos os seus seis mil, seiscentos e sessenta e seis versículos são recitados com profunda reverência pela língua de pelo menos cem milhões de pessoas, e capacitou-os, purificou suas almas e seus corações, e fez com que os espíritos se desdobrassem e progredissem, dando direção e luz às mentes, e vitalidade e alegria à vida. Com certeza, esse livro não tem igual; é admirável, uma maravilha, um milagre.

Terceiro ponto: A eloquência do Alcorão tem demonstrado desde aquele tempo até agora ser ilustrada pelo seguinte: ele fez a filha de Labid remover das paredes da

Caaba os famosos versos dos mais célebres poetas, escritos em ouro, chamados os Sete Poemas Suspensos, e a fez também declarar ao fazê-lo: "Ao lado dos versículos do Alcorão estes já não têm qualquer valor!"

Além disso, quando um poeta beduíno ouviu o versículo, ﴿فَاصْدَعْ بِمَا تُؤْمَرُ﴾[760] sendo recitado, ele curvou-se em prostração. Quando perguntado se ele havia se tornado um muçulmano, ele respondeu: "Não, eu estava prostrando ante a eloquência deste versículo."

Além disso, milhares de sábios brilhantes e figuras literárias como os gênios da ciência da retórica, 'Abdal-Qahir Jurjani, Sakkaki e Zamakhchari, todos chegaram à conclusão de que, "a eloquência do Alcorão está além do poder do homem, que não pode alcançá-la."

Além disso, embora a partir daquele tempo emitisse continuamente um desafio provocando oradores e poetas vaidosos e egoístas, proclamando de uma forma que aflija seu orgulho: "produzam coisa similar a uma única Surata ou resignam-se à ignomínia e ruína no mundo e na Outra Vida!", os oradores obstinados daquele tempo desistiram de disputá-lo verbalmente, o caminho mais curto de produzir como uma Surata, e escolheram o caminho da guerra, que era longo e colocaram suas vidas e seus bens em perigo, provando assim que não era possível tomar o caminho mais curto.

E também, milhões de livros árabes estão em circulação, escritos desde aquele tempo pelos amigos do Alcorão pelo desejo de se assemelhar a ele e imitá-lo, e por seus inimigos, movidos para combatê-lo e criticá-lo, e essas obras estão sendo escritas e têm melhorado nos encontros de mentes e ideias, mas, se até mesmo o homem mais comum ao ouvi-las, declara que nenhuma delas chegou a se assemelhar a ele, dizendo: "Não se assemelham ao Alcorão e não são do nível dele. É tanto inferior a todos eles ou superior. Ninguém no mundo, nenhum incrédulo, nem um idiota mesmo, pode dizer que ele é inferior, o que significa que, o grau de sua eloquência está acima de todos. "Uma vez, um homem recitou o versículo, ﴿سَبَّحَ لِلّٰهِ مَا فِى السَّمٰوَاتِ وَالْاَرْضِ﴾[761] e disse: "Eu vejo a eloquência nele, embora seja considerado maravilhoso." Por isso, foi dito a ele: "Retorna àquele tempo como o viajante, e depois ouça-o." Assim, imaginando-se lá antes que o Alcorão foi revelado, ele viu os seres do mundo estarem sem vida, sem consciência e deveres, miseráveis e obscuros em um mundo transitório e instável no meio do espaço vazio sem limites. De repente, ao ouvir este versículo da língua do Alcorão, ele viu que devolve um véu do universo e a face do mundo, iluminando-os. Ele viu que este discurso pré-eterno e decreto eterno instrui os seres conscientes alinhados nos séculos, revelando que o universo é como uma grande mesquita, e acima de tudo os céus, a terra e todos os seres, a serem empregados na glorificação e lembrança de Allah, com entusiasmo exercendo suas funções com alegria. Ele apreciou o grau de eloquência deste versículo, e comparando os outros a ele, entendeu um dos milhares de exemplos de sabedoria na recitação da eloquência do Alcorão cobrindo metade da terra e um quinto da humanidade e proferindo veneração, perpetuando a sua soberania sublime por quatorze séculos, sem parar.

Quarto Ponto: O Alcorão apresenta uma afabilidade tão verdadeira que, para aqueles que o recitam, as muitas repetições, que mesmo às coisas mais doces causam enfado, não trazem cansaço, e para aqueles cujos corações não são corrompidos e gosto não estragado, as repetições aumentam sua afabilidade. Desde tempos remotos, isto foi aceito por todos e tornou-se proverbial. Além disso, demonstra uma modernidade, juventude e originalidade que, embora tenha vivido durante quatorze séculos e esteja disponível gratuitamente para todos, tem preservado a sua modernidade, como se recém revelado. Cada século tem-no visto jovem como se fosse dirigido ao século em particular. E, embora, a fim de beneficiar-se dele o tempo todo, todos os ramos dos estudiosos sempre tiveram cópias do mesmo com eles em grande número e têm seguido e imitado seu estilo e forma de expressão, preservou exatamente a originalidade em seu estilo e forma de exposição.

Quinto Ponto: Uma ala do Alcorão está no passado, e uma está no futuro, e assim como a sua raiz e uma asa são as verdades acordados dos profetas antigos, e confirma-as e as corrobora, e eles também confirmam-no com a língua de unanimidade, assim também todos os verdadeiros caminhos sufi e formas de santidade cujos frutos, os santos e eruditos purificados, que recebem vida do Alcorão, mostram por seu progresso espiritual vital que a sua bendita árvore está viva, radiante, e os meios para a verdade. Eles crescem e vivem sob a proteção de sua segunda asa, e testemunham que o Alcorão é a pura verdade e a montagem de verdades e na sua abrangência, é uma maravilha inigualável.

Sexto Ponto: A veracidade do Alcorão mostra que seus seis aspectos são luminosos. De fato, os pilares da argumentação e provas abaixo deles; os lampejos do selo de miraculosidade acima deles; os dons de felicidade neste mundo e no próximo antes dele, o seu objetivo; as verdades da revelação divina, o seu ponto de apoio por trás dele; o parecer favorável e evidência de mentes verticais inumeráveis, à sua direita; e a verdadeira tranquilidade, atração sincera, e apresentação de firmes corações e consciências limpas, à sua esquerda tudo prova que o Alcorão é maravilhoso e firme cidadela inexpugnável de ambos os céus e a terra.

Da mesma forma, o Arranjador do universo, Que o tornou Sua prática de sempre exibir a beleza do universo, proteger o bom e o certo, e elimina os impostores e mentirosos, estabeleceu Seu selo em ser a pura verdade e à direita nos seis níveis, e a não ser a palavra do ser humano, e não contém erro; e, dando-lhe o lugar de respeito e grau de sucesso no mundo mais aceitável, mais alto e mais dominante, confirmou e endossou o Alcorão.

Assim também, aquele que é a fonte do Islam e intérprete do Alcorão – sua crença nele e dispensando-lhe o maior respeito do que a todos os outros, e estar em um estado do sono como quando foi revelado, e outras palavras e outros discursos não se assemelham ou se aproximam dele, e que a discrição do intérprete sem hesitação e com total confiança pelos verdadeiros eventos cósmicos do Alcorão de modo geral o passado e o futuro por trás do véu do Invisível, e nenhum truque ou culpa sendo observada nele estando sob os olhares dos olhos mais afiados, e sua crença e afirmação de cada pronunciamento do Alcorão com toda a sua inabalável força, é um selo confirmando de que o Alcorão foi revelado, é verdadeiro e é o Verbo bendito do Próprio Compassivo Criador.

Além disso, um quinto da humanidade, na verdade a maior parte dela, é atraída pelo Alcorão e ligada a ele na religião e dando ouvidos a ele desejando ansiosamente a verdade, e de acordo com o testemunho de muitas indicações, eventos e iluminações, gênios, anjos e seres espirituais também se reunindo em torno dele em adoração verdadeira como mariposas, sempre que é recitado, é um selo que confirma a aceitação do Alcorão por todos os seres e que ocupa uma posição elevada.

Também, todas as classes da humanidade desde a mais inculta e humilde até a mais inteligente e mais culta, têm a sua quota total de instruções do Alcorão e a compreensão de suas verdades mais profundas, e todos os ramos de estudiosos como os grandes intérpretes da Grande Chari'a, em particular, e centenas de ciências islâmicas e ramos do conhecimento, os estudantes brilhantes e exigentes de teologia, os princípios da religião extraindo do Alcorão todas as necessidades e respostas para suas próprias ciências, – este é um selo confirmando que o Alcorão é a fonte da verdade e a mina de realidade.

E ainda, embora os números de literários árabes, que foram os mais avançados no que diz respeito à literatura, – aqueles dentre eles que não eram muçulmanos – tivessem a maior necessidade de disputar com o Alcorão, foram incapazes de produzir formas semelhantes a apenas uma única Surata e sua eloquência, sendo esta apenas um aspecto dos sete principais aspectos da miraculosidade do Alcorão, assim como os oradores famosos e estudiosos brilhantes até o presente, que queriam ganhar fama por meio de disputa, foram incapazes de se opor a um único aspecto de seu milagre e permaneceram em silêncio em impotência, – este é um selo confirmando que o Alcorão é um milagre e está além dos poderes do ser humano.

Sim, o valor, a superioridade e a eloquência de um discurso ou palavra é aparente por meio do conhecimento, "de quem e para quem ele veio, e com que propósito". O Alcorão, então, não pode ter igual, e ninguém pode alcançá-lo. O Alcorão é o discurso e tratamento do Senhor e Criador de todo o universo e um diálogo de forma alguma atingido pela imitação e a artificialidade, foi enviado em nome de todos os seres humanos, na verdade, de todos os seres, ao mais famoso e renomado da humanidade, à força e amplitude de cuja crença deu origem ao poderoso Islam e levantou seu dono ao nível "da distância de duas cordas de arco" e o enviou de volta como o destinatário do Eternamente Procurado. Ele descreve e explica as questões relacionadas à felicidade neste mundo e no próximo, os resultados da criação do universo e os propósitos dominicais dentro dele. Ele expõe também a crença daquele a quem foi enviado que foi o mais elevado e o mais extenso, e deu à luz todas as verdades do Islam. Ele vira e mostra todos os lados do enorme universo como um mapa, um relógio, ou uma casa, e ensina e descreve-o na forma do Artesão Que os fez para produzir coisa similar a este Alcorão de exposição miraculosa não é possível; o grau de sua miraculosidade não pode ser alcançado.

Além disso, milhares de precisos e eruditos de grande inteligência têm escrito comentários expondo o Alcorão, alguns dos quais são de trinta, quarenta, ou mesmo setenta volumes, mostrando e provando com argumentos as inúmeras qualidades, excelentes pontos, características, mistérios, significados elevados, e inúmeras indicações relativas a cada tipo de assunto oculto e invisível no Alcorão. E os cento e trinta partes da Risale-i Nur, em particular, cada uma das quais prova com argumentos decisivos uma qualidade, um ponto fino do Alcorão, – todas as suas partes, como Milagres do Alcorão, e a Segunda Estação da Vigésima Palavra, que deduz muitas coisas do Alcorão sobre as maravilhas da civilização como a estrada de ferro e o avião, e do Primeiro Raio, chamado Sinais do Alcorão, que divulga alusões de versículos para a Risale-i Nur e eletricidade, e os oito curtos tratados chamados Os Oito Sinais, que mostram o quão bem-ordenadas, cheias de significado, e misteriosas são as palavras do Alcorão, e o pequeno tratado provando em cinco aspectos a miraculousidade dos versículos no final da Surata al-Fath em relação à notícia do Invisível – cada parte da Risale-i Nur mostra uma verdade, uma luz do Alcorão. Tudo isso forma um selo, confirmando que o Alcorão não tem igual, é um milagre, uma maravilha, e é a língua do mundo do Invisível no Manifesto Mundial e da Palavra de Um Onisciente do Invisível.

Assim, devido a essas qualidades e características do Alcorão acima indicadas em seis pontos, seis aspectos, e seis níveis, o sublime, a soberania luminosa e sagrada, regra poderosa continuaram em perfeito esplendor iluminando os séculos e a face da terra por 1.300 anos. Além disso, por causa dessas qualidades do Alcorão, cada uma de suas letras ganhou a distinção sagrada de produzir, pelo menos, dez prêmios, dez méritos e dez frutos eternos, e as letras de certos versículos e Suratas rendendo cem ou mil frutos, ou ainda mais, e em tempos abençoados a luz, a recompensa, e o valor de cada letra passando de dez para centenas de pessoas. O viajante pelo mundo entendeu isso e disse ao seu coração: "O Alcorão, que é, portanto, miraculoso em todos os aspectos, pelo consenso das suas Suratas, a concordância de seus versículos, a concordância de suas luzes e mistérios, e a concordância de seus frutos e obras, testificam com suas evidências na forma de provas a existência, a unidade, os atributos e os nomes de um único Necessariamente Existente que é a partir do seu testemunho de que o testemunho interminável de todos os crentes têm emitido."

Assim, em breve indicação para a instrução na fé e na unidade Divina que o viajante recebeu do Alcorão, foi dito no Grau Décimo Sétimo da Primeira Estação:

لاَ اِلٰهَ اِلاَّ اللّٰهُ الْوَاجِبُ الْوُجُودِ الْوَاحِدُ اْلاَحَدُ الَّذِى دَلَّ عَلَى وُجُوبِ وُجُودِهِ فِى وَحْدَتِهِ الْقُرْآنُ الْمُعْجِزُ الْبَيَانِ اَلْمَقْبُولُ الْمَرْغُوبُ لاَجْنَاسِ الْمَلَكِ وَ اْلاِنْسِ وَ الْجَانِّ اَلْمَقْرُوءُ كُلُّ آيَاتِهِ فِى كُلِّ دَقِيقَةٍ بِكَمَالِ اْلاِحْتِرَامِ بِاَلْسِنَةِ مِأتِ مِلْيُونٍ مِنْ نَوْعِ اْلاِنْسَانِ الدَّائِمُ سَلْطَنَتُهُ الْقُدْسِيَّةُ عَلَى اَقْطَارِ اْلاَرْضِ وَ اْلاَكْوَانِ وَ عَلَى وُجُوهِ اْلاَعْصَارِ وَ الزَّمَانِ وَ الْجَارِى حَاكِمِيَّتُهُ الْمَعْنَوِيَّةُ النُّورَانِيَّةُ عَلَى نِصْفِ اْلاَرْضِ وَ خُمْسِ الْبَشَرِ فِى اَرْبَعَةَ عَشَرَ عَصْرٍ بِكَمَالِ اْلاِحْتِشَامِ .. وَ كَذَا شَهِدَ وَ بَرْهَنَ بِاِجْمَاعِ سُورِهِ الْقُدْسِيَّةِ السَّمَاوِيَّةِ وَ بِاِتِّفَاقِ آيَاتِهِ النُّورَانِيَّةِ اْلاِلٰهِيَّةِ وَ بِتَوَافُقِ اَسْرَارِهِ وَ اَنْوَارِهِ وَ بِتَطَابُقِ حَقَائِقِهِ وَ ثَمَرَاتِهِ وَ آثَارِهِ بِالْمُشَاهَدَةِ وَ الْعِيَانِ[762]

***

A FLOR DE EMIRDAG

[Uma resposta extremamente poderosa para as objeções levantadas contra a repetição no Alcorão.]

Caríssimos e leais Irmãos!

Devido à minha situação miserável, este Tópico é confuso e sem graça. Mas percebi definitivamente que, sob a redação confusa havia um valioso tipo de milagre, mas, infelizmente, eu fui incapaz de expressá-lo. Porém, por mais que seja o texto confuso – já que trata do Alcorão – ele é tanto culto em forma de reflexão, e uma concha de uma joia brilhante, sagrada, elevada. O diamante na mão deve ser olhado, não para suas roupas rasgadas. Além disso, eu escrevi isso em um ou dois dias durante o Ramadan, enquanto extremamente doente, miserável e sem comida, da necessidade de forma concisa e muito brevemente, e inclusive muitas verdades e muitas provas em uma única frase. Suas deficiências, então, devem ser esquecidas![NOTA]

Meus verdadeiros e leais irmãos! Ao ler o Alcorão – de Exposição Milagrosa – durante Ramadan, ponderei sobre os significados dos trinta e três versículos que indiquei no Primeiro Raio da Risale-i Nur, eu vi que cada versículo, ou melhor, os versículos daquela página e sua abordagem parecem olhar a Risale-i Nur e seus alunos, em certa medida – na medida em que eles têm uma parte na história. Particularmente os versículos de luz em Surata Al-Nur, assim como eles apontam para a Risale-i Nur, com os dez dedos, de modo que os versículos seguintes – os versículos da escuridão – que apontam diretamente para aqueles que se opõem a ela; esses produzem mais uma quota. Simplesmente, entendi que esta "estação" surge da particularidade para a universalidade e que uma parte daquela universalidade é a Risale-i Nur e seus alunos.

De fato, no que diz respeito à amplitude, exaltação e abrangência o discurso do Alcorão recebe em primeiro lugar a extensa estação da Divindade universal do Locutor Pré- Eterno, e da extensa estação dirigida em nome da humanidade, na verdade, de todos os seres, e a mais extensa estação de orientação de toda a humanidade em todos os séculos, e da estação das mais elevadas exposições abrangentes das leis Divinas sobre a regulação deste mundo e do Outro, e os céus e a terra, e pré-eternidade e pós-eternidade, e a Divindade do Criador do universo, e de todos os seres. Este Discurso exibe um milagre tão elevado e abrangente que tanto seu nível aparente e simples, que prepara as mentes simples de pessoas comuns, o grupo mais numeroso dos discursos do Alcorão, e seu nível mais alto, participa dela.

Dirigindo-se a todas as idades e todas as classes de pessoas, nas suas histórias e narrativas históricas, não reconta uma parte ou uma lição a partir deles, mas aponta elementos de um princípio universal, como se fosse recém revelada. Particularmente as

---

NOTA: Como o Décimo Tópico dos Frutos da Prisão de Denizli, é uma pequena, brilhante flor de Emirdag e desse mês do Ramadan. Ao explicar um exemplo de sabedoria nas repetições do Alcorão, ela dissipa as podres e venenosas ilusões do povo de desorientação.

suas ameaças, muitas vezes repetidas اَلظَّالِمِينَ اَلظَّالِمِينَ [763], e suas exposições graves de calamidades aplicados nos céus e na terra, o castigo por seus erros – por meio destes e a retribuição aplicados nos povos de 'Ad e Samud e no Faraó – chama a atenção para os erros inigualáveis deste século, e pela salvação dos profetas como Abraão (a paz esteja com ele) e Moisés (a paz esteja com ele) dá consolo aos crentes oprimidos.

Na verdade, todo o tempo passado e os tempos e séculos que partem, do ponto de vista de negligência e desorientação formam um lugar terrível de nãoexistência e um grave cemitério arruinado, mas o Alcorão de Exposição Milagrosa mostra a cada século e classe de pessoas na forma de páginas vivas e instrutivas, mundos estranhos, vivos e dotados de espírito, e reinos existentes do Sustentador que estão conectados com a gente. Com um milagre elevado, que, às vezes, nos transmite esses tempos e, outras nos traz esses tempos. Inspirando vida ao universo, que, na opinião da desorientação é sem vida, infeliz, morto, e um deserto sem limites girando no meio de separação e morte, com o mesmo milagre deste mesmo Alcorão de Estatura Poderosa faz surgir a vida desses seres mortos, os faz conversar uns com os outros como funcionários encarregados de tarefas e acelera a ajuda de um ao outro, que instrui a humanidade, os gênios e os anjos com verdadeira, luminosa, e prazerosa sabedoria.

Por certo, então, ela adquire distinções sagradas, como a existência de dez méritos em cada uma das suas letras, e às vezes de cem, mil ou milhares de méritos, e se todos os homens e os gênios se reunissem, seriam incapazes de produzir coisa similar a ele; e sua fala completamente adequada com toda a humanidade e todos os seres; e a todo o tempo ser inscrito com avidez nos corações de milhões de hafizes (memorizadores do Alcorão), e de não causar cansaço por suas frequentes e numerosas repetições; e apesar de suas muitas passagens e frases obscuras, e de ser perfeitamente instalado nas delicadas e simples cabeças de crianças; e de ser agradável como a água de Zamzam nos ouvidos do doente, o moribundo, e aqueles angustiados por algumas palavras; e a obtenção de seus alunos a felicidade neste mundo e no próximo.

Sua suavidade de estilo, que observa exatamente a situação de iletrado de seu intérprete, não permite que se aproxime dele linguagem bombástica, artificialidade, ou simulação, e sua revelação direta dos céus, demonstra um claro milagre. Assim também mostra um claro milagre na graça e orientação de lisonjear as mentes simples de pessoas comuns, as mais numerosas das classes de homens, por meio da condescendência em sua expressão e, principalmente, abrindo as páginas mais claras e evidentes como os céus e a terra, e ensinam os milagres maravilhosos de poder e linhas significativas de sabedoria debaixo daquelas coisas banais.

Ao fazer-se conhecido que também é um livro de oração e de convocação, de invocação e Divina unidade, que exigem repetição, demonstra uma espécie de milagre por fazer compreender em uma única frase e uma única história, por suas repetições agradáveis, inúmeros significados diferentes para numerosas diferentes classes de pessoas. Da mesma forma, fazendo saber que as menores coisas sem importância, em eventos comuns são comuns dentre seu ponto de vista compassivo e na esfera de sua vontade e regulação, demonstra uma espécie de milagre em atribuir importância até mesmo aos pequenos eventos que envolvem os companheiros do Profeta no estabelecimento do Islam e a codificação da Chari'a, e tanto nos eventos que são princípios universais e, no estabelecimento do Islam e da Chari'a, que são em geral, os seus frutos mais importantes, como se fossem sementes.

No que diz respeito à repetição, é necessária devido à repetição da necessidade, a repetição de certos versículos que, como respostas a muitas perguntas repetidas ao longo de um período de vinte anos, instrui diferentes níveis de pessoas não é uma falha, na verdade, repetir certas frases tão poderosas que produzem milhares de resultados e um número de versículos resultantes de inúmeras evidências, que descrevem uma infinita e impressionante revolução abrangente que, por destruir totalmente o vasto universo e mudar sua forma no Dia do Juízo, removerá o mundo e encontrará a poderosa Outra Vida em seu lugar, e provará que todas as partículas e universos desde os átomos até as estrelas estão nas Mãos e sob a alienação de Um Único Ser, e mostrará a ira Divina e a raiva dominical – por conta do resultado da criação do universo – na injustiça da humanidade, que enraivece a terra, os céus, e os elementos. Repetir esses versículos não é uma falha, mas o mais poderoso milagre e a mais elevada eloquência; uma eloquência e estilo lúcido corresponde exatamente aos requisitos do assunto.

Por exemplo, como é explicado no Décimo Quarto Lampejo da Risale-i Nur, a sentença: [764] بِسْمِ اللّٰهِ الرَّحْمٰنِ الرَّح۪يمِ , que constitui um único versículo e é repetido cento e quatorze vezes no Alcorão, é uma verdade que se liga ao Trono Divino e à terra, e ilumina o cosmos, e o qual todos precisam o tempo todo, se fosse repetido milhões de vezes, ainda seria preciso mais. Há necessidade e desejo por ele, não só todos os dias como o pão, mas a cada momento como o ar e a luz.

E, por exemplo, o versículo: [765]﴿ اِنَّ رَبَّكَ لَهُوَ الْعَز۪يزُ الرَّح۪يمُ ﴾ que é repetido oito vezes na Surata[766] ﴿طٰسٓمٓ﴾, repetido por conta do resultado da criação do universo e em nome da dominicalidade universal, a salvação dos profetas, cujas histórias são contadas na surata, e as punições de seus povos, a fim de ensinar que a dignidade dominical exige os tormentos desses povos transgressores enquanto a compaixão Divina exige salvação dos profetas. É um milagre conciso, miraculoso, e elevado, para o qual, se repetido milhares de vezes, ainda haveria necessidade e desejo.

E, por exemplo, o versículo: [767]﴿ فَبِاَيِّ اٰلَٓاءِ رَبِّكُمَا تُكَذِّبَانِ ﴾ que se repete em Surat al-Rahman, e o versículo: [768]﴿ وَيْلٌ يَوْمَئِذٍ لِلْمُكَذِّب۪ينَ ﴾ na Surata al-Mursalat grita ameaçadoramente para a humanidade e os gênios através dos séculos e dos céus e da terra, a incredulidade, ingratidão e injustiça daqueles que causam raiva ao universo e aos céus e à terra, estragam os resultados da criação do mundo, e negam e respondem desatenciosamente à majestade de regra Divina, e violam os direitos de todas as criaturas. Se uma lição geral, portanto, preocupada com milhares de verdades e da força dos milhares de assuntos é repetida milhares de vezes, ainda seria necessário dele e de sua imponente e bela concisão e eloquência milagrosa.

E, por exemplo, a repetição da frase:

سُبْحَانَكَ يَا لاَ اِلٰهَ اِلاَّ اَنْتَ اْلاَمَانُ اْلاَمَانُ خَلِّصْنَا وَ اَجِرْنَا وَ نَجِّنَا مِنَ النَّارِ[769]

na súplica do Profeta (Allah o abençoe e lhe dê paz) chamada de Jawshan al-Kabir, é uma súplica verdadeira e autêntica do Alcorão, uma espécie de rito sumário a partir dela. Ela contém a maior verdade e o mais importante dos três deveres supremos das criaturas em face da Divindade, glorificação e louvor de Allah, declarando que Ele é Todo-Santo, e a questão mais impressionante que o ser humano enfrenta, o ser salvo da eterna miséria e a adoração, o resultado mais preciso da impotência humana. Então, se ela é repetida milhares de vezes, ainda é pouco.

Assim, a repetição do Alcorão procura princípios como estes. Às vezes, em uma página, ainda, em relação aos requisitos da posição, a necessidade de explicação e as exigências da eloquência, expressa a verdade da unicidade Divina, talvez, vinte vezes, explícita e implicitamente. Isso não causa tédio, mas dá-lhe um poder e vontade. Foram explicadas na Risale-i Nur com provas apropriadas, adequadas e aceitáveis aos olhos de retórica, as repetições do Alcorão. A sabedoria e o significado das suratas de Makka e Madina do Alcorão Sagrado serem diferentes em relação à eloquência, ao milagre, ao detalhe e à brevidade é como segue:

Em Makka, os primeiros versículos foram dirigidos àqueles que se opunham a eles, ou seja, os idólatras das tribos coraixitas incultas. Portanto, um estilo retórico, poderoso e elevado era necessário, e um milagre, convincente, conciso e persuasivo. A fim de estabelecê-lo, a repetição foi necessária. Assim, na maioria das suratas de Makka, repetindo e expressando os pilares da crença e os graus na afirmação da unicidade Divina com a mais poderosa, elevada e milagrosa concisão, revelou-se tão poderosamente a primeira criação e a Ressurreição, Allah e a Outra Vida, não apenas em uma única página, versículo, frase ou palavra, mas, por vezes, em uma letra, por meio de dispositivos gramaticais como alterar as posições das palavras ou frases, tornando uma palavra indefinida e as omissões e inclusões, que os gênios e os líderes da ciência da retórica conheceran-nocom admiração. A Risale-i Nur, e a Vigésima Quinta Palavra e seus Adendos, em particular, provam, em resumo, quarenta aspectos do milagre do Alcorão, e seu comentário, Icharat al-I'jaz, da Risale-i Nur em árabe, que de uma forma maravilhosa prova o aspecto milagroso do Alcorão em sua ordem das palavras, têm demonstrado no fato de que nas suratas e os versículos de Makka são os mais altos estilos de eloquência e o mais elevado e conciso milagre.

As regras da retórica e métodos de orientação e fundações exigiram ser um discurso dirigido ao povo do livro corresponde à realidade da sua situação. Ele veio de maneira fácil, clara e suave, com plano para esclarecer os detalhes – sem ativos pessoais (fé) – porque essas partículas são as disposições sub-origem e universitárias leis, e sobre as diferenças entre as legislações e condições. Então, muitas vezes encontramos versículos em claro gráfico de maneira milagrosa, especial, civil e suave.

Quanto às suratas e aos versículos de Madina, a primeira classe a que foram endereçados e seus opositores foram os adeptos do Livro, os judeus e os cristãos crentes na existência de Allah. Por isso, as regras da retórica e métodos de orientação e fundações exigiram ser um discurso dirigido ao povo do livro que correspondia à realidade da sua situação; não foi a explicação dos altos princípios da religião e os pilares da crença em um estilo simples, claro e detalhado, mas a explicação de assuntos específicos na Chari'a e suas injunções, que foram a causa de litígio, e as origens e as causas das questões secundárias e leis gerais. Assim, nas suratas e nos versículos de Madina, pelas explicações, com estilo claro, simples, detalhado, na forma incomparável de exposição peculiar do Alcorão, ele menciona principalmente dentro dessas questões secundárias particulares, um resumo poderoso e elevado – uma conclusão e prova, uma frase relacionada com a unicidade Divina, a crença ou a Outra Vida que torna universal a questão particular da Chari'a e garante que ela está de acordo com a crença em Allah. Ela ilumina a passagem e a eleva. A Risale-i Nur provou as qualidades e os excelentes pontos e elevada eloquência nos resumos e conclusões, que expressam a unicidade Divina e a Outra Vida, e vêm principalmente no final dos versículos, como:

﴿إِنَّ اللّٰهَ عَلٰى كُلِّ شَىْءٍ قَدِيرٌ﴾[770] ۞ ﴿إِنَّ اللّٰهَ بِكُلِّ شَىْءٍ عَلِيمٌ﴾[771]

﴿وَهُوَ الْعَزِيزُ الْحَكِيمُ﴾[772] ۞ ﴿وَهُوَ الْعَزِيزُ الرَّحِيمُ﴾[773]

Explicado no Segundo Raio da Segunda Luz da Vigésima Quinta Palavra, dez de muitos pontos desses resumos e conclusões, provou-se ao obstinado que eles contêm um milagre supremo.

Sim, ao expor as questões secundárias da Chari'a e as leis da vida social, o Alcorão de uma só vez eleva os pontos de vista daqueles que aborda a pontos elevados, universais, e transforma um estilo simples em elevado e uma instrução na Chari'a para instrução na unicidade Divina, ele mostra que é ao mesmo tempo um livro de direito, de comando e sabedoria, um livro dos princípios da fé e da crença, de invocação e reflexão e intimação. E por meio do ensino de muitos dos objetivos da orientação do Alcorão em cada passagem, ele exibe uma eloquência brilhante e milagrosa diferente das suratas de Makka.

Às vezes, em duas palavras, por exemplo,[774] رَبُّ الْعَالَمِين, pela frase,[775] رَبُّكَ, exprime a unicidade Divina, e por, ربُّ الْعَالَمِين , a unicidade Divina. Ela expressa a unidade Divina dentro da unicidade Divina. Em uma única frase, ela vê e situa uma partícula na pupila do olho, e situa o sol no meio do céu. Seu Poder que coloca com um só instrumento cada coisa em seu devido lugar, tornando o sol um olho para o céu. Por exemplo, após o versículo:

﴿خَلَقَ السَّمٰوَاتِ وَ الْاَرْضَ﴾[776] após o versículo:

﴿يُولِجُ الَّيْلَ فِى النَّهَارِ وَ يُولِجُ النَّهَارَ فِى الَّيْلِ﴾[777] ele diz:

﴿وَ هُوَ عَلِيمٌ بِذَاتِ الصُّدُورِ﴾[778]. Ele diz: "Dentro da vasta majestade da criação da terra e dos céus, Ele conhece e regula os pensamentos do coração." Por uma exposição deste tipo, ele transforma o nível simples e iletrado e discussão particular que leva em conta as mentes das pessoas comuns, em uma conversa geral elevada e atraente com a finalidade de orientação.

A Pergunta: Às vezes, uma verdade importante não é aparente a uma visão superficial e, em algumas posições da conexão não se sabe quando uma frase concisa, expondo a unidade Divina ou um princípio universal, é retirada de uma matéria e comum, e imagina-se ser uma falha. Por exemplo, mencionar o princípio extremamente elevado:

وَفَوْقَ كُلِّ ذِى عِلْمٍ عَلِيمٌ[779] quando José (a paz esteja com ele) apreendeu o irmão por meio de subterfúgios, não parecia estar em consonância com a eloquência. Qual é o seu significado e propósito?

A Resposta: Na maioria das suratas longas e de meio comprimento, cada uma constitui um pequeno Alcorão, e em muitas páginas e passagens, e não apenas dois ou três objetivos são seguidos, pela sua própria natureza, o Alcorão é composto por muitos livros e ensinamentos, como sendo um livro de invocação, crença e reflexão, e um livro de leis, sabedoria e orientação. Assim, uma vez que descreve as majestosas manifestações de dominicalidade Divina e a abrangência de todas as coisas, como uma espécie de recitação do livro poderoso do universo, seguem-se muitos objetivos em todas as discussões e, por vezes, em uma única página. Enquanto instruindo no conhecimento de Allah, os graus de unidade Divina, e as verdades da fé, com uma conexão aparentemente fraca ele abre outro assunto de instrução na passagem seguinte, juntando-se as conexões poderosas para o fraco. Ela corresponde perfeitamente à discussão e aumenta o nível de eloquência.

A segunda pergunta: "Qual é a sabedoria e o propósito do Alcorão provando e chamando a atenção para a Outra Vida, a unidade Divina, e a recompensa e a punição do homem, milhares de vezes, de forma explícita, implícita e alusivamente, e ensinar-lhes em cada surata, em cada página, e em cada discussão?"

A Resposta: A fim de ensinar sobre os assuntos mais importantes de toda a esfera da contingência, e as revoluções da história do universo, e os mais importantes, mais significantes e mais impressionantes assuntos relacionados aos direitos do homem, que – se assumiu a suprema confiança e vice-gerência da terra – levará tanto à sua perdição ou à felicidade eterna, e para remover suas inúmeras dúvidas e esmagar suas violentas negações e sua obstinação, de fato, para fazer o homem confirmar essas revoluções impressionantes e submeter-se aqueles assuntos mais necessário e essenciais que são tão grandes como as revoluções, se o Alcorão chama a sua atenção para eles milhares, ou até milhões de vezes, não é excessivo, para as discussões no Alcorão que é lido milhões de vezes, e eles não causam tédio, nem a necessidade de cessar.

Por exemplo, uma vez que os versículos:

﴿إِنَّ الَّذِينَ آمَنُوا وَعَمِلُوا الصَّالِحَاتِ لَهُمْ جَنَّاتٌ تَجْرِى مِنْ تَحْتِهَا الْأَنْهَارُ﴾[780] ۞ ﴿خَالِدِينَ فِيهَا أَبَدًا﴾[781]

onde anunciam a boa notícia da felicidade eterna, e "salvam da extinção eterna da morte, que a cada momento se mostra ao homem miserável, a ele mesmo e ao seu mundo, e todos aqueles que ele ama, e ganha para eles uma soberania eterna", se é repetida milhares de milhões de vezes e dada a importância do universo, ainda não é excessivo e não perde o seu valor. Assim, no ensino de inúmeros e inestimáveis assuntos desse tipo, e se esforçando em persuadir, convencer e provar a ocorrência das revoluções impressionantes que destruirão a forma atual do universo e a transformarão como se fosse uma casa, o Alcorão de Exposição Milagrosa certamente chama a atenção para estas questões, milhares de vezes explícita, implícita e alusivamente, e isso não é excessivo, mas renova a recompensa, que é como uma necessidade essencial, o mesmo que as necessidades essenciais de pão, remédio, ar e luz são renovados.

E, por exemplo, como é provado decisivamente na Risale-i Nur, a sabedoria no Alcorão repetindo severamente, com raiva, e com força, ameaçando com versículos como: ﴿اِنَّ الْكَافِرِينَ فِى نَارِ جَهَنَّمَ﴾[783] ۞ ﴿وَالظَّالِمِينَ لَهُمْ عَذَابٌ اَلِيمٌ﴾[782] a descrença do homem é tal como uma transgressão contra os direitos do universo e a maioria das criaturas que tornam os céus e a terra raivosos e causam raiva dos elementos, para distribuir sopros sobre esses malfeitores com tormenta e tempestade. De acordo com a declaração clara dos versículos:

﴿اِذَٓا اُلْقُوا فِيهَا سَمِعُوا لَهَا شَهِيقاً وَهِىَ تَفُورُ ۞ تَكَادُ تَمَيَّزُ مِنَ الْغَيْظِ﴾[784]

O Inferno rugirá para aqueles negadores iníquos que quase se desintegra com fúria. Assim, pela sabedoria de mostrar, não do ponto de vista da pequenez do homem e a insignificância diante de um crime tão geral e agressão sem limites, mas a importância dos direitos do Monarca de assuntos do Universo perante a grandeza do crime culposo e a grandiosidade da injusta agressão, e a feiúra ilimitada na incredulidade e na maldade daqueles que negam – de acordo com a sabedoria de mostrar isso, se repetir em Seu decreto mais furiosa e severamente o crime e sua punição, milhares, milhões, ou mesmo milhares de milhões de vezes, ainda não seria excessivo nem uma falha, porque há mil anos milhares de milhões de pessoas leram esses versículos todos os dias, e não com tédio, mas com ânsia total e necessidade.

Na verdade, todos os dias, o tempo todo, para todos, um mundo desaparece e a porta de um novo mundo se abre para eles. Pela repetição de[785] لَٓا اِلٰهَ اِلَّا اللّٰهُ mil vezes por necessidade e com saudade, a fim de iluminar cada um desses mundos transitórios, faz لَٓا اِلٰهَ اِلَّا اللّٰهُ uma lâmpada para cada um desses véus em mudança. Da mesma forma, de acordo com a sabedoria de apreciação pela leitura do Alcorão as penalidades desses crimes e as ameaças graves do Monarca Pré-Eterno, que quebra sua obstinação, e de trabalhar para ser salvo da rebelião da alma, de modo a não obscurecer na escuridão esses múltiplos, véus fugazes e renovar universos em viagem, e para não fazer feio suas imagens que são refletidas nos espelhos de suas vidas, e não para se voltar contra eles essas opiniões de hóspedes que podem testemunhar a seu favor, o Alcorão os repete em forma verdadeiramente significativa. Mesmo Satanás estremece ao imaginar estar fora de lugar dessas ameaças tão poderosos, graves e repetidas do Alcorão. Isso mostra que os tormentos do Inferno são pura justiça para os que negam que não os atendem.

E, por exemplo, em repetir muitas vezes as histórias de Moisés (que a paz esteja com ele), que contêm muitos exemplos de sabedoria e de benefícios, como a história de sua equipe, e dos demais profetas (a paz esteja com eles), ele demonstra que as profecias de todos os outros profetas são uma provada veracidade da Mensagem de Mohammad (Allah o abençoe e lhe dê paz), e que aquele que não nega todos eles não podem, na verdade, negar a Mensagem dele. Para este efeito, e uma vez que todos nem sempre têm tempo ou capacidade de ler todo o Alcorão, ele repete as histórias da mesma forma que repete os pilares importantes da crença, a fim de fazer todas as suratas longas e meio longas cada uma como um pequeno Alcorão. Repeti-las, então, não é excessivo, é necessário por eloquência, e ensina que a questão da Mohammad (Allah o abençoe e lhe dê paz) é a maior causa da humanidade e o assunto mais importante do universo.

Foi demonstrado decisivamente na Risale-i Nur, com muitas provas e indícios de que através de dar a mais alta posição para a pessoa de Mohammad no Alcorão e incluí-lo em quatro pilares da crença e sustentar que[786] مُحَمَّدٌ رَسُولُ اللهِ, igual ao pilar de لَٓا اِلٰهَ اِلَّا اللهُ que a Mensagem de Mohammad (Allah o abençoe e lhe dê paz) é a maior verdade do universo, e que a pessoa de Mohammad é a mais nobre das criaturas, e sua personalidade coletiva universal e classificação sagrada, conhecida como a Realidade de Mohammad, é o Sol mais radiante dos dois mundos. Seu merecimento a esta posição extraordinária também foi comprovada. Uma destas provas é a seguinte:

De acordo com o princípio de [787] اَلسَّبَبُ كَالْفَاعِلِ, com o equivalente a todas as boas obras realizadas por toda a sua comunidade em todos os momentos, que entram em seu livro de boas obras; e a luz que ele trouxe iluminando todas as verdades do cosmos; e fazer gratos não só os gênios, a humanidade e os seres animados, mas também o universo, os céus e a terra; e as súplicas de plantas, oferecidas pela língua de disposição, e as súplicas dos animais oferecidos pela língua de sua necessidade inata, e os justos de sua (Allah o abençoe e lhe dê paz) comunidade todos os dias legando a ele suas bênçãos e súplicas por misericórdia e espiritual ganhos, cujos milhões – e em conjunto com seres espirituais, mesmo, milhões de milhões – de súplicas não rejeitáveis são aceitos, como nós realmente testemunhamos com os nossos olhos; e desde que cada um das trezentas mil letras do Alcorão produz de uma centena a milhares de méritos, apenas no que diz respeito à recitação do Alcorão por toda a sua comunidade, com número infinito de luzes que entram no livro de suas obras; – devido a todos estes, O Onisciente do Invisível vê e sabe que a Realidade de Mohammad (Allah o abençoe e lhe dê paz), que é a sua personalidade coletiva, seria, no futuro, como uma árvore de Tuba do Paraíso, e, de acordo com a classificação, atribuída a ele suprema importância no Alcorão, e em Seu Decreto mostrou o seguinte dele e recebendo de sua intercessão por meio de adesão a sua ilustre Sunna para ser uma das questões mais importantes relativas ao homem. E de vez em quando Ele levou em consideração a sua personalidade humana e o estado humano na sua infância, que era uma semente da majestosa árvore de Tuba.

Assim, uma vez que as verdades repetidas no Alcorão são deste valor, todas as naturezas justas vão testemunhar que, em suas repetições são um milagre poderoso e extenso. A não ser, que uma pessoa que sofre de alguma doença do coração e da doença da consciência devido à praga do materialismo, e esteja incluída na regra:

قَدْ يُنْكِرُ الْمَرْءُ ضَوْءَ الشَّمْسِ مِنْ رَمَدٍ ۞ وَيُنْكِرُ الْفَمُ طَعْمَ الْمَاءِ مِنْ سَقَمٍ [788]

DUAS ADIÇÕES, QUE FORMAM UMA CONCLUSÃO AO DÉCIMO TÓPICO

A PRIMEIRA: Doze anos atrás, eu soube que um ateu temível e obstinado tinha iniciado uma conspiração contra o Alcorão, que deveria ser traduzido. Ele disse: "O Alcorão deve ser traduzido para que todos possam saber o que é." Ou seja, ele arquitetou um plano terrível com a ideia de que todo mundo vendo suas repetições desnecessárias e sua tradução seja lida em seu lugar. No entanto, as provas irrefutáveis da Risale-i Nur provaram decisivamente que: "A verdadeira tradução do Alcorão não é possível, e as outras línguas não podem preservar as qualidades e os excelentes pontos do Alcorão em lugar da linguagem gramatical da língua árabe. As traduções banais e parciais do homem não podem substituir as palavras milagrosas e abrangentes do Alcorão, cada letra das quais rende de dez a mil méritos; eles não podem ser lidos em seu lugar nas mesquitas". Espalhando-a por toda parte, a Risale-i Nur reduziu o temível plano a nada. Suponho que era devido às tentativas idiotas e lunáticas de dissimuladores para extinguir o Sol do Alcorão por conta de Satanás por soprarem nele como crianças tolas terem tomado lições daquele ateu, que eu estava inspirado para escrever esta Décima Matéria enquanto sob o grande constrangimento e numa situação mais angustiante. Mas eu não sei a realidade da situação desde que eu fui incapaz de encontrar-me com outros.

SEGUNDA ADIÇÃO: Depois da nossa libertação da prisão de Denizli, eu ficava no último andar do famoso Shehir Hotel. A dança sutil e graciosa das folhas, galhos e troncos de muitas árvores de álamo dos excelentes jardins à minha frente, o toque da brisa, cada uma com um movimento arrebatador e êxtase como um círculo de dervixes, fez doer meu coração, entristeceu-me total e melancolicamente por ter sido separado de meus irmãos e permanecer sozinho. De repente, as estações de outono e inverno vieram à mente e um descuido me venceu. Eu lamentei tanto aqueles choupos e as graciosas criaturas vivas balançando com alegria perfeita que meus olhos se encheram de lágrimas. Com esta lembrança das separações e não ser sob o véu ornamentado do universo, a dor em um mundo cheio de mortes e separações me pressionou. Então, de repente, a luz da Realidade de Mohammad (Allah o abençoe e lhe dê paz) veio em meu auxílio e transformou a minha dor e tristeza em alegria. Na verdade, eu sou eternamente grato a Mohammad (Allah o abençoe e lhe dê paz) pela assistência e consolo que aliviaram a minha situação naquele momento, apenas um único instante do esplendor sem limites daquela Luz, como para todos e cada um os crentes. Foi assim:

Ao mostrar essas abençoadas e delicadas criaturas sem função ou propósito, e seu movimento sem alegria, mas como se tremessem à beira da não existência e separação e caindo no nada, que a visão desatenta assim tocando os meus sentimentos de desejo de imortalidade, o amor das coisas belas, e a compaixão por e criaturas companheiras e a vida que transformara o mundo em uma espécie de inferno e minha mente em um instrumento de tortura. Então, só naquele momento, a Luz de Mohammad (Allah o abençoe e lhe dê paz) trouxe como um presente para a humanidade levantar o véu; ele mostrou no lugar de extinção, o nãoser, o nada, o sem propósito, a futilidade e as separações, os significados e os exemplos de sabedoria ao número das folhas dos choupos, e como é provado na Risale-i Nur, os resultados e os deveres que podem ser divididos em três tipos:

O Primeiro Tipo olha para os Nomes do Criador Todo-Glorioso. Por exemplo, se um mestre artesão faz uma máquina maravilhosa, todo mundo o aplaude, dizendo: "Que maravilhas Allah quis! Bendito seja Allah!" Da mesma forma, a máquina felicita o artesão pela língua de sua disposição, e da exibição perfeita dos resultados pretendidos dela. Todos os seres vivos e todas as coisas são máquinas, como essa; eles aplaudem o seu Artesão por suas glorificações.

O segundo tipo de exemplos de sabedoria olha para os pontos de vista dos seres vivos e seres conscientes. Cada um dos seres se torna um agradável objeto de estudo, um livro de conhecimento. Eles deixam seus significados na esfera da existência nas mentes dos seres conscientes e suas formas em suas memórias, e nas tábuas do Mundo de Similitudes, e os cadernos do mundo do Invisível, em seguida, eles partem do Manifesto Mundial e retiram-se para o mundo do Invisível. Ou seja, eles deixam para trás uma existência aparente, mas ganham muitas existências relativas ao significado, ao Invisível, e ao conhecimento. Sim, uma vez que, Allah existe e Seu conhecimento abrange tudo o que, na visão da realidade, no mundo dos crentes certamente não há o não-ser, a extinção, o nada, a aniquilação, e a transitoriedade, enquanto o mundo dos descrentes está cheio de não-existência, separação, nada, e transitoriedade. Isto é ensinado pelo ditado que está na boca de todos: "Para quem Allah existe, tudo existe; e para quem Ele não existe, nada existe; para eles nada há."

Em Resumo: Assim como a crença salva o homem da extinção eterna no momento da morte, ela poupa o mundo de cada uma das trevas de aniquilação e do nada. Considerando que a incredulidade, e especialmente se for descrença absoluta, tanto manda o homem e seu mundo privado para a não-existência com a morte, quanto o lança nas trevas infernais. Ela transforma os prazeres da vida em venenos amargos. Deixe os brincos daqueles que preferem a vida deste mundo, para os da Outra Vida! Deixe-os vir e encontrar uma solução para isso, ou então deixe-os entrar na crença e serem salvos destas perdas terríveis!

﴿سُبْحَانَكَ لَا عِلْمَ لَنَا اِلَّا مَا عَلَّمْتَنَا اِنَّكَ اَنْتَ الْعَلِيمُ الْحَكِيمُ﴾[789]

De seu irmão que está precisando
muito de suas orações e sente muita
saudade de vocês,

Said Nursî

***

NOTAS

[1] “Em Seu Nome, Glorificado seja Ele!”

[2] "**E nada existe, que não glorifique os Seus louvores**"(Alcorão Sagrado, 17:44)

[3] **"Em nome de Allah, o Clemente, o Misericordioso"**

[4] Em nome de Allah, o Clemente, o Misericordioso."**Ele foi Quem enviou o Seu Mensageiro com a orientação e com a verdadeira religião, para fazê-las prevalecer sobre todas as outras religiões; e Allah é suficiente Testemunha disso. Mohammad é o Mensageiro de Allah, e aqueles que estão com ele são severos para com os incrédulos, porém compassivos entre si. Vê-los-ás genuflexos, prostrados, anelando a graça de Allah e a Sua complacência. Seus rostos estarão marcados com os traços da prostração. Tal é o seu exemplo na Torá e no Evangelho, como a semente que brota, se desenvolve e se robustece e se firma em seus talos, compraz aos semeadores, para irritar os incrédulos. Allah prometeu aos crentes, que praticam o bem, indulgência e uma magnífica recompensa.**" (Alcorão Sagrado, 48: 28-9).

[5] Al-'Asqalani, *Fath al-Bari*, vi, 454; Nawawi, *Charh Sahih Musslim*, i, 2.

[6] "Meu servo falou a verdade!"

[7] Tirmizi, *Quiyama*, 42; Ibn Mája, *Iqama*, 174; Atima, 1; Dárimi, *Salat*, 156; *Isti'zan*, 4; *Musnad*, v, 451.

[8] *Musnad*, v, 266; Waliyyuddin Tabrizi, *Michkat al-Massábih*, iii, 122; Ibn al-Qayyim al-Jawzi, *Zad al-Ma'ad* (Tahquiq: al-Arnawud), i, 43-44.

[9] Musslim, *Janna*, 31; *Musnad*, iii, 341, 346.

[10] Na tradição muçulmana, o messias aguardado que restaurará a pureza do Islam, a paz e a justiça universais, quase ao final do mundo.

[11] **“Ninguém conhece o Invisível, salvo Allah"** (Alcorão Sagrado, 27:65. Veja também, Tirmizi, *Sawab al-Qur'an*, 7; Dárimi, *Fada'il al-Qur'an*, 21.)

[12] “Tenha compaixão dela e envie-a para um lugar seguro “ (*Musnad*, vi, 393; Bayhaqui, *Dala'il al-Nubuwwa*, vi, 410; al-Hayçami, *Majma 'al-Zawa'id*, vii, 234.)

[13] "Quem conscientemente diz uma mentira a meu respeito deve se preparar para um assento no Inferno", (Bukhari, *'Ilm*, 38; *Jana'iz*, 33; *Ambiá '*, 50; *Adab* 109; Musslim, *Zuhd*, 72; Abu Da'ud, *'Ilm*, 4; Tirmizi, *Fitan*, 70; *'Ilm*, 8, 13; *Tafssir*, 1; *Manáquib*, 19; Ibn Mája, *Muqaddima*, 4; Dárimi, *Muqaddima*, 25, 46; *Musnad*, i, 70, 78; ii, 159, 171; iii, 13, 44; iv, 47, 100; v, 292.)

[14] "**Haverá alguém mais injusto do que quem mente acerca de Allah**?" (Alcorão Sagrado, 39:32)

[15] "A causa é como a dor"

[16] Bukhari, 11; Ahmad al-Banna al-Sa'ati, *al-Fath al-Rabbani*, xxi, 26.

[17] Abu Da'ud, *'Aqdiyya*, 20; *Musnad*, v, 215.

[18] Alcorão Sagrado; 53: 9

[19] "Este é o meu neto Hassan, um mestre dos homens por meio do qual Allah vai conciliar dois grandes grupos." (Bukhari, *Fitan*, 20; *Sulh*, 9; *Fada'il Ashab al-Nabi*, 22; *Manáquib*, 25; Dárimi, *Sunna*, 12; Tirmizi, *Manáquib*, 25; Nassa'i, *Jum'a*, 27; *Musnad*, v, 38, 44, 49, 51.)

[20] "Você vai lutar contra o pérfido, o justo e autor do desvio," (al-Hakim, *al-Mustadrak*, iii, 139, 140; al-Hayçami, *Majma' al-Zawa'id*, VII, 138; Bayhaqui, *Dala'il al-Nubuwwa*, vi, 414.)

[21] Ibn Kacir, *al-Bidaya wa'l-Nihaya*, vi, 213; al-Hakim, *al-Mustadrak*, iii, 366, 367; 'Ali al-Qari, *Charh al-Chifá*, i, 686, 687.

[22] al-'Asqalani, *Fath al-Bári*, xiii, 45.

[23] “os cães vão latir ao redor dela." (*Musnad* vi, 52, 97; Ibn Hibban, *Sahih*, viii, 258 nº: 6697; al-Hakim, *al-Mustadrak*, iii, 120.)

[24] al-Hakim, *al-Mustadrak*, iii, 113; *Musnad*, i, 102, 103, 148, 156.

[25] Bukhari, *Manáquib*, 25; *Adab*, 95; *Istitaba*, 7; Musslim, Zakat, 148, 156, 157; Abu Da'ud, *Sunna*, 28; *Musnad*, iii, 56, 65.

[26] al-Hayçami, *Majma' al-Zawa'id*, ix, 188; *Musnad*, vi, 294.

[27] Ibn Mája, *Fitan*, 34.

[28] Daylami, *Musnad al-Firdaws*, v, 316; Suyuti, *Tarikhal-Khulafa* ', 64 .

[29] Tirmizi, *Iman*, 18; Abu Da'ud, *Sunna*, 1; Ibn Mája, *Fitan*, 17; Dárimi, 75.

[30] Hayçami, *Majma 'al-Zawa'id*, vi, 244; *Musnad*, iii, 31, 33, 82; Ibn Hibban, *Sahih*, ix, 46 nº: 6898 ..

[31] Os "quatro polos de santidade", ou seja, 'Abd al-Qadir Gilani, Ahmad Rufa'i, Ahmad Badawi, e Ibrahim Dasuqi. (Tr.)

[32] 'Ali al-Qari, *Charh al-Bukhari*, i, 678, 679.

[33] 'Ali al-Qari, *Charh al-Chifá*, i, 679

[34] 'Ali al-Qari, *Charh al-Chifá*, i, 678.

[35] 'Ali al-Qari, *Charh al-Chifá*, i, 678, 679.

[36] Bukhari, *Jihad* 157; *Manáquib*, 25; *Iman*, 3; Musslim, *Fitan*, 75, 76; Tirmizi, *Fitan*, de 41 anos.

[37] "Compete a vocês seguirem o caminho de quem vem depois de mim, Abu Bakr e Ômar." (Tirmizi, *Manáquib*, 16, 37; Ibn Mája, *Muqaddima*, 11; *Musnad*, v, 382, 385, 399, 402.)

[38] (Musslim, *Fitan*, 19, 20; Abu Da'ud, *Fitan*, 1; Tirmizi, *Fitan*, 14; Ibn Mája, *Fitan*, 9; *Musnad*, iv, 123, 278, 284.)

[39] : "Abu Jahl será morto aqui, Utba aqui, Umayya aqui, etc." (Musslim, *Jihad*, 83; *Janna*, 76; Abu Da'ud, *Jihad*, 115; Nasa'i, *Jana'iz*, 117; *Musnad*, i, 26; iii, 219, 258.)

[40] al-Hakim, *al-Mustadrak*, ii, 327

[41] "Zaid tomou a bandeira e foi atingido; agora Ibn Rawaha tomou a bandeira e foi atingido; agora Já'far tomou a bandeira e foi atingido; agora uma das espadas de Allah [isto é, Khalid] tomou-a." (al-Hakim, *al-Mustadrak*, iii, 298; Bukhari, *Maghazi*, 44.)

[42] al-Khafaji, *Charh al-Chifá*, iii, 210; Ibn al-Qayyim al-Jawzi, *Zad al-Ma'ad* (*Tahquiq*: Arnawud), iii,385.

[43] "Depois de mim, o califado vai durar 30 anos, então, será monarquia voraz." (*Musnad*, v, 220, 221.)

[44] O início desse assunto é profecia e misericórdia.; então, será misericórdia e califado; então, será monarquia voraz; então, será arrogância e tirania." (Qadi Iyad, *al-Chifa'*, i, 340; *Musnad*, iv, 273.)

[45] al-Hakim, *al-Mustadrak*, iii, 103.

[46] Ver al-Hakim, *al-Mustadrak*, iii, 103.

[47] "Ai dos povos que hão de cair em suas mãos, e ai de você, pelo que lhe sucederá nas mãos deles" (Al-'Asqalani, *al-Matalib al-'Aliya*, iv, 21; al-Hayçami, *Majma 'al-Zawa'id*, nº: 2708; al-Hakim, *al-Mustadrak*, iii, 554.)

[48] Qadi Iyad, *al-Chifá*, i, 338; 'Ali al-Qari, i, 683; al-Khafaji, *Charh al-Chifá*, i, 179.

[49] Ver, al-Albani, *Sahih al-Jami 'al-Saghir*, nº: 2579; al-Albani, *Silsilat al-Ahadice al-Sahiha*, nº: 1749; al-'Asqalan, *al-Matalib al-'Aliya*, nº: 4528.

[50] "Ao assumir o governo, age com indulgência" (al-Hayçami, *Majma 'al-Zawa'id*, v, 186; Ibn Hajar, *al-Matalib al-'Aliya* (Tahquiq: 'Abd al-Rahman al-A'zami), nº: 4085.)

[51] "Os abássidas sairão com bandeiras pretas e regerão por muito mais tempo do que eles [os Omíadas] regerão." (Qadi Iyad, i *al-Chifá*, 338; *Musnad*, iii, 216-218; al-Hakim, *al-Mustadrak*, iii, 326.)

[52] "Ai dos árabes do mal que se aproxima" (Bukhari, *Fitan*, 4, 28; Musslim, *Fitan*, 1; Abu Da'ud, *Fitan*, 1; Tirmizi, *Fitan*, 23; Ibn Mája, *Fitan*, 9; *Musnad*, II, 390, 399; al-Hakim, *al-Mustadrak*, i, 108; iv, 439, 483.)

[53] "Pode ser que você seja poupado para que alguns possam se beneficiar de você, e outros serem prejudicados por você" (Bukhari, *Jana'iz*, 36; *Manáquib al-Ansar*, 49; *Fara'id*, 6; al-Khafaji, *Charh al-Chifá*, iii, 209; 'Ali al-Qari, *Charh al-Chifá*, i, 699; Abu Nu'aym, *Hilyat al-Awliya*, i, 94.)

[54] Bukhari, *Jana'iz*, 57; *Manáquib al-Ansar*, 38; Musslim, *Fara'id*, 14; Abu Da'ud, *Jihad*, 133; *Buyu* ', 9; Tirmizi, *Jana'iz*, 69; Nassa'i, *Jana'iz*, 66, 67; Ibn Mája, *Sadaqat*, 9, 13.

[55] "Firme! Há sobre você um Profeta, um veraz [siddiq] e um mártir"(Bukhari, *Fada'il al-Sahába*, 5, 7; Abu

Da'ud, *Sunna*, 8; Tirmizi, *Manáquib*, 17, 18; *Musnad*, iii, 112; v, 331; al-Hakim, *al-Mustadrak*, iii, 450, 451 (dois mártires são mencionados aqui).)

[56] (Bukhari, *Manáquib*, 25; Musslim, *Fada'il al-Sahába*, 101; Ibn Mája, *Jana'iz*, 64; *Musnad*, vi, 240, 282, 283; Qadi Iyad, *al-Chifá*, i, 340.)

[57] al-Hakim, *al-Mustadrak*, iii, 345; Qadi Iyad, *al-Chifá*, i, 343; 'Ali al-Qari, *Charh al-Chifá*, i, 700; al-'Asqalani, *al-Matalib al-'Aliya*, iv, 116 nº: 4109; Ibn Al-Kacir, *al-Bidaya wa'l-Nihaya*, v, 8-9; al-'Asqalani, *al-Issába*, iv, 64.

[58] "Eu vi minha comunidade travando guerra nos mares como reis sentados em tronos."(Bukhari, *Ta'bir*, 12; *Jihad*, 3, 8, 63, 75; *Isti'zan*, 41; Musslim, *'Imara*, 160, 160; Abu Da'ud, *Jihad*, 9; Tirmizi, *Fada'il al-Jihad*, 15; Nassa'i, *Jihad*, 40; Ibn Mája, *Jihad*, 10; Dárimi, *Jihad*, 28; *Muwatta '*, *Jihad*, 39; *Musnad*, iii, 240, 264; al-Albani, *Sahih al-Jami 'al-Saghir*, vi, 24, nº: 6620; al-Hakim, al- *Mustadrak*, iv, 556.)

[59] Musslim, *Fada'il al-Sahába*, 229; Tirmizi, *Fitan*, 44; *Manáquib*, 73; al-Hakim, *al-Mustadrak*, iii, 450; iv, 254.

[60] "Istambul será conquistada, e bendito é o governante e as tropas que irão conquistá-la." (al-Hakim, *al-Mustadrak*, iv, 422; Bukhari, *Tárikh al-Saghir*, nº: 139; *Musnad*, iv, 335; al- Hayçami, *Majma 'al-Zawa'id*, vi, 218.)

[61] "Se a religião for pendurada nas estrelas, os homens da Pérsia irão chegar e se apoderar dela" (Bukhari, *al-Tafsir*, 62; Tirmizi, 47; *Tafsir Sura*, 3.)

[62] "Um estudioso coraixita irá preencher todas as regiões da terra com a aprendizagem" (al-'Ajluni *Kachf al-Khafa '*, ii, 53, 54.)

[63] Abu Da'ud, *Sunna*, 1; Ibn Mája, *Fitan*, 17; Tirmizi, *Iman*, 18; *Musnad*, II, 232; iii, 120, 148; 'Ali al-Qari, *Charh al-Chifá*, i, 679.

[64] "Os Qadariya são os magos desta comunidade"(al-Albani, *Sahih Jami 'al-Saghir*, iv, 150; al-Hakim, *al-Mustadrak*, i, 85; Abu Da'ud, *Sunna*, 5; Suyuti, *al-Fath al-Kabir*, iii, 23; *Musnad*, ii, 86, 125; v, 406.)

[65] *Musnad*, i, 160; al-Hayçami, *Majma 'al-Zawa'id*, ix, 133; al-Hakim, *al-Mustadrak*, iii, 123.

[66] Para eles, o insulto de *Rafida*. (*Musnad*, i, 103.)

[67] Tirmizi (*Tahquiq*: Ahmad *Chakir*), nº: 2262; al-Albani, *Silsilat al-AHadice al-Sahiha*, 954; al- Hayçami, *Majma 'al-Zawa'id*, X, 232, 237.

[68] Bukhari, *Jihad*, 102, 143; *al-Maghazi*, 38; Musslim, *Fada'il al-Sahába*, 34, 35; *Musnad*, II, 484; v, 333; Bayhaqui, *Dala'il al-Nubuwwa*, iv, 205.

[69] Suyuti, *al-Durar al-Muntacira* (Mustafa al-al-Halabi Babi, 1960), 118; Ibn Kacir, *al-Bidaya wa'l-Nihaya*, IV, 189-190; al-'Ajluni, *Kachf al-Khafá*, i, 365.

[70] "A hora não virá até que dois partidos com uma única reivindicação lutarem um contra o outro" (Musslim, *Fitan*, 4; Ibn Hibban, *Sahih*, viii, 259; 'Ali al-Qari, *Charh al-Chifá*, i, 704; al-Albani, *Sahih Jami 'al-Saghir*, vi, 174, no: 7294.)

[71] Bukhari, *Salat*, 63; Musslim, *Fitan*, 70, 72, 73; Tirmizi, *Manáquib*, 34; *Musnad*, II, 161, 164, 206; iii, 5, 22, 28, 91; iv, 197, 199; v, 215, 306, 307; vi, 289, 300, 311, 315; Kattani, *Nazm al-Mutanacir*, 126; Ibn Hibban, *Sahih*, viii, 260; al-Hakim, *al-Mustadrak*, II, 155; iii, 191, 397; Qadi Iyad, *al-Chifá*, i, 339; *al-Sa'ati*, *al-Fath al-Rabbani*, XXIII, 142.

[72] Mawaquit, 4; *Fitan*, 22; Musslim, *Iman*, 231; *Fitan*, 27; Ibn Mája, *Fitan*, 9; *Musnad*, v, 401, 405.

[73] "Pode ser que ele vá assumir uma postura que lhe agrade, ó Ômar." ('Ali al-Qari, *Charh al-Chifá*, i, 704; al-Khafaji, *Charh al-Chifá*, iii, 218; al-'Asqalani, *al-Issába*, ii, 93-94; al-Hakim, *al-Mustadrak*, iv, 282.)

[74] 'Ali al-Qari, *Charh al-Chifá*, i, 703; al-'Asqalani, *al-Issába*, nº: 3115.

[75] "Bendito seja Allah, que tirou estas de Chrosoé e colocou-as em Suraqa."(Ibid; Qadi Iyad, *al-Chifá*, i, 344.)

[76] *Bukhari*, *Iman*, 31; *Musslim*, *Fitan*, 76; Tirmizi, *Fitan*, 41; *Musnad*, ii, 233, 240; v, 92, 99; Qadi Iyad, *al-Chifa '*, i, 337; al-Mubarakfuri, *Tuhfat al-Ahwazi* (*Tahquiq*: 'Abd al-Wahhab), iv, 462, 663.

[77] Qadi Iyad, *al-Chifá*, i, 343; al-Khafaji, *Charh al-Chifá*, iii, 211; 'Ali al-Qari, *Charh al-Chifá*, i, 700; al-Albani, *Silsilat al-Ahadice al-Sahiha*, 1427.

[78] Bukhari, *Jihad*, 141; *Tafsir*, 60: 1; *Maghazi* 46; Musslim, *Fada'il al-Sahába*, 161; Abu Da'ud, *Jihad*, 98; Tirmizi, *Manáquib* 60: 1; *Musnad*, i, 79; al-Hakim, *al-Mustadrak*, iii, 301; Qadi Iyad, *al-Chifá*, i, 342.

[79] "Que ele seja comido por um dos cães de Allah!"(al-Khafaji, *Charh al-Chifá*, iii, 139; 'Ali al-Qari, *Charh al-Chifa*, I, 664.)

[80] al-Khafaji, *Charh al-Chifá*, i, 219, 220; al-'Asqalani, *al-Matalib al-'Aliya*, n

nº: 4366; Ibn al-Qayyim al-Jawzi, *Zad al-Ma'ad* (*Tahqiq*: al-Arnawud), iii, 409-410; Ibn Hicham, *Sirat al-Nabi*, ii, 413.

[81] Qadi Iyad, *al-Chifá*, i, 343; 'Ali al-Qari, *Charh al-Chifá*, i, 699; al-Khafaji, *Charh al-Chifá*, iii, 206, 207; al-Hayçami, *Majma'al-Zawa'id*, vi, 85.

[82] Bukhari, *Tibb*, 47, 49, 50; *Adab*, 56; *Da'wat*, 57; *Bad 'al-Khalq*, 11; Musslim, *Salam*, 43; Ibn Mája, *Tibb*, 45; *Musnad*, vi, 57, 63, 96; 'Ali al-Qari, *Charh al-Chifá*, i, 706; Tabrizi, *Michkat al-Masabih* (*Tahquiq*: al-Albani), iii, 174, no: 5893.

[83] "Um de vocês vai entrar no fogo com um dente maior do que o Monte Uhud."(. Qadi Iyad, *al-Chifá*, iv, 342; al-Khafaji, *Charh al-Chifá*, iii, 203; al-Hayçami, *Majma 'al-Zawa'id*, viii, 289-290; Tabrizi, *Michkat al-Masabih*, iii, 103.)

[84] Qadi Iyad, *al-Chifá*, i, 342; 'Ali al-Qari, *Charh al-Chifá*, i, 298

[85] Qadi Iyad, *al-Chifá*, i, 342, 343; original: al-Hayçami, *Majma 'al-Zawa'id*, viii, 286-7; viii, 284-6; Ibn Kacir, *al-Bidaya wa'l-Nihaya*, iii, 313.

[86] Qadi Iyad, *al-Chifá*, i, 344; al-Khafaji, *Charh al-Chifá*, iii, 218; 'Ali al-Qari, *Charh al-Chifá*, i, 704; Ibn al-Qayyim, *Zad al-Ma'ad*, v, 538-9; al-Hakim, *al-Mustadrak*, iv, 519; Ibn Kacir, *al-Bidaya wa'l-Nihaya*, iv, 30.

[87] Qadi Iyad, *al-Chifá*, i, 345; al-Khafaji, *Charh al-Chifá*, iii, 720; 'Ali al-Qari, *Charh al-Chifá*, i, 706; Ibn Kacir, *al-Bidaya wa'l-Nihaya*, iii, 96-7; Ibn Hicham, *Sirat al-Nabi*, i, 371.

[88] Bukhari, *Tibb*, 30; *Khiyal*, 13; Musslim, *Salam*, 98, 100; *Muwatta '*, *Madina*, 22, 24; *Musnad*, iv, 195-6; Bayhaqui, *Dala'il al-Nubuwwa*, vi, 383; Suyuti, *al-Khasa'is al-Kubra*, II, 477-8.

[89] al-Albani, *Sahih al-Jami 'al-Saghir*, vi, 268, nº: 7736; Tabrizi, *Michkat al-Masabih*, nº: 5433.

[90] Qadi Iyad, *al-Chifá*, i, 344; 'Ali al-Qari, *Charh al-Chifá*, i, 703; Ibn Kacir, *al-Bidaya wa'l-Nihaya*, x, 102; Tabrizi, *Michkat al-Masabih*, nº: 5433.

[91] Bukhari, *Jihad*, 95; Musslim, *Fitan*, 64-66; Tirmizi, *Fitan*, 37; Ibn Mája, *Fitan*, 36.

[92]"Os persas [não-árabes] irão quase predominar entre vocês, consumindo seu saque e afligindo-os." (Qadi Iyad, *al-Chifá*, i, 341; al-Khafaji, *Charh al-Chifá*, iii, 194; 'Ali al-Qari, *Charh al-Chifá*, i, 692; al-Hayçami, *Majma 'al-Zawa'id*, VII, 310; al-Hakim, *al-Mustadrak*, iv, 519; *Musnad*, II, 288, 296, 304, 324, 377, 520; iv, 66; v, 38.)

[93] "A ruína de minha comunidade estará nas mãos dos iníquos de Coraix" (Bukhari, *Manáquib*, 25; *Maghazi*, 70; *Ta'bir*, 40; Musslim, *Ru'ya*, 21, 22; Tirmizi, *Ru'ya*, 10; *Musnad*, II, 319, Bayhaqui, *Dala'il al-Nubuwwa*, v, 334-6; vi, 358, 360, 524.)

[94] Bukhari, *Manáquib*, 25; *Maghazi*, 70; *Ta'bir*, 40; Musslim, *Ru'ya*, 21, 22; Tirmizi, *Ru'ya*, 10; *Musnad*, ii, 319, Bayhaqui, *Dala'il al-Nubuwwa*, v, 334-6; vi, 358, 360, 524.

[95] Bukhari, *Maghazi*, 29; *Musnad*, iv, 262; vi, 394; Ibn Hibban, *Sahih*, vi, 272.

[96] "A um dos homens de confiança de Allah foi dada uma escolha, e ele escolheu o que é de Allah." (Bukhari, *Manáquib al-Ansar*, 45; *Salat*, 80; *Fada'il al-Sahába*, 3; Musslim, *Fada'il al-Sahába*, 2; Tirmizi, *Manáquib*, 15; Abu Da'ud, *Muqaddima*, 14; *Musnad*, iii, 18, 478; iv, 211; v, 139; Ibn Hibban, *Sahih*, viii, 200; ix, 58.)

[97] "Um de seus membros irá precedê-lo para o Paraíso." (Qadi Iyad, al-Chifá, i, 343; 'Ali al-Qari, *Charh al-Chifá*, i, 702; al-Khafaji, *Charh al-Chifá*, iii, 214; al-Hayçami, *Majma 'al-Zawa'id*, ix, 398; al-'Asqalani, *al-Matalib al-'Aliya*, iv, 91, nº: 4047.)

[98] Bukhari, *Manáquib*, 25; Musslim, *Âchriba*, 142; Tirmizi, *Manáquib*, 6; Ibn Mája, *At'ima*, 47; Muwatta ', *Sifat al-Nabi*, 19.

[99] Os sete Abdullah (*al-'Abadila al-Sab'a*): 'Abdullah b. 'Abbas,' Abdullah b. Ômar,' Abdullah b. Mass'ud,

'Abdullah b. Rawha, 'Abdullah b. Salam, 'Abdullah b. 'Amr b. al-'As, 'Abdullah b. Abi Awfa (que Allah esteja satisfeito com eles.).

[100] "Louvado seja Allah, isto provém da graça de meu Senhor."

[101] . Bukhari, *Nikah*, 64; Musslim, *Nikah*, 94, 95; Tirmizi, *Nikah* 33:21; Nassa'i, *Nikah*, 84; Abu Da'ud, *Adab*, 95; *Musnad*, iii, 29; v, 462; Qadi Iyad, *al-Chifá*, i, 294.

[102] "Convida trinta homens dentre os distintos Ansar"

(Ansar-Auxiliares: aqueles dos Companheiros de Madina que acolheram os migrantes de Makka em suas casas. (Tr.))

[103] "Convida sessenta homens",

[104] "Convida mais setenta."

[105] Qadi Iyad, *al-Chifá*, i, 292; al-Hayçami, *al-Majma 'al Zawa'id*, VII, 303; al-Khafaji, *Charh al-Chifá*, iii, 33; 'Ali al-Qari, *Charh al-Chifá*, i, 604.

[106] Bukhari, *Charika*, 1; *Jihad*, 123; Musslim, *Iman*, 44, 45; *Musnad*, iii, 11, 418.

[107] Bukhari, *Hiba*, 28; *At'ima*, 6; Musslim, *Achriba*, 175; *Musnad*, i, 197, 198; al-Sa'ati, *al-Fath al-Rabbani*, xx, 55.

[108] Bukhari, *Maghazi*, 29; Musslim, *Achriba*, 141; al-Hakim, *al-Mustadrak*, iii, 31; 'Ali al-Qari, *Charh al-Chifá*, i, 290; Suyuti, *Kanz al-'Ummal*, xii, 409, 424.

[109] . Bukhari, *At'ima*, 6, 48; Musslim, *Achriba*, 142, 143; *Musnad*, iii, 218; 'Ali al-Qari, *Charh al-Chifá*, i, 291, 297; al-Hakim, *al-Mustadrak*, iii, 31.

[110] Musslim, *Fada'il*, 3, nº: 2281; Bayhaqui, *Dala'il al-Nubuwwa*, vi, 114.

[111] Tirmizi (*Tahquiq*: Ahmad, *Chakir*, nº: 2629; Abu Da'ud, *Muqaddima*, 9; *Musnad*, v, 12, 18; al- Hakim, *al-Mustadrak*, ii, 618

[112] O Povo do Suffa: aqueles entre os migrantes de Makka (*muhajirun*) que viviam na parte exterior da mesquita, que dedicaram sua vida à preservação e divulgação do Alcorão, Sunna, e Hadice, e cuja subsistência foi fornecida pelo Profeta (Allah o abençoe e lhe dê paz). (Tr.)

[113] Qadi Iyad, *al-Chifá*, i, 293; 'Ali al-Qari, *Charh al-Chifá*, i, 606; al-Hayçami, *Majma 'al-Zawa'id*, viii, 308; Bayhaqui, *Dala'il al-Nubuwwa*, vi, 101.

[114] Qadi Iyad, *al-Chifa'*, i, 293; 'Ali al-Qari, *Charh al-Chifa'*, i, 607; al-Khafaji, *Charh al-Chifa'*, iii, nª 36; al-Hayçami, *Majma' al-Zawa'id*, viii, 302-3; Ahmad b. Hambal, *Fada'il al-Sahába* (*Tahquiq*: Wassiyyullah), 1220; *Musnad*, i, 159.

[115] Qadi Iyad, *al-Chifa'*, i, 297; 'Ali al-Qari, *Charh al-Chifa'*, i, 613; Bayhaqui, *Dala'il al-Nubuwwa*, iii, 160.

[116] Qadi Iyad, *al-Chifa'*, i, 294; 'Ali al-Qari, *Charh al-Chifa'*, i, 608; Ibn Hajar al-'Asqalani, *al-Matalib al-'Aliya*, iv, 73, no: 4001.

[117] al-Sa'ati, *al-Fath al-Rabbani*, XXII, 85; *Musnad*, v, 445; Qadi Iyad, *al-Chifá*, i, 294; 'Ali al-Qari, *Charh al-Chifá*, i, 609; Bayhaqui, *Dala'il al-Nubuwwa*, v, 365.

[118] Bukhari, *Wassaya*, 36; *Buyu* ', 51; *Sulh*, 13; *Istiqrad*, 18; Nassa'i, *Wassaya*, 3, 4; *Musnad*, iii, 313, 365, 373, 391, 395, 398; Ibn Hibban, *Sahih*, viii, 167; al-Sa'ati, *al-Fath al-Rabbani*, XXII, 60; Qadi Iyad, *al-Chifá*, i, 295.

[119] "Pegue o que você trouxe, e guarde, e não jogue fora." (Tirmizi, *Manáquib*, 47, nº: 3839; Bayhaqui, *Dala'il al-Nubuwwa*, vi, 110 (através de várias linhas de transmissão); *Musnad*, II, 352; Qadi Iyad, *al-Chifá*, i, 295; al-Sa'ati, *al-Fath al-Rabbani*, XXII, 56; Tabrizi, *Michkat al-Masabih*, iii, 191, nº: 5933.)

[120] "O resto é para mim e para você." (Bukhari, *Riqaq*, 17; Tirmizi, *Sifat al-Quiyama*, 36, nº: 2477; *Musnad*, II, 515; Tirmizi (*Tahquiq*: Ahmad Chakir), nº: 2479; al-Hakim, *al-Mustadrak*, iii, 15; Qadi Iyad, *al-Chifá*, i, 296.)

[121] "Quem conscientemente diz uma mentira a meu respeito deve preparar-se para um lugar no Fogo do Inferno," (*Bukhari*, *'Ilm*, 39; *Jana'iz*, 33; *Ambiya'*, 50; *Adab*, 109; *Musslim*, *Zuhd*, 72; *Abu Da'ud*, *'Ilm*, 4; *Tirmizi*, *Fitan*, 70; *'Ilm*, 8, 13; Tafsir, 1; *Manáquib*, 19; Ibn Mája, *Muqaddima*, 4; Dárimi, *Muqaddima*, 25, 46; *Musnad*, i, 70, 78.)

[122] Que Allah possa recompensá-los abundantemente!

[123] Bukhari, *Wudu*, 32, 46; *Manáquib*, 25; Musslim, *Fada'il*, 45, 46; *Tahara*, 60; Abu Da'ud, *Muqaddima*, 5; Tirmizi, *Manáquib*, 6; Muwatta ', *Tahara*, 32; *Musnad*, iii, 132, 147, 170, 215, 289; Ibn Hibban, *Sahih*, viii, 171; Tirmizi (Ahmad Chakir), nº: 3635.

[124] Bukhari, *Manáquib*, 25; *Maghazi*, 35; Tafsir Sura al-Fath, 5; *Achriba*, 31; Musslim, *'Imara*, 72, 73; *Musnad*, iii, 329; Ibn Hibban, *Sahih*, viii, 110.

[125] Musslim, *Zuhd*, 74, nº: 3013; Ibn Hibban, *Sahih*, viii, 159.

[126] Bukhari, *Manáquib*, 25; Tirmizi, *Manáquib*, 6; Tirmizi (*Tahqiq*: Ahmad Chakir), nº: 3637; Dárimi, *Muqaddima*, 5.

[127] Muwatta', *Safar*, 2; *Musnad*, II, 308, 323; v, 228, 237; Ibn Hibban, *Sahih*, viii, 167; Bayhaqui, *Dala'il al-Nubuwwa*, ii, 64; v, 236.

[128] Bukhari, *Manáquib*, 25; *Maghazi*, 35; *Musnad*, iv, 290, 301; Bayhaqui, *Dala'il al-Nubuwwa*, iv, 110.

[129] Musslim, *Masajid*, 311.

[130] "Ó Allah! Concede-lhe bênçãos e paz conforme o número de gotas de água, e à sua família!"

[131] Bukhari, *Tayammum*, 6; *Manáquib*, 25; Musslim, *Massajid*, 312; *Musnad*, iv, 434-5; Bayhaqui, *Dala'il al-Nubuwwa*, iv, 216; vi, 130.

[132] al-Hayçami, *Majma' al-Zawa'id*, vi, 194; al-Hindi, *Kanz al-'Ummal*, xii, 353; Qadi Iyad, *al-Chifá*, i, 190; 'Ali al-Qari, *Charh al-Chifá*, i, 600; Bayhaqui, *Dala'il al-Nubuwwa*, ii, 63; Suyuti, *al-Khasa'is al-Kubra*, ii, 105.

[133] Qadi Iyad, *al-Chifá*, i, 290; al-Khafaji, *Charh al-Chifá*, iii, 29; Bayhaqui, *Dala'il al-Nubuwwa*, ii, 15-20. Veja também, Bukhari, *istisqá*, 3; *Musnad*, ii, 93.

[134] Para *irhasat*, ver definição na página (Tr.)

[135] al-Khafaji, *Charh al-Chifá*, iii, 128; 'Ali al-Qari, *Charh al-Chifá*, i, 601; Suyuti, *al-Durar Mançur*, iii, 170.

[136] Ibn al-Jawzi, *Zad al-Massir*, iii, 328.

[137] "**Enviou-vos água do céu para, com ela, vos purificardes**." (Alcorão Sagrado, 8:11)

[138] Bukhari, *istisqá*, 3, 6, 10, 12, 13, 21; Musslim, *istisq*á, 8-10; Bayhaqui, *Dala'il al-Nubuwwa*, vi, 139-46.

[139] Kattani, *Nazm al-Mutanacir*, 137.

[140] "Ó Senhor meu! Dê-me um sinal de que eu já não veja qualquer um que me contradiga!" (Ibn Mája, *Fitan*, 23, nº: 4028; Dárimi, *Muqaddima*, 3; *Musnad*, i, 223; iii, 113; iv, 177; Qadi Iyad, *al-Chifá*, i, 302; 'Ali al-Qari, *Charh al-Chifá*, i, 620; al-Hayçami, *Majma 'al-Zawa'id*, ix, 10; al- Hindi, *Kanz al-'Ummal*, ii, 354.)

[141] "Que testemunhe de que não há outra Divindade além de Allah, Ele é Um, não tem parceiro, e que Mohammad é Seu servo e Mensageiro."

[142] Qadi Iyad, *al-Chifá*, i, 298; 'Ali al-Qari, *Charh al-Chifá*, i, 615; Bayhaqui, *Dala'il al-Nubuwwa*, vi, 14; al-Hayçami, *Majma 'al-Zawa'id*, viii, 292; Ibn Kacir, *al-Bidaya wa'l-Nihaya*, vi, 125; al-'Asqalani, *al-Matalib al-'Aliya*, iv, 16 nº: 3836; al-Hákim, *al-Mustadrak*, II, 620; Ibn Hibban, *Sahih*, viii, 150.

[143] "Diga para aquela árvore que o Mensageiro de Allah a convoca!"

[144] "A paz esteja com você, ó Mensageiro de Allah."

[145] Qadi Iyad, *al-Chifá*, i, 299; al-Khafaji, *Charh al-Chifá*, iii, 49.

[146] Musslim, *Zuhd* 74, nº: 3012.

[147] Dárimi, Muqaddima, 4; Qadi Iyad, *al-Chifá*, i, 299; 'Ali al-Qari, *Charh al-Chifá*, i, 616; al-Khafaji, *Charh al-Chifá*, iii, 51.

[148] 'Diga-lhes para se separarem!"

[149] Qadi Iyad, *al-Chifá*, i, 300; 'Ali al-Qari, *Charh al-Chifá*, i, 617-9; al-Khafaji, *Charh al-Chifá*, iii, 51; al-'Asqalani, *al-Matalib al-'Aliya*, iv, 8-10, nº: 3830.

[150] Qadi Iyad, *al-Chifá*, i, 301; al-Hindi, *Kanz al-'Ummal*, xii, 403.

[151] Qadi Iyad, *al-Chifá*, i, 301; 'Ali al-Qari, *Charh al-Chifá*, i, 619; al-Khafaji, *Charh al-Chifá*, iii, 57.

[152] Qadi Iyad, *al-Chifá*, i, 301; 'Ali al-Qari, *Charh al-Chifá*, i, 619; al-Khafaji, *Charh al-Chifá*, iii, 53; al-Hayçami, *Majma 'al Zawa'id*, ix, 6-7; *Musnad*, iv, 170, 172; al-Hakim, *al-Mustadrak*, ii, 617.

[153] Bukhari, *Manáquib al-Ansar*, 32 (Capítulo: *Zikr al-Jinn*); Musslim, *Salat*, 150; 'Ali al-Qari, *Charh al-Chifá*, i, 619.

[154] **"E os insensatos entre nós"**? (Alcorão Sagrado, 72: 4.)

[155] Tirmizi, Manáquib, 6; al-Mubarakfuri, *Tuhfat al-Ahwazi*, nº: 3707; al-Hayçami, *Majma 'al- Zawa'id*, ix, 10.

[156] Gemido do tronco seco

[157] Bukhari, *Manáquib*, 25; *Jum'a*, 26; Ibn Mája, *Iqama*, 199; Nassá'i, *Jum'a*, 17; Tirmizi, *Jum'a*, 10; *Manáquib*, 6; Dárimi, *Muqaddima*, 6; *Salat*, 202; *Musnad*, i, 249.

[158] Veja, al-Kattani, *Nazm al-Mutanacir*, 134-5.

[159] Ibn Kacir, *al-Bidaya wa'l-Nihaya*, 125-132.

[160] Bukhari, *Manáquib*, 25; Tirmizi, *Manáquib*, 6; *Jum'a*, 10; Ibn Mája, *Iqamat al-Salat*, 199; Dárimi, *Muqaddima*, 6; *Salat*, 202; *Musnad*, i, 249, 267, 363; iii, 226.

[161] Bukhari, *Manáquib*, 25; Tirmizi, *Manáquib*, 6; *Jum'a*, 10; Nassá'i, *Jum'a*, 17; Ibn Mája, *Iqamat al-Salat*, 199; Dárimi, *Muqaddima*, 6 (3 linhas diferentes de Jábir); *Salat*, 202; *Musnad*, iii, 293, 295, 306, 324.

[162] Bukhari, *Manáquib*, 25; Tirmizi, *Jum'a*, 10; Tirmizi (*Tahquiq*: Ahmad Chakir), nº: 505; *Manáquib*, 6; Dárimi, *Muqaddima*, 6.

[163] Tirmizi, *Manáquib*, 6; *Jum'a*, 10; Dárimi, *Muqaddima*, 6; *Salat*, 202; *Musnad*, i, 249, 363.

[164] Tirmizi, *Manáquib*, 6; *Jum'a*, 10; Dárimi, *Muqaddima*, 6; *Salat*, 202; al-Khafaji, *Charh al-Chifá*, iii, 62.

[165] Dárimi, *Muqaddima*, 6.

[166] Tirmizi, *Jum'a*, 10; Ibn Mája, *Iqamat al-Salat*, 199; Dárimi, *Muqaddima*, 6; *Musnad*, 139; al- Khafaji, *Charh al-Chifá*, iii, 62; al-Mubarakfuri, *Tuhfat al-Ahwazi*, iii, 22.

[167] Dárimi, Muqaddima, 6.

[168] Tirmizi, *Manáquib*, 6; *Jum'a*, 10.

[169] Veja, Bukhari, *Manáquib*, 25.

[170] Veja, Dárimi, *Muqaddima*, 6.

[171] "Se você quiser, eu o devolvo para o bosque de onde veio; suas raízes vão crescer e você vai florescer; você vai produzir novos frutos. Ou se você quiser, eu vou plantá-lo no Paraíso, e os amigos de Allah, os santos, vão comer dos seus frutos."

[172] "E eu vou fazê-lo"

[173] "Ele preferiu o reino eterno ao da transitoriedade."

[174] Qadi Iyad, *al-Chifá*, i, 304

[175] Qadi Iyad, *al-Chifá*, i, 304; Ibn Mája, *Iqamat al-Salat*, 199; Dárimi, *Muqaddima*, 6.

[176] Qadi Iyad, *al-Chifá*, i, 305.

[177] Bukhari, *Manáquib*, 25; Tirmizi, *Manáquib*, 6 (*Tahquiq*: Ibrahim A'wad) n: 3633; *Musnad*, i, 460; Qadi Iyad, *al-Chifá*, i, 306; 'Ali al-Qari, *Charh al-Chifá*, i, 627; Ibn Kacir, *al-Bidaya wal-Nihaya*, vi, 97-8, 133.

[178] Iyad, *al-Chifá*, i, 306; al-Khafaji, *Charh al-Chifá*, iii, 70; 'Ali al-Qari, *Charh al-Chifá*, i, 627.

[179] Qadi Iyad, *al-Chifá*, i, 306; al-Hayçami, *Majma' al-Zawáid*, v, 179; vii, 298-9; Ibn Kacir, *al- Bidaya wa'l-Nihaya*, vi, 132-3.

[180] "A paz esteja com você, ó Mensageiro de Allah".

[181] Tirmizi, *Manáquib*, 6; Dárimi, *Muqaddima*, 4; al-Hayçami, *Majma' al-Zawáid*, viii, 260; al- Hakim, *al-Mustadrak*, II, 607; 'Ali al-Qari, *Charh al-Chifá*, i, 628.

[182] Qadi Iyad, *al-Chifá*, i, 307; al-Khafaji, *Charh al-Chifá*, iii, 71

[183] "Eu sei que uma pedra me saúda." (Musslim, *Fadáil*, 2; Tirmizi, *Manáquib*, 5; *Musnad*, v, 89, 95, 105; Ibn Hibban, *Sahih*, viii, 139.)

[184] 'Quando Gabriel me trouxe a mensagem, eu nunca passei por uma pedra ou uma árvore sem que ela dissesse: 'A paz esteja com você, ó Mensageiro de Allah!'

[185] Qadi Iyad, *al-Chifá*, i, 307; al-Khafaji, *Charh al-Chifá*, iii, 71; al-Hayçami, *Majma' al-Zawáid*, viii, 259.

[186] 'O Senhor meu! Este é o meu tio; protege por meu intermédio estes seus filhos, e cobre-os do fogo, como eu os cubro com este pano!" (Bayhaqui, *Daláil al-Nubuwwa*, vi, 71.)

[187] Qadi Iyad, *al-Chifá*, i, 608; 'Ali al-Qari, *Charh al-Chifá*, i, 628; al-Hakim, *al-Mustadrak*, II, 309; al-Hayçami, *Majma' al-Zawáid*, ix, 269-70.

[188] Ver, Bukhari, *Fadáil al-Ashab*, 5, 6, 7; Tirmizi, *Manáquib*, 19, nº: 3697; Abu Da'ud, *Sunna*, 9 (Capítulo: *fi'l-Khulafá*).

[189] Musslim, *Fadáil al-Sahába*, 6, nº: 2417; Tirmizi, *Manáquib*, 19.

[190] Tirmizi, *Manáquib*, 19.

[191] Tirmizi, *Manáquib*, 19; al-Hakim, *al-Mustadrak*, iii, 450.

[192] 'Fique firme! Por cima de você está um Profeta, um veraz (siddiq), e dois mártires!'

[193] Qadi Iyad, *al-Chifá*, i, 308; al-Khafaji, *Charh al-Chifá*, iii, 75.

[194] **"E eles não aquilatam Allah como deveriam! No Dia da Ressurreição, a terra, integralmente, caberá na concavidade de Sua Mão, e os céus estarão envolvidos pela Sua mão direita. Glorificado e exaltado seja de tudo quanto Lhe associam!** " (Alcorão Sagrado, 39:67)

[195] "Allah, o Compulsor, está Se exaltando e dizendo: Eu sou o Compulsor! Eu sou o Compulsor! Eu sou o Poderoso! Eu sou o Altíssimo!"

[196] Musslim, *Sifat al-Quiyama*, 19-26; *Musnad*, ii, 88; al-Hakim, *al-Mustadrak*, II, 252; Qadi Iyad, *al-Chifá*, i, 308; al-Khafaji, *Charh al-Chifá*, iii, 75; 'Ali al-Qari, *Charh al-Chifá*, i, 630; Ibn Hibban, *Sahih*, ix, 214.

[197] Musslim, *Jihad*, 87, nº: 1781.

[198] Bukhari, *Maghazi*, 48; *Mazalim*, 32; *Tafsir al-Qur'an*, 12; Tirmizi, *Tafsir al-Qur'an*, 18 (Capítulo: Surat Bani Isra'il); Ibn Hibban, *Sahih*, nº: 1702.

[199] **"Chegou a Verdade, e a falsidade desapareceu, porque a falsidade é pouco durável**."(Alcorão Sagrado, 17:81)

[200] No Bukhari, Musslim, Tirmizi, e outros livros, este está muito registrado. Apenas no que segue que o Hadice é completo.

[201] al-Hayçami, *Majma' al-Zawáid wa'l-Manba' al-Fawa'id*, vi, 176 (a partir de Ibn Mass'ud).

[202] Qadi Iyad, *al-Chifá*, i, 308; 'Ali al-Qari, *Charh al-Chifã*, i, 631; Tirmizi, *Manáquib*, 3 (Capítulo: *Ibn Mája fi Badi 'al-Nubuwwa*); al-Mubarakfuri, *Tuhfat al-Ahwazi*, nº: 3699; al-Hakim, *al-Mustadrak*, II, 615; Ibn Hicham, *Sirat al-Nabi*, 115.

[203] "**Apesar de seres tu (ó Mensageiro) quem lançou (areia), o efeito foi causado por Allah**" (Alcorão Sagrado, 08:17)

[204] "Que seus rostos sejam deformados"

[205] al-Hayçami, *Majma' al-Zawáid*, vi, 84.

[206] Musslim, *Jihad*, 76, 81 (Capítulo: *Chahat al-Wujuh*); *Musnad*, v, 286.

[207] "**Apesar de seres tu (ó Mensageiro) quem lançou (areia), o efeito foi causado por Allah**" (Alcorão Sagrado, 08:17)

[208] A partir de Abu Huraira: Bukhari, *Tibb*, 55; *Jizya*, 7; *Maghazi*, 41; Abu Da'ud, *diyat*, 6, nº 4509, 4511, 1512; Dárimi, *Muqaddima*, 11; *Musnad*, ii, 451. A partir de Anas: Musslim, nº: 2992; Bukhari, *al-Hiba*, 28; Abu Da'ud, *Diyat*, 6, nº: 4508. De Jábir b. 'Abdullah: Dárimi, *Muqaddima*, 11; Abu Da'ud, *Diyat*, 6, nº: 4510. Para as linhas de transmissão e narrações sobre este Hadice, ver, Abu Da'ud, *Diyat*, 6

[209] al-Hakim, *al-Mustadrak*, iii, 219; iv, 109; Bayhaqui, *Daláil al-Nubuwwa*, vi, 256, 264; Ibn al-Qayyim,

Zad al-Ma'ad, iii, 336.

210 al-Tabrizi, *Michkat al-Masabih*, nº: 5931; Abu Da'ud, *Diyat*, 6; Dárimi, *Muqaddima*, 11; al-Jizri, *Jami 'al-Ussul*, nº: 8888; al-Hayçami, *Majma' al-Zawáid*, viii, 295-6.

211 Qadi Iyad, *al-Chifá*, i, 317-9; 'Ali al-Qari, *Charh al-Chifá*, i, 645.

212 Abu Da'ud, *Diyat*, 6; Dárimi, *Muqaddima*, 11; al-Hayçami, *Majma' al-Zawáid*, viii, 295-6; Bayhaqui, *Daláil al-Nubuwwa*, iv, 262.

213 *Musnad*, iii, 65; al-Sa'ati, *al-Fath al-Rabbani*, XXII, 66-7; al-Hayçami, *Majma' al-Zawáid*, ii, 166-7; al-Hindi, *Kanz al-'Ummal*, xii, 376; Qadi Iyad, *al-Chifá*, i, 3323; 'Ali al-Qari, *Charh al-Chifá*, i, 671; al-'Asqalani, *al-Issaba*, nº: 7076.

214 Qadi Iyad, *al-Chifá*, i, 333; 'Ali al-Qari, *Charh al-Chifá*, i, 671; al-Khafaji, *Charh al-Chifá*, iii, 156; Ibn Hicham, *Sirat al-Nabi*, i, 637; Ibn al-Qayyim, *Zad al-Ma'ad* (*Tahquiq*: Arnawudi), iii, 186.

215 Qadi Iyad, *al-Chifá*, i, 333; al-Khafaji, *Charh al-Chifá*, iii, 157; Ibn Sayyid al-Nas, *'Uyun al-Açar*, ii, 20; al-'Asqalani, *al-Issaba*, nº: 4583.

216 'Abd al-Barr, *al-Istibab*, ii, 274 (brilho em *al-Issaba*); Ibn Hajar, *al-Issaba*, II, 287; Ibn Sayyid al-Nas, *'Uyun al-Açar*, ii, 32; 'Abd al-Razzaq, *al-Musannaf*, xi, 279.

217 Ibn Sayyid al-Nas, *'Uyun al-Açar*, ii, 32; 'Abd al-Razzaq, *al-Musannaf*, xi, 279.

218 Qadi Iyad, *al-Chifá*, i, 322; 'Ali al-Qari, *Charh al-Chifá*, i, 651; al-Hayçami, *Majma' al-Zawáid*, vi, 113; Musslim, *Fadáil al-Sahába*, 42, nº: 2412; Ibn Hibban, *Sahih*, ix, 65.

219 Qadi Iyad, *al-Chifá*, i, 322; al-Khafaji, *Charh al-Chifá*, iii, 113; 'Ali al-Qari, *Charh al-Chifá*, i, 653.

220 Qadi Iyad, *al-Chifá*, i, 322; al-Hayçami, *Majma' al-Zawáid*, vi, 113; al-Hindi, *Kanz al-'Ummal*, xii, 377; Ibn al-Qayyim, *Zad al-Ma'ad* (*Tahquiq*: Arnawudi), iii, 186-7; al-Hakim, *al-Mustadrak*, iii, 295.

221 Bukhari, *Jihad*, 102, 144; *Maghazi*, 38; *Fadáil al-Sahába*, 32, 34; al-Hakim, *al-Mustadrak*, iii, 38.

222 Bukhari, *Maghazi*, de 38 anos (a partir de Yazid b 'Ubayd.); Abu Da'ud, *Tibb*, 19; al-Sa'ati, *al-Fath al-Rabbani Charh al-Musnad*, XXII, 259.

223 'Ó Allah! Rogo-Te, e volto-me para Ti, para o bem do Profeta Mohammad, o Profeta da Misericórdia. O Mohammad! Torno-me para o seu Senhor, por sua causa e, através de você, peço que Ele cure minha vista. Ó Allah, faça-o o meu intercessor!"

224 Tirmizi, *Da'wat*, 119, nº: 3578; al-Hakim, *al-Mustadrak*, i, 526; Bayhaqui, *Daláil al-Nubuwwa*, vi, 166; Ibn Mája, *Iqama*, 189; *Musnad*, iv, 138.

225 Qadi Iyad, *al-Chifá*, i, 324; 'Ali al-Qari, *Charh al-Chifá*, i, 656; Ibn Sayyid al-Nas, *'Uyun al-Açar*, i, 261.

226 *Daláil al-Nubuwwa*, vi, 178; Ibn Hajar, *al-Issaba*, i, 418; Ibn al-Acir, *Ussud al-Ghába*, ii, 118.

227 **"Apesar de seres tu (ó Mensageiro) quem lançou (areia)"**.

228 **"E fendeu a Lua"**.

229 Qadî Iyad, *al-Chifá*, i, 324; 'Ali al-Qari, *Charh al-Chifá*, i, 656; al-Khafaji, *Charh al-Chifá*, iii, 118; al-Hayçami, *Majma' al-Zawáid*, iv, 134.

230 "Ó Allah! Concede-lhe a cura"

231 Tirmizi, *Da'wat*, 121; *Musnad*, i, 83, 107, 128; Qadi Iyad, *al-Chifá*, i, 323; 'Ali al-Qari, *Charh al-Chifá*, i, 656; Ibn Hibban, *Sahih*, ix, 47; al-Mubarakfuri, *Tuhfat al-Ahwazi*, 3635.

232 al-Hayçami, *Majma' al-Zawáid*, viii, 298; Qadi Iyad, *al-Chifá*, i, 324; 'Ali al-Qari, *Charh al-Chifá*, i, 657.

233 Ibn Mája, *Tibb*, 40, nº: 3532; Qadi Iyad, *al-Chifá*, i, 324; 'Ali al-Qari, *Charh al-Chifá*, i, 654, 657.

234 Dárimi, *Muqaddima*, 4; *Musnad*, i, 254; Qadi Iyad, *al-Chifá*, i, 324; 'Ali al-Qari, *Charh al-Chifá*, i, 657; al-Hayçami, *Majma' al-Zawáid*, ix, 2; Tabrizi, *Michkat al-Masabih*, iii, 188.

235 Qadi Iyad, *al-Chifá*, i, 324; 'Ali al-Qari, *Charh al-Chifá*, i, 657; al-Khafaji, *Charh al-Chifá*, iii, 121; al-Hayçami, *Majma' al-Zawáid*, ix, 415; Ibn Kacir, *al-Bidaya wa'l-Nihaya*, i, 295; al-Hakim, *al-Mustadrak*, iv, 62-3.

[236] "Tu és o Mensageiro de Allah"

[237] Qadi Iyad, *al-Chifá*, i, 319; al-Khafaji, *Charh al-Chifá*, iii, 105; Ibn Kacir, *al-Bidaya wa'l-Nihaya*, iv, 158-9.

[238] "Eu declaro que você é o Mensageiro de Allah."

[239] Qadi Iyad, *al-Chifá*, i, 319; al-Khafaji, *Charh al-Chifá*, iii, 105; Suyuti, *Kanz al-'Ummal*, iv, 379; Ibn Kacir, *al-Bidaya wa'l-Nihaya*, iv, 159.

[240] "Ó Allah, encurte os seus passos!"

[241] Qadi Iyad, *al-Chifá*, i, 328; al-Khafaji, *Charh al-Chifá*, iii, 137; 'Ali al-Qari, *Charh al-Chifá*, i, 663.

[242] Qadi Iyad, *al-Chifá*, i, 325; 'Ali al-Qari, *Charh al-Chifá*, i, 657; al-Hayçami, *Majma' al-Zawáid*, viii, 312.

[243] Qadi Iyad, *al-Chifá*, i, 335; 'Ali al-Qari, *Charh al-Chifá*, i, 676.

[244] *Bukhari*, *Istisqá*, 6-8, 14; Musslim, *Istisqá*, 8-10.

[245] al-Hayçami, *Majma' al-Zawa'id*, vi, 194-5; al-Hakim, *al-Mustadrak*, i, 159; Ibn Hibban, iv, 223.

[246] Ibn Saad, *Tabaqat*, i, 90; Bayhaqui, *Daláil al-Nubuwwa*, ii, 15-19.

[247] Bukhari, *istisqá*, 3; Fadáil *Ashab al-Nabi*, 11.

[248] Bukhari, *istisqá*, 19; Ibn Mája, *Iqama*, 154; Musslim, *Salat al-istisqá*, 8, nº: 897; Ibn Kacir, *al- Bidaya wa'l-Nihaya*, vi, 91-2; Qadi Iyad, *al-Chifá*, i, 327.

[249] "Ó DeusAllah! Fortalece o Islam, por meio de Ômar b. al-Khattab ou Ômar b. Hicham."

[250] Tirmizi, *Manáquib*, 18, nº: 1683; al-Albani, *Michkat al-Masabih*, nº: 6036; al-Mubarakfuri, *Tuhfat al-Ahwazi*, nº: 3766; Ibn al-Acir *Jizri*, *Jami 'al-Ussul*, nº: 7428; Ibn Hibban, *Sahih*, ix, 17; al-Hakim, al-*Mustadrak*, II, 465; iii, 83, 502; Qadi Iyad, *al-Chifá*, i, 327; Bayhaqui, *Daláil al-Nubuwwa*, ii, 215.

[251] "Ó Allah! Dê-lhe conhecimento da religião e ensine-lhe a interpretação."(Bukhari, *Wudú*, 10; *'Ilm*, 17; *Fadáil al-Ashab*, 24; Musslim, *Fadáil al-Sahába*, 138; Ibn Hibban, *Sahih*, ix, 98; Qadi Iyad, *al-Chifá*, i, 327; 'Ali al-Qari, *Charh al-Chifá*, i, 661; al-Khafaji, *Charh al-Chifá*, iii, 130; Ibn al-Acir, *Jami 'al-Ussul*, ix, 63; *Musnad*, i, 264, 314, 328, 330; al-Hakim, *al-Mustadrak*, iv, 534)

[252] al-Hakim, *al-Mustadrak*, iii, 535; Ibn Hajar, *al-Issaba*, II, 330-4; Ibn Acir, *Ussud al-Ghába*, iii, 291; Qadi Iyad, *al-Chifá*, i, 327.

[253] *Musnad*, i, 338; Ahmad b. Hambal, *Fadáil al-Sahába*, nº: 1871; al-Hakim, *al-Mustadrak*, iii, 535; 'Ali al-Qari, *Charh al-Chifa*, i, 661.

[254] "Ó Allah! Concede aumento a sua riqueza e descendência e abençoa o que lhe conferiu a ele."

[255] Bukhari, *Da'wat*, 19, 26, 47; Musslim, *Fadáil al-Sahába*, 141, 142, nº: 2480-1; *Musnad*, iii, 190; vi, 430; Ibn Hibban, *Sahih*, ix, 155; al-Mubarakfuri, *Tuhfat al-Ahwazi*, X, 330.

[256] Qadi Iyad, *al-Chifá*, i, 326; 'Ali al-Qari, *Charh al-Chifá*, i, 659; al-Khafaji, *Charh al-Chifá*, iii, 125.

[257] Bukhari, *Manáquib*, 28; Ibn Mája, *Sadaqat*, 7; *Musnad*, iv, 375; Qadi Iyad, *al-Chifá*, i, 327; al-Sa'ati, *al-Fath al-Rabbani*, XXII, 326.

[258] . al-Hayçami, *Majma' al-Zawáid*, ix, 286; Ibn Hajar, *Matalib al-'Aliya*, iv, 105; Bayhaqui, *Daláil al-Nubuwwa*, vi, 221.

[259] . Qadi Iyad, *al-Chifá*, i, 327; 'Ali al-Qari, *Charh al-Chifá*, i, 661; al-Hayçami, *Majma' al-Zawáid*, v, 286; Ibn Hajar al-'Asqalani, *al-Matálib al-'Áliya*, nº: 4077-8.

[260] 'Ó Allah, atende a sua prece!"

[261] Tirmizi, *Manáquib*, 27, nº: 3751; Ibn Hibban, *Sahih*, nº: 12215; al-Hakim, *al-Mustadrak*, iii, 499; Abu Nu'aym, *Hilyat al-Awliya*, i, 93; Abu Nu'ayim, *Daláil al-Nubuwwa*, iii, 206; al-Albani, *Michkat al-Masabih*, iii, 251, nº: 6116; al-Mubarakfuri, *Tuhfat al-Ahwazi*, X, 253-4 nº: 3835; Ahmad b. Hambal, *Fadáil al-Sahába*, II, 750, nº: 1038; Ibn al-Acir, *Jami 'al-Ussul*, x, 16, nº: 6535.

[262] Ibn al-Acir, *Ussud al-Ghába*, II, 367; Ibn Hajar, *al-Issaba*, ii, 33.

[263] "Que Allah faça prosperar o seu rosto! Ó Allah, abençoa o seu cabelo e sua pele!"

[264] Qadi Iyad, *al-Chifá*, i, 327; 'Ali al-Qari, *Charh al-Chifa*, i, 660; al-Khafaji, *Charh al-Chifá*, iii, 128.

[265] "Onde, além dos céus?"

[266] "No Paraís; o Mensageiro de Allah."

[267] . 'Ali al-Qari, *Charh al-Chifá*, i, 661; Ibn Hajar, *al-Issaba fi Tamyiz al-Sahába*, nº: 8639; al-'Asqalani, *al-Matálib al-'Áliya*, nº: 4060; Ibn Kacir, *al-Bidaya wa'l-Nihaya*, vi, 168.

[268] al-Hayçami, *Majma' al-Zawáid*, ix, 122; Ahmad b. Hambal, *Fadáil al-Sahába*, nº: 950; Ibn Mája, *Muqaddima* 11, Nº: 117; *Musnad*, i, 99, 133; *Musnad* (*Tahquiq*: Ahmad Chakir), ii, 120, nº: 1114; al-Khafaji, *Charh al-Chifá*, iii, 133.

[269] Qadi Iyad, *al-Chifá*, i, 328; al-Khafaji, *Charh al-Chifá*, iii, 134; al-Hayçami, *Majma' al-Zawáid*, ix, 203.

[270] Qadi Iyad, *al-Chifá*, i, 328; al-Khafaji, *Charh al-Chifá*, iii, 134; 'Ali al-Qari, *Charh al-Chifá*, i, 662.

[271] Bukhari, *'Ilm*, 42; *Manáquib*, 28; *Buyu'*, 1; *Hars*, 21; Musslim, *Fadáil al-Sahába*, 159, nº: 2492; Tirmizi, *Manáquib*, 46, 47; *Musnad*, ii, 240, 274, 428; al-Mubarakfuri, *Tuhfat al-Ahwazi*, X, 334 nº: 3923; Ibn al-Acir, *Jami 'al-Ussul* (*Tahquiq*: Arnawud), ix, 95; Ibn Kacir, *al-Bidaya wa'l-Nihaya*, vi, 162; al-Sa'ati, *al-Fath al-Rabbani*, XXII, 405, 409-10; Abu Nu'aym, *Hilyat al-Awliya*, i, 381; al-'Asqalani, *al-Issaba*, nº: 1190.

[272] Bukhari, *'Ilm*, 7; *Jihad*, 101; *Maghazi*, 82; Qadi Iyad, *al-Chifá*, i, 328; al-Sa'ati, *al-Fath al-Rabbani*, XXII, 159.

[273] Ibn Hicham, *al-Sirat al-Nabawiyya*, i, 71; Tabari, *Tarikh al-Umma wa'l-Muluk*, II, 135; Ibn Kacir, *al-Bidaya wa'l-Nihaya*, X, 369.

[274] Bukhari, *Salat*, 109; *Manáquib al-Ansar*, 45; Musslim, *Jihad*, 107 nº 1794; *Musnad*, i, 417.

[275] Bukhari, *Tafssir*, 30; 28: 3; 44: 3-4; *Da'wat*, 58; *Istisqá*, 13; Qadi Iyad, *al-Chifá*, i, 328; 'Ali al-Qari, *Charh al-Chifá*, i, 663; Bayhaqui, *Daláil al-Nubuwwa*, ii, 324.

[276] Ibn Mája, *Fitan*, 1, nº: 3930; Qadi Iyad, *al-Chifá*, i, 329; 'Ali al-Qari, *Charh al-Chifá*, i, 665; al- Khafaji, *Charh al-Chifá*, iii, 142; Ibn Hicham, *Sirat al-Nabi*, iv, 247; Ibn Kacir, *al-Bidaya wa'l- Nihaya*, iv, 224-6.

[277] "Ó Allah, não concede o perdão a Muhallim."

[278] Musslim, *Áchriba*, 107, nº: 2021; Ibn Hibban, *Sahih*, viii, 152; Qadi Iyad, *al-Chifá*, i, 328-9; 'Ali al-Qari, Charh *al-Chifá*, i, 666. 181

[279] Qadi Iyad, *al-Chifá*, i, 329; 'Ali al-Qari, *Charh al-Chifá*, i, 664.

[280] Qadi Iyad, *al-Chifa'*, i, 331; al-Hayçami, *Majma' al-Zawa'id*, ix, 349; al-'Asqalani, *al-Matalib al-'Aliya*, iv, 90, no: 4044; al-Hakim, *al-Mustadrak*, iii, 289.

[281] 1 okka era o equivalente a 1.282 gr. (Tr.)

[282] *Musnad*, v, 441-2; Ibn Saad, *al-Tabaqat al-Kubra*, iv, 53-7; al-Hayçami, *Majma' al-Zawáid*, ix, 332-6; Qadi Iyad, *al-Chifá*, 332; al-Hakim, *al-Mustadrak*, ii, 16.

[283] Musslim, *Fadáil*, 8, nº: 2280; *Musnad*, iii, 340, 347; Qadi Iyad, *al-Chifá*, i, 332. 182

[284] Bayhaqui, *Dala'il al-Nubuwwa*, vi, 136; Qadi Iyad, *al-Chifá*, i, 331; al-Khafaji, *Charh al-Chifá*, iii, 149.

[285] Qadi Iyad, *al-Chifá*, i, 331; 'Ali al-Qari, *Charh al-Chifá*, i, 668.

[286] Ibn Mája, *Tahara*, 136, nº: 659; Qadi Iyad, *al-Chifá*, i, 332; 'Ali al-Qari, *Charh al-Chifá*, i, 669.

[287] al-Sa'ati, *al-Fath al-Rabbani*, XXII, 667.

[288] Qadi Iyad, *al-Chifá*, i, 334; al-Khafaji, *Charh al-Chifá*, iii, 160.

[289] . Tabrizi, *Michkat al-Masabih* (*Tahquiq*: al-Albani), nº: 5943: al-Hayçami, *Majma' al-Zawáid*, vi, 58; viii, 313; al-Hakim, *al-Mustadrak*, II, 109; Ibn Kacir, *al-Bidaya wa'l-Nihaya*, iii, 190-1; Ibn al-Qayyim, *Zad al-Ma'ad*, iii, 55, 57; Ibn Sad, *al-Tabaqat al-Kubra*, i, 230-1.

[290] *Musnad* (*Tahquiq*: Ahmad Chakir), v, 210 nº: 3598; Ibn Hibban, *Sahih*, viii, 149; Ibn Kacir, *al- Bidaya wa'l-Nihaya*, vi, 102.

[291] al-Sa'ati, *al-Fath al-Rabbani*, xx, 192-3; al-Hayçami, *Majma' al-Zawáid*, viii, 220-1; Abu Nu'aym, *Daláil al-Nubuwwa*, i, 111-3; Ibn Kacir, *al-Bidaya wa'l-Nihaya*, II, 273; Qadi Iyad, *al- Chifá*, i, 366; 'Ali al-Qari, *Charh al-Chifá*, i, 750; al-Khafaji, *Charh al-Chifá*, iii, 313.

[292] Qadi Iyad, *al-Chifá*, i, 334; 'Ali al-Qari, *Charh al-Chifá*, i, 673.

[293] Qadi Iyad, *al-Chifá*, i, 334; 'Ali al-Qari, *Charh al-Chifá*, i, 674.

[294] Qadi Iyad, *al-Chifá*, i, 335; 'Ali al-Qari, *Charh al-Chifá*, i, 676-7.

[295] Qadi Iyad, *al-Chifá*, i, 334; al-Hayçami, *Majma' al-Zawáid*, ix, 412; al-Hakim, *al-Mustadrak*, iii, 487.

[296] Qadi Iyad, *al-Chifá*, i, 334; al-'Asqalani, *al-Issaba*, iii, 225; al-Hayçami, *Majma' al-Zawáid*, v, 319.

[297] Qadi Iyad, *al-Chifá*, i, 334; al-Khafaji, *Charh al-Chifá*, iii, 163; al-Hayçami, *Majma' al-Zawáid*, ix, 259.

[298] *Musnad*, iii, 219-20.

[299] Qadi Iyad, *al-Chifá*, i, 313; 'Ali al-Qari, *Charh al-Chifá*, i, 368; Musnad, i, 248; San'ani, *al- Musannaf*, v, 389; Ibn Kacir, al-*Bidaya wa'l-Nihaya*, iii, 179-81; al-Hayçami, *Majma' al-Zawáid*, vii, 27; Ibn al-Qayyim, *Zad al-Ma'ad* (*Tahquiq*: Arnavudi), iii, 52; al-Tabrizi, *Michkat al-Masabih*, nº: 5934; Maruzi, Musnad Abu Bakr al-Siddiq, nº: 73; al-Hayçami, *Majma' al-Zawáid*, vi, 52-3.

[300] Qadi Iyad, *al-Chifá*, i, 313; 'Ali al-Qari, *Charh al-Chifá*, i, 637.

[301] Qadi Iyad, *al-Chifá*, i, 309; 'Ali al-Qari, *Charh al-Chifá*, i, 632; al-Khafaji, *Charh al-Chifá*, iii, 79; al-Hayçami, *Majma' al-Zawáid*, ix, 403.

[302] *Musnad*, iii, 83, 88; Musnad (*Tahquiq*: Ahmad Chakir), xv, 202-3, nº: 8049, 11864, 11867; Qadi Iyad, *al-Chifá*, i, 310; al-Hakim, *al-Mustadrak*, iv, 467; Ibn Hibban, *Sahih*, viii, 144; al-Hayçami, *Majma' al-Zawáid, viii, 291-2.*

[303] Qadi Iyad, *al-Chifá*, i, 311; al-Khafaji, *Charh al-Chifá*, iii, 84.

[304] Dárimi, *Muqaddima*, 4; *Musnad*, iv, 173; al-Hayçami, *Majma' al-Zawáid*, ix, 4; al-Sa'ati, *al-Fath al-Rabbani*, XXII, 50-1; al-Khafaji, *Charh al-Chifá*, iii, 87; Ibn Kacir, *al-Bidaya wa'l-Nihaya*, vi, 135; al-Albani, *Silsilat al-AHadice al-Sahiha*, 485; al-Hakim, *al-Mustadrak*, ii, 99, 100, 618.

[305] Qadi Iyad, *al-Chifá*, i, 313.

[306] 'Ali al-Qari, *Charh al-Chifá*, i, 637.

[307] Musslim, *Miçaqat*, 109, nº: 715; al-Khafaji, *Charh al-Chifá*, iii, 145.

[308] Bukhari, Jihad, 46, 82; Adab, 39; Musslim, Fadáil, 48, nº: 2307; Ibn Mája, *Jihad*, 9; Abu Da'ud, *Adab*, 87, nº: 4988; Tirmizi, *Fadáil al-Jihad*, nº: 1685-7.

[309] Qadi Iyad, *al-Chifá*, i, 315; al-Khafaji, *Charh al-Chifá*, iii, 95.

[310] Tabrizi, *Michkat al-Masabih*, iii, 199, nº: 5949; al-Hakim, *al-Mustadrak*, iii, 606; al-'Asqalani, *al-Matálib al-'Áliya*, iv, 125 n: 4127; al-Hayçami, *Majma' al-Zawáid*, ix, 366-7; Abu Nu'aym, *Hilyat al-Awliya*, i, 368-9; Ibn Kacir, *al-Bidaya wa'l-Nihaya*, vi, 147.

[311] al-Hayçami, *Majma' al-Zawáid*, viii, 293-4; al-Hindi, *Kanz al-'Ummal*, xii, 358; Ibn Kacir, *al- Bidaya wa'l-Nihaya*, vi, 149-60; 'Ali al-Qari, *Charh al-Chifá*, i, 632; al-Khafaji, *Charh al-Chifá*, iii, 79.

[312] Qadi Iyad, *al-Chifá*, i, 314; al-Khafaji, *Charh al-Chifá*, iii, 91; al-Hayçami, *Majma' al-Zawáid*, viii, 295.

[313] "Eu estou presente e atendo a sua chamada de bom grado."

[314] Qadi Iyad, *al-Chifá*, i, 320; al-Khafaji, *Charh al-Chifá*, iii, 106.

[315]Executante de tudo quanto Lhe apraz Qadi Iyad, *al-Chifá*, i, 320; Ibn Kacir, *al-Bidaya wa'l-Nihaya*, vi, 292.

[316] "Mohammad é o Mensageiro de Allah, Abu Bakr, o Veraz [Siddiq], Ômar, o mártir, e Otman, o piedoso e misericordioso." Qadi Iyad, *al-Chifá*, i, 320; 'Ali al-Qari, *Charh al-Chifá*, i, 649; Ibn Kacir, *al-Bidaya wa'l- Nihaya*, vi, 157-8.

[317] Ibn Kacir, *al-Bidaya wa'l-Nihaya*, viii, 291 (através de várias linhas); al-Hayçami, *Majma 'al- Zawa'id*, v, 179-80 (através de duas linhas de transmissão).

[318] . Veja, Alcorão, 3: 123-5; 72: 1-2; 46:29.

[319] Veja, Alcorão, 3: 123-5.

[320] Bukhari, *Maghazi*, 11.

[321] Bukhari, *Iman*, 37; Musslim, *Iman*, 1-7.

[322] Bukhari, *Fadáil al-Ashab*, 30; al-Hayçami, *Majma' al-Zawáid*, ix, 276-7; Ahmad b. Hambal, *Fadáil al-*

Sahába (*Tahquiq*: Wasiyyullah), nº 1817, 1853, 1918; *Musnad*, i, 212; al-'Asqalani, *al-Issába*, i, 598.

[323] Bukhari, *Maghazi*, 18; *Libas*, 24; Musslim, *Fadáil*, 46-7, nº: 2306; Qadi Iyad, *al-Chifá*, i, 361.

[324] *Musnad*, i, 147, 353; Qadi Iyad, *al-Chifá*, i, 362; al-Khafaji, *Charh al-Chifá*, iii, 281; 'Ali al-Qari, *Charh al-Chifá*, i, 735.

[325] Qadi Iyad, *al-Chifá*, i, 362; al-Khafaji, *Charh al-Chifá*, iii, 282; 'Ali al-Qari, *Charh al-Chifá*, i, 736.

[326] Musnad (*Tahquiq*: Ahmad Chakir), vi, 165, nº: 4353; Suyuti, *al-Khasa'is al-Kubra*, i, 343; ii, 361.

[327] Qadi Iyad, *al-Chifá*, i, 362; al-Khafaji, *Charh al-Chifá*, iii, 287; 'Ali al-Qari, *Charh al-Chifá*, i, 738; Ibn Kacir, *al-Bidaya wa'l-Nihaya*, iv, 316; al-Hayçami, *Majma' al-Zawáid*, vi, 176.

[328] Qadi Iyad, *al-Chifá*, i, 363; al-Khafaji, *Charh al-Chifá*, iii, 287; Bayhaqui, *Daláil al-Nubuwwa*, v, 416-8.

[329] Ibn Taymiyya, *al-tawassul wal-Wassila*, 24; Ibn Taymiyya, *Majmu' al-Fatáwa*, xi, 307.

[330] "**Allah te protegerá dos homens**." (Alcorão Sagrado, 5:67)

[331] Qadi Iyad, *al-Chifa* ', i, 349; *Musnad* (*Tahquiq*: Ahmad Chakir), iv, 269, nº: 2009; al-Hayçami, *Majma 'al-Zawa'id*, ii, 228.

[332] Qadi Iyad, *al-Chifa* ', i, 313; 'Ali al-Qari, *Charh al-Chifa'*, i, 368; *Musnad*, i, 248; San'ani, *al- Musannaf*, v, 389; Ibn Kacir, *al-Bidaya wa'l-Nihaya*, iii, 179-81; al-Hayçami, *Majma 'al-Zawa'id*, vii, 27; Ibn al-Qayyim, *Zad al-Ma'ad* (*Tahquiq*: Arnawude), iii, 52; al-Tabrizi, *Michkat al-Masabih*, nº: 5934; Maruzi, *Musnad Abu Bakr al-Siddiq*, nº: 73; Zayla'i, *Nasb al-Ra'ya*, i, 123; al-Hayçami, *Majma 'al-Zawa'id*, vi, 52-3.

[333] **"Não fique preocupado, Allah está conosco"** (Alcorão Sagrado, 9:40)

[334] Bukhari, *Manaquib*, 25; Musslim, *Zuhd*, 75; Ibn Hibban, *Sahih* 65; 9:11.

[335] Qadi Iyad, *al-Chifa* ', i, 351; 'Ali al-Qari, *Charh al-Chifa'*, i, 715.

[336] "Ó Allah, salva-me dele, se assim quiseres."

[337] Bukhari, *Jihad*, 84, 87; *Maghazi*, 31-2; Musslim, *Salat al-Musafirin*, 311, nº: 843; Qadi Iyad, *al- Chifa* ', i, 347-8; al-Hayçami, *Majma 'al-Zawa'id*, ix, 7-8; al-Hakim, *al-Mustadrak*, iii, 29-30.

[338] Qadi Iyad, *al-Chifa* ', i, 347; 'Ali al-Qari, *Charh al-Chifa'*, i, 710.

[339] **"Nós sobrecarregaremos os seus pescoços com correntes até ao queixo, para que andem com as cabeças erguidas (sem poderem ver). E colocar-lhes-emos uma barreira pela frente e uma barreira por trás, e ofuscar-lhes-emos os olhos, para que não possam ver.**"(Alcorão Sagrado, 36: 8-9)

[340] Qadi Iyad, *al-Chifa* ', i, 351; al-Khafaji, *Charh al-Chifa* ', iii, 241; al-Hayçami, *Majma 'al-Zawa'id*, viii, 227; Musslim, nº: 2797; Ibn Kathir, *al-Bidaya wa'l-Nihaya*, iii, 42-3.

[341] Qadi Iyad, *al-Chifa* ', i, 351; al-Khafaji, *Charh al-Chifa* ', iii, 242.

[342] Sura 111, al-Massad.

[343] Qadi Iyad, *al-Chifa* ', i, 349; al-Khafaji, *Charh al-Chifa* ', iii, 233; al-Hayçami, *Majma 'al-Zawa'id*, i, 353; Ibn Hibban, *Sahih*, viii, 152; al-Hakim, *al-Mustadrak*, ii, 361.

[344] Trata-se do Hadice Qudsi: "Mas para ti, mas a ti, eu não teria criado as esferas." (Tr.)

[345] Qadi Iyad, *al-Chifa* ', i, 353; al-Khafaji, *Charh al-Chifa* ', iii, 249; Bayhaqui, *Dala'il al-Nubuwwa*, v, 318

[346] Qadi Iyad, *al-Chifa* ', i, 353; al-Khafaji, *Charh al-Chifa* ', iii, 248; al-Hayçami, *Majma 'al-Zawa'id*, vi, 183-4; 'Ali al-Qari, *Charh al-Chifa'*, i, 718; al-'Asqalani, *al-Issába*, ii, 157.

[347] Qadi Iyad, *al-Chifa* ', i, 352; al-Khafaji, *Charh al-Chifa* ', iii, 248; 'Ali al-Qari, *Charh al-Chifa'*, i, 718.

[348] Qadi Iyad, *al-Chifa* ', i, 353; al-Khafaji, *Charh al-Chifa* ', iii, 243; 'Ali al-Qari, *Charh al-Chifa'*, i, 716; Abu Nu'aym, *Dala'il al-Nubuwwa*, II, 489-90.

[349] "**Allah te protegerá dos homens**." (Alcorão Sagrado, 5:67)

[350] Tirmizi, v, 351, no: 3406; Tirmizi (Tahqiq: Ahmad Shakir), não: 3049; Qadi Iyad, al-Chifa ', i, 352; al-Hakim, al-Mustadrak, ii, 313.

[351] **"Dize-lhes: Trazei a Torá e lede-a, se estiverdes certos"** (Alcorão Sagrado, 3:93).

[352] **"Dize-lhes: Vinde! Convoquemos os nossos filhos e os vossos, as nossas mulheres e as vossas, a nós mesmos e a vós mesmos; então, invoquemos para que a maldição de Allah caia sobre os mentirosos.**" (Alcorão Sagrado, 3:61)

[353] Husain Jisri, Risâle-i Hamidiye (Turk. Trans.), 52-94.

[354] Ibn Hisham, al-Sirat al-Nabawiyya, i, 217; Bayhaqui, Dala'il al-Nubuwwa, II, 744; Qadi Iyad, al- Chifa ', i, 363-5.

[355] Ibn Sayyid al-Nas, "Uyun al-Athar ii, 26; Qadi Iyad, i al-Chifa ', 364; 'Ali al-Qari, Charh al-Chifa',

[356] Suyuti, al-Khasa'is al-Kubra, II, 139; Qadi Iyad, al-Chifa ', i, 366; 'Ali al-Qari, Charh al-Chifa', i, 744-5; Ibn Kathir, al-Bidaya wa'l-Nihaya, iv, 80, 81, 272; Bayhaqi, Dala'il al-Nubuwwa, iii, 362; Waqidi, Kitab al-Maghazi, 403-4; Abu Nu'aym, Dala'il al-Nubuwwa, i, 85.

[357] Qadi Iyad, al-Chifa ', i, 366; 'Ali al-Qari, Charh al-Chifa', i, 744-5; Ibn Kathir, al-Bidaya wa'l- Nihaya, iv, 80-1; Bayhaqi, Dala'il al-Nubuwwa, iii, 361-2; Waqidi, al-Maghazi 403-4; Ibn Jawzi, Sifat al-Safwa, iii, 361-2; Abu Nu'aym, Dala'il al-Nubuwwa, i, 79; ii, 492.

[358] Bayhaqi, Dala'il al-Nubuwwa, i, 367; ii, 526; vi, 240-9; al-Hindi, Kanz al-'Ummal, xi, 401; xii,

390-408; Qadi Iyad, al-Chifa ', i, 364; 'Ali al-Qari, Charh al-Chifa', i, 739-43; al-Hayçami, Majma 'al-Zawa'id, viii, 240.

[359] "Um profeta em breve irá aparecer, e este é o lugar para onde ele vai emigrar."

[360] Bayhaqi, Dala'il al-Nubuwwa, ii, 80-1; iv, 31; 'Ali al-Qari, Charh al-Chifa', i, 744-5; Yusuf

Nabhani, Hujjat Allah 'ala'l-'Alamin, 137; Abu Nu'aym, Dala'il al-Nubuwwa, i, 82; Ibn al-Jawzi, Sifat al-Safwa, i, 87.

[361] Qadi Iyad, al-Chifa ', i, 364; 'Ali al-Qari, Charh al-Chifa', i, 739; Ibn al-Jawzi, Sifat al-Safwa, i, 87; Yusuf Nabhani, Hujjat Allah 'ala'l-'Alamin, 87-8, 135; Bayhaqi, Dala'il al-Nubuwwa, 161-3; Abu Nu'aym, Dala'il al-Nubuwwa, i, 78-9.

[362] Qadi Iyad, al-Chifa ', i, 308; 'Ali al-Qari, Charh al-Chifa', i, 631; Tirmizi, Manaquib, 3 (Bab: Maja 'fi Badi 'al-Nubuwwa); al-Mubarakfuri, Tuhfat al-Ahwazi, não: 3699; al-Hakim, al-Mustadrak, II, 615; Ibn Hisham, Sirat al-Nabi, 115; Bayhaqi, Dala'il al-Nubuwwa ii, 24; Yusuf Nabhani, Hujjat Allah 'Ala'l-'Alamin 158.

[363] Tirmizi, Manaquib, 3; al-Hakim, al-Mustadrak, ii, 6155-6; Ibn Hisham, al-Sirat al-Nabawiyya, i, 191-4; Bayhaqi, Dala'il al-Nubuwwa, ii, 27-9.

[364] Qadi Iyad, al-Chifa ', i, 364; Alê al-Qari Charh al-Chifa ', i, 744.

[365] Bayhaqi, Dala'il al-Nubuwwa, i, 367; ii, 526; vi, 240-9; al-Hindi, Kanz al-'Ummal, xi, 401; xii,

390-408; Qadi Iyad, al-Chifa ', i, 364; 'Ali al-Qari, Charh al-Chifa', i, 739-43; al-Hayçami, Majma 'al-Zawa'id, viii, 240.

[366] 'Ali al-Qari, Charh al-Chifa', i, 744-5; Ibn Hisham, al-Sirat al-Nabawiyya, iv, 221-2; Abu Nu'aym, Dala'il al-Nubuwwa, i, 101.

[367] *Bukhari*, Bad' al-Wahy, 6; Shahadat, 28; 'Ali al-Qari, *Sharh al-Shifa'*, i, 744; Yusuf Nabhani, *Hujjat Allah 'ala'l-'Alamin*, 121, 150-1; Qastalani, *al-Mawahib al-Ladunniya*, vi, 198; Tabarani, *al- Mu'jam al-Kabir*, iii, 2108; Ibn 'Adiyy, *al-Kamil fi'l-Du'afa*, iii, 1094; Abu Nu'aym, *Dala'il al-*

Nubuwwa, i, 101-2.

[368] al-'Asqalani, Fath al-Bari, VII, 222; Bayhaqi, Dala'il al-Nubuwwa, ii, 82; Ibn Kathir, al-Bidaya wa'l-Nihaya, II, 310-6; Musnad, v, 437; Ibn Hisham, Sirat al-Nabi, i, 233; al-Hakim, al-Mustadrak, iii, 604; Qadi Iyad, al-Chifa ', i, 364; 'Ali al-Qari, Charh al-Chifa', i, 670; Yusuf Nabhani, Hujjat Allah

'Ala'l-'Alamin, 144; Abu Nu'aym, Dala'il al-Nubuwwa, i, 258-64.

[369] Ídem

[370] "*Ó Allah, envia-nos, depois do período entre profetas, aquele que vai estabelecer um modelo exemplar*." (Yusuf Nabhani, *Hujjat Allah 'ala'l-'Alamin*, 104, 115.)

[371] "*Aquele que vai estabelecer um modelo exemplar*"

[372] *O Messias disse: "Eu estou indo para o meu Pai e vosso Pai, para que Ele possa enviar-lhes o Parácleto,"* (Halabi, *al-Sirat al-Halabiya* i, 352; Jisri, *Risale-i Hamidiye* (Turkish trans.), i, 250; Qastalani, *al Mawahib al-Ladunniya*, vi, 201.)

[373] 'Ali al-Qari, Charh al-Chifá, i, 743; Yusuf Nabhani, Hujjat Allah 'ala'l-'Alamin, 99; Jisri, Risale-i Hamidiye, i, 255; Evangelho de João, 14:16.

[374] "o diferenciador entre o bem e o mal"

[375] 'Ali al-Qari, Charh al-Chifa', i, 743; Yusuf Nabhani, Hujjat Allah 'ala'l-'Alamin, 105-6; Gênesis, cap. 16.

[376] 'Ali al-Qari, Charh al-Chifa', i, 743; Yusuf Nabhani, Hujjat Allah 'ala'l-'Alamin, 86; Halabi, al- Sirat al-Halabiya, i, 347; Deuteronômio, capítulo 18.

[377] *Moisés disse: "Ó Senhor! Em verdade eu encontrei na Torá a melhor das comunidades que irá surgir para o benefício da humanidade, que irá ordenar o bem e proibir o mal, e que acreditará em Allah. Que seja a minha comunidade!" Allah disse: "Essa é a comunidade de Mohammad."* ('Ali al-Qari, Charh al-Chifa', i, 746; Yusuf Nabhani, Hujjat Allah 'ala'l-'Alamin, 107-18; Isaías, capítulo 42.)

[378] Yusuf Nabhani, Hujjat Allah 'ala'l-'Alamin, 112-3; Qastalani, al-Mawahib al-Ladunniya, vi, 189.

[379] "*Ó David! Um profeta irá aparecer depois de ti, chamado Ahmad e Mohammad; ele vai dizer a verdade, e vai ser um chefe, e sua Comunidade será compadecida*". (Halabi, al-Sirat al-Halabiya, i, 353; Kandahlawi, Hayat al-Sahaba, i, 18; Ibn Kathir, al-Bidaya wa'l-Nihaya, II, 326; 'Alê al-Qari, Charh al-Chifa', i, 739; Yusuf Nabhani, Hujjat Allah 'ala'l-'Alamin, 122.)

[380] "*Ó Profeta, em verdade, enviamos-te como testemunha, alvissareiro e admoestador e uma proteção para os iletrados. Tu és o meu servo, e eu nomeei-te o Confiante em Allah. Tu não deves ser duro, severo e clamoroso nas praças, nem retribuir o mal com o mal, mas sim absolver e perdoar. Allah não irá levar-te a Si mesmo até que endireites um povo torto, obrigando-os a dizer: 'Não há outra divindade além de Allah.*'"(Bukhari, Buyu', 5; Halabi, al-Sirat al-Halabiya, i, 346; Dárimi, Muqaddima, 2; Kandahlawi, Hayat al-Sahaba, i, 17; Ibn Kathir, al-Bidaya wa'l-Nihaya, II, 326; Yusuf Nabhani, ala'l- Hujjat Allah 'Alamin, 105, 135; al-'Ajurri, al-Sharia, 444, 452; Qastalani, Mawahib al-Ladunniya, vi, 192; Isaías, cap. 42.)

[381] "*Mohammad é o Mensageiro de Allah, sua terra natal é Makka, ele vai emigrar para Tayba, seu governo estará em Damasco, e sua comunidade vai constantemente louvar a Allah*"(Dárimi, Muqaddima, 2; Halabi, al-Sirat al-Halabiya, i, 346-51; 'Ali al-Qari, Charh al-Chifa', i, 739; Yusuf Nabhani, Hujjat Allah 'ala'l-'Alamin, 116; Abu Na'êm, Dala'il al-Nubuwwa, i, 72.)

[382] "*Tu és meu servo e mensageiro, e Eu te chamei Confiante em Allah,*" (Veja, nota 379. (Isso faz parte do mesmo versículo.)

[383] "*Meu servo escolhido não é duro ou severo*" (Dárimi, Muqaddima, 2; Yusuf Nabhani, Hujjat Allah 'ala'l-'Alamin, 105, 119; 'Ali al-Qari, Charh al-Chifa', i, 739.)

[384] João, 14:30; 16:11.

[385] "*Ele vai ter com ele uma equipe de ferro com a qual ele vai lutar, assim como seu povo*" (Yusuf Nabhani, Hujjat Allah 'ala'l-'Alamin, 99, 114.)

[386] "**Tal é o seu exemplo na Torá e no Evangelho, como a semente que brota, se desenvolve e se robustece, e se firma em seus talos, compraz aos semeadores, para irritar os incrédulos**." (Alcorão Sagrado, 48:29)

[387] Deuteronômio, 33: 2.

[388] Halabi, al-Sirat al-Halabiya, i, 348; Yusuf Nabhani, Hujjat Allah 'ala'l-'Alamin, 90, 102-6; Qastalani, al-Mawahib al-Ladunniya, vi, 198.

[389] "**Tal é o seu exemplo na Torá,**" (Alcorão Sagrado 48:29)

[390] Halabi, al-Sirat al-Halabiya, i, 348; Yusuf Nabhani, Hujjat Allah 'ala'l-'Alamin, 113; Deuteronômio, 33: 2.

[391] Isaías, 42: 1-4, 10.

[392] Miquéias, 4: 1-2.

[393] Yusuf Nabhani, Hujjat Allah 'ala'l-'Alamin, 91-104; Jisri, Risale-i Hamidiye (turco trans.), I, 410; Salmos, 72: 8, 10, 11, 15-17

[394] Yusuf Nabhani, Hujjat Allah 'ala'l-'Alamin, 95-7; al-Anwar al-Mohammadiyya.

[395] Yusuf Nabhani, Hujjat Allah 'ala'l-'Alamin, 95-7; al-Anwar al-Mohammadiyya.

[396] 16:13. (Tr.)

[397] Halabi, al-Sirat al-Halabiya, i, 346; 'Ali al-Qari, Charh al-Chifa', i, 743

[398] "Muchaffah" (Halabi, al-Sirat al-Halabiya, i, 353; Yusuf Nabhani, Hujjat Allah 'ala'l-'Alamin, 112; Qastalani,)

Mawahib al-Ladunniya, vi, 189.

[399] "Munhamanna"

[400] "Himyata", (Halabi, al-Sirat al-Halabiya, i, 346, 354; Yusuf Nabhani, Hujjat Allah 'ala'l-'Alamin, 112-3.)

[401] Halabi, al-Sirat al-Halabiya, i, 353; Yusuf Nabhani, Hujjat Allah 'ala'l-'Alamin, 112; Qastalani, al-Mawahib al-Ladunniya, vi, 189; 'Ali al-Qari, Charh al-Chifa', i, 739.

[402] "*al-Hatam al-Khatam.*" (Yusuf Nabhani, Hujjat Allah 'ala'l-'Alamin, 114.]

[403] "*Muqim al-Sunna*;" (Yusuf Nabhani, Hujjat Allah 'ala'l-'Alamin, 115.)

[404] "*Mazmaz*," (Yusuf Nabhani, Hujjat Allah 'ala'l-'Alamin, 113; Halabi, al-Sirat al-Halabiya, i, 353.)

[405] "*Ahyad.*"

[406] "No Alcorão, o meu nome é Mohammad; na Bíblia, Ahmad; e, na Torá, Ahyad" (Yusuf Nabhani, Hujjat Allah 'ala'l-'Alamin, 108, 112; Halabi, al-Sirat al-Halabiya, i, 353; al- Anwar al-Mohammadiya min al-Mawahib al-Ladunniya, 143, narrado a partir de Ibn 'Abbas.)

[407] "Aquele com a espada e a equipe," (Yusuf Nabhani, Hujjat Allah 'ala'l-'Alamin, 114; Halabi, al-Sirat al-Halabiya, i, 346-7; 'Ali al-Qari, Charh al-Chifa', i, 739.)

[408] "usando uma coroa." (Yusuf Nabhani, Hujjat Allah 'ala'l-'Alamin, 113, 114; 'Ali al-Qari, Charh al-Chifa', i, 739.)

[409] "Parácleto"

[410] "*Faraqlit,*"

[411] Halabi, Sira, i, 214; João, 16: 7.

[412] Qadi Iyad, al-Chifa ', i, 234-5; 'Ali al-Qari, Charh al-Chifa', i, 496-7; Nabhani, ala'l- Hujjat Allah '

'Alamin, 112-5; Halabi, Sira, i, 214.

[413] "**E de quando Jesus, filho de Maria, disse: 'Ó israelitas, em verdade, sou o mensageiro de Allah, enviado a vós, corroborante de tudo quanto a Torá antecipou no tocante às predições, e alvissareiro de um Mensageiro que virá depois de mim, cujo nome será Ahmad**! [o louvado]' " (Alcorão Sagrado 61: 6).

[414] Qadi Iyad, *al-Chifá*, i, 234-5; 'Ali al-Qari, *Charh al-Chifá*, i, 496-7; Nabhani, *Hujjat Allah 'alal-'Álamin*, 112-5; Halabi, *Sira*, i, 214.

[415] Alcorão, 61: 1. Veja também, Halabi, *Sira*, i, 214; 'Ali al-Qari, *Charh al-Chifá*, i, 743; Nabhani, *Hujjat Allah 'ala'l-'Alamin*, 99, 114; João, 14:16, 17, 26, 30; 15:26; 16: 7, 8, 9, 10, 11, 13, 14.

[416] "Também ummah dele é quem louvar."

[417] Ibn Kathir, al-Bidaya wa'l-Nihaya, II, 166; Qadi Iyad, al-Chifa ', i, 363; ^ Alê al-Qari, Charh al-Chifa ', i, 740; al-Hakim, al-Mustadrak, II, 388; Yusuf Nabhani, Hujjat Allah 'ala'l-'Alamin, 138.

[418] *"Ahmad será enviado entre nós, o melhor profeta enviado;Bênçãos de Allah estejam com ele, enquanto houver sons de montarias e a brisa soprar!"* (Suyuti, al-Fath al-Kabir, ii, 133; Ibn Kathir, al-Bidaya wa'l-Nihaya, II, 230; Qadi Iyad, al-Chifa ', i, 363; Ali al-Qari, Charh al-Chifa ', i, 740; Tabarani, al-Majmu 'al-Kabir, xii, 1254; Bayhaqi, Dala'il al- Nubuwwa, II, 101; Abu Nu'aym, Dala'il al-Nubuwwa, i, 105.)

[419] Ibn Kathir, al-Bidaya wa'l-Nihaya, II, 244; Qadi Iyad, al-Chifa ', i, 364; 'Ali al-Qari, Charh al-Chifa', i,

740; Abu Nu'aym, Dala'il al-Nubuwwa, i, 89-90.

420 Ibn Kathir, al-Bidaya wa'l-Nihaya, II, 328; Qadi Iyad, al-Chifa ', i, 343; 'Ali al-Qari, Charh al-Chifa', i, 740; al-Hakim, al-Mustadrak, II, 388; Abu Nu'aym, Dala'il al-Nubuwwa, i, 95-6; Halabi, al-Sirat al-Halabiya, i, 187.

421 Bukhari, Bad 'al-Wahy, 3; Anbiya ', 21; Ta'bir, 1; Musnad (Tahqiq: Ahmad Shakir), iv, 304, não: 2846; Qadi Iyad, al-Chifa ', i, 363; 'Ali al-Qari, Charh al-Chifa', i, 743; 'Ajurri, al-Sharia, 443; Abu Nu'aym, Dala'il al-Nubuwwa, i, 217.

422 Qadi Iyad, al-Chifa ', i, 363; 'Ali al-Qari, Charh al-Chifa', i, 742; Yusuf Nabhani, ala'l- Hujjat Allah "Alamin, 140.

423 'Ali al-Qari, Charh al-Chifa', i, 744; Yusuf Nabhani, Hujjat Allah 'ala'l-'Alamin, 121, 208.

424 Qadi Iyad, al-Chifa ', i, 365; Yusuf Nabhani, Hujjat Allah 'ala'l-'Alamin, 115; Bayhaqi, Dala'il al-Nubuwwa, ii, 285.

425 Qadi Iyad, al-Chifa ', i, 364; 'Ali al-Qari, Charh al-Chifa', i, 747; Yusuf Nabhani, Hujjat Allah ala'l-'Alamin, 168-72; Abu Nu'aym, Dala'il al-Nubuwwa, i, 123, 125.

426 Ibn Kathir, al-Bidaya wa'l-Nihaya, II, 355-69; Bayhaqi, Dala'il al-Nubuwwa, II, 126, 129; Abu Nu'aym, Dala'il al-Nubuwwa, i, 125; Qadi Iyad, al-Chifa ', i, 365; 'Ali al-Qari, Charh al-Chifa', i, 747; Suyuti, al-Khasa'is al-Kubra, i, 128-30.

427 Ibn Kathir, al-Bidaya wa'l-Nihaya, II, 335; Bayhaqi, Dala'il al-Nubuwwa, II, 248; Abu Nu'aym, Dala'il al-Nubuwwa, i, 125; Qadi Iyad, al-Chifa ', i, 365; 'Ali al-Qari, Charh al-Chifá, i, 747; Suyuti, al-Khasa'is al-Kubra, i, 128-30; al-Hayçami, Majma 'al-Zawa'id, viii, 248-9, 251.

428 "*Através das minhas palavras, Allah guiou Otman à fonte Que produz a justiça; verdadeiramente, Allah guia à verdade.*" (Suyuti, al-Khasa'is al-Kubra, i, 258.)

429 *"Ó Dhayab! Ó Dhayab! Ouça a coisa mais estranha: Mohammad apareceu com o livro. Ele está pregando em Makka, mas os habitantes de lá não o atendem!"* (Halabi, al-Sirat al-Halabiya, i, 335-7; Suyuti, al-Khasa'is al-Kubra, i, 358; Yusuf Nabhani, Hujjat Allah 'ala'l-'Alamin, 181.)

430 *"A verdade veio em manifesta respladescência, o falso é destruído e desenraizado",*

431 'Ali al-Qari, Charh al-Chifa', i, 748; Suyuti, al-Khasa'is al-Kubra, i, 252.

432 "Este é o profeta que foi enviado; ele vem com a verdade revelada," (Bayhaqi, Dala'il al-Nubuwwa, II, 255; Halabi, al-Sirat al-Halabiya, i, 325; Ibn Kathir, al-Bidaya wa'l-Nihaya, II, 337; al-Hayçami, Majma 'al-Zawa'id, viii, 242; 'Ali al-Qari, Charh al-Chifa', i, 747; Suyuti, al-Khasa'is al-Kubra, i, 252-71.)

433 al-Hayçami, Majma 'al-Zawa'id, viii, 246; Ibn Kathir, al-Bidaya wa'l-Nihaya, II, 341-2; Bayhaqi, Dala'il al-Nubuwwa, i, 118; al-Chifa '(Tahqiq:. M. Emin Kara Ali et al), i, 598.

434 "Ó sacrificador, os meios de sucesso estão à mão: um homem eloquente proclama: ' Não há outra divindade além de Allah'!" (Bukhari, Manaquib al-Ansar, 35; al-'ati, al-Fath al-Rabbani, xx de 2030.)

435 Qadi Iyad, i al-Chifa ', 467; 'Ali al-Qari, Charh al-Chifa' i, 749; Halabi, al-Sirat al-Halabiya i, 354.

436 Halabi, al-Sirat al-Halabiya i, 131-4.

437 Qadi Iyad, i al-Chifa ', 466; 'Ali al-Qari, Charh al-Chifa' i, 750; al-Khafaji, Charh al-Chifa 'iii, 311; al-'ati, al-Fath al-Rabbani xx de 2030.

438 Suyuti, al-Khasa'is al-Kubra i, 119-31; ii, 272; Bayhaqi, Dala'il al-Nubuwwa i, 19.

439 'Ali al-Qari, Charh al-Chifa' i, 750; Bayhaqi, Dala'il al-Nubuwwa i, 126; Suyuti, al-Kubra Khasa'is al- i, 128; ii, 272.

440 Qadi Iyad, i al-Chifa ', 366; 'Ali al-Qari, Charh al-Chifa' i, 751; Bayhaqi, Dala'il al-Nubuwwa i, 127; Suyuti, al-Khasa'is al-Kubra i, 128.

441 Qadi Iyad, i al-Chifa ', 367; 'Ali al-Qari, Charh al-Chifa' i, 751; 'Ali al-Qari al-Makki, al-Masnu' fi Ma'rifat al-Hadice al-Mawdu 'al-Mawdu'at al-Sughra' (Tahqiq: Abu Ghudda), 18.

442 Ibn Hisham, al-Sirat al-Nabawiyya, i, 44-54; Ibn Sad, al-Tabaqat al-Kubra, i, 90-2; Abu Nu'aym, Dala'il al-Nubuwwa, i, 144-51; Ibn Kathir, al-Bidaya, II, 157-60.

[443] Qadi Iyad, al-Chifa ', i, 368; al-Khafaji, Charh al-Chifa ', iii, 318; 'Ali al-Qari, Charh al-Chifa', i, 753.

[444] Qadi Iyad, al-Chifa ', i, 308; 'Ali al-Qari, Charh al-Chifa', i, 631; Tirmizi, Manaquib, 3 (Bab: 'fi Badi' Maja al-Nubuwwa); al-Mubarakfuri, Tuhfat al-Ahwazi, não: 3699; al-Hakim, al-Mustadrak, II, 615; Ibn Hisham, Sirat al-Nabi, 115.

[445] Qadi Iyad, al-Chifa ', i, 368; al-Khafaji, Charh al-Chifa ', iii, 318; 'Ali al-Qari, Charh al-Chifa', i, 753; Bayhaqi, Dala'il al-Nubuwwa, ii, 65.

[446] Qadi Iyad, al-Chifa ', i, 368; al-Khafaji, Charh al-Chifa ', iii, 318; 'Ali al-Qari, Charh al-Chifa', i, 753.

[447] Qadi Iyad, al-Chifa ', i, 367; al-Khafaji, Charh al-Chifa ', iii, 315; 'Ali al-Qari, Charh al-Chifa', i, 751; Abu Nu'aym, Dala'il al-Nubuwwa, i, 166.

[448] Ibn Sad, al-Tabaqat al-Kubra, i, 119-20; Abu Nu ^ aym, Dala'il al-Nubuwwa, i, 166; Suyuti, al- Khasa'is al-Kubra, i, 205.

[449] Qadi Iyad, al-Chifa ', i, 368; al-Khafaji, Charh al-Chifa ', iii, 325; 'Ali al-Qari, Charh al-Chifa', i, 752; Bayhaqi, Dala'il al-Nubuwwa, vi, 125.

[450] al-'ati, al-Fath al-Rabbani, xx, 192-3; al-Hayçami, Majma 'al-Zawa'id, viii, 220-1; Abu Nu ^ aym, Dala'il al-Nubuwwa, i, 111-3; Ibn Kathir, al-Bidaya wa'l-Nihaya, II, 273; Qadi Iyad, al- Chifa ', i, 366; 'Ali al-Qari, Charh al-Chifa', i, 750; al-Khafaji, Charh al-Chifa ', iii, 313.

[451] Qadi Iyad, al-Chifa ', i, 368; al-Khafaji, Charh al-Chifá, iii, 319; 'Ali al-Qari, Charh al-Chifa', i, 753; Sha'rani, al-Tabaqat al-Kubra, i, 109.

[452] Nabhani, Jami 'Karamat al-Awliya', ii, 203.

[453] al-Hayçami, Majma 'al-Zawa'id, viii, 220; Bayhaqi, Dala'il al-Nubuwwa, i, 111; Qadi Iyad, al- Chifa ', i, 366; Halabi, al-Sirat al-Halabiya, i, 207-8.

[454] 'Ali al-Qari, Charh al-Chifa', i, 6. [Ver também, fn. 298].

[455] Musnad, i, 86; al-Hakim, al-Mustadrak, II, 143; Kanz al-'Ummal, xii, 419.

[456] "**A Hora (do Juízo) se aproxima, e a Lua se fendeu**". (Alcorão Sagrado, 54: 1)

[457] Tirmizi, Tafsir al-Qur'an, 54: 5; Musnad, iv, 82.

[458] Bukhari, Manaquib al-Ansar, 41; Tafsir Sura, 17: 3; Musslim, Iman, 276, 278; Tafsir Sura, 17: 3; Musnad, i, 309; iii, 377; Qadi Iyad, al-Chifa ', i, 191.

[459] Qadi Iyad, al-Chifa ', i, 284; 'Ali al-Qari, Charh al-Chifa', i, 591-2; Suyuti, al-Durar al-Muntathira, 193; al-Hayçami, Majma 'al-Zawa'id, viii, 296; al-'ati, al-Fath al-Rabbani, vi, 155; al-Albani, Silsilat al-AHadice al-Da'ifa, 972.

[460] "Ouvimos e obedecemos!"

[461] "Louvem e agradeçam a Allah pelo Islam e pela crença!"

[462] "**eles eram sete, sendo o cão o oitavo**"(Alcorão Sagrado 18:22)

[463] "**Qitmir**"(Alcorão Sagrado 35:13)

[464] "**comparecerão ante Nós**." (Alcorão Sagrado 36:32, 53, 75)

[465] "em pares"

[466] A frase que ocorre no final da Sura al-Saba "(34:46) corresponde à mesma frase como o início de Sura al-Fatir (35: 1).

[467] "**Dize-lhes: Mesmo que os humanos e os gênios se tivessem reunido para produzirem coisa similar a este Alcorão, jamais teriam feito algo semelhante, ainda que se ajudassem mutuamente.**" (Alcorão Sagrado 17:88).

[468] "**Alef, Lam, Mim. Eis o Livro que é indubitavelmente a orientação dos tementes a Allah**;"(Alcorão Sagrado, 2: 1-2).

[469] "**Não raciocinais**?" (Alcorão Sagrado, 36: 68).

[470] "**Conscientiza-te, portanto, de que não há mais divindade, além de Allah**"(Alcorão Sagrado, 47: 19).

[471] Ó Allah! Faça o Alcorão nosso companheiro neste mundo, um amigo na sepultura, um intercessor na ressurreição, e na ponte uma luz, do fogo, um escudo e tela e, no Paraíso, um companheiro, um guia e

um líder em todas as boas obras. Ó Allah! Ilumine os nossos corações e as nossas sepulturas com a luz da fé e do Alcorão; ilumina com a prova do Alcorão pelo favor e pela veneração da pessoa a quem o Alcorão foi revelado, e concede bênçãos e paz a ele e à sua família a partir do Misericordioso e Gentil. Amém.

[472] "Sim, ouvimos e obedecemos."

[473] **"Conscientiza-te, portanto, de que não há mais divindade, além de Allah**"(Alcorão Sagrado, 47: 19).

[474] **"Glorificado sejas! Não possuímos mais conhecimento além do que Tu nos proporcionaste, porque somente Tu és Prudente, Sapientíssimo.**" (Alcorão Sagrado, 2:32).

[475] **"Mas divulga a mercê do teu Senhor, em teu discurso**:" (Alcorão Sagrado, 93:11)

[476] **"Em nome de Allah, o Clemente, o Misericordioso"**

[477] Cabeceira da mesquita onde o imam fica para dirigir a salat;

[478] "Não há outra divindade além de Allah!"

[479] **"Isto não é senão a inspiração que lhe foi revelada**".(Alcorão Sagrado, 53:4)

[480] **"Quando o sol for enrolado**"(Alcorão Sagrado, 81:1)

[481] **"Quando o céu se fender**"(Alcorão Sagrado, 82:1)

[482] **"A calamidade**!"(Alcorão Sagrado, 101:1)

[483] Não é possível que haja qualquer coisa melhor do que o que existe"

[484] Paz e bênçãos sem fim esteja com nosso mestre Mohammad, com o número de boas ações de sua comunidade, a quem foi revelado o Prudente Critério entre o bem e o mal, do Clemente e Misericordioso, do Trono Sublime; cuja Mensagem foi predita pela Torá, pelo Evangelho e pelos Salmos, quem anunciou os seus sinais maravilhosos, as vozes dos gênios, dos santos, dos homens, e adivinhos; por cuja indicação a lua se dividiu; nosso mestre Mohammad! Paz e bênçãos estejam com ele milhares e milhares de vezes, pelo número de respirações de sua comunidade; com seu aceno as árvores se aproximaram; com sua prece a chuva rapidamente caiu; a quem a nuvem protegia do calor; que satisfez uma centena de homens com pouco de sua comida; de entre os dedos três vezes fluiu água como a Fonte de Kauçar; e para quem Allah fez falar o lagarto, a gazela, o lobo, o tronco, o braço, o camelo, a montanha, a rocha, e o torrão; o único que fez a Ascensão e cujos olhos não vacilaram; nosso mestre e intercessor, Mohammad! Paz e bênçãos estejam com ele milhares e milhares de vezes, com o número das letras do Alcorão que formam as palavras, representadas com a permissão do Misericordioso nos reflexos das ondas do ar, na recitação de todas as palavras do Alcorão por todos os recitadores desde quando foi primeiro revelado até o final dos tempos. E concede-nos o perdão e tem misericórdia de nós, ó Allah, para cada uma dessas bênçãos. Amém.

[485] **"E o sol, que segue o seu curso**"(Alcorão Sagrado, 36:38)

[486] **"E fizemos do sol uma lâmpada**".(Alcorão Sagrado, 71:16)

[487] Ó Allah! Faz o Alcorão cura para nós de toda doença, um companheiro para nós em nossas vidas e após a nossa morte, um intercessor neste mundo, na sepultura, e no Juízo Final, uma luz na ponte Sirat, um escudo e um véu contra o fogo, um amigo no Paraíso, um guia e líder em todas as boas ações, por meio de Tua graça, generosidade, beneficência e misericórdia, ó o Mais Munificente dos munificentes e o mais Misericordioso dos misericordiosos! Amém.*Ó Allah! Concede bênçãos e paz para aquele a quem foi revelado o Prudente Critério entre a verdade e a mentira, e a toda a sua família e a seus Companheiros. Amém. Amém.

[488] O Eterno é o Eterno!

[489] **"Em nome de Allah, o Clemente, o Misericordioso"**

[490] Em nome de Allah, o Clemente, o Misericordioso."**A Hora (do Juízo) se aproxima, e a lua se fendeu. Porém, se presenciam algum sinal, afastam-se, dizendo: É magia evidente!**" (Alcorão Sagrado, 54: 1-2)

[491] **"E a lua se fendeu"**

[492] **"E [eles] disseram: É magia evidente**!"

[493] IbnHajar, *Fathal-Bari*, VII, 145; Bayhaqi, *Dala'il al-Nubuwwa*, II, 266, 268.

[494] Bukhari, ii, 251; v, 62; vi, 178; al-Hakim, *al-Mustadrak*, II, 472; Suyuti, *Nazm al-Mutanacirfi'l- Hadice al-Mutawatir*, 135; Bayhaqui, *Dala'il*, i, 279-81.

[495] **"E a lua foi fendida"**

[496] *Musnad*, i, 377, 413, 447, 456; iii, 207, 220, 275, 278; iv, 81; *TafsirIbnKacir*, vi, 469.

[497] Suyuti, *Nazmal-Mutanaçarfi l-Hadice al-Mutawatir*, 180; Tabarani, *al- Mu'jam al-Kabir*, xii, 13623-4; xvii, 666-7; Ibn 'Adi, *al-Kamil fi'l-Du'afa'*, iii, 1307.

[498] "Sobre ele e sobre sua família as bênçãos e a paz, que vão encher a terra e os Céus."

[499] "**Glorificado sejas! Não possuímos mais conhecimento além do que Tu nos proporcionaste, porque somente Tu és Prudente, Sapientíssimo.**" (Alcorão Sagrado, 02:32)

[500] Hussain Jisri, Risâle-i Hamidiya, 52-94.

[501] Ibn Hisham, al-Sirat al-Nabawiyya, i, 124-7, 158, 190, 192; al-Bayhaqui, Dala'il al-Nubuwwa, i, 126-30; Abu Nu'aym, Dala'il al-Nubuwwa, i, 122-8.

[502] al-Bayhaqi, Dala'il al-Nubuwwa, i, 19; al-Suyuti, al-Khasa'is al-Kubra, i, 81.

[503] al-Bayhaqi, Dala'il al-Nubuwwa, i, 19, 126; Abu Nu'aym, Dala'il al-Nubuwwa, i, 139.

[504] Bukhari, Wudu ', 32, 46; Manaqib, 25; Ashriba, 31; Musslim, Zuhd, 74; Fada'il, 4-6; Tirmizi, Manaqib, 6.

[505] Bukhari, *Manaquib*, 25; *Jum'a,* 26; Tirmizi, *Manaquib*, 6; Jum ' a, 10; Nassa'i, 17.

[506] "**e a Lua se fendeu**" (Alcorão Sagrado, 54:1)

[507] Bukhari, *Manaquib*, 27; *Manaqib al-Ansar*, 36; Tafssir, 54: 1; Musslim, *Sifat al-Munafiquin*, 43-8.

[508] "a causa é como o autor" Isto assemelha-se ao Hadice, Tirmidhi, 'Ilm, 14 "Quem aponta um exemplo de boa [a alguém] vai receber a mesma recompensa, como aquele que a realiza."; Musnad, v, 357; Abu Hanifa, al-Musnad, i, 151.

[509] Ver, Alcorão, 33:56; Bukhari, Adhan, 8; Tafsir (17:) 11: Muslim, Salat, 14; Abu Da'ud, Salat, 37.

[510] *Tawatur* é o tipo de relato que é transmitido por inúmeras autoridades, sobre o qual há consenso, e não há espaço para dúvidas. (Tr.)

[511] "**e a Lua se fendeu**" (Alcorão Sagrado, 54:1)

[512] "**Apesar de seres tu (ó Mensageiro) quem lançou (areia), o efeito foi causado por Allah**" (Alcorão Sagrado, 8:17)

[513] Áli Al-Qari, Al Asrar al Marfu`a, 193/

[514] Gumuchkhanelli Ahmed Ziya al Din, Majmu'át al Ahzab, I, 561.

[515] *Não há outra divindade além de Allah, o Existente Necessário, o Único, o Uno, a necessidade de cuja existência na unidade é indicada pelo orgulho do mundo e a glória dos filhos de Adão, através da majestade da soberania de seu Alcorão, do esplendor da expansão de sua religião, a multiplicidade de suas perfeições, e a exaltação de suas características, confirmado até mesmo pelo testemunho de seus inimigos. Ele é testemunha e traz prova pela força de centenas de manifestos e milagres evidentes, que tanto testemunham a verdade, e que são o objeto do verdadeiro testemunho, e com a força de milhares de verdades luminosas e conclusivas contidas em sua religião, de acordo com o consenso de todos os possuidores de luz, o acordo de seus iluminados Companheiros e, por unanimidade dos estudiosos de sua comunidade, os possuidores de provas e discernimento luminoso.*

[516] O Eterno é o Eterno!

[517] De acordo com uma lei aprovada em novembro de 1928, o alfabeto árabe (otomano) foi banido no final desse ano, e o alfabeto latino adotado oficialmente. [Tr.]

[518] **"E o sol, que segue"** (Alcorão Sagrado, 36:38)

[519] **"E das montanhas, estacas"**, (Alcorão Sagrado, 78: 7)

[520] "Em nome de Allah, o Clemente, o Misericordioso"

[521] "Em nome de Allah, o Clemente, o Misericordioso. "**Dize-lhes: Mesmo que os humanos e os gênios se tivessem reunido para produzirem coisa similar a este Alcorão, jamais teriam feito algo semelhante, ainda que se ajudassem mutuamente.**"(Alcorão Sagrado, 17:88)

522 **"E se tendes dúvidas a respeito do que revelamos ao Nosso servo (Mohammad), componde uma Surata semelhante às dele (o Alcorão).**" (Alcorão Sagrado, 02:23)

523 **"Mas, quando um sopro de punição de teu Senhor os toca"**. (Alcorão Sagrado, 21:46)

524 **"E gastam daquilo com que os agraciamos.**" (Alcorão Sagrado, 2: 3)

525 **"Diz: Ele é Allah, Único"** (Alcorão Sagrado, 112: 1)

526 *"Diz: Ele é Allah, porque Ele é Único, porque Ele é Absoluto, porque Ele não gera, porque Ele não é gerado, pois não há ninguém que seja igual a Ele."*

527 "E não há ninguém igual a Ele, porque Ele não é gerado, porque Ele não gera, porque Ele é Absoluto, porque Ele é Único, porque Ele é Allah."

528 "Ele é Allah, então ele é Único, por isso Ele é o Absoluto, por isso Ele não gera, então Ele não é gerado, então não há ninguém que seja igual a Ele." Você pode continuar da mesma maneira.

529 **"Alif. Lam. Mim. Eis o Livro que é indubitavelmente a orientação dos tementes a Allah"** (Alcorão Sagrado, 2: 1-2.)

530 **"Tudo quanto existe nos céus e na terra glorifica Allah, porque Ele é o Poderoso, o Prudentíssimo"**. (Alcorão Sagrado, 57:1)

531 "Os sete céus, a terra, e tudo quanto neles existe glorificam a Allah"

532 **"Os sete céus, a terra, e tudo quanto neles existe glorificam-No"**.(Alcorão Sagrado, 17:44)

533 **"Ó assembleia de gênios e humanos, se sois capazes de atravessar os limites dos céus e da terra, fazei-o! Porém, não podereis fazê-lo, sem autoridade. – Assim, pois, quais das mercês do vosso Senhor negais? Então, uma chama de fogo e uma fumaça serão lançados sobre vós, e não podereis contê-las. – Assim, pois, quais das mercês do vosso Senhor negais?**" (Alcorão Sagrado, 55:33-36)

534 **"E adornamos o firmamento com lâmpadas, e lhes destinamos apedrejarem os demônios"**. (Alcorão Sagrado, 67:5)

535 "Alif, Lam, Mim.* Alif, Lam, Ra.* Ta, Há. *Ya, Sin.* Há, Mim.* 'Ayn, Sin, Qaf

536 "Acerca de quê se interrogam?" A 78ª Surata "A Notícia".

537 **"Dize: Ó Allah, Soberano do poder! Tu concedes a soberania a quem Te apraz e a retiras de quem desejas.**"(Alcorão Sagrado, 3: 26-7)

538 **"Quando o céu se fender, e obedecer ao (mando do) seu Senhor, em seu temor, e quando a terra for dilatada, e arrojar tudo quanto nela há, e ficar vazia, e obedecer ao (mando do) seu Senhor, em seu temor"**. (Alcorão Sagrado, 84: 1-5)

539 **"E foi dito: Ó terra, absorve as tuas águas! Ó céu, detém-te! E as águas foram absorvidas e o desígnio foi cumprido. E (a arca) se deteve sobre o monte Al-judi. E foi dito: que pereça o povo injusto!**" (Alcorão Sagrado, 11: 44*)*

540 **"Um ramo seco de tamareira, murcha e curvada"** (Alcorão Sagrado, 36:39)

541 **"E a lua, cujo curso assinalamos em fases, até que se apresente como um ramo seco de tamareira"**. (Alcorão Sagrado, 36:39)

542 **"E o sol, que segue o seu curso até um local determinado**"(Alcorão Sagrado, 36:38.)

543 **"E fez o sol como uma lâmpada**"(Alcorão Sagrado, 71:16. *)*

544 **"Proclama, pois, o que te tem sido ordenado**".(Alcorão Sagrado, 15:94)

545 Suyuti, *al-Itqan fi 'Ulum al-Qur'an*, II, 117; Qadi Iyad, *al-Chifá*, i, 264.

546 **"Logo depois da angústia, infundiu-vos uma calma sonorífera, que envolveu alguns de vós.**" (Alcorão Sagrado, 3: 154)

547 **Acaso, não transcorreu ao homem?**"(Alcorão Sagrado, 76: 1)

548 **"Porventura, chegou-te a notícia do evento assolador?**(Alcorão Sagrado, 88: 1)

549 Beveragem desagradável;

550 **A ponto de estalar de fúria**" (Alcorão Sagrado, 67: 8)

[551] **"Quem de vós gostaria de comer a carne do seu irmão morto?"** (Alcorão Sagrado, 49:12)

[552] **"Contempla, pois, (ó humano) os traços da misericórdia de Allah! Como vivifica a terra, depois de esta haver sido árida! Em verdade, Este é o (Mesmo) Ressuscitador dos mortos, porque Ele é Onipotente."** (Alcorão Sagrado, 30:50)

[553] como

[554] **"Qaf. Pelo Alcorão Glorioso"** (Alcorão Sagrado, 50: 1)

[555] **"Porém, não reparam, acaso, no firmamento que está acima deles? Como o construímos e o adornamos, sem abertura aparente?!"** (Alcorão Sagrado, 50: 6-11)

[556] **"Yá, Sin. Pelo Alcorão da Sabedoria. Que tu és um dos mensageiros"** (Alcorão Sagrado, 36: 1-3)

[557] **"Dizendo: Quem poderá reviver os ossos, quando já estiverem decompostos? Dize: Revivê-los-á Quem os criou da primeira vez, porque é Conhecedor de todas as criações."** (Alcorão Sagrado, 36: 78-79)

[558] **"Apesar disso os vossos corações se endurecem; são como as rochas, ou ainda mais duros."** (Alcorão Sagrado, 2:74.)

[559] **"E se tendes dúvidas a respeito do que revelamos ao Nosso servo (Mohammad), componde uma Surata semelhante às dele (o Alcorão) e apresentai as vossas testemunhas, independentemente de Allah, se estiverdes certos."** (Alcorão Sagrado, 2:23)

[560] **"Pois bem, apresentai dez suratas forjadas, semelhantes às dele"** (Alcorão Sagrado, 11:13)

[561] **"Temei, então, o fogo infernal cujo combustível serão os homens e as pedras"** (Alcorão Sagrado, 2:24)

[562] "Não há nenhuma maneira de exposição melhor do que o Alcorão!"

[563] **"Prediga-lhes, pois, que, mercê do teu Senhor, não és um adivinho, nem um louco. Ou dirão: É um poeta. Aguardemos que lhe chegue a calamidade, (produzida) pelo tempo! Dize-lhes: Aguardai, que eu também sou um dos que aguardam convosco! São, acaso, suas faculdades mentais que os induzem a isso, ou é que são um povo de transgressores? Dirão ainda: Porventura, ele o tem forjado (o Alcorão)? Qual! Não creem! Que apresentem, pois, uma mensagem semelhante, se estivermos certos. Porventura, não foram eles criados do nada, ou são eles os criadores? Ou criaram, acaso, os céus e a terra? Qual! Não se persuadirão! Possuem, porventura, os tesouros do teu Senhor, ou são eles os dominadores? Ou possuem alguma escada, para escalarem o céu, a fim de detectarem ali, os segredos? Que os espreitadores apresentem uma autoridade evidente! Ou pertencem a Ele as filhas e a vós os filhos? Ou lhes exiges, porventura, alguma recompensa, e por isso ficam sobrecarregados de dívidas? Ou pensam estar de posse do desconhecido donde copiam o que dizem? Ou (em suma) intentam conspirar (contra ti)? Qual! Saibam os incrédulos que serão envolvidos na conspiração! Ou, por fim, têm outra divindade, além de Allah? Glorificado seja Allah, de tudo quanto Lhe associam!"** (Alcorão Sagrado, 52: 29-43)

[564] "ou ... Ou... "

[565] **"E não o instruímos na poesia, porque não é própria dele".** (Alcorão Sagardo36:69)

[566] **"Se houvesse nos céus e na terra outras divindades além de Allah, (céus e terra) já se teriam desordenado".** (Alcorão Sagrado, 21:22)

[567] **"Ou dirão: É um poeta. Aguardemos que lhe chegue a calamidade, (produzida) pelo tempo!"** (Alcorão Sagrado, 52:30)

[568] **"São, acaso, suas faculdades mentais que os induzem a isso?"**(Alcorão Sagrado, 52:32)

[569] **"Ou é que são um povo de transgressores?"** (Alcorão Sagrado, 52:32)

[570] **"Dirão ainda: Porventura, ele o tem forjado (o Alcorão)? Qual! Não creem!"** (Alcorão Sagrado, 52:33)

[571] **"Porventura, não foram eles criados do nada"**? (Alcorão Sagrado, 52:35)

[572] **"Ou são eles os criadores?"** (Alcorão Sagrado, 52:35.)

[573] **"Ou criaram, acaso, os céus e a terra? Qual! Não se persuadirão!"**[573]

574 **“Possuem, porventura, os tesouros do teu Senhor**?” (Alcorão Sagrado, 52:37)

575 **“Ou são eles os dominadores**?” (Alcorão Sagrado, 52:37)

576 **“Ou possuem alguma escada, para escalarem o céu, a fim de detectarem ali, os segredos? Que os espreitadores apresentem uma autoridade evidente**!” (Alcorão Sagrado, 52:38)

577 **“Ou pertencem a Ele as filhas e a vós os filhos**?” (Alcorão Sagrado, 52:39)

578 **“Ou lhes exiges, porventura, alguma recompensa, e por isso ficam sobrecarregados de dívidas**”? (Alcorão Sagrado, 52:40)

579 **“Ou pensam estar de posse do desconhecido donde copiam o que dizem**?” (Alcorão Sagrado, 52:41)

580 **“Ou (em suma) intentam conspirar (contra ti)? Qual! Saibam os incrédulos que serão envolvidos na conspiração**!” (Alcorão Sagrado, 52:42)

581 **“Ou eles têm um deus além de Allah? Glorificado seja Allah muito acima das coisas que associamos com Ele**!” (Alcorão Sagrado, 52:43)

582 **“Se houvesse nos céus e na terra outras divindades além de Allah, (céus e terra) já se teriam desordenado**.” (Alcorão Sagrado, 21:22)

583 “Condescendência Divina para a mente dos homens”

584 **“Do Clemente, Que assumiu o Trono**.” (Alcorão Sagrado, 20: 5)

585 "Cada versículo tem um significado externo, uma significado interno, um limite, e um objetivo, e cada um tem raízes, ramos e galhos", Ibn Hibban, *Sahih*, i, 146; al-Manawi, *Fayd al-Qadir*, iii, 54.

586 **“E as montanhas, estacas**” (Alcorão Sagrado, 78: 7)

587 "Glorificado sejas! Quão sublime é a Tua glória!"

588 "Toda a sabedoria é de Allah."

589 **“Os céus e a terra eram uma só massa, que desagregamos**” (Alcorão Sagrado, 21:30)

590 (massa),

591 "Eu acredito em Allah, o Uno, o Único!"

592 **“E o sol, que segue o seu curso até um local determinado**.” (Alcorão Sagrado, 36:38)

593 (Glorificado seja Allah!)

594 (Louvado seja Allah!)

595 (Que maravilhas Allah quis!)

596 (Que Allah abençoe!)

597 “ele estar em movimento em seu próprio lugar designado para a estabilidade do sistema solar."

598 (Louvado seja Allah!)

599 **“E estes serão os bem-aventurados**”. (Alcorão Sagrado, 2: 5)

600 (os bem-aventurados)

601 **“Conscientiza-te, portanto, que não há mais divindade, além de Allah, e implora o perdão das tuas faltas**” (Alcorão Sagrado, 47:19)

602 "Não há nenhum provedor, além d’Ele! Não existe um Criador, além d’Ele! Não há ninguém misericordioso, além d’Ele!"

603 **“Pelos ventos disseminadores**”, (Alcorão Sagrado, 51: 1)

604 **“Pelos ventos enviados**” (Alcorão Sagrado, 77: 1)

605 **“Allah intercede entre o homem e o seu coração**”, (Alcorão Sagrado, 8:24)

606 **“Porém, só o conseguireis se Allah o permitir**”, (Alcorão Sagrado, 76:30)

607 **“E os céus estarão envolvidos pela Sua mão direita**”, (Alcorão Sagrado, 39:67)

608 **“Nela produzimos pomares de tamareiras e videiras**”, (Alcorão Sagrado, 36:34)

609 **“Quando a terra executar o seu tremor predestinado**”; (Alcorão Sagrado, 99: 1)

610 **“Então, abrangeu, em Seus desígnios, o firmamento quando este ainda era gases**”, (Alcorão

Sagrado, 41:11)

[611] **"Não é verdade que sou o vosso Senhor?"** (Alcorão Sagrado, 7: 172)

[612] **"No Dia, haverá semblantes risonhos, dirigindo os seus olhares para o seu Senhor;"** (Alcorão Sagrado, 75: 22-23)

[613] "Pegue o que quiser do Alcorão para o que você quiser"

[614] **"E entre os Seus sinais está a criação dos céus e da terra, as variedades dos vossos idiomas e das vossas cores."**(Alcorão Sagrado, 30:22)

[615] **"Glorificado seja Allah, quando anoitece e quando amanhece!"** (Alcorão Sagrado, 30: 17).

[616] **"Ele é Quem origina a criação, logo a reproduz, porque isso Lhe é fácil. Seu é o mais elevado exemplo, nos céus e na terra, e Ele é o Poderoso, o Prudentíssimo."** (Alcorão Sagrado, 30: 7)

[617] "E entre os Seus sinais..."

[618] **"Enviai-me, portanto... Ó José, ó veracíssimo!"** (Alcorão Sagrado, 12:46)

[619] "Ó José!"

[620] "José, para que eu possa pedir a ele para interpretar o sonho. Então eu fui mandado para a prisão e disse a José..."

[621] **"Ele vos propiciou fazerdes fogo de árvores verdes."**(Alcorão Sagrado, 36:80)

[622] **"Ó Haman, constrói-me uma torre"**(Alcorão Sagrado, 40:36)

[623] "torre"

[624] **"Porém, hoje salvamos apenas o teu corpo"** (Alcorão Sagrado, 10:92)

[625] **"Degolando os vossos filhos e deixando com vida as vossas mulheres"** (Alcorão Sagrado, 2:49; 14: 6)

[626] **"Tu os acharás mais ávidos de viver do que ninguém"** (Alcorão Sagrado, 2:96)

[627] **"Verás que muitos deles se precipitam no pecado, na hostilidade e no saciamento do que é ilícito. Quão detestável é o que fazem!"** (Alcorão Sagrado, 5:62)

[628] , **"Percorrem a terra, em corrupção; porém, Allah não aprecia os corruptores."** (Alcorão Sagrado, 5:64)

[629] **"E determinamos, no Livro, aos israelitas: causareis corrupção duas vezes"** (Alcorão Sagrado, 17: 4)

[630] **"e não prevariqueis na terra, causando corrupção."** (Alcorão Sagrado, 2:60)

[631] **"Desejai então a morte"** (Alcorão Sagrado, 2:94)

[632] **"E foram condenados à humilhação e à indigência"**.(Alcorão Sagrado, 2:61)

[633] **"Pela estrela, quando cai, que vosso camarada jamais se extravia, nem erra, nem fala por capricho. Isto não é senão a inspiração que lhe foi revelada."**(Alcorão Sagrado, 53:1-4)

[634] **"Alef, Lam, Mim. Os bizantinos foram derrotados."** (Alcorão Sagrado, 30: 1-2)

[635] **"Sê perseverante, porque a promessa de Allah é verdadeira."** (Alcorão Sagrado, 30:60)

[636] **"Em verdade, Allah confirmou a visão do Seu Mensageiro. Se Allah quisesse, entraríeis tranquilos, sem temor, na Sagrada Mesquita; uns com os cabelos raspados, outros com os cabelos cortados, sem medo. Ele sabe o que vós ignorais, e vos concedeu, não obstante isso, um triunfo imediato. Ele foi Quem enviou o Seu Mensageiro com a orientação e com a verdadeira religião, para fazê-las prevalecer sobre todas as outras religiões"**. (Alcorão Sagrado, 48: 27-28)

[637] **"Em terra muito próxima; porém, depois de sua derrota, vencerão, dentro de alguns anos; porque é de Allah a decisão do passado e do futuro"**. (Alcorão Sagrado, 30: 3-4)

[638] **"Logo verás, e eles também verão, quem, dentre vós, é o aflito!"**. (Alcorão Sagrado, 68: 5-6)

[639] **"Ou dirão: É um poeta. Aguardemos que lhe chegue a calamidade, (produzida) pelo tempo! Dize-lhes: Aguardai que eu também sou um dos que aguardam convosco!"** (Alcorão Sagrado, 52: 30-1)

[640] **"Allah te protegerá dos homens"** (Alcorão Sagrado, 5:67)

[641] **"Porém, se não o fizerdes, e certamente não podereis fazê-lo"**. (Alcorão Sagrado, 2:24)

[642] **"Porém, jamais a desejariam.**" (Alcorão Sagrado, 2:95)

[643] **"De pronto lhes mostraremos os Nossos sinais em todas as regiões (da terra), assim como em suas próprias pessoas, até que lhes seja esclarecido que ele (o Alcorão) é a verdade"** (Alcorão Sagrado, 41:53)

[644] **"Dize-lhes: Mesmo que os humanos e os gênios se tivessem reunido para produzirem coisa similar a este Alcorão, jamais teriam feito algo semelhante, ainda que se ajudassem mutuamente."** (Alcorão Sagrado, 17:88)

[645] **"Saibam que Allah os suplantará por outras pessoas, às quais amará, as quais O amarão; serão compassivas para com os crentes e severas para com os incrédulos; combaterão pela causa de Allah e não temerão a censura de ninguém"** (Alcorão Sagrado, 5:54)

[646] **"E dize (mais): Louvado seja Allah! Ele vos mostrará os Seus sinais; então, os conhecereis**." (Alcorão Sagrado, 27:93)

[647] **"Dize-lhes (mais): Ele é o Clemente, no Qual cremos e n'Ele confiamos. Logo sabereis quem está em erro evidente**!" (Alcorão Sagrado, 67:29)

[648] **"Allah prometeu àqueles dentre vós, que creem e praticam o bem, fazê-los herdeiros da terra, como fez com os seus antepassados; consolidar-lhes a religião que escolheu para eles, e trocar a sua apreensão por tranquilidade**". (Alcorão Sagrado, 24:55)

[649] "Ó Povo do Livro! Ó Povo do Livro!"

[650] Ahl Almaktib, as pessoas educadas em escolas seculares em oposição aos Ahl Al Kitab (tr)

[651] **"Ó adeptos do Livro, vinde, para chegarmos a um termo comum, entre nós e vós**." (Alcorão Sagrado, 3:64)

[652] **"Dize-lhes: Mesmo que os humanos e os gênios se tivessem reunido para produzirem coisa similar a este Alcorão, jamais teriam feito algo semelhante, ainda que se ajudassem mutuamente."** (Alcorão Sagrado, 17:88)

[653] **"Praticai a oração, pagai o zakat**",(Alcorão Sagrado, 2:43,etc.)

[654] **"Allah consente o comércio e veda a usura**".(Alcorão Sagrado, 2: 275.)

[655] **"Dize-lhes: Mesmo que os humanos e os gênios se tivessem reunido para produzirem coisa similar a este Alcorão, jamais teriam feito algo semelhante, ainda que se ajudassem mutuamente**"(Alcorão Sagrado, 17:88)

[656] **"Jamais gerou ou foi gerado! E ninguém é comparável a Ele**!"(Alcorão Sagrado, 112: 3-4)

[657] **"A Allah, aplica-se o mais sublime exemplo**."(Alcorão Sagrado, 16:60)

[658] **"Em verdade, Mohammad não é o pai de nenhum de vossos homens**".(Alcorão Sagrado, 33:40)

[659] Ó Allah, conceda bênçãos a ele e à sua família.

[660] **"Ele foi Quem vos criou tudo quanto existe na terra; então, dirigiu Sua vontade até ao firmamento do qual fez, ordenadamente, sete céus, porque é Onisciente**." (Alcorão Sagrado, 2:29)

[661] **". Acaso, não fizemos da terra um leito, E das montanhas, estacas? *E não vos criamos, acaso, em casais! ... até: Sabei que o Dia da Discriminação está com a hora fixada."**(Alcorão Sagrado, 78: 6-17) *"A extensão espaçosa da terra é um dos dez portentos de Allah, enumerados até ao versículo 16: o grande panorama da nossa natureza exterior (versículos 6-7); a criação dos humanos em casais, com a sucessão do descanso e do trabalho, adaptando-se à alternância da noite e do dia (versículos 8-11); o firmamento, em cima, com as suas esplêndidas luzes (versículos 12-13); e as nuvens e a chuva, e abundantes colheitas, que mantêm relacionados o céu, a terra e os homens (versículos 14-16). Estas coisas apontam para Allah, e a Mensagem de Allah aponta para a Vida Futura**"**

[662] **"Dize: Quem vos agracia com os bens do céu e da terra? Quem possui poder sobre a audição e a visão? Quem faz surgir o vivo do morto e o morto do vivo? E quem rege todos os assuntos? Dirão: Allah! Dize, então: Por que não O temeis? Tal é Allah, vosso verdadeiro Senhor**."(Alcorão Sagrado, 10: 31-32)

[663] **"Tal é Allah, vosso verdadeiro Senhor**. ."(Alcorão Sagrado, 10: 32)

[664] **"Na criação dos céus e da terra; na alteração do dia e da noite; nos navios que singram o mar para**

o benefício do homem; na água que Allah envia do céu, com a qual vivifica a terra, depois de haver sido árida e onde disseminou toda a espécie animal; na mudança dos ventos; nas nuvens submetidas entre o céu e a terra, (nisso tudo) há sinais para os sensatos."(Alcorão Sagrado 2: 164.)

665 "**...nisso tudo) há sinais para os sensatos**"(Alcorão Sagrado 2: 164.)

666 "**E assim teu Senhor te elegerá e ensinar-te-á a interpretação das histórias, e te agraciará com a Sua mercê, a ti e à família de Jacó, como agraciou anteriormente teus avôs, Abraão e Isaac, porque teu Senhor é Sapiente, Prudentíssimo.**"(Alcorão Sagrado, 12: 6.)

667 "**Dize: Ó Allah, Soberano do poder! Tu concedes a soberania a quem Te apraz**". (Alcorão Sagrado, 3:26)

668 "**E recompensas desmedidamente a quem Te apraz**".(Alcorão Sagrado, 3:27)

669 "**Criamos o homem da essência do barro.Em seguida, fizemo-lo uma gota de esperma, que inserimos em um lugar seguro.Então, convertemos a gota de esperma em algo que se agarra, transformamos esse algo em feto e convertemos o feto em ossos; depois, revestimos os ossos de carne; então o desenvolvemos em outra criatura. Bendito seja Allah, Criador por excelência.**" (Alcorão Sagrado, 23: 12-14)

670 "**Bendito seja Allah, Criador por excelência**"

671 "**Vosso Senhor é Allah, Que criou os céus e a terra em seis dias, assumindo, em seguida, o Trono. Ele ensombrece o dia com a noite, que o sucede incessantemente. O sol, a lua e as estrelas estão submetidos ao Seu comando. Acaso, não Lhe pertencem a criação e o poder? Bendito seja Allah, Senhor do Universo.**"(Alcorão Sagrado, 7:54)

672 "Bendito seja Allah! Que maravilhas Allah quis! Então, Bendito seja Allah, o Senhor do Universo"

673 "**...Bendito seja Allah, o Senhor do Universo.**"(Alcorão Sagrado, 7:54)

674 "**Ele ensinou a Adão os nomes (de todas as coisas) e depois os apresentou aos anjos e lhes falou: Nomeai-os para Mim se estiverdes certos. Disseram: Glorificado sejas! Não possuímos mais conhecimento além do que Tu nos proporcionaste, porque somente Tu és Prudente, Sapientíssimo.**"(Alcorão Sagrado, 2:31-2)

675 "**Na verdade Você é Onisciente, Todo-Sábio.**"(Alcorão Sagrado, 2:31-2)

676 "**E tendes exemplos no gado; damos-vos para beber o que há em suas entranhas; provém da conjunção de sedimentos e sangue – leite puro e saboroso para aqueles que o bebem...**"(Alcorão Sagrado, 16:66)

677 "**que constitui cura para os humanos. Nisto há sinal para os que refletem.**"(Alcorão Sagrado, 16: 69)

678 "**O Seu Trono abrange os céus e a terra, cuja preservação não O abate, porque é o Ingente, o Altíssimo.**"(Alcorão Sagrado, 2: 255)

679 "**Quem poderá interceder junto a Ele, sem o Seu consentimento**?(Alcorão Sagrado, 2: 255)

680 "**Porque é o Ingente, o Altíssimo.**"(Alcorão Sagrado, 2: 255)

681 "**Allah foi Quem criou os céus e a terra e é Quem envia a água do céu, com a qual produz os frutos para o vosso sustento! Pôs à vossa disposição os navios que, com a Sua anuência, singram os mares, e pôs à vossa disposição os rios. Pôs à vossa disposição o sol e a lua, que seguem os seus cursos; pôs à vossa disposição a noite e o dia. E vos agraciou com tudo quanto Lhe pedistes. E se contardes as mercês de Allah, não podereis enumerá-las.**" (Alcorão Sagrado, 14: 32-4)

682 "**E vos agraciou com tudo quanto Lhe pedistes. E se contardes as mercês de Allah, não podereis enumerá-las.**" (Alcorão Sagrado, 14: 32-4)

683 "**Que o homem repare, pois, em seu alimento. Em verdade, derramamos a água em abundância, depois abrimos a terra em fendas, e fazemos nascer o grão, a videira e as plantas (nutritivas), a oliveira e a tamareira, e jardins frondosos, e o fruto e a forragem, para o vosso uso e o do vosso gado.**" (Alcorão Sagrado, 80: 24-32)

684 "**para o vosso uso e o do vosso gado**" (Alcorão Sagrado, 80: 32)

685 "**Porventura, não reparas em como Allah impulsiona as nuvens levemente? Então as junta, e**

depois as acumula? Não vês a chuva manar do seio delas?(1361) E que Ele envia massas (de nuvens) de granizo, com que atinge a quem Lhe apraz, livrando disso a quem quer? Pouco falta para que o resplendor das centelhas lhes ofusque as vistas. Allah alterna a noite e o dia. Em verdade, nisto há uma lição para os sensatos. E Allah criou da água todos os animais; e entre eles há os répteis, os bípedes e os quadrúpedes. Allah cria o que Lhe apraz, porque Allah é Onipotente.". (Alcorão Sagrado, 24: 43-5)

686 "**Acaso, não sabe o homem que o temos criado de uma gota de esperma? Contudo, ei-lo um oponente declarado!**"? (Alcorão Sagrado, 36:77) ...até o fim da Surata.

687 "**Ele vos propiciou fazerdes fogo de árvores verdes, que vós usais como lenha.**" (Alcorão Sagrado, 36:80)

688 "**Quem poderá reviver os ossos, quando já estiverem decompostos**?" (Alcorão Sagrado, 36:78)

689 "**Glorificado seja, pois, Aquele em Cujas Mãos está o domínio de todas as coisas**" (Alcorão Sagrado, 36:83)

690 "**E a Quem retornareis**!" (Alcorão Sagrado, 36:83)

691 "**Quando o sol for enrolado**" (Alcorão Sagrado, 81, Surata At Taquir)

692 , "**Quando o céu se despedaçar**" (Alcorão Sagrado, Surata 82, al-Infitar.)

693 , "**Quando o céu se fender**". (Alcorão Sagrado, Sura 84, al-Inxicac)

694 "**Quando as páginas forem abertas,**" (Alcorão Sagrado, 81:10.)

695 "**Quando o sol for enrolado**" (Alcorão Sagrado, 81:1.)

696 "**Em verdade, Allah escutou a declaração daquela que argumentava contigo, acerca do marido, e se queixava (em oração) a Allah. Allah ouviu vosso diálogo, porque é Oniouvinte, Onividente**." (Alcorão Sagrado, 58: 1)

697 "**Porque Allah é Oniouvinte, Onividente**" (Alcorão Sagrado, 58: 1)

698 "**Glorificado seja Aquele que, durante a noite, transportou o Seu servo, tirando-o da Sagrada Mesquita (em Makka) e levando-o à Mesquita de Al Acsa (em Jerusalém), cujo recinto bendizemos, para mostrar a ele alguns dos Nossos sinais. Sabei que Ele é o Oniouvinte, o Onividente**." (Alcorão Sagrado, 17: 1)

699 "**Louvado seja Allah, Criador dos céus e da terra, Que fez dos anjos mensageiros, dotados de dois, três ou quatro pares de asas; aumenta a criação conforme Lhe apraz, porque Allah é Onipotente.**" (Alcorão Sagrado, 35: 1)

700 "**...dois, três ou quatro... .**" (Alcorão Sagrado, 35: 1)

701 "**porque Allah é Onipotente**." (Alcorão Sagrado, 35: 1)

702 "**Dize-lhes: Se, como dizem, houvesse, juntamente com Ele, outros deuses, estes teriam tratado de encontrar um meio de contrapor-se ao Soberano do Trono. Glorificado e sublimemente exaltado seja Ele, por tudo quanto blasfemam! Os sete céus, a terra, e tudo quanto neles existe glorificam-No. Nada existe que não glorifique os Seus louvores! Porém, não compreendeis as suas glorificações. Sabei que Ele é Tolerante, Indulgentíssimo**." (Alcorão Sagrado, 17:42-4)

703 "**Sabei que Ele é Tolerante, Indulgentíssimo.**" (Alcorão Sagrado, 17:42-4)

704 "**Sabei que Ele é Tolerante, Indulgentíssimo.**" (Alcorão Sagrado, 17:42-4)

705 "**Ó terra, absorve as tuas águas! Ó céu, detém-te**!" (Alcorão Sagrado, 11:44.)

706 "**E lhes disse, e também à terra: Juntai-vos, de bom ou de malgrado! Responderam: Juntamo-nos voluntariamente**." (Alcorão Sagrado, 41:11.)

707 Seja estacionária, ó terra! Sejam fenda, Ó céus! Ó ressurreição, irrompe!

708 "**Sua ordem, quando quer algo, é tão-somente: Seja!, e é**." (Alcorão Sagrado, 36:82.)

709 "**E quando dissemos aos anjos: Prostrai-vos ante Adão**!" (Alcorão Sagrado, 2:34.)

710 "**Porém, não reparam, acaso, no firmamento que está acima deles? Como o construímos e o adornamos, sem abertura aparente? E dilatamos a terra, fixando nela (firmes) montanhas, produzindo aí toda a formosa espécie, em pares, para a observação e recordação de todo o servo**

contrito. E enviamos do céu a água bendita, mediante a qual produzimos jardins e cereais para a colheita. E também as frondosas tamareiras, cujos cachos estão carregados de frutos em simetria, como sustento para os servos; e fazemos reviver, com ela (a água), uma terra árida. Assim será a ressurreição!" (Alcorão Sagrado, 50: 6-11)

711 "Assim será a ressurreição"

712 "Não reparam"

713 "Onde está o chão e onde estão as Plêiades?"

714 "**Tudo quanto existe nos céus e na terra glorifica Allah, porque Ele é o Poderoso, o Prudentíssimo.**" (Alcorão Sagrado, 57: 1; 59: 1; 61: 1)

715 **"Tudo quanto existe nos céus e na terra glorifica Allah, o Soberano, o Augusto, o Poderoso, o Prudentíssimo"**. (Alcorão Sagrado, 62: 1.)

716 **"Os sete céus, a terra, e tudo quanto neles existe glorificam-No"** (Alcorão Sagrado, 17:44)

717 **"A Allah, aplica-se o mais sublime exemplo**," (Alcorão Sagrado, 16:60)

718 **"Allah é o Germinador das plantas graníferas e das nucleadas**!" (Alcorão Sagrado, 6:95)

719 **"E sabei que Allah intercede entre o homem e o seu coração"**, (Alcorão Sagrado, 8:24)

720 **"Que criou os céus e a terra em seis dias"**, (Alcorão Sagrado, 07:54)

721 **"E os céus estarão envolvidos pela Sua mão direita"** (Alcorão Sagrado, 39:67)

722 **"Pelo monte (Sinai). Pelo Livro escrito**," (Alcorão Sagrado, 52: 1-2)

723 **"Quando acontecer o evento inevitável**." (Alcorão Sagrado, 56: 1)

724 **"A calamidade! Que é a calamidade**?" (Alcorão Sagrado, 101: 1)

725 **"Não reparam no reino dos céus e da terra e em tudo quanto Allah criou**?" (Alcorão Sagrado, 7: 185)

726 **"Porém, não reparam, acaso, no firmamento que está acima deles? Como o construímos**" (Alcorão Sagrado, 50: 6)

727 **"Não veem, acaso, os incrédulos, que os céus e a terra eram uma só massa, que desagregamos**?" (Alcorão Sagrado, 21:30)

728 **"Allah é a Luz dos céus e da terra"** (Alcorão Sagrado, 24:35)

729 **"Que é a vida terrena senão jogo e diversão frívola**?" (Alcorão Sagrado, 06:32)

730 **"Quando o céu se despedaçar**," (Alcorão Sagrado, 82: 1)

731 **"Quando o sol for enrolado"**. (Alcorão Sagrado, 81: 1)

732 **"Quando o céu se fender**," (Alcorão Sagrado, 84: 1)

733 **"E a trombeta soará; e aqueles que estão nos céus e na terra expirarão, com exceção daqueles que Allah queira (conservar).**!" (Alcorão Sagrado, 39:68)

734 **"Ele foi Quem criou os céus e a terra, em seis dias; então, assumiu o Trono. Ele bem conhece o que penetra na terra e tudo quanto dela sai; o que desce do céu e tudo quanto a ele ascende, e está convosco onde quer que estejais**." (Alcorão Sagrado, 57: 4)

735 **"E dize (mais): Louvado seja Allah! Ele vos mostrará os Seus sinais; então, os conhecereis. Sabe que teu Senhor não está desatento a tudo quanto fazeis**." (Alcorão Sagrado, 27:93)

736 **"No Dia da Ressurreição, a terra, integralmente, caberá na concavidade de Sua Mão"** (Alcorão Sagrado, 39:67)

737 **"Será o dia em que enrolaremos o firmamento como a um rolo de pergaminho**." (Alcorão Sagrado, 21:104)

738 **"De Allah nada se oculta, tanto na terra como nos céus. Ele é Quem vos configura nas entranhas, como Lhe apraz**. " (Alcorão Sagrado, 3:5-6)

739 **"Sabei que não existe criatura que Ele não possa agarrar pelo topete"**. (Alcorão Sagrado, 11:56)

740 **"E quantas criaturas existem que não podem procurar o seu sustento! Allah as sustenta da mesma maneira que a vós"** (Alcorão Sagrado, 29:60)

[741] **"Louvado seja Allah Que criou os céus e a terra, e originou as trevas e a luz"** (Alcorão Sagrado, 6: 1)

[742] **"Apesar de Allah vos ter criado, bem como o que elaborais"**. (Alcorão Sagrado, 37:96)

[743] **"Como vivifica a terra, depois de esta haver sido árida**!" (Alcorão Sagrado, 30:50)

[744] **"E teu Senhor inspirou as abelhas**." (Alcorão Sagrado, 16:68)

[745] **"O sol, a lua e as estrelas estão submetidos ao Seu comando"**. (Alcorão Sagrado, 07:54)

[746] **"Não reparam, acaso, nos pássaros que pairam sobre eles, estirando e recolhendo as suas asas? Ninguém os mantém no espaço, senão o Clemente, porque é Onividente."** (Alcorão Sagrado, 67:19)

[747] **"O Seu Trono abrange os céus e a terra, cuja preservação não O abate**." (Alcorão Sagrado, 2: 255)

[748] **"E está convosco onde quer que estejais"**, (Alcorão Sagrado, 57: 4)

[749] **"Ele é o Primeiro e o Último; o Visível e o Invisível, e é Onisciente."** (Alcorão Sagrado, 57: 3)

[750] **"Criamos o homem e sabemos o que a sua alma lhe confidencia, porque estamos mais perto dele do que a (sua) artéria jugular**." (Alcorão Sagrado, 50:16)

[751] **"Até Ele ascenderão os anjos com o Espírito (o anjo Gabriel), em um dia cuja duração será de cinquenta mil anos**." (Alcorão Sagrado, 70: 4)

[752] **"Allah ordena a justiça, a prática do bem, o auxílio aos parentes, e veda a obscenidade, o ilícito e a injustiça"**. (Alcorão Sagrado, 16:90)

[753] **"Dize-lhes: Mesmo que os humanos e os gênios se tivessem reunido para produzirem coisa similar a este Alcorão, jamais teriam feito algo semelhante, ainda que se ajudassem mutuamente"**. (Alcorão Sagrado, 17:88)

[754] **"Glorificado sejas! Não possuímos mais conhecimento além do que Tu nos proporcionaste, porque somente Tu és Prudente, Sapientíssimo**." (Alcorão Sagrado, 2:32)

[755] **"Ó Senhor nosso, não nos sobrecarregues com o que não podemos suportar!"** (Alcorão 2: 286)

[756] **"Ó Senhor meu, dilata-me o peito; facilita-me a tarefa; e desata um nó de minha língua, para que compreendam a minha fala**. (Alcorão Sagrado, 20: 25-28)

[757] Ó Deus, abençoá-o e lhe dê paz da melhor, mais bela, mais nobre, mais destacada, mais pura, melhor virtude. Melhor generosidade, mais poderoso, mais digno, mais sublime, mais puro, mais bendito, mais sutil preces, mais Cumpridor, mais numeroso, mais prestigiado e mais elevado, e mais perene a sua paz. Bênção, paz, misericórdia, satisafção, perdão e indulgência estendida e aumentada com a chuva de nuvens doados pela Sua generosidade e cresce e se desenvolve com suas preciosidades, ilustre, sutil Sua excelência, Sua graça perene com a Sua Perenidade, que não acaba nunca, com a Sua eternidade, não veda o Seu servo e seu amado, Seu Mensageiro, Mohammad, a melhor de Suas criaturas, a luz brilhante, A prova manifesta, decisiva, o mar desviador, a luz abundante, a beleza evidente, a magnificência supmetedora, a perfeição excelente, Sua bênção que lhe concedeste com a Sua magnificência à sua família e companheiros, bênção que perdoa nossos pecados e expande os nossos peitos, purifica nossos corações, vivifica as nossas almas e santifica, com ela os seus segredos e distrai com ela os nossos pensamentos e nossas ideias, serene os turvos em nossos segredos e cura as nossas doenças e abre as fechaduras de nossos corações.

[758] **"Ó Senhor nosso, não desvies os nossos corações, depois de nos teres iluminado, e agracia-nos com a Tua misericórdia, porque Tu és o Munificente por excelência**." (Alcorão Sagrado, 3: 8)

[759] **"E o fim de sua prece será: Louvado seja Allah, Senhor do Universo**!" (Alcorão Sagrado, 10:10) Amém. Amém.

[760] **"Proclama, pois, o que te tem sido ordenado**." (Alcorão Sagrado, 15:94)

[761] **"Tudo quanto existe nos céus e na terra glorifica Allah"** (Alcorão Sagrado, 57: 1, etc.)

[762] "Não há outra divindade além de Allah, o Uno e o Único Necessariamente Existente, em Unidade aponta o Alcorão de Exposição Miraculosa, o livro aceito e desejado por todas as espécies de anjos, gênios e humanos, cujos versículos são lidos a cada minuto do ano, com a maior reverência, por centenas de milhões de homens, cuja soberania sagrada sobre as regiões da terra e do universo e sobre a face do tempo é permanente, cuja autoridade espiritual e luminosa foi executada em mais de metade da

terra e um quinto da humanidade, há mais de quatorze séculos, com o máximo esplendor. Testemunho e prova também são dados pela unanimidade dos suas Suratas sagradas e celestiais, o acordo dos seus versículos divinos, luminosos, a congruência de seus mistérios e luzes, a correspondência de seus frutos e efeitos, por testemunho e clara visão."

763 os malfeitores, os malfeitores

764 **"Em nome de Allah, o Clemente, o Misericordioso"**

765 **"E em verdade, o teu Senhor é o Poderoso, o Misericordiosíssimo"** (Alcorão Sagrado, 26:9, etc)

766 "Ta, Sin, Mim"

767 **"Assim, pois, quais das mercês de vosso Senhor desagradeceis**?" (Alcorão Sagrado, 55:13, etc)

768 **"Ai, nesse dia, dos desmentidores**!" (Alcorão Sagrado, 77:15, etc)

769 "Glorificado Sejas! Não há outra divindade além de Ti: Segurança! Segurança! Salva-nos, livra-nos, preserva-nos do fogo do Inferno!"

770 **"De fato, Allah é Onipotente"**. (Alcorão Sagrado, 02:20)

771 **"Em verdade, Allah é Onisciente"**. (Alcorão Sagrado, 29:62)

772 **"E Ele é o Poderoso, o Misericordioso"**. (Alcorão Sagrado, 30:5)

773 **"E Ele é o Poderoso, o Prudentíssimo"**. (Alcorão Sagrado, 30:27)

774 "Senhor do Universo"

775 "Seu Senhor"

776 **"Ele foi Quem criou os céus e a terra"**,

777 **"Ele insere a noite no dia, e o dia na noite"**,

778 **"E é Sabedor das intimidades dos corações."**[778]

779 **"E acima de todo o conhecedor está o Onisciente"** (Alcorão Sagrado, 12:76)

780 **" Por outra, os crentes, que praticam o bem, obterão jardins abaixo dos quais correm rios**; ... ", (Alcorão Sagrado, 85:11)

781 **"... onde morarão eternamente"**(Alcorão Sagrado, 5:119)

782 **"E os injustos sofrerão um doloroso castigo**!" (Alcorão Sagrado, 14:22)

783 **"Os incrédulos experimentarão o fogo infernal"**. (Alcorão Sagrado, 35:36)

784 **"Quando nele forem precipitados, ouvi-lo-ão rugir, borbulhante, a ponto de estalar de fúria**." (Alcorão Sagrado, 67:7-8)

785 "Não há outra divindade além de Allah"

786 Mohammad é o Mensageiro de Allah

787 "a causa é como o fazedor"

788 O homem pode negar a luz do sol, devido ao seu olho doente,**E a boca negar o sabor da água, devido à doença.

789 **"Glorificado sejas! Não possuímos mais conhecimento além do que Tu nos proporcionaste, porque somente Tu és Prudente, Sapientíssimo.**" (Alcorão Sagrado, 2:32)